U0336124

重塑价值

央行、宏观经济与全球治理

［加］马克·卡尼（Mark Carney）著

刘斌 郭梓晗 宫方茗 译

VALUE(S)

Building
a Better
World for All

机械工业出版社
CHINA MACHINE PRESS

本书从经济学理论的根源之一——"价值"出发，探讨了价值理论的历史，特别是价值理论与央行和货币经济一起演进的历史。本书探讨了价值理论如何影响人们对金钱、世界的看法，并论证了新自由主义所带来的经济危机本质上是一种由价值理论认识问题所导致的危机。本书倡导在全球治理问题上，例如面对宏观经济问题、气候问题、ESG 与社会责任问题，我们都需要重新塑造我们的价值理论体系，以正确的价值重塑全球经济规则，并让我们走向更美好的社会。

图书在版编目（CIP）数据

重塑价值：央行、宏观经济与全球治理 /（加）马克·卡尼（Mark Carney）著；刘斌，郭梓晗，宫方茗译 . —北京：机械工业出版社，2024.5

书名原文：Value(s): Building a Better World for All

ISBN 978-7-111-75678-1

Ⅰ.①重…　Ⅱ.①马…②刘…③郭…④宫…　Ⅲ.①世界经济 – 经济治理 – 研究　Ⅳ.① F113

中国国家版本馆 CIP 数据核字（2024）第 081830 号

机械工业出版社（北京市百万庄大街 22 号　邮政编码 100037）
策划编辑：顾　煦　　　　责任编辑：顾　煦　牛汉原
责任校对：杜丹丹　梁　静　责任印制：李　昂
河北宝昌佳彩印刷有限公司印制
2024 年 9 月第 1 版第 1 次印刷
170mm×230mm · 29.5 印张 · 1 插页 · 389 千字
标准书号：ISBN 978-7-111-75678-1
定价：129.00 元

电话服务　　　　　　　　网络服务
客服电话：010-88361066　机 工 官 网：www.cmpbook.com
　　　　　010-88379833　机 工 官 博：weibo.com/cmp1952
　　　　　010-68326294　金 　书 　网：www.golden-book.com
封底无防伪标均为盗版　机工教育服务网：www.cmpedu.com

献给萨莎、
阿米莉亚、苔丝和克莱奥。

返璞归真

汽车在城市的街道上静静地行驶，最后缓缓停在了圣迈克尔的洛斯伯里大楼前。我等待保安人员打开那巨大的钢制门，以便我可以穿过门进入通往金库的通道。下车后，我跨过一道带有巨大拱顶的报警门，沿着由花岗岩制成的楼梯向上走，进入内室。每次进入内室时，我都习惯性地抚摸一下黄铜大门上雕刻的狮鼻。我向穿着粉色夹克的管理员打了个招呼，目光扫过一幅幅历届行长的肖像，然后进入了英格兰银行行长的办公室。

目之所及，都展现出银行悠久的历史和永恒的使命。入口大厅与大英帝国首都的建筑风格相得益彰。走廊两侧排列着由马赛克图案构成的罗马硬币和商业之神墨丘利的肖像。雄狮作为财富的古老守护者，庄严地守卫在门前，点缀着镀金的楼梯。

几个世纪以来，行长办公室的位置与布局几乎未曾改变。房间内的办公桌是由约翰·索恩爵士于18世纪打造完成的，并由历届行长一直使用至今。

其中一面墙上悬挂着巨幅的卡纳莱托的画作，描绘了17世纪末泰晤士河的景象。缓缓推开玻璃门，一个宁静的庭院便展现在眼前，这庭院中还保留着圣克里斯托弗－斯托克斯教堂17世纪的墓地。

这里的每一个角落都充满了货币和价值的气息。窗外的桑树暗示着最早的纸币是用它们的树皮制成的。穹顶处墨丘利长着翅膀的头颅正俯瞰着宏伟的法庭，狮鹫雕像坚定不移地守护着大门口神话般的金子堆。

在这座银行的中心储存着真正的黄金。九个拥有三英尺⊖厚钢墙的金库装着5500吨黄金，这些黄金的市场估值已经超过了1800亿美元，相当于过去人类开采的所有黄金总量的5%。

这一切仿佛坚不可摧，万无一失，且永恒不变。

然而，事实并非如此。帝国已经消失，联盟也岌岌可危。永恒只是昙花一现，价值也不过是镜中花、水中月。

在索恩爵士时期，英格兰银行被看作永恒屹立的杰出建筑，如今它只剩下外墙、国事厅和办公桌。现如今，人们对卡纳莱托的画作已不再赋予大师级作品的地位，而是将其视作画派中的普通之作。

黄金毫无意义地躺在我们的金库中，它们不过是时代的遗迹，过去在实行金本位制时，黄金曾被用作货币价值的担保物，然而这其中的联系先是给人带来了繁荣，却又在之后引发了萧条。金融市场对黄金价值的评估并不是来自它美丽的外表，而是来自它的安全性。金价攀升往往伴随着金融危机的恐慌或地缘政治冲突，危机和冲突使人们不再信任金融机构，反而会让经济倒退回以物易物的时代。

黄金价格的波动提醒着人们，英格兰银行的存续取决于它自身的价值，而这种价值是建立在价值观之上的。

在过去的12年中，我先后在加拿大、英国担任中央银行（简称央行）行长，这对我来说既是荣幸又是一项艰巨的挑战。在这段时间里，我亲眼见证

⊖　一英尺约为0.3048米。

了"黄金王国"的兴衰。我领导全球改革，努力修复金融危机造成的断层线，消除金融资本主义核心中的恶性文化，并应对第四次工业革命[1]的挑战和气候变化给生存带来的风险。我深感公众对精英、全球化和技术的信任正在崩塌。在我看来，这些挑战正反映着价值观的共同危机，我们急需一场根本性变革来创建一个为所有人服务的经济体系。

每当我处理完一个日常危机管理问题，另一个类似但更深层的问题就会紧随其后。价值的含义究竟是什么？它的根基在哪里？有哪些价值观在支撑着我们的价值体系？每一个价值评估行为都能塑造我们的价值观并左右我们的选择吗？市场估值又如何影响我们社会的价值观呢？我们狭隘的视野和有限的观念是否意味着我们时常忽视那些事关人类福祉的事物？

这些问题就是本书试图探讨的核心问题，它将为我们揭示我们的社会如何体现着王尔德格言中的深意——知万物之价而非其值，同时揭示我们是如何将对市场的信仰提升为真理，进而使市场经济过渡至市场社会，并最终改变这一局面的。

这本书很多方面是对几年前一个问题的回应，当时一些政策制定者、商界人士、学者、劳工领导人和慈善工作者汇聚在梵蒂冈讨论市场体系的未来走向。

教皇方济各参加了午餐会并分享了一则寓言。他指出：

> 我们的午餐会配的是葡萄酒。葡萄酒有很多特点，它有芳香、色泽和丰富的口感，这些特点与食物相得益彰。它含有酒精，可以振奋思维。葡萄酒可谓是丰富了我们所有的感官。
>
> 在宴会的结尾我们将享用格拉帕酒。格拉帕酒只有一个特点：酒精。格拉帕酒其实就是蒸馏后的葡萄酒。

然后，他敦促我们：

> 人性是多种多样的，包括激情、好奇、理性、无私、创造力和自

私。但市场只有一个特点：自利。市场是人性之酒蒸馏后的产物。

接着他提出：

> 你们的任务就是把"格拉帕酒"变回"葡萄酒"，使市场重新闪
> 烁人性的光辉。
> 这不是神学，这是现实，是真理。

这本书整理了我在私营部门和公共政策领域方面的经验，探讨了价值与价值观之间的关系，揭示了它们是如何相互影响并决定我们的生活方式、社会地位以及其他方面的可能性的。这本书也说明了当我们了解了以上问题后，我们怎么样才能将"格拉帕酒"变回"葡萄酒"。

这本书分为三个部分。第一部分考察了各种价值概念及其在政治哲学、经济理论和金融实践中的根源。通过介绍从艺术领域到环境领域的一系列估值悖论，揭示了市场估值与社会价值之间潜在的脱节现象。

价值和价值观是相关但不相同的概念。价值观是指人们行为的准则或标准，用来评判生活中哪些事情是重要的，价值观涵盖了正直、公平、善良、卓越、耐力、激情和理性。而价值用来判断某物应该被重视的程度，包括其重要性、意义或有用性。价值和价值观都是判断的依据，但它们之间又存在着不同，这就是问题所在。

当下事物的价值正逐渐与它们的货币价值相等，而这种货币价值是由市场决定的。买卖的逻辑不再局限于物质商品，而是越来越多地支配着整个生活，从医疗资源的分配到教育、公共安全、环境保护等各个领域。

当商品和服务可以买卖时，它们就被视为商品并作为人们获利和使用的工具，我们不能假设社会的价值观在这个过程中是保持不变的，正如第一部分所表明的，当一切都是相对的时，没有什么是一成不变的。

为了阐明价值和价值观之间的关系，第 3 章和第 4 章解释了货币如何衡量价值，并说明了什么赋予了货币的价值。通过对比金本位时期货币的价值

和当前由央行等机构赋予货币的非正式价值，我们揭示了当前法定货币的价值是建立在信任、诚信和透明等社会基本价值观之上的。

第 5 章展望未来，探讨了货币未来要面临的关键问题，包括加密货币能否解决人们对中央权威机构的不信任，以及探讨社交媒体中的信任评分是如何将社会资本"货币化"的。

第 6 章阐述了市场激进主义给我们带来的挑战，即使我们的价值观变得狭隘，并导致了资本主义日益排他性和民粹主义的崛起。当我们过度信任依赖市场的作用时，资本主义可能会变得不稳定。在金融危机之前的几十年里，市场激进主义主导着经济思想，并成为一种社会行为模式。

简而言之，我们已经从市场经济转向市场社会，这破坏了我们的基本社会契约，即相对平等的收入、机会平等和代际公平。

第二部分探讨了 21 世纪最重要的三个危机——信贷危机、新冠疫情和气候危机。

该部分详细说明了每个危机发生的根本原因，并介绍了相关的政策措施。该书认为，这些事件都是由价值观危机所驱动的，我们的应对可能会重塑价值观和价值之间的关系，这部分内容为第三部分中提到的个人、公司、投资者和国家的战略提供了理论基础。

正如第 7 章所述，市场激进主义直接导致了全球信贷危机，主要问题是监管过于宽松，对泡沫无法识别，以及对新时代的盲目自信。当局和市场参与者相信了"这次不一样""市场永远是对的""市场是道德的"这三个金融谎言。

我们没有强化社会资本，反而消耗了它。银行在认为自己总会赢的泡沫中运行，使人们认为它体量太大所以无法倒闭。股票市场公然偏爱有技术支持的机构投资者，而不是散户投资者。由于很少有市场参与者对市场负责，不合规的行为不仅没有被遏制反而大量增加，最终演变成一种常态。

在这样的背景下，人们很容易混淆手段和目的。价值变得抽象和相对，群体的力量让个人的诚信不堪重负，而这导致了风险与回报不公平的分配，加剧了不平等，并进一步侵蚀了金融所依赖的社会结构。

第 8 章回顾了我领导 G20 的金融稳定委员会时建立更加简单、安全、公平的金融体系的经验。这一章提到，为了通过金融改革重建社会资本，我们必须平衡自由市场资本主义与社会资本之间的关系，自由市场资本主义强调个人至上，但这必须以破坏整个系统为代价，而社会资本则要求个人对整个系统负起责任。换句话说，若我们要重建社会资本，个人的自我意识必须与集体意识相结合。

第 9 章描述了新冠疫情给我们的健康和经济带来了前所未有的双重危机。由于全球的深度互联，这场全球性流行疾病以惊人的速度和病毒性传播，尽管我们发出了全面且大量的警告，但大家却未能做好充分准备，使得疫情的严重程度被加深。长期以来，我们低估了疫情流行的持续性，被迫付出了沉重的代价。同时疫情带来的经济冲击造成了严重的经济衰退和大量的失业，不平等的鸿沟可能会在未来几年不断扩大。

尽管发生了这些悲剧，但正如第 10 章所概述的，这场危机可能有助于扭转价值和价值观之间的因果关系。在危机来临时，社会首先将健康置于首位，然后才寻找解决经济衰退的办法。我们的行动基于罗尔斯主义[⊖]，而不是基于功利主义或自由主义，基于统计生命价值（VSL）这一参数，成本 - 效益分析已不再适用于今天，因为经济活力和效率在价值观层面已与人类的团结、公平、共担责任和互助紧密相连。

基于以上的价值观而不是基于经济利益制定我们的应对措施，这将是重建的关键。这完全是可以实现的，以我们对这种事件有限的应对经验来看，此后的社会目标不仅要关注经济增长率，还要关注其发展方向和发展质量。

⊖ 罗尔斯主义，是以美国哲学家约翰·罗尔斯的《正义论》为代表的一种社会福利观点，认为一个社会的福利水平是由社会中最穷的人的福利水平决定的，因此社会应当重视穷人的福利。——译者注

在公共卫生危机后的余波中，公众必然会要求更高质量、更大范围的社会支持和医疗健康保障，对尾部风险的管理和专家的建议也会更加重视。

我们应对气候危机的举措将是对这些新价值观的考验。毕竟，气候变化是亟待解决的问题：①它是一场全球无人能置身事外的危机；②它是被科学预知为今后首要的危机；③它是一场唯有人类携手提前预案才能度过的危机。

气候变化是对代际公平的背离。它给未来的几代人带来了成本，但当下的这一代人却没有动力去降低这个成本。正如第11章所解释的，我们面临着"视野悲剧"，也就是说，气候变化的不利影响将超出大多数商界人士、投资者、政治家和央行行长理解的范围。简而言之，当决策者开始着重关注气候变化的实际影响时，我们可能已经来不及阻止这灾难性的后果了。

对于金融危机来说也一样，视野悲剧代表着估值和价值观的危机。比较亚马逊公司和亚马孙地区的估值，亚马逊公司1.5万亿美元的股权估值反映出市场认为该公司在很长一段时间内将非常盈利。相比之下，只有在热带雨林被砍伐，在新开垦的土地上养殖一大批牲畜或者种植大豆时，亚马孙地区才开始具有市场价值，但破坏热带雨林对气候和生物多样性的损失在任何会计账本上都不会显示出来。

第11章强调了气候政策变化、新技术的出现和实际风险增加使企业等金融资产被重新估值。那些使自己的商业模式向净零经济过渡的企业将获得丰厚的回报，而那些未能适应变化的企业将被淘汰，因此为了应对气候危机，我们需要在各个前沿领域进行创新。第12章详细介绍了如何重新改革金融体系，使市场成为解决气候问题的一部分。通过全面披露气候信息、银行进行气候风险管理转型以及可持续投资的主流化，我们可以确保每一个金融决策都充分考虑到气候变化带来的影响。

这种新的绿色金融需要私人创新和政府行动共同推动，以实现净零排放的目标。显然，这个目标的重要性不言而喻：任务艰巨，机遇窗口有限且风险重大，然而，我们仍须解决经济如何定义价值的问题。

无论是气候危机还是新冠疫情，都凸显了社会在共同目标上形成共识的重要性，我们应让市场的活力决定如何实现这些共识，而不是追求社会价值与当前金融价值之间的平衡。

该书第三部分从三个危机的应对措施中提炼出了共同的主题，并提供了针对领导者、公司、投资者和国家的政策建议。随着国际规则秩序的消亡，该部分提出了一种基于平台管理全球共同利益的新方法。

为了重建一个具有包容性的社会契约，我们必须承认价值观和信仰在经济生活中的重要性。从 18 世纪 50 年代到 20 世纪 60 年代，经济学家和政治哲学家一直强调，信仰是社会资本的一部分，它为自由市场提供了社会框架。三个危机的经验表明，支撑成功经济体系的共同价值观和信仰包括：

- 活力，有助于提出解决方案并激发人类的创造力。
- 韧性，使其更容易从冲击中恢复过来，同时保护社会中最脆弱的群体。
- 可持续性，以长远的眼光看待，确保激励机制和政策能够同时考虑到当前一代人和未来几代人的利益。
- 公平，使市场的运作在合法的框架内进行。
- 责任，要求每个人要对自己的行为负责。
- 团结，使公民认识到相互之间承担的义务，共享集体意识和社会意识。
- 谦逊，深谙知识、认知和能力的局限性，以便更好地提升公共利益。

这些信念和价值观并不是固定不变的。它们需要培养。市场激进主义若不受约束会破坏社会资本，而社会资本对维持资本主义的长期活力至关重要，市场本身不能自发培育社会资本，因为社会资本的产生依赖于个人、公司、投资者和国家的使命感和共同价值观。相反，价值观就像肌肉一样，通过锻炼才会增长。因此，这本书将讲述如何了解与稳固这些关乎共同利益的社会基石。

第 13 章主要关于领导力，探讨了领导者在推动变革、激发员工潜力以及激励团队完成任务时所需的特质和行为。为了让员工产生主观能动性的信念感，领导者必须亲自参与、躬身实践。领导者必须维持威信且最大程度地发挥其组织影响力，并对其使命忠诚，始终以客户、团队成员和集体的目标为根基。卓越的领导力不仅在于有效，还在于道德感，通过实践创造价值和培养美德。

第 14 章着重探讨了目标明确的公司如何创造价值。它通过企业和社会的角度分析目标与长期价值创造之间的联系。这一章还描述了目标明确的公司使所有利益相关者都能够受益而采取的各种策略。真正的企业目标可以推动公司利益相关者，甚至包括员工、供应商和客户、社区都参与其中。企业目标可以在地方、国家和超国家层面铸就整体的团结，并且使人们认识到可持续发展是企业当前和未来的最高需求。通过将广泛的利益统一到共同目标之下，目标明确的公司可以具有更强的影响力、可持续性和盈利能力。

接着，第 15 章概述了投资者如何在强化目标的同时获得收益。重新平衡价值和价值观的关键是设计一种充分透明的方法，来衡量公司为利益相关者创造的价值。这章内容阐述了衡量可持续价值和财务价值的最优方法，探讨了这两种价值来源之间的动态关系，并提供了投资者实现利益最大化的策略。

可持续投资成为使市场价值观与社会价值观保持一致的重要工具。从职场多样性到可持续发展目标（SDG），可持续投资改进了对社会价值观的衡量标准。可持续投资通过多个渠道增加利益相关者的价值：帮助公司吸引和留住优秀人才，增强员工韧性，提高员工效率，与利益相关者统一战线，并赢得社会认可。通过采用盈利的商业模式来解决社会需求（如应对气候变化）时，我们就能解决许多更深层次的问题。

本书第 16 章汇总了许多政策的分支，为各国建立共同价值框架提供了基础。这一框架建立在强大的机构制度、对实物和人力资本投资的基础之上。随着人工智能、生物工程等新技术的发展，科技为企业带来了深远的影响，鉴于此，我们必须重视强制性劳动力培训、通用技能、平衡所有利益相关方的权利、促进企业社会发展的激励措施，以及促进中小企业的自由贸易。

国家战略的目标是改善现有的市场运作，并开拓新的市场。然而，市场本身并不能解决我们最棘手的问题，我们需要政治手段来确定我们的价值观。只有这样，市场的力量才能被调动起来，并利用任务导向来帮助我们发现和解决问题。然而正如我们看到的那样，社会市场化已经引发了一些问题，因此市场并不能解决所有问题。

国家不仅是一系列市场或贸易的谈判者，还是经济中至关重要的角色。国家体现了机会平等、自由、公正、团结和可持续的共同理念。我们必须在国家目标上建立共识，以使所有人都能从第四次工业革命中获益，例如合理地过渡到净零经济、抗击新冠疫情或提供通用技能的培训。我们必须努力并用符合共同利益的方式去实现这些目标，从而使每个人都可以从中获益。

深入了解国家价值观可以引导我们更有目的、更具建设性地参与国际事务。基于价值观的方法，我们可以建立一个更具包容性、韧性和可持续性的全球化。尽管我们尚不能运用统一的全球规则来应对我们所面临的挑战，但多边主义仍然可以大有作为。第16章展示了我们借鉴国际社会应对金融危机的经验，创建一种可以应对我们面临的复杂问题并满足人们对主权和实际成果的要求的合作国际主义。

重塑人性本善，反哺社会价值

贯穿本书的一个主题是，尽管市场能够提供丰富多样的解决方案，但我们不能将市场的功能视作理所当然，市场在推动进步、解决紧迫问题上至关重要，但它并非孤立存在。市场是一种社会结构，其有效性在一定程度上由国家规则和社会价值决定。如果我们对市场不加以重视，市场将腐蚀我们的价值观。因此，我们需要重建社会资本，使市场发挥其作用。为此，个人及企业必须重新认识到团结合作的重要性，并对整个市场体系负责，通过重新评估社会价值观，我们可以创建一个繁荣的平台。

我在私营部门和公共部门的经验与教皇方济各的寓言不谋而合。市场价值正在塑造我们的社会价值，我们正在以巨大的代价让我们的社会、未来几代人和地球承受我们造成的后果。

这本书认为，一旦我们认识到这些问题，我们可以将"格拉帕酒"再次转化为"葡萄酒"，让市场价值回归纯粹，重新闪烁人性的光辉。

前言

第一部分

市场社会的兴起

第二部分

三场价值危机

第三部分

重塑价值

⊖⊜ 本书的图片清单和注释请访问机工新阅读网站（www.cmpreading.com），搜索本书书名。

第一部分

市场社会的兴起

第 1 章

价值视角——客观价值

让我们思考以下这个价值悖论，从柏拉图到亚当·斯密，这些伟大的思想家一直都在思考，为什么像水这种对生命至关重要的东西几乎都是免费的，而钻石这种除了美丽，没什么其他用途的东西却如此昂贵。

在新冠疫情期间，世界各地医护人员的公共服务、奉献精神和英雄主义得到了人们的广泛赞扬，但掌声和庆贺声的背后很少有人提起经济学家曾经提出的观点，即这些医护人员的工资（他们的工资水平使他们不得不长时间乘坐感染风险较高的公共交通工具上下班）应该反映他们对社会的边际贡献，因为我们明白他们的价值是无法用金钱来衡量的。但现实是，市面上很快出现了一项评估——将人们的生命价值与防止疫情传播实施封锁措施的经济成本做对比，以此制定出一项策略。[1]

为什么亚马逊公司被金融市场评为世界上最具价值的公司之一，而亚马孙雨林这片广阔的地理区域只有在它的树林被砍伐并用作农田后才能计算出它的价值？那这么说，谁又能计算出第六次物种大灭绝中消失物种的价值呢？

为了探讨价值是否必须通过定价来体现，让我们从价值的概念开始。

* * *

价值的概念根植于哲学，并且最近在经济和金融理论中，价值得到了更加具体和狭义的定义。

价值和价值观两者相关但并不相同。从最一般的意义上讲，价值观代表着行为的准则或标准，它是对生活中重要事物的判断，是用来决定什么行为是最好的，以及什么方式是最好的（这是规范伦理学领域的研究范畴）。例如，诚实、公平、责任、可持续性、尊严、理性和热情。

价值用来判断事物应该被重视的程度，包括重要性、意义或有用性。价值作为动词时的意思是"认为某人或某事重要或有益，对某人或某事有高度评价"或者表示"估计某物的货币价值"。[2]价值不一定是恒定不变的，而是根据具体时间、情境而定。不妨考虑下，莎士比亚笔下的理查三世在战斗中绝望地喊"一匹马，一匹马，我愿意以我的王国换一匹马"⊖和在疫情期间人们对基本日常必需品和医护工作者所赋予的价值。

这些例子强调了商品和服务的价值往往是相对的[3]，即以"愿意放弃多少自己想要的东西来换取另一种东西"来衡量，用货币衡量时，这被称为"交换价值"。交换价值、使用价值和内在价值之间的区别一直是经济学中讨论的焦点。

⊖ 历史上理查三世死于 1485 年的博斯沃斯之战。在莎士比亚的戏剧中，理查三世因马掌没有装牢而落马，他的马转身逃跑，军队以为马背着国王撤退，所以也望风而逃。于是，绝望的国王说出了这句台词，并当场殒命。但根据后世的历史学家考证，莎士比亚的描写并不符合史实。——译者注

事物的货币价值逐渐被看作是与其价值等同的概念，并且进一步将其价值与社会价值联系起来。主观（或价格）价值理论曾引起人们一段时间的争论，但如今它在经济学教学中基本不会再被质疑，商学院也将其作为基本假设，并且主观价值理论常常决定了社会对更深层次价值的理解。

回顾经济思想中价值理论的发展历史，我们可以更好地理解价格与价值之间的关系，并随之推出这种等同关系所带来的后果。

价值简史

在经济学中，一个最基本的问题就是明确什么决定了一种商品或服务的价值。在 20 世纪，"经济理论"已经变成了价值理论的代称。[4]

然而，经济价值理论应该关注什么呢？毕竟，价值也是文学、艺术、教育和宗教的一个属性。从根本上讲，经济价值理论旨在解释商品和服务为什么要这样定价，以及如果存在正确的价值，我们又该如何去计算其正确价格。然而，经济中关于价值的研究已经开始从狭义向广义拓展，而且经济思维局限于经济价值方面的原则也得到了相当大的放宽。

过去对经济价值的思考大部分集中在价值创造的过程上，不同的价值观念根植于它们当时的社会经济和技术条件。许多价值理论家非常重视分配结果，并区分了生产性和非生产性活动，以此来增加"国家的财富"。在这些方面，对经济价值的历史性观点体现了与"生活中什么是重要的"相关的价值观念。

对于价值的不同观点通常区分了价值创造和价值提取，价值提取也被称为寻租行为。价值创造是将不同类型的资源（人力、物质和无形资产）结合起来生产新的商品和服务的过程。而价值提取可以被理解为"在现有资源和产出之间进行交易，并从贸易中获得不成比例的收益"。[5]这种活动的回报被称为租金，在好的情况下它被视为非劳动收入，而在差的情况下它被看作一种盗窃。

　　生产性和非生产性活动、价值创造和价值提取，以及合理回报和租金之间的区别至关重要，因为它们可以使政策制定者在促进经济增长和提高福利方面做出明智的决策。

　　几个世纪以来，关于经济价值的决定因素有两个主要的理论学派：客观派和主观派。

　　在客观价值理论中，价值是由商品和服务的生产决定的。客观价值理论认为，虽然产品的价格是由供求关系决定的，但其基本价值源自产品的生产方式以及这种生产方式对工资、利润和租金的影响。在客观价值理论中，价值与生产的性质密切相关，包括了所需的时间、劳动力的质量以及新技术和工作方式。亚里士多德、亚当·斯密就是这一理论的支持者。

　　相比之下，主观价值理论更加看重交换价值（市场上商品和服务的价格）是如何揭示潜在价值的。在主观价值理论中，价值取决于偏好和稀缺性。这一理论与 19 世纪的新古典经济学家（如威廉·杰文斯和阿尔弗雷德·马歇尔）的思想相关联，并且在当下的时代占主导地位。这种观点占据主导地位会带来很多后果，它意味着没有定价的东西既不受重视也没有价值，就好像事物的价格正在演变成事物的价值。

早期的客观价值理论

　　希腊哲学家，尤其是亚里士多德（公元前 384—公元前 322），认为价值的来源是需求，没有需求就不会进行商品和服务的交换。亚里士多德是第一个区分了物品的使用价值和交换价值的人（这个思想在 19 世纪的古典主义者中受到热情追捧）：[6]

　　　　该思想认为，我们所拥有的每样东西都有两种用途，两种用途都从属于该事物本身，其中一种是首要的用途，另一种是次要的用途。例如，鞋子既用来穿，也可以用于交换。这两者都是鞋子的用途。[7]

亚里士多德主要关注的是价值与"正义"的关系。价值以效用（使用价值）的形式存在，并通过劳动来衡量。亚里士多德所谓的"公正价格"是指在劳动价值都相等的基础上进行交换，同时考虑劳动质量的差异。[8] 然而，他并没有解释这种商业是如何运作的，也没有提出一个"正面的价值理论"来解释价格是如何确定的。

在中世纪，"经院派学者"大多是哲学家、神学家，他们同亚里士多德学派的前辈一样，认为经济学是伦理和道德哲学不可或缺的一部分。因此，他们的经济学方法不能与社会哲学体系分离，这些体系是教会法学的一部分，其最终目标是获得恩典。

他们认为，价值有两个方面的重点。首先，一种规范的方法，即探究价值应该是什么，不应该通过交换在市场中确定价值。其次，确立价格应该符合教会要求的公正原则，换句话说，就是如何为人世间的商业活动辩护。

经院派提出了"公正价格"的概念，其定义可以有多种解释，并且这些解释是由教会决定的。与亚里士多德的观点一致，劳动成本在价格决定中起着重要作用。阿尔伯图斯·马格纳斯（约 1200—1280）认为应当交换"包含相同劳动和成本"的商品。托马斯·阿奎那（1225—1274）在其《神学大全》中，将商品的"公正价格"和"错误价格"区分了开来。

高利贷被认为是非常恶劣的行为。在但丁的《地狱》中，贷款人会被判处到地狱的第七层，因为他们不是从生产（自然或艺术）中赚钱，而是通过利率的投机性赚钱。新古典主义之前的大多数价值理论都强调了寻租金融行为的恶劣性。

阿奎那允许"公正价格"有所变化，但仅仅是指商人劳动的报酬，而且仅在能够让商人维持他们日常生活水平的范围内变化。这是一种让步，实际上价格和利润也可以是不同的。

在阿奎那之后的一个世纪，圣安东尼诺（1389—1459）利用负效用的概念来证明价格的合理性：

> 当一个人需要某个事物，意味着这个事物的丢失会给拥有者带来很大的损失，在这种情况下，他可能会赋予这个事物一个更高的价格，而不去考虑这个事物本身的价值。他并不是根据事物本身的价值，而是看该事物对他的价值，即并不是看重事物本身，而是看重丢失该事物会带来的不便。[9]

圣安东尼诺用类似的逻辑将利息合理化，他指出资金可以用来赚取利润，因此，因转让赚取利润的机会而收取利息是正当的。然而，他始终认为，获利并不是目的，只是实现所有活动最终目标的手段。

在研究经院派（或者古希腊哲学家）的价值定理时，我们要明白价值理论和经济学是与更高层面的世界观的统一。[10]

从我们的角度来看，经院学家重视超越世俗财富的福祉，他们将利润置于道德目标之下，并坚持按照管理学说履行经济职务。[11]他们为现代企业目标和股权资本主义的思想提供了理论支持（尽管缺乏充满活力的金融部门或追求盈利的世俗义务感）。

随着宗教改革和宗教信仰与经济活动逐渐分离，经院学家对经济行为的影响力逐渐减弱。他们的继承者是重商主义者和重农主义者，重商主义者和重农主义者的价值体系都更倾向于现实世界的政治经济，而非更高层次的价值观和福祉。

15世纪和16世纪新技术和新组织模式的出现催生了商业社会。同时，新的航海仪器的发明推动了海上贸易的蓬勃发展；农业开始摆脱封建性质；经济发展的重点也开始向大而有组织的市场转移，而这些市场则是在行会和大型贸易公司（如东印度公司）的垄断控制和官方保护下运行的。

一个新的经济学说——重商主义诞生了。重商主义的核心观点认为净出口最大化是实现国家繁荣的最佳途径，而一个国家的财富是以黄金来衡量的。

重商主义出现的意义在于它用国家间的竞争取代了经院学家的道德秩序。如第 3 章将要讨论的，君主的合法性从神权基础转变为以霍布斯主义[⊖]为基础，先推翻那个时代的压迫与束缚，然后逐渐增加新的贸易路线和商业机会。公共利益在国家政治术语中被重新定义，人们开始寻求能够指导国家增进财富的价值理论。然而，尽管人们立下了崇高的国家目标，但重商主义的存在也只是为了增加一小部分个人和公司的财富，他们表面上是为了实现国家目标，实际上只是为了追求个人利益。

在重商主义时代，人们对寻租行为的态度发生了变化。在欧洲征服新世界并掠夺黄金和白银的时代，人们将开发和保护贸易路线以及积累贵金属的行为视作最有价值。正如东印度公司董事托马斯·蒙所宣称的那样，通过"每年向外国人出售的商品价值超过我们消费他们的商品的价值"来增加国家财富。[12] 商品的转移被视为价值创造而不是价值提取。

随着重商主义的发展，人们对价值的看法也发生了变化。佛罗伦萨的商人和历史学家伯纳多·达万扎蒂（1529—1606）在其《关于货币的讲座》中，构建了一种基于效用的价值理论，由于这个时代更加看重控制贸易的商业行为，故其理论更关注影响商品需求的因素。[13] 达万扎蒂还将"交换价值"与"使用价值"区分开来，并提出了"价值悖论"。[14] 他认为黄金虽没有使用价值却有很大的交换价值，人们可以用黄金来换取其他商品。

同时期，威廉·配第爵士（1623—1687）建立了一种颇具影响力的价值方法。他是一位解剖学家、医生和国会议员，曾在奥利弗·克伦威尔任期时的爱尔兰担任税务管理员。医学训练和他所处时代的科学进步对他有

⊖ 霍布斯主义，源于英国 17 世纪的启蒙思想家托马斯·霍布斯。该理论强调绝对主权和国家权威的重要性。——译者注

着深刻影响，使他致力于寻找现实世界的自然法则和内在法则，包括"自然价值"。配第认为，"自然价值"是由生产要素（土地和劳动力）决定的，任何商品的市场价格（"实际价格"）都会围绕其自然价值（"自然价格"）波动。配第通过用劳动力来解释土地的"票面"价值，将他的价值理论简化为基于劳动力的理论，而劳动力价值是由最低工资水平决定的。[15] 反过来，这种劳动价值是由一种维持生计的工资形式决定的，这种工资可以用"世界各国最容易得到的食物"来计量。[16] 在这方面，配第为亚当·斯密、大卫·李嘉图的劳动价值理论做了铺垫。

虽然配第研究了价值理论，但他主要关注的是如何计算国家的总产出，而不是关注产出的形成过程，他在这类统计方面的突破性研究使他为这个领域做出了巨大的贡献。[17] 他形成了一系列的判断体系，来鉴别哪些活动是生产性的，哪些活动不是。他认为只有那些必需品（如食物、住房和服装）以及符合重商思想且能促进商业贸易的支出才应该被算入总产出，而律师、牧师以及金融从业者只能算作这些服务的副产品。

通过明确界定经济中的生产领域，配第定义了什么是有价值的，此外，他通过提出国民经济核算方法（这将成为 GDP 的基础）创建了一个框架，各国政府（和社会）至今仍将其作为衡量国家财富的标准，并以此指导经济发展和政策制定。[18]

重商主义并没有明确体现价值理论，[19] 它将劳动看作价值的源泉，但并没有明确认定劳动就是价值的衡量标准。货币被视为一种价值储存手段但并不一定是效用的衡量标准，这个观点在 19 世纪末由新古典主义经济学家（例如杰文斯和马歇尔）提出，并在今天被人们普遍接受（参见第 2 章）。重商主义声称自己是一个关于国家如何致富的理论，但实际上它更像是拥护今天所谓的裙带资本主义⊖的一个理由。

⊖ 裙带资本主义，又称官僚资本主义或权贵资本主义，指的是在一种经济体中，其中的企业的成功与否，取决于企业与政府官员间的关系是否密切。——译者注

在 18 世纪和 19 世纪，对价值来源的深入探讨集中在生产要素上：首先，重农主义者以土地作为关键生产要素（这在以农业为主的社会中是可以理解的），然后，随着经济的工业化发展，像亚当·斯密和大卫·李嘉图这样的古典学派则专注在劳动力上。

重农主义者是法国启蒙哲学家，他们创立了一种经济分析的方法，并创立了第一个正式的土地价值理论。重农主义的名字源自希腊语，意思是"自然政府"，暗指"自然秩序"，这个术语涉及自然社会契约的概念以及统治经济过程的不变法则。重农主义者对政府的干预持谨慎态度，这与他们最著名的成员弗朗索瓦·魁奈（1694—1774）的名言——"自由放任，自由通行"相一致。对于生活在君主专制下的重商主义时代来说，这无疑是一种激进的想法。

与重商主义者注重贸易平衡和黄金积累相反，重农主义者认为国家的财富完全来自农业，制造业产品的生产相当于农业剩余的消耗，租金是土地所有者向需要土地进行农业生产的人收取的报酬。

重农主义者最具革命性的贡献来自他们对经济和价值创造的方法论。在这些方面，他们被一些人认为是最早的经济学家；他们是最早将经济视为一个系统的人。

18 世纪中叶，路易十五国王的医生兼顾问弗朗索瓦·魁奈提出了第一个系统的价值理论，该理论对生产性的经济活动和非生产性的经济活动进行了分类。在他于 1758 年出版的重要著作《经济表》中，以新陈代谢作为类比，说明了价值是如何在经济中被创造和流通的（水泵引入了新的价值，而排水管将价值从系统中排出）。魁奈的模型展示了整个经济是如何利用少量人创造的价值使价值总量不断增长的。

价值这一主题在重农主义思想中占据了重要地位，但他们对生产性和非生产性工业活动的分类仍然受到政治的影响。[20] 魁奈将农民视为少数的价值创造者，由于贵族和政府都对农业课以重税，农民面临着巨大的压力，重商主义政策进一步增加了农产品价格的压力，它们压低价格来支持以出口为导向的制造业部门，从而可以获取更多的黄金来增加国家财富。

魁奈的《经济表》支持农民反抗重商主义者的压迫，它认为所有价值都来自土地。[21] 他对活动的分类颠覆了重商主义者的做法，即将交换和获得的黄金放在价值创造的中心，虽然只限于农业生产方面，但现在价值与生产变得密不可分了。[22] 魁奈在书中提到，只要生产的东西多于消费，产生的剩余价值可以进行再投资，从而推动经济持续增长。相反，如果非生产性部门的价值提取超过农业的价值创造，经济就会衰退。这个剩余价值和再投资推动经济前进的观念被古典经济学家所采纳。

魁奈对经济的描述是全面的，但他对生产活动的定义却非常狭隘。与他同时代的图尔戈也认为财富完全来自土地，但他看到了为农民提供生产材料的工匠的作用。他认为地主只是一个负责收取租金的"可被替代的阶级"，但他也承认，这种可被替代的阶级可以提供一些服务来满足社会的一般需求。

重农主义者的方法补充了理查德·坎蒂隆（1680—1734）的土地价值理论。坎蒂隆在法国曾是一名成功的投机者，后来出版了一部早期经济理论的重要著作《关于一般商业性质的论文》，这是少数几本涵盖了客观和主观价值学派的文本之一。关于客观价值理论，坎蒂隆像配第一样从劳动力与土地价值论开始，但随后他通过假设规模报酬不变将劳动者的价值与他们消耗土地产出的两倍相等，同时允许劳动者的技能和地位存在差异，从而将内在价值的决定因素只局限于土地生产要素。他还发现了当市场价格偏离内在"土地"价值时，资源在不同市场之间分配的方式。对于主观价值理论，在确定短期市场价格的供求机制方面，坎蒂隆开创了一个两阶段的一般均衡模型，并且对它进行了细致的描述（尽管不涉及长期自然价格），这使他成为 19 世纪边际主义革命的奠基人。

重农主义者对价值和价值创造的理解做出的主要贡献是他们强调经济

作为一个系统的重要性，探索收入的不同来源并明确考虑其分配。尽管在今天看起来晦涩难懂，但魁奈的《经济表》将经济视为一个复杂的有机体，和人体一样，经济需要被分析、理解和培育。经济不能简单地由商人阶级或君主随意支配。米拉波伯爵是法国大革命期间的重要人物，他认为魁奈的《经济表》的重要性仅次于印刷术和货币的出现。[23]

然而，重农主义者的观点并没有经受住时间的考验，也许是因为随着工业化的迅速发展以及生产过程的根本性变化，重农主义者关于土地是所有价值来源的结论很快就受到了质疑。魁奈去世一年后，理查德·阿克赖特申请了织布机的专利，博尔顿和瓦特创办了生产蒸汽机的公司。英国工业革命正在如火如荼地进行。

古典主义者

到 18 世纪末，工业革命的经济、社会和政治成果催生了一系列杰出思想家的新经济价值理论。这些人被称为"古典主义者"，[24] 其中包括影响至今的伟人：亚当·斯密、大卫·李嘉图。

古典主义者关注的焦点是政治经济学，他们将经济学研究纳入社会研究的范畴。他们关注市场的发展，并结合当时的社会发展和技术变革情况研究价值的增长和分配。他们所在的时期经历了前所未有的经济增长、城市化、工业化和全球化。古典主义者可能会惊奇地发现，如今经济学被认为是一门中立的技术学科，可以脱离这些背景进行独立研究。[25]

尽管古典经济学家的观点在许多方面存在差异，但他们有三个基本观点是一致的。

- 第一，商品和服务的价值是由生产它们的投入的价值决定的，主要是劳动力。

- 第二，经济从根本上来说是动态的，工人、地主和实业家之间的关系随着新的技术和生产方法的变化而变化，这个过程推动了价值创造并改变了价值分配。
- 第三，交换过程是价值分配和创造的核心。例如，李嘉图关注对外贸易中货物交换的收益，有的学者则关注劳动力的交换价值和收入分配。

与其他古典经济学家不同，亚当·斯密关注整个经济和社会领域的交换。对于斯密而言，人类生活的方方面面都涉及交换，因此我们不能将他对市场和价值创造的理论从研究的社会背景中分离，就像我们无法将宗教法哲学体系的价值观与其社会哲学和教会法学分离开来一样。

亚当·斯密于 1723 年出生在法夫郡的柯科迪。他的父亲曾担任高级律师、法官和当地海关审计长，但在斯密出生的两个月前就去世了。斯密的母亲名叫玛格丽特·道格拉斯，是同样位于法夫郡斯特拉森德里的土地主罗伯特·道格拉斯的女儿。斯密与母亲关系亲密，母亲鼓励他追求自己的学术抱负，斯密 14 岁时在格拉斯哥大学学习社会哲学，然后在牛津大学的贝利奥尔学院继续学业，正如他的传记作者杰西·诺曼提到的，斯密在牛津大学过得并不快乐，因为他所在的学院可以用"支持雅各宾派，保守党，派系斗争，学费昂贵并且对苏格兰人有偏见"几个词来形容；而亚当·斯密则是长老会教友，是辉格党人，是善于交际、穷困潦倒的苏格兰人。[26]

毕业后，斯密在格拉斯哥大学举办了一系列成功的演讲，获得格拉斯哥大学的道德哲学教授职位，并与大卫·休谟开始了终生的合作和友谊。之后，他接受了一个家教职位（负责教导苏格兰最富有的地主布克利公爵的儿子），这使他能够周游欧洲，在那里他遇到了包括魁奈在内的同时代其他知识分子领袖，又在回到不列颠群岛后遇见了本杰明·富兰克林。

斯密出版了两部权威著作，1759 年的《道德情操论》和 1776 年的《国富论》。《国富论》是经济学中被购买次数最多、引用次数最多但阅读次数最少的书。要全面理解斯密的思想就不能孤立地研究它，而是要结合在他之前的学者的思想。

作为经济学之父，斯密持久的影响力证明了他学术成就的深度和广度。例如，在英格兰银行工作期间，我们在思考加密资产时代货币的未来以及2008年金融危机后重建金融市场的社会基础时，都会借鉴他的思想（这些都是本书后面的主题）。在这个过程中，我们受到了斯密关于政治、道德、伦理和法理学方面思想的启发。事实上，斯密的著作警告我们不要错误地把货币等同于资本，也不要将经济资本与社会分割开来——这些错误可能是由那些未完整阅读《国富论》的人造成的。斯密被讽刺为"自由放任之父"，这严重低估了这位最富有思想和博大胸怀的世俗哲学家。"看不见的手"一词在那本书中只出现过一次，但在斯密的作品集中却出现了三次。[27]

斯密解释了为什么在他有生之年苏格兰能够经历如此惊人的转变，并成为欧洲启蒙运动的中心，集中研究了商业社会的演变对文化、经济和社会的影响——那一刻人们摆脱了对他人的依赖，进入了一个商业互动的世界，在那里每个人都是以交换为生的商人。[28]

他还有一个更深入的项目。他研究了人类生活的所有主要方面（哲学、宗教、政治经济学、法学、艺术、科学和语言），以便构建一个关于人类的科学，为人类知识的每个领域都提供基础。为了使成果更具科学性，斯密的结论是基于观察和经验得出的，而非教条主义。

贯穿斯密所有作品的核心概念——持续的交换是人类互动中的一部分。这不仅包括在市场上交换的商品和服务，还包括语言的交流，以及在形成道德和社会规范中互相尊重和赞赏。人类是社交性动物，他们通过行动和相互影响在他们存在的领域中塑造自己。

斯密撰写《道德情操论》的目的是解释人类道德判断能力的来源，因为人们在生命之初并没有道德情感。他认为，我们通过希望"爱和被爱"

（即被人友好地看待或尊重）来形成我们的规范（价值观）。斯密提出了一种"心意相通"理论，这个理论提到，观察他人并看到他们做出的判断，能使人们了解他人是如何看待自己的行为的（从而更加了解自己）。人们从感知（或想象）他人的判断中得到的反馈会激励人们实现"情感上的相互感应"，这可以引导人们养成习惯，进而形成行为原则，从而构成他们的道德感。

因此，道德感不是与生俱来的。用理查德·道金斯的现代术语来说，它们是被学习、模仿和传承的社会文化基因。就像遗传基因一样，它们也会有发生变异的可能。

斯密是第一个推动经济学重心转移到市场的经济学家，这从根本上重新定位了政治经济学。具体来说，《国富论》是建立在市场交换的基础上，而这些市场是商业社会的核心。他有一段很著名的话，描述了这种"看不见的手"在起作用：

> 我们希望晚餐不是来自屠夫、啤酒酿造商或烘焙师的慈善行为，而是出于他们对自身利益的考虑。我们与他们打交道时，并不是基于他们的人道主义，而是基于他们对自我利益的追求，我们从不谈论我们自己的需求，而是讨论他们的利益。[29]

我们必须将斯密对市场的理解置于更广泛的社会背景中。他强调市场的形成可能是出于私人目的，但它们是不断演进的社会秩序的一部分，必须具有公共价值。斯密不会认同现代以经济学和政策制定为主要目的，脱离实际的数学架构市场。相反，市场是活生生的体系，植根于当时的文化、实践、传统和信任，这是他的第一部著作《道德情操论》的精髓之处。[30]

斯密还认识到市场并不是单一的、仁慈的，但就像每个人都不同，市场虽然有共同的特点，但它们之间也并不是完全相同的。斯密对市场的实际运作方式（从粮食市场到汇票市场）有着深入的了解，因此他严格区分了土地、劳动力、金融资产和商业产品市场的运作方式。

斯密也讨论了当市场出现问题时会发生什么。他深知垄断可能造成的破坏，并认为自由市场应该是没有垄断租金的市场。他对重商主义者（现在我们可能称之为裙带资本主义者）进行了猛烈抨击。就像魁奈一样，他认为重商主义政策限制了竞争和贸易，并削弱了工业发展，而工业是经济价值创造的真正来源。

斯密通过对市场的以下分析，推动了我们对价值的理解。

第一，他证明了以社会信任为基础的市场是推动经济繁荣的动力。他对别针工厂劳动分工的描述揭示了竞争和工作组织变革的结合能够提高生产效率，推动经济增长，实现"普遍富裕"。[31]

第二，斯密采用了和重农主义者相同的系统性经济增长方法，但他将经济生产领域的概念从农业扩大到了工业。在这两种体系中，增长都是来源于剩余价值被二次投资于生产性活动中（在斯密的案例中是制造业），而不是来源于非生产性的奢侈品消费或寻租活动。

第三，斯密不认可企业控制政府的市场运作方式。他不断警告人们商业利益中存在共谋，包括制定"能够从买方身上榨取的"最高价格。他提到，企业主导的政治体系将允许行业损害消费者的利益，并影响政治和立法。[32] 他倡导自由贸易以打破重商主义者的权力，并提高制造商在竞争市场中所占的份额。

虽然斯密对市场和工业组织的理解具有原创性，但他想创立一种正式的价值理论的尝试却不太成功。与魁奈的观点不同，他认为商业社会中的工人才是生产型经济的核心，而不是农业社会中的农民。制造业劳动力才是价值的主要来源，总价值的创造与工人在生产上所花费的时间成比例：

> 因此，对于拥有某种商品的人来说，如果他不打算使用或消费该商品，而是想用它换取其他商品，那么该商品的价值等于商

品中暗含的劳动量。因此，劳动才是衡量所有商品交换价值的真正尺度。[33]

斯密承认，劳动力质量的差异意味着生产一个物品所需的工作时间并不等同于工人的努力程度。他还强调了商品的"实际"价值（由劳动力决定）与商品的货币价格（他称之为"名义"价格）的区别："因此，劳动力本身的价值永远不会变化，它是唯一一个真正的标准，通过它可以在任何时间和地点估计和比较所有商品的价值。劳动才能衡量商品的真实价格；货币只能表示它们的名义价格。"[34]

斯密在论述中提到，在物物交换的经济中，商品可以更容易地按照它们暗含的劳动力比例进行交换，举例说明："如果在一个以狩猎为生的国家，杀一只海狸的劳动成本是杀一只鹿的两倍，那么一只海狸应该用两只鹿来交换。"[35]

在一个几乎所有交易都使用货币的世界中，商品的价格是对该商品最终真实价值的"估计"。斯密没有回答市场价格与劳动价值之间差距的问题，而是将这一问题留给了李嘉图等人，让他们来进一步发展劳动价值理论。

尽管斯密强调有效的市场运作需要特定的情感因素——信任、公平和诚信，但他没有认识到估值行为会改变这些情感。正如我们在后面的章节中将提到的，这可能引发一个动态过程，破坏市场运作的同时改变社会的价值观。

可以说李嘉图是他那个时代最伟大的经济学家，他于 1772 年出生在伦敦，现在的利物浦街车站附近，他的家里有 15 个孩子，而他在 6 个儿子中排行第三。他的父亲是来自葡萄牙的西班牙裔犹太人，在荷兰待了一段时间后定居在英国。李嘉图跟随他的父亲进入伦敦金融城，通过买卖政府债券发了财（相当于今天的 1 亿多英镑），据称他在押注滑铁卢战役时猜对了结果。拥有大量财富的他回到了格洛斯特郡的庄园，之后他阅读了《国富论》，并对政治经济学产生了浓厚的兴趣。

大卫·李嘉图关于政治经济学的著作比斯密略逊一筹（因为他并不渴望全面了解人类科学），但他的思想同样具有影响力。李嘉图以至少两项惊人的贡献进一步发展了斯密的关键内容。首先，他通过比较优势理论提出了一个令人信服且独创的自由贸易案例。其次，他正式确立了劳动价值理论。[36]

1815 年，英国对拟定的《谷物法》产生了争议，该法旨在规范谷物的进出口，并在此过程中保护国内地主的经济利益。对小麦进口征收关税以及由此导致的国内谷物价格上涨促使李嘉图发表了他颇具影响力的《玉米低价对股票利润的影响》论文（1815 年）。他在文中指出，提高谷物进口关税会增加地主的租金，减少制造商的利润，并减缓经济增长。

李嘉图反对《谷物法》更是出于厌恶重商主义，这一点他与亚当·斯密是一致的。斯密认识到贸易是一种双向交换，进口可以帮助各国增加出口并促进经济增长。斯密在《国富论》中指出，消费者应该从最便宜的地方购买产品，保护主义只会造成垄断，这是"一种对良好管理的阻碍"。

李嘉图进一步发展了斯密的思想。首先，他阐述"边际收益递减规则"的定律，这是经济学中最重要的概念之一。该定律认为，随着生产中越来越多的可变投入与固定投入相结合（例如，随着更多的劳动力和机器在一块固定的土地上使用），边际产量将会减少。限制进口将使更多的土地投入生产，提高粮食价格，增加地主的租金，减少制造商的利润，从而降低他们投资新生产的能力。在第 2 章中会提到，需求方面的类似原理是边际效用递减的，即消费的某种商品的数量越多（比如在晴天消费的冰激凌），每多吃一勺所带来的享受就越少。

李嘉图对《谷物法》以及重商主义的反对观点是基于他的比较优势法则（最初称为"比较成本"）。他表明，即使一个国家生产所有的商品都比另一个国家更有优势，仍然可以通过两国之间生产效率的相对差异实现贸易的收益。这些收益来源于每个国家都会专门生产其相对（国内）成本较低的商品。对于国家来说，与其在自己的经济体系中用自己的劳动力进行交换，不如与贸易伙伴以更有利的条件进行交换。正如伟大的保罗·萨缪尔森曾经打趣的那样，"比较优势是经济学中为数不多的真理之一，但它并不容易被人们发现"。本书详细描述了这个不明显的真理。

李嘉图以他的劳动价值理论开始了他最著名的著作《政治经济学及赋税原理》（1817 年）：

> 商品的价值，或它所交换的任何其他商品的数量，取决于生产它所必需的相对劳动量，而不取决于为该劳动支付的报酬。[37]

他区分了商品或服务的价格及其潜在的价值。像亚里士多德和亚当·斯密一样，他认为两种商品之间的相对价值是由制造它们所需的相对劳动量决定的。

根据劳动价值理论，如果生产一瓶葡萄酒需要的劳动时间是生产一块面包的两倍，那么葡萄酒的价值将是面包的两倍。在短期内，实际价格可能会随着工资和利润而波动，但长期来看，它们会恢复到由生产它们的劳动力数量决定的自然价值上。李嘉图通过加入土地（租金）和资本（利润）报酬因素来扩展这一理论，然后集中研究生产要素报酬分配的变化。

他用时间作为劳动力数量的衡量标准，通过比较工资与生产率来表示不同的劳动技能，他假设资本对价值的影响被抵消，因为它仅仅储存在劳动力中。他补充了土地租金理论，认为租金是由商品价格决定的（而不是决定商品价格），并提供了利润对价值产生不同影响的原因（例如不同行业的资本密集度不同）。[38]

在《政治经济学及赋税原理》中，李嘉图制定了决定"社会三个阶级"（地主、劳动者和资本所有者）生产的一切产品的分配的法律。他将工资分配视为最终调节一个国家的增长率和财富的问题。

李嘉图认为，劳动回报将趋向于以食物价格为基准的温饱工资（后来被称为铁律)。随着必需品成本的上下波动,工资也会相应上下变动,利润以相反的方向变化。李嘉图还确定,租金会随着人口增长而增加,因为收益递减导致生产食物的成本升高。正如他在《利润论》中指出的那样,"利润取决于工资的高低,工资取决于必需品的价格,而必需品的价格主要取决于食品的价格"。

李嘉图的增长和积累理论由此而来。随着利润的增长,资本家进行投资并扩大生产,从而创造更多的就业机会并提高工资。这鼓励了人口增长,随着更多土地投入生产,工资又回到了维持生计的水平,这反过来又增加了利润(和租金)并循环往复。随着经济的增长,越来越多的人仅能获得维持生计的工资。

由于食品价格最终会对工资产生影响,农业生产率越高,食品价格越低,工资就越低,制造业的利润也就越高。这些利润可以再投资于制造业的进一步增长(生产性消费)。如果农业生产率较低,就没有剩余可用于再投资,也就没有增长。租金会消耗利润,从而拖累经济增长。

李嘉图的方法有两个主要缺点。第一,他的分析倾向于集中在货币和财政上,而低估了生产组织和经济机构的重要性。[39] 最奇怪的是,尽管他仔细阅读了斯密的著作,但没有提到分工作为经济组织的基本制度。

第二,李嘉图对他的劳动价值理论的推导有一个根本的缺陷:如何解释各种生产要素回报的时间差异。为了将劳动确定为价值的唯一决定因素,他需要建立资本和劳动之间的关系(就像他基于食物价格和温饱工资之间的关系对土地和劳动之间的关系做出了解释)。他的解决方案是将资本视为累积的劳动(通过观察制造机器需要如此多的工时)。但当他意识到劳动回报的时间跨度(即每日、每周或每月工资)远远短于物质资本回报的时间跨度(通常延续数年)时,他的解决方案出现了问题。[40]

这便留给后人去解决。

斯密、李嘉图等人都将工业包括在内重新划定了生产可能性边界,并关注工业革命带来的新生产过程对劳动力和资本回报的影响。他们都认为价值来源于生产成本，尤其是劳动力，任何后续活动，如金融，本身并没有创造价值。

尽管后来有研究者使用了经典的价值概念，但得出了与经典的价值观点截然不同的结论。这将需要更多正统价值理论家的回应。事实上，他们并没有等太久。

正如我们将在随后的章节中看到的那样，这种反应设置了一个过程，从根本上改变了对价值的看法，从生产的商品或活动的内在，转变为旁观者眼中的外在的消费。我们将商品、活动和劳动力的市场价格等同于它们的价值以及社会价值。如果不认清这一点，可能会对我们理解当今社会如何成功应对第四次工业革命和新冠疫情所造成的巨大结构性变化产生深远的影响。

第 2 章

价值视角——主观价值

如果说美是主观的，那么价值呢？

几年前，一位神秘买家以 4.5 亿美元的价格买下了一幅刚被发现的达·芬奇的基督救世主肖像画，打破了公开拍卖画作金额的纪录。如果是你，你会如何估值这幅受损严重、大部分都是由修复者重绘的 15 世纪画作？这幅画原本描绘了教导"穷人有福"的"世界救世主"，现在却成了世界上最富有的人之一的私人收藏，为什么放大了它的稀有度，它真正的价值却被模糊掉了呢？

大约在那场拍卖的同一时间，艺术家达米安·赫斯特向我提出，他计划用 2000 幅几乎完全相同的点画来创造他自己的货币，画作的尺寸定为 8 英寸⊖乘 12 英寸，并在它们的背面用歌曲名称进行区分，然后这些画作会

⊖　1 英寸为 2.54 厘米。

被出售，他会设立一个市场以便它们被交易，从而使这些艺术品处于交换的过程中，它们也会因此正式具有交换价值。赫斯特的想法很独特，作为这个时代最具商业价值的艺术家之一，他将艺术与现代价值和货币价值相融合，同时他还将艺术品估价行为变成了一种艺术创作和商业交易行为。

然而"为艺术而艺术"的概念为何消失了呢？在新冠疫情期间，泰特现代美术馆馆长弗朗西斯·莫里斯提到，知名的大型展览会虽然使博物馆实现了商业上的成功，但也"排挤了其他同样重要和有价值的事物，例如我们的学习和社区团队的工作，以及泰特现代美术馆为国家保存的大量英国艺术品和国际艺术藏品。这些有形资产和无形资产是无法用数量和金钱来衡量的"。[1] 莫里斯呼吁我们应该"优先考虑我们真正重视的东西"：环境可持续性、周围的社区群体、教育和参与度。如果人们能够重新重视艺术的真正价值和其社会意义，这将会重塑这座巨星般博物馆的价值观。泰特与新古典主义革命时期的经济学家是同一时代的人物，[2] 正是该经济学派对价值和价值观的影响促成了泰特现代美术馆目前的这场运动——让艺术"成为一种社交空间而非市场"。[3]

新古典主义者发起了一场可与哥白尼革命相媲美的价值理论剧变。哥白尼将宇宙的中心从地球转移到了太阳，而新古典主义者则将价值理论的核心从生产的客观因素转移到了消费者的主观因素。

正如我们所见，在客观价值理论中，劳动力的价值决定了产出的价值。而新古典主义者扭转了这种因果关系，人们为能够满足特定需求的最终商品赋予价值，才使参与创造它们的投入有了价值。劳动力不赋予商品价值，劳动力之所以有价值，是因为用它创造的最终产品是有价值的。简单来说，价值是从消费流向生产，而不是从生产流向消费，投入的价值来源于我们给予产出的价值。

新古典主义者通过消费者效用的（或有用性）差异来解释价值。这些经济学家倾向于根据杰里米·边沁的功利主义来定义效用，而不是约翰·斯图尔特·穆勒的福利主义，我们将在随后的章节中看到这种区分。

新古典主义继承了早期思想家的观点，他们的核心观点体现在威廉·杰文斯的陈述中："价值完全取决于效用。"[4] 早期的思想家，如亚里士多德和托马斯·阿奎那，虽然他们更关心道德和"公正价格"的规范，也从未将效用概念作为他们分析的核心，但他们承认需求（或效用）在确定价值方面的重要性。他们对需求和效用的研究采用了不同的分析框架。

阿奎那之后的几个世纪，达万扎蒂在他的《钱币论述》中将价值和效用联系起来。他认为，无论生产一种商品的成本如何，当商品进入市场时，其价值就将完全取决于买方期望获得的效用，而商家所设定的价格也是依据他们对顾客需求的了解。

英国思想家尼古拉斯·巴邦（1640—1698）通过提出自然价值与市场价格的关系，预先研究了主观效用理论。他认为，"所有商品的价值都来源于它们的用途，毫无用处的东西是没有价值的，就像英语谚语说的，它们一无是处"。[5]

不久之后，意大利神职人员兼外交官费迪南多·加利安尼（1728—1787）借鉴达万扎蒂等人的思想，发展出一种关于价值和稀缺性的效用理论，他也因此被誉为"边际革命之父"。在其担任那不勒斯驻法大使的秘书期间，他打击重农主义者，并认为重农主义者的观点是不切实际且危险的。

同样，与重农主义者同时代的约翰·劳（1671—1729）将供给和需求结合起来，对价值理论的发展做出了重要贡献。在他关于土地银行的论文中，劳描述了著名的水与钻石价值悖论，他的观点是将效用与稀缺性结合起来，但与他的前辈不同，他强调供需共同决定价值。不幸的是，这种二元分析一直被压制了近200年，直到新古典主义者将其重新引入。

英国哲学家和政治经济学家约翰·斯图尔特·穆勒（1806—1873）放弃了古典经济学（如李嘉图）对绝对价值的探索，他认为，"商品在市场中的价值等于市场中供给和需求相等时的价值"。[6] 穆勒还研究了需求对不同时间段的供给的影响，并提出了供需最终会趋于平衡的观点。他的观点对新古典主义学派的产生与发展有着重要的影响，但他并不认同基于效用而非福利的价值函数。

让·巴蒂斯特·萨伊（1767—1832）反对劳动价值理论，并试图直接论证效用是如何反映在价格当中的。在 1803 年出版的《政治经济学概论》中，他指出，效用是满足需要的能力，而价值源于效用。进一步来说，价格是价值的衡量标准，而价值是效用的衡量标准。因此，价格可以衡量效用，这也是它的起源。这更像是一种自圆其说而不是证明，但它仍然保留了效用的理念。

对于主观价值理论来说，最重要的突破是新古典主义经济学家引入了另一个革命性的概念——边际效用。在 19 世纪 70 年代，英国的威廉·杰文斯（1835—1882）、瑞士的莱昂·瓦尔拉斯（1834—1910）和奥地利的卡尔·门格尔（1840—1921）以不同的方式证明了价值是由边际概念确定的，价值并不取决于商品的总供应量，而取决于某个特定时间和地点能够被购买或销售的单位。

举个例子，假设一位消费者愿意花 100 美元买一双价值只有 60 美元的鞋在工作时穿，他还愿意额外买一双同样的鞋在周末穿，但只愿意为第二双鞋支付 80 美元，这是因为他已经拥有一双鞋了，第二双鞋给消费者提供的效用增加值要少一些。该消费者从两次购买中获得了 180 美元的总效用，但实际价值只有 120 美元，这 60 美元的差额被视为"消费者剩余"。

如果消费者愿意购买第三双鞋（作为备用），但只愿意出 60 美元，那么这次购物的总效用将增加到 240 美元，价值将达到 180 美元，由于消费者愿意对第三双鞋所支付的最高价格等于实际价格，故消费者剩余仍然为 60 美元。

每双鞋购买的价值是其"边际价值"而不是购买的平均总价值，因为每双鞋在消费者心目中的价值并不相同。主观主义认为，效用是由消费者在特定时间和地点的偏好决定的，边际效用递减意味着随着消费数量的增加，效用的增加量会不断减少。正如门格尔所写：

> 价值不是商品固有的东西，也不是商品的属性，更不是独立存在的东西，它是理性经济人从支配商品，以及维持自身生活和福祉的角度，对商品重要性的判断。因此，价值不存在于人的意识之外。[7]

因此新古典主义者认为价值是主观的和"边际"的，因为价值是通过人们的"判断"和"意识"来决定的，并取决于"（我们）可支配商品的数量"，而不取决于其总的存量。

考虑如何利用边际主义和主观主义来解释水和钻石悖论。正如劳观察到的那样，水和钻石价值的差异来源是相对稀缺性，再加上商品边际效用的递减，意味着商品持有或消费的越多，价值越会降低。但我们也不能抛开偏好来讨论价值，偏好取决于个人、时间和环境，在沙漠中，水会反过来变得比钻石更珍贵。

"边际思维"已成为经济学思维的核心。我们在做选择时考虑的不是特定商品或服务的总收益或总成本，而是特定环境下这一特定单位的收益和成本。在决定是否购买一双鞋时，我们根本不考虑鞋的总收益，相反，我们考虑的是这双鞋加进我们衣橱中的好处。边际效用才是关键，而不是总效用。当我在读研究生时，我们大学的酒吧标榜自己"比当地西门酒吧好一点点"，这种说法对于经济学家来说很有吸引力，他们每晚都会光顾，但奇怪的是，社会学家或政治科学家却对它没什么兴趣。经济学家习惯性地应用理性人的边际效用最大化来解决现实问题，这种局限性思维会导致经济学家在思考问题时存在盲点。

杰文斯的《政治经济学理论》和门格尔的《经济学原理》都在 1871 年发展出了边际分析的新工具，但他们错误地只寻找效用和价值之间单向的因果关系。对比之下，瓦尔拉斯和阿尔弗雷德·马歇尔（1842—1924）则看到了供给和需求是相互依赖的，价值的决定涉及整个经济系统。

瓦尔拉斯独立地发现了边际效用的概念，但与杰文斯和门格尔不同的是，他看到了一个复杂的相互关联的经济体系。在他的《纯粹经济学原理》中，瓦尔拉斯创建了一般均衡理论模型，将供求两方面的影响融合在整个经济中。这个联立方程的数学模型得出了这样的结论："在一般均衡中，一切都是相互影响的。"[8]

同时，马歇尔将古典分析的精华与边际主义者的新工具相结合，考虑供求之间的同步交互作用来解释价值。他的众多见解之一是，由于技术扩散和竞争，市场会随时间而变化。

马歇尔将他的分析分为四个阶段。第一，短期内市场总供给不变，商品的价值完全由需求决定。第二，短期内企业整体规模不变，供给和需求共同决定了价值。第三，在中期内企业规模可以改变，供给对价值的影响取决于行业是规模报酬不变、规模报酬递增还是规模报酬递减。第四，长期内，技术和人口均可以发生变化，供给侧条件占主导地位。

对于马歇尔而言，将时间和经济变量的相互依赖性以及技术变革考虑进来可以解释关于价值的争议："和争论究竟是剪子的上刀片还是下刀片在剪纸一样，我们没必要争论价值到底是由效用决定的还是由生产成本决定的。"[9]

自新古典主义以来的一个世纪里，主观价值理论已成为主流。亚当·斯密的"看不见的手"（通过市场交换来满足我们的需求），已经通过福利经济学第一基本定理得到了形式化和概括。这个定理在数学上证明了竞争市场可以带来最优均衡结果，即没有使人变得更好，而又不损害其他人利益的改进方法（称为"帕累托最优"），且所有的边际收益和边际成本都相等。人们有时会忘记，这个结果仅在理想化的条件下才会成立，即满足完全竞争（没有垄断或寡头垄断）、完全市场、没有交易成本、完全信息和

"非饱和"偏好的严格条件。

通过主观价值理论（该理论认为价格等于价值）和"看不见的手"的粗浅理解（在隐形的社会资本的理想状态下，市场能够实现最优的经济结果），可以推导出这样的观点：所有的市场经济结果就等同于价值创造，它们能促进国家的经济繁荣和福利提升。

在思考这一共识的潜在结果之前，重要的是我们要先更深入地思考最大化效用的含义。

主观或边际价值理论认为，所有的收入是对生产活动的回报，这个回报等同于商品或服务的价格，也等同于它的价值。换句话说，商品或服务所提供的回报等于它提供给购买者的效用。在竞争市场的严格条件下，经济中所有以效用最大化原则进行交易的总和实现了"最大多数人的最大福利"。

这是 19 世纪杰里米·边沁、约翰·斯图尔特·穆勒和亨利·西奇威克开创的功利主义在经济上的表现。功利主义认为，最合乎道德的选择将为最多的人带来最多的利益。"效用"是我们一直广泛使用的常见概念，但如果只从福利或幸福的角度来看，这个概念可能会有些狭隘。边沁将效用定义为：

> 存在于任何事物中的财产属性，它倾向于为利益受影响的一方产生效益、优势、愉悦、美好或幸福，又或是规避损失、痛苦、邪恶或不幸。[10]

这里需要重新定义幸福的概念，人们关心的其实不仅是"快乐"，还包括找到生活的意义和目标。仅仅关注快乐和痛苦的那种功利主义福利措施是不够的，人们追寻的不仅是幸福，还包括寻求意义。有些东西（工具、金钱）主要具有使用价值，而其他东西（友谊、知识）的价值在于其本身。用穆勒的话来说：

> 幸福不仅是人性的道德部分，人类追求的东西也不仅是功利

或快乐带来的满足，还包括对道义、荣誉、美感、力量和行动以及安逸的渴望……人类，这种最复杂的存在，在边沁眼中过于简单了。[11]

卡斯·桑斯坦是世界上最有智慧的监管者和学者之一，根据他的经验，实际的成本－效益分析是为了实现穆勒的福利主义，而不是边沁的功利主义。桑斯坦对现代成本－效益分析的发展做出了贡献，并在担任奥巴马政府信息和监管事务办公室主任时，监督成本－效益分析的使用。根据法律，美国的法规必须经过严格评估，以确定它们是否使人们的生活变得更好，而这并不是简单地看"幸福"的增量是否超过了"不幸福"的增量。根据他的经验，成本－效益分析的适用范围远比边沁的功利主义更为广泛：

> 成本－效益分析不仅关注快乐和痛苦，尽管这些也很重要。成本－效益分析囊括了与人们福祉息息相关的一切，包括身心健康、免于痛苦、意义感、文化、清洁的空气和水、动物福利、安全食品、原生态地区和公共建筑的使用等。[12]

评估公共政策的一大挑战是如何衡量没有被市场定价的事物，这称为"认知问题"。政策制定者已经开发了一系列工具来解决这个问题，包括随机对照试验、回顾性分析和"测量和反应"策略。所有这些策略都试图为"不能用金钱购买的东西"赋予货币价值，以便对福利政策进行全面评估。他们努力证明认知问题是可以克服的，这凸显了一个现实，即人们持有的许多价值是无法被市场估价的，所以市场价值的总和并不等于总福利。

举一个价值无法通过市场价格来衡量的例子，即生命本身的价值，新冠疫情是人们在绝对价值和质量调整的基础上对生命价值评估的一次实践，在实际医疗资源有限的情况下，人们要对患者进行分流，对医疗资源重新分配。还有那些有关安全措施的监管决策，以及平衡健康和经济考虑的重要决策。[13] 我们会在第 10 章探讨这些问题，那些无法被市场定价的事物普遍存在，这凸显了理解社会价值观的重要性。

简而言之，价值经济理论的发展从客观（价值与生产要素以及生产如何发生）到主观（价值由人们的偏好决定）到如今人们普遍认为价格可以反映价值。市场决定了价值，并且它反映在供给曲线和需求曲线的交叉点上，越来越多的人将这种价值与社会价值观等同。

雄关漫道真如铁，而今迈步从头越。纵观历史，价值理论一直植根于当时的社会经济环境和政治经济，并反映了当时的社会价值观，这就是为什么早期经济学家区分了那些生产性和非生产性、价值创造和价值提取的活动。今天，非生产性活动和价值提取的概念基本被抛弃，市场上的所有回报都被看作价值创造的回报，所有可以定价的东西都可以描述（或错误地被描述）为促进了国家的财富（和福利）。

价值概念（一个世纪前是经济理论的同义词）现在很少被讨论。经济学家玛丽安娜·马祖卡托在她的权威著作《增长的悖论》中强烈主张我们需要"对价值的争议进行一场辩论"。[14] 特别是，她要求人们更多关注价值创造过程、利益分配，以及活动对福利的贡献。

马祖卡托预警了"经济理论和概念的应用"中隐含的危险——我们谈论事物的方式会影响我们的行为。因此，制药公司实行"基于价值的定价"，金融投机已从"半寄生"转向价值创造。[15] 主流公司治理通过将股东描绘成最大的风险承担者来提升股东价值，同时淡化工人在职业生涯中承担的风险或公共和社会基础设施的好处。对于马祖卡托来说，在一个价值概念"非常模糊"的世界里，任何人都可以称自己为"价值创造者"。

这种主观价值方法的主导以及对其局限性和影响的普遍无知会产生各种后果。这些后果可以被分为四类：市场失灵、人性弱点、国家福利和市场情操理论。

市场失灵

所有的经济理论都建立在一系列假设之上，而且它们的许多结论只在非常特殊的情况下才成立。主观价值理论也不例外。正如我们所见，主观价值理论的核心假设是一个完全竞争、商品和市场完备的理想化世界，在这个世界里，消费者遵循理性经济人的原则行事。

在现实市场中，这些假设在很多情况下都不成立，这会造成私人价值和社会价值之间出现分歧。

- 当存在寡头或垄断时，均衡时的边际收益大于边际成本。换句话说，当企业拥有支配市场的力量时，价格会变得过高而产量会变得过低。通常，市场力量的存在是因为规则、监管或市场结构（例如，社交媒体中的网络外部性）。回想一下斯密关于政府被企业挟持的警告，以及他认为自由市场不存在租金的这一观点。

- 当存在外部性时，与市场交易相关的成本或收益被第三方承担或享受，而它们对此无法控制。这些外部性没有反映在市场价格中，导致生产量过多或过少，不符合社会最优的目标。负外部性是气候危机的重要原因之一。尽管外部性可以解释产权在实现社会最优结果方面的局限性，但私人行为者未能考虑到其行为对他人造成的伤害，这从广义上讲也是一个价值观问题。

- 当存在不完全市场时，可能存在多个均衡，其中许多均衡与福利最大化并不一致。在金融领域通常假设完全市场，例如为了对冲风险，当出现不完全市场时，可能会造成大范围的损失。正如我们将在第7章中看到的那样，这可能会导致市场价值的巨大波动，并对那些与金融交易无关的人造成不利的经济后果。

如后续章节所解释的那样，此类现实问题一直是从金融到气候等多个领域危机发生的核心原因。

主观价值理论也是从更深层次的市场条件中抽象出来的，以使市场更加公平有效。正如斯密强调的那样，市场是活生生的机构，植根于文化、实践和传统。正如我们看到的那样，信任、诚实和公平这些价值观对有效的市场运作至关重要，它们不应该被假定或视为理所当然，毕竟斯密强调，社会的实践、习俗和价值观是通过情感共鸣的过程建立和加强的。经济资本的增长需要靠社会资本来培育。

人性弱点

尽管主观价值模型中的消费者是理性且具有前瞻性的，但行为科学已经证明了我们在做出决策时会表现出许多弱点，包括承诺偏差、可得性偏差和双曲线贴现倾向。简单地说，我们倾向于支持我们过去的决定，即使新的信息表明它们是错误的，我们倾向于认为容易想到的例子比实际情况更加常见，我们也会表现出不理性和急躁。

在这种情况下，重要的是要记住，主观价值是在特定时间和情况下产生的。炎热夏日午后的冰激凌比冬天早晨的冰激凌更有价值。沙漠中的水和疫情中的医护人员、呼吸机、检测能力都是至关重要的。如果我们的贴现率很高（我们更看重现在而不是未来），那么我们就不太可能在今天进行投资以降低未来的风险。特别是在不确定的情况下，这些问题尤为突出，因为我们无法准确预测这些风险的时间和严重程度。

这些人类在现实中如何影响价值和揭示价值的例子不胜枚举。我们在疫情防范、医疗系统或疗养院问题上都没有进行足够的投资。如果人们具备充分信息、理性和前瞻性，这对一些经济学家意味着，在病毒爆发后人类生命的价值远低于社会的实际偏好。然而社会并没有选择自由放任，而是支持封城和经济匮乏以挽救生命，人们愿意付出远高于成本收益模型中普遍假设的代价。再举一个例子，尽管金融危机的历史可以追溯到八个世纪前，但银行并没有在全球金融危机发生之前未雨绸缪。如今，社会在应对气候变化方面的投资不足，尽管当下的行动成本远低于未来。

这些"视野悲剧"是价值和价值观之间巨大差距的表现。它们源于人类的现实，不会仅通过解决市场缺陷而消失。从本书的第二部分开始将概述一些更广泛的以价值观为基础的、更具前景的分析方法。

国家福利

不同的价值理论不能脱离其当时的社会、技术和政治动态。亚里士多德的经济学是他的伦理和道德哲学以及他最关心的——正义的组成部分。经院派的经济方法是他们社会哲学和神学的一部分。在空前的经济增长、城市化、工业化和全球化时代，古典主义者专注于政治经济。所有这些研究价值的历史学派都在不同程度上承认，生产和贸易性质的变化决定了生产要素的回报，特别是决定了我们社会中收入和财富的分配。

这些理论的一个基本动机是促进国家的财富和福利。对价值的研究方法帮助定义了社会中的生产性活动，从而影响了公共政策并确定了私人优先事项。重商主义者支持商业，重农主义者推崇农业，古典主义者支持工业。几个世纪以来，生产性活动的认定范围已经逐步扩大，现在它包括了许多活动，例如以前被视为寻租的金融。随着第四次工业革命的到来，考虑哪些活动是生产性的，哪些是非生产性的，哪些属于价值创造，哪些属于寻租这些问题会再次成为焦点。

主观价值方法的一个优点在于它是中性的。通过一个共同的、广泛可用的标准，即市场价格，可以比较所有定价的事物。但从福利的角度来看，这也带来了一些问题。

第一，主观价值方法将所有被定价的东西视为 GDP[16]（被广泛用作衡量国家繁荣程度的简便方法）的组成部分，这样做的风险在于未来繁荣驱动因素的相对价值可能会被掩盖。客观价值理论在确定什么是生产性活动的时候非常谨慎，并且今天所有有价值的东西（有市场价格的东西），对未来的价值创造并不具有同等的生产力或重要性。此外，生产性与非生产性的判断会自我实现，因为包含在 GDP 中本身就是生产力的标志。例如，经济学家黛安·科伊尔指出，金融是经济中具有重要战略意义的部门，这一观点是随着统计方法的变化而发展起来的，这些统计方法使金融成为国民生产的一部分。[17]

第二，经济基础设施和经济资本通常是被定价的，但社会基础设施和社会资本却没有被定价，这可能会导致在对人类福祉很重要的领域上投资不足。在标准 GDP 核算中，政府除了公共部门的工资外不贡献任何增加值，虽然对未定价产出的衡量会更好地反映生活水平和经济表现，[18]但什么能够反映危机期间的经济表现？是医护人员的工资还是他们为挽救生命而做出的英勇努力？

第三，对幸福学的众多研究发现，人类幸福的多种决定因素（我将交替使用幸福和福祉这两个术语）无法用市场价格来衡量，包括了身心健康、人际关系、社区和一般社会氛围。这意味着，即使市场是完备且完全竞争的，信息是平等共享的，没有交易成本并且人们是理性的，若不考虑这些决定因素，即使依据个人效用最大化原则进行交易也不能实现福利的最大化。

第四，与历代价值理论家的关注点一致，分配对福利很重要，而这些好处可能并不总是由货币数字（及其替代物）体现。若弱势群体获得巨大收益的同时，其他人只需要付出很小的成本，那么这项政策会提高福利，尽管市场价值可能表明相反。[19]成本和收益的分配（或"发生率"）很重要，甚至"即使失败者的损失超过了成功者的收益，我们也不能排除这样一种可能性：在福利方面，失败者的损失可能少于成功者的收益"。举例来说，额外 1000 英镑对于马克·扎克伯格来说微不足道，但 500 英镑对于一个领取失业救济金的人却非常重要，在某种程度上，这可以用货币的边际效用递减来解释。从福利的角度来看，超过特定阈值的小额额外货币收益或损失相对来讲无关紧要，但对于最不富裕的人来说，它们却十分重要。[20]

市场情操理论

再次考虑斯密的《道德情操论》的核心观点，人们通过希望自己能够被认真看待和获得尊敬来形成规范（和价值观）。如果衡量标准影响我们对价值和价值观的看法，那么主观主义可能不再区分生产性活动和非生产性活动、价值创造和价值提取，若社会重视价值提取，我们的道德情操也会相应地调整。

难道没有价格的东西都是没有价值的吗？对新政策的成本和收益的评估必须试图解决这个问题，但人们进行如此复杂的评估到底有多大合理性？或者有没有可能随着时间的推移和不断的观察，市场价值越来越成为衡量一切的标准？

相应地，如果不在市场上的东西就不被重视，那么这是否会鼓励人们将更多的商品和活动纳入市场，这是否会影响人们对其价值的看法？尤其涉及从敬畏到尊严这些更广泛的价值观。

后面的章节将探讨通过改变我们的估值方式，例如扩展价格体系和默认市场经济，我们是否可能改变我们的价值观。或者用价值理论的语言来说，主观主义的主导地位会腐蚀内在价值吗？有效的市场运作需要其他道德规范，例如信任、公平和诚信，无论主观价值理论还有什么优点，如果让它占主导地位，就可能通过将道德情操转化为市场情操，从而播下自取灭亡的种子。

为了探寻这些问题的答案，让我们转向我们这个时代的价值衡量标准——货币。

第 3 章

货币、黄金和信誉时代

如今，在英格兰银行的金库中储存了 5500 吨黄金，超过了 1.9 亿盎司。黄金原矿被人们从南非德兰士瓦或加拿大北极地区的深处开采出来，经过提炼、检验和跨洋运输，穿过英格兰银行的大门，之后，它们又再次被埋藏在地下的金库中，这一切看起来真是徒劳无益。

在回想黄金的命运时，雕塑家安东尼·葛姆雷爵士想到要用金库中的黄金制作雕塑，来重现这段黄金之旅，以追溯它们的起源。这座雕塑整体上是一个泥人站在铺满金子的地毯上，人们可以在地毯上行走。鉴于安全要求，这座雕塑不太可能被世人看到，但在他理解了价值的本质后，便释怀了，价值在于创造，在于行动，而不在于仅仅被看到。

英格兰银行金库中存放的黄金其市场"价值"约为 1800 亿美元，尽管其中一部分市场价格是由于人们认为这些央行持有的黄金只用于同业拆借而不会出售给其他银行。这些黄金是一个时代的遗迹，当时黄金是货币价值的支持物，在更早的时期，黄金甚至是货币。

今天，英格兰银行仍然拥有世界上第二大的黄金储备（其中大部分为其他央行的黄金，因为它在世纪之交出售了大部分自己的储备），伦敦仍然是私人黄金市场的中心。这至高荣耀是时代的产物，当时英格兰银行有过坚定的承诺，即可以随时将其货币按需兑换成黄金，而英镑就是那个时代国际货币体系的核心。

现在，英国自己的黄金储备相当于流通中的纸币和硬币的 17%，不到货币总供应量的 1%。曾经有人将它比作压在劳动者头上的荆棘冠冕（因为与黄金挂钩的要求往往会迫使他们降低工资以恢复竞争力），而今天黄金已成为一种历史遗迹，这座冠冕也没了荆棘。[1]

黄金如何变成货币，进而又失去了其至高地位的故事，在很大程度上揭示了货币是如何被用来衡量价值的，以及价值与价值观之间的关系是怎样的。它提出了一个问题：如果黄金不再支持货币，那又是什么在支持货币呢？

货币的职能

货币是用来衡量价值的。货币是价格的计价单位（因此也是均衡中的主观价值），而不是效用的直接衡量标准，可以在不同的时间和情况下用货币去比较相同或不同的商品。

如果没有货币，斯密"看不见的手"的分散交换就无法运行，货币使别针工厂劳动专业化分工成为可能，并且"导致工作量大幅增加"。[2] 只有货币才能同时解决为我们准备晚餐的屠夫、酿酒师和面包师的需求。[3] 以物易物体系是货币的替代方案，它虽然不是完全不切实际的，但它是低效的，因为我们不太可能在每次交易中都以正确的比例拥有对方想要的东西。

但是，如果用货币来衡量价值，那么又是哪些东西赋予了货币价值呢？答案始于货币的职能，货币是由它的用途来定义的。在《国富论》中，亚当·斯密根据货币的功能来定义货币：

- 一种将购买力从今天转移到未来某个时间的价值储存手段。
- 支付商品和服务的交换媒介。
- 衡量特定商品、服务、储蓄或贷款价值的记账单位。

货币的这些功能是按层级运作的。许多资产被人们视为价值储存手段而未用作交换媒介，例如房屋。相比之下，只有当至少两个人愿意将某个资产视为价值储存手段时（至少是暂时性的），它才能充当交换媒介。一项资产必须能够在一段时间内被多个人看作交易中的交换媒介，它才会被视为记账单位。[4]

这种等级制度表明货币是一种社会约定。无论货币是由金属、聚合物还是由代码制成，它都具有价值，因为我们期待其他人也能够轻易接受它。货币就像是一个适用于每个人的借据，上面写着："我们都欠你的。"[5]

在研究货币的历史之前，有必要先了解该历史的发展方向：现代货币的三种形式。

首先是中央银行发行的纸币，例如印着亚当·斯密的 20 英镑。在英国，这些纸币占到货币存量的 3%，大约是所有消费者交易量的四分之一。[6] 在我出生的年代（不可否认那已经是很久之前了），英国的大多数工人每周的工资是以现金形式发放的，四分之三的人是没有银行账户的，随着电子商务和支付技术的革新，现金支付在交易中的份额逐步下降，在疫情期间，由于人们担心现金的共享性会带来传播疾病的可能，从而进一步减少了现金的交易。

其次是中央银行的电子货币，其形式是商业银行在中央银行持有的准备金，包括用来进行相互结算交易的准备金。这意味着经济中的每笔交易实际上是在与中央银行进行结算，确保了支付的最终性，即支付一旦发生就不可撤销，因此人们可以放心地进行交易。英国 1990 ～ 2019 年现金支付占总支付的比例如图 3-1 所示。

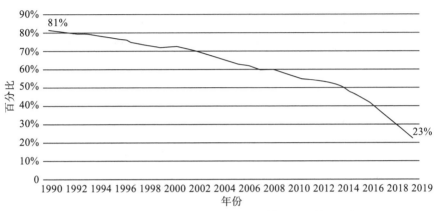

图 3-1　英国 1990 ～ 2019 年现金支付占总支付的比例

最后也是最重要的，商业银行在向借款人发放贷款时产生的电子存款占到系统资金的 80%，[7] 这类存款是"部分准备金银行制度"的产物，它是由 17 世纪富有的欧洲家族（例如美第奇家族）创立的，之后这项制度与瑞典央行（它是世界上第一家中央银行）等准公共机构共同发展。部分准备金银行制度目前仍然是现代金融的核心。

在部分准备金银行制度中，银行吸收的存款只有一小部分以黄金、现金或流动证券的形式保留在银行中，其余部分用于贷款和投资，这可以提高金融系统的效率，因为一家经营良好的银行可以向企业和家庭提供信贷，并且其规模可以是其吸收亏损资本的数倍。然而如果人们对银行的偿付能力表示担忧，储户的提取金额就可能会超出银行的支付能力，因为银行的贷款是不能立即收回的（它们不是流动的）。几个世纪以来，这种脆弱性的反复出现最终催生了对私人资金进行公共监督的机构（如银行监管）和公共安全网（如存款保险和中央银行作为"最后贷款人"的核心角色）。

公共机构和价值观最终会为货币担保

几个世纪以来，中央银行发挥了作为最后贷款人的重要作用，以支持有偿付能力的银行应对流动性危机。换句话说，当银行的存款人或债权人开始担心银行的偿付能力时，中央银行凭借其实时信息的优势和无限的本国货币资源，可以在出现临时流动性危机时为它们提供支持。这其中的关键是，银行必须是"运行良好"的；正确判断这一点是金融领域最困难的问题之一。

在现代金融体系中，私人金融部门创造了大部分流通中的货币。教科书上经常说，货币是由新存款创造的。实际上，货币的创造方式与标准教科书的描绘有所不同。货币如何创造对于维持货币价值来讲非常重要。在这个世界上，家庭的"储蓄"决策创造了新的货币，然后银行将其贷出。但是这些存款必须有来源，当一个家庭选择在银行存款时，这些储蓄将以购买公司的商品和服务体现（然后公司又会将钱存入银行，这意味着没有净货币创造）。[8]

银行创造货币的主要方式是发放贷款。当银行确定借款人信誉良好（即他们有可能偿还贷款）时，银行就将贷款金额记入借款人的存款账户，新的货币进入流通领域。在做出贷款决定时，银行依赖于一定程度的信任，信任的拉丁语是 credere，即我们现代语言中"信用"（credit）的词源。除了信任外，银行还会对借款人信息进行尽职调查，并审慎评估其风险。用一句话来说，"信任，但要核实"。[9]

银行不能无限制地创造货币，它要受到竞争的约束，受到审慎监管（央行的监督）的约束，并受到家庭和公司决策（例如偿还现有债务）的约束。货币政策是货币创造的最终限制，因为它通过改变利率直接影响货币和其他金融资产的价格，从而影响私营部门的货币需求。[10]

这种货币创造形式在今天的银行业务和电子货币时代被称为"钢笔货

币"[○]，它与几千年来代表货币的实物代币相去甚远。现在货币已经有了多种形式，从古代的贝壳到第二次世界大战期间的香烟，再到现代肯尼亚的手机通话时间。

当我在加拿大央行工作时，在我们入口门厅的中央，有一个 4 吨重的石灰岩甜甜圈。在这个世界第二冷的首都城市中央，这个门厅奇怪地充当了一个巨大的热带玻璃容器。这是一块雅浦岛石币，它是世界上最大的货币代币，是一个巨型现金，也是密克罗尼西亚雅浦岛经销商分类账的前身。[11] 雅浦岛石币的所有权是通过口述历史记录的，这是一种早期形成的共识机制。

更传统也更容易携带的货币代币当然是纸币。纸币最早出现在 7 世纪的中国，由桑树的树皮制成。私人纸币在文艺复兴时期开始在欧洲流通，并在 18 世纪和 19 世纪日益流行。今天，纸币几乎都是由央行发行的。自 1694 年英格兰银行成立以来，发行纸币一直是它的核心职能。最初，英格兰银行通过发行可兑换成黄金的手写纸币来履行"促进人民福祉"的使命，并为威廉三世国王与法国的战争提供资金支持。

无论过去还是现在，大多数货币的名义价值都远远超过它的内在价值（制作一张 20 英镑的塑料钞票只需要几便士）。这种差距导致货币长期以来一直存在着贬值的问题。事实证明"不劳而获"的机会总是过于诱人。纵观历史，有的政府总会选择背叛公民的信任。在奥古斯都和马可·奥勒留统治期间的一个世纪里，罗马硬币的银含量下降了 25%。[12] 14 世纪在佛罗伦萨，15 世纪在卡斯蒂利亚和勃艮第，货币都出现了贬值。在 15 世纪 40 年代，亨利八世发行了价值 440 万英镑的硬币，其面值是基础金属价值的两倍。同期，法国人也对他们的银币做了类似的操作。到 17 世纪，欧洲流通着数百种不同金属含量的硬币，这增加了商业成本，减少了政府通过货

○ 现代的货币发行是基于信用体系与借贷关系的，当银行体系向企业与个人提供贷款时，货币便被创造出来，由于以前的银行职员是用钢笔签字审批贷款的，所以人们将其称为"钢笔货币"。——译者注

币贬值引发的意外通货膨胀来增加收入的机会。

私人货币的记录也同样糟糕。古往今来，各种形式的私人货币，如18世纪、19世纪欧洲银行和美国银行发行的纸币，都不可避免地面临供应过剩和最终崩溃的命运。最初通过抵押资产和建立"约束性"规则来支持货币价值的私人货币逐渐放宽了这些限制，因为放款限制和利用积累的信誉来增加利润十分的诱人。私人的公众信任度下降，私人货币的价值也随之降低，如同海明威曾经在谈到破产时所写的那样，它"逐渐而又突然"。[13]

经过几个世纪的承诺、信任和幻灭的循环，货币价值的基础得到了发展。这一漫长而艰难的进程涉及了对无担保私人货币的实验，以及由黄金支持的货币的纯化和试错，最终得到独立机构（即中央银行）支持货币的成功模式，并且这种模式是在有限的自由裁量权下运作的（我们将在第4章中更详细地研究该模式）。这些公共机构和私人机构在维持货币价值方面的有效性取决于它们的基本价值观——在第5章进一步讨论货币未来之前，这是需要学习的教训。

在开始探索稳健货币的价值支持时，研究阿姆斯特丹银行的历史是一个好方式。阿姆斯特丹银行是最早为决定货币价值的问题提出创新方案的，但最终也没有抵挡住无监督的私人货币创造的诱惑。该银行在三十年战争（1618～1648年）之后声名鹊起，业务范围涉及神圣罗马帝国的德意志诸国和邻近的地区强国。这场战争带来了有史以来最严重的经济危机之一，恶性通货膨胀猖獗，贸易和经济活动崩溃。这场危机被称为劣币危机，源自战争中铸币厂压低硬币中的金属纯度（从硬币周边刮去金属）以及劣币驱逐良币的做法。[14]

阿姆斯特丹银行提供了一项服务，可以控制货币贬值，并在此过程中推动了现代货币的发展。该银行允许人们存入硬币，根据硬币的金属价值以公平和标准化的利率记入账户（减去少量费用），并发行存款凭证，人们可以将其作为一种货币形式（即"银行货币"）。实际上，该银行开创了我们今天习以为常的支票和直接支付系统。[15] 人们使用银行货币进行交易，无须担心被盗、丢失或损坏，因为凭证已记录在阿姆斯特丹银行的账户中。由于存款账户有金银作为担保，人们对银行产生了信心。

就这样持续了一个半世纪以上。[16] 阿姆斯特丹银行的卓越声誉使其有时会违反它的章程，通过透支来向市场参与者提供流动性援助，这在某种程度上预示了央行作为最后贷款人的未来角色。然而，到 18 世纪 70 年代后期，阿姆斯特丹银行开始向其最大的客户荷兰东印度公司提供越来越多的贷款。1790 年，当公众知道其信用度下降时，人们对银行货币的信任度也随之下降，这导致了挤兑和阿姆斯特丹银行的倒闭。该银行之所以失败，是因为它偏离了其核心使命，并在没有适当监督或透明披露的情况下开始承担部分准备金银行业务的风险。这些事实引发了人们对其治理质量、资产负债表质量和"银行货币"稳健性的怀疑。在货币问题上，不能容忍任何疑问的存在。

阿姆斯特丹银行的历史说明了货币背后的一些重要价值观：使命感、良好的治理、透明度和问责制。无论是公开发行还是私人发行，货币都是一种公共产品。那些创建、管理和存储它的人，那些促进和记录其交易的人，都承担着维护对系统信任的特殊责任，因为对系统的某一部分失去信心会破坏对整个系统的信任。

在美国的自由银行时代（1837—1863），许多私人银行在不受任何联邦当局监督的情况下发行货币，[17] 这是一个"未授权银行业"的混乱时期，各种信誉的私人纸币在不同的地方以不同的价格流通，使交易变得更加复杂。由于监管几乎不存在，银行最后直接减少了纸币背后的金银支持量，从而降低了纸币的价值。频繁的银行恐慌和周期性的通货紧缩破坏了人们的正常生活并扰乱了经济活动。最终，美联储在 1913 年成立，用以监督银行体系，制定审慎规则。

在英国，发钞银行的倒闭早已司空见惯，这给被迫充当（非正式的）

最后贷款人的英格兰银行带来了压力。想想奥斯汀兄妹截然不同的命运，一个代表了稳健的货币，另一个则卷入了货币的贬值。著名作家简·奥斯汀为现在的 10 英镑纸币增色不少⊖。因为她写《傲慢与偏见》的稿酬是 10 英镑，约等于今天的 1 000 英镑。然而这并不是奥斯汀的名字第一次出现在钞票上了。简的哥哥亨利是位银行家，在汉普郡和伦敦都有业务。那时很多银行都是本地的小银行，可以发行自己的纸币。大英博物馆里就有亨利·奥斯汀在奥尔顿的银行发行的 10 英镑纸币，上面列出了银行合伙人的姓名：奥斯汀、格雷和文森特。

不幸的是，虽然简·奥斯汀在早期的作品中写道，"一个人一旦位于银行家之列，他就会赚到钱"，但事实证明她的哥哥亨利并非如此。银行业一度有利可图，但不明智的放贷导致在奥尔顿的银行倒闭了，随后亨利在伦敦的银行也倒闭了，1816 年亨利破产了。这些银行的储户，包括简·奥斯汀本人，都损失惨重。

虽然这个令人遗憾的故事在 18 世纪和 19 世纪英格兰其他发钞银行的失败中不断上演，但值得欣慰的是，现在英格兰银行的部分工作正是保护货币的价值，包括印有简·奥斯汀的 10 英镑。保持公众对货币的信心是中央银行的基本责任，央行的责任还延伸到保持货币价值，防止伪造货币，确保纸币上的字符受到尊重并具有合法性。我们将在第 4 章探讨英格兰银行等中央银行如何做到这一点，以及它们需要做些什么来维持这些角色。

鉴于私人银行以"良好声誉"为基础发行票据的经验，大多数观察家都会同意，自由放任并不是稳健货币的良好基础。这里有两种方法可以保持公众对货币的信心并防止贬值：①由商品做后盾，主要是黄金（偶尔还有土地或石油）；②由独立的央行领导的机构做后盾。在第 4 章回顾第二种方法之前，我们将思考黄金传达给我们的有关货币背后价值的经验教训。

⊖ 2017 年英国新发行的面值 10 英镑的纸币上印有简·奥斯汀的头像，以纪念她在小说领域的成就。——译者注

是什么在支持货币？——金本位制

金本位制的起源可以追溯到遥远的过去。几千年来，贵金属一直被作为货币使用，最早的硬币甚至可以追溯到公元前 600 年，它出土于现代土耳其伊兹密尔附近的阿尔忒弥斯神庙。随着罗马时代的来临，金币、银币和铜币开始制造，硬币一面印着当时皇帝的形象，另一面印着罗慕路斯和雷穆斯[⊖]的形象。[18] 这些古老的硬币在我们的历史中根深蒂固，以至于它们的名字一直沿用至今：英镑和便士源自罗马的 libra 和 denarius[⊜]。

金币在货币流通体系中通常与银币并行，被称为金币本位制。但银币流通的范围更广，因为黄金太轻了，不利于铸造成日常交易的有价硬币。金币（例如佛罗伦萨的弗罗林和威尼斯的杜卡特）通常用于大额交易。

随着纸币的发明，硬币最终被纸币所取代，金币本位制也向金块本位制转变，金块本位制是指政府承诺可以根据固定的价格随时将流通的货币兑换成黄金。最重要的是，纸币可以全部或部分以黄金作为后盾。

由于贵金属的供应具有不可预测性，导致依赖金属支持的货币体系面临困境。白银的短缺解释了为什么罗马的铸币系统比罗马帝国更长久，即使在 9 世纪初的查理曼大帝时代，价格仍然以第纳尔为单位。但西班牙对新大陆的征服使这个情况发生了改变，大量的黄金和白银被掠夺，贵金属的增加使西班牙发生了巨大的货币刺激，甚至蔓延到了整个欧洲，在 16 世纪 40 年代至 17 世纪 40 年代所谓的"价格革命"期间，物价被推高了七倍。[19] 西班牙人从惨痛的教训中明白，获得金钱并不能让你变得富有；贵金属的价值不是绝对的，如果它的供应量增加，它的购买力就会下降。

西班牙货币供应量扩张的溢出效应波及了英国，英国的物价水平以前

⊖　这两位是传说中的罗马城创始人，就是罗马城标志雕像"母狼雕像"中吃狼奶的两个小孩。——译者注

⊜　英镑符号为 £，来自拉丁文的 libra。便士的名称来源于拉丁语"denarius"，意为"十分之一"。——译者注

所未有的速度上涨。虽然这种激增在 17 世纪中叶得以平息，但英国的财政问题依然存在。在那个重商主义的时代，英国相对原始的金融体系让荷兰人得以在全球贸易中抢占先机，同时，英国国内货币短缺、国家长期融资不足以及商人对黄金被征用的恐惧加剧了这种机会的丧失。在 1688～1689 年的光荣革命之后，英国金融体系得到改善，这一变化在一定程度上是出于宗教敌意和对荷兰金融体系的嫉妒。[20]

到了 17 世纪末，英国金融体系的一系列发展对货币和货币体系的演进产生了重大影响，这为如何维持货币价值提供了许多经验教训。

首先是 1694 年英格兰银行的成立，这所新成立的银行将纸币发行权与为国家融资的职能结合起来，英格兰银行作为股份制银行的身份增强了它的效力，并且它专注于核心金融业务的自身定位使其免受法国皇家银行（1720 年）和英国南海泡沫崩溃的影响。随着金融体系的成熟，银行的作用将大大增强。

其次，1717 年，皇家铸币厂厂长艾萨克·牛顿爵士的一个罕见失误导致银币退出流通，并使英国转为金本位制。在复本位制下，金币和银币可以并行流通，当局会设定两者之间的比率来决定它们的相对价值，这意味着当人们发现其他类型的贵金属后，需要对比率进行重新调整，否则人们就会有动力将高估的硬币换成被低估的硬币。

由于牛顿将金银比率设置得过低，导致银币退出了流通，从而使这个未来世界上最重要的贸易国和金融超级大国走上了金块本位制的道路。这一体制在一个世纪后的英国正式确立，并在整个帝国内被广泛采用，随后在欧洲大陆也得到了普遍使用。其他国家，特别是美国，直到 19 世纪下半叶黄金汇兑本位制生效前还继续沿用着复本位制度。

最后，在 19 世纪的英国出现了关于支持纸币的激烈辩论，最终导致金块本位制的强化。1797 年，人们担心法国入侵从而发生挤兑，导致了许多私人银行倒闭，甚至危及了英格兰银行。随着英格兰银行的储备金以惊人的速度流失，1797 年 2 月 25 日，英国首相小威廉·皮特下令暂停将纸币兑换成黄金。这一举动使一名议员将银行描述为"城里的一位老太太，不幸落入了坏人的圈子"。时至今日，英格兰银行仍被称为"针线街的老妇人"。

在整个拿破仑战争期间，人们一直对是否恢复黄金的可兑换性存在着争议。以大卫·李嘉图和亨利·帕内尔爵士为主的金银通货主义者认为，如果不要求银行将纸币兑换成黄金，银行就会发行过多的纸币，从而导致通货膨胀和货币贬值。这些观点提前预测了货币主义经济学的许多观点。

与此相对立的观点是与约翰·劳、亚当·斯密和詹姆斯·斯图尔特相关的"实际票据学说"。他们认为，只要支持纸币的资产信誉良好，这些纸币就是可靠的。在当时，这些资产主要是黄金和汇票（公司用于贸易）。由于汇票的需求受商业公司活动的影响，因此认为不会出现过度发行的情况，如果出现临时需求过剩，也会被迅速消除。相反，如果货币供应仅限于可用的黄金，对于商业活动而言可能就太少了。

金银通货主义者最终赢得了胜利。黄金的可兑换性在 1821 年得到了恢复，纸币发行与黄金完全等价成为法律规定的标准，这一直维持到第一次世界大战。[21] 在国际贸易和资本流动蓬勃发展的时期，英国金本位制的这种强化对国际货币体系产生了影响。值得注意的是，从 19 世纪 90 年代中期到第一次世界大战，英格兰银行票据数量的增长速度比其黄金储备的增长速度更为缓慢，因为只有新的（股份制）存款银行的扩张才允许商业所需的私人融资的扩张。[22]

英格兰银行在 19 世纪承担了许多中央银行的责任，因此其地位和重要性不断提升。竞争性私人银行逐渐加强对发行票据的限制，到 1844 年，英格兰和威尔士的银行发行票据的权利被授给了英格兰银行。[23] 与此同时，随着私人银行系统的成熟，英格兰银行成为最后贷款人，在市场流动性紧张时期，对有偿付能力的私人银行提供融资。正如我们将看到的，这些审慎的责任使银行面临冲突，例如国际收支紧张时要求更高的利率而国内银行却需要更低的利率。在外部均衡和内部平衡之间进行选择的困难将致命地破坏金本位制，并持续构成实现货币和金融稳定的最大挑战之一。

国际金本位制：未经同意的承诺

国际金本位制的采纳是最后一个重大的发展阶段。到 19 世纪下半叶，混合货币体系面临的压力越来越大（其中一些来自金本位制，另一些来自复本位制）。1870 ~ 1871 年的普法战争是一个转折点，在此期间，法国、沙俄、意大利和奥匈帝国都暂停了纸币与黄金的兑换。随着战争的结束，英国成为货币稳定的国家，更是世界领先的金融强国和商业强国，因此世界上大部分地区都采用了英国的金本位制。[24]

国际货币事务中存在着高度的路径依赖，一国偏好的国际货币安排在很大程度上取决于其他国家，尤其是最强大的国家：因此，"英国'意外'地采用了金本位制，可以使整个世界在一个半世纪内采用同一标准"。[25] 金本位制的采用带来了几十年的货币稳定，直到第一次世界大战后金本位制的缺陷才显现出来。在这方面，当前美国和中国对货币未来的讨论可能为未来一个世纪的货币标准设定了基调。

大卫·休谟在金本位制完全形成的一个多世纪前，首次描述了金本位制的运作方式。每次出口货物时，出口商都会收到黄金形式的付款，然后将其带到铸币厂进行铸造。每次进口商购买商品时，他们都会通过出口黄金来付款。对于一个有贸易逆差的国家来说，黄金净流出启动了国内价格下跌的自我修正机制，因为较少的黄金在追逐相同数量的商品。在国外，价格上涨是因为有更多的黄金在追逐相同数量的商品。随着进口商品的价格上涨，人们会减少对它们的消费，转而消费更便宜的国内产品，从而使贸易逆差缩小，收支平衡恢复。

在银行业发展和大量资本流动的时代，还有其他复杂的情况。资金流动最初是以货币而不是黄金的形式进行，出口商收到的货币又会提交给中央银行以换取黄金。在有贸易逆差的国家，货币供应会收缩（因为流出的货币比流入的多），利率会上升，国内产品价格和工资会下降，出口竞争力最终会得以恢复。中央银行可以通过提前改变利率、影响国内信贷的可用性以及在不发生黄金流动的情况下恢复国际收支平衡来应对这些压力。

金汇兑本位制之所以能普遍有效，是因为处在制度核心的主要中央银行包括了英格兰银行、法兰西银行、德意志帝国银行，它们都给予了公众高度的承诺和信誉。金融市场可以预测它们做出的反应，并且它们普遍没有投机性炒作倾向。[26] 同时，信任也是必不可少的。

这种信任不是系统设计的产物，而是源自它与黄金汇率的固定。正如货币历史所表明的那样，没有神奇的规则可以保证货币保持其价值。总会有一些动机去"暂时"放松货币的规则、限制和纪律。在缺乏强有力的社会共识的情况下，这些压力最终会占据上风。只有当社会、政治和经济状况与金本位制形成时的状况相似时，人们对金本位制的信任才能维持。随着情况的变化，当局兑现承诺的能力减弱，系统崩溃不可避免。

有三个因素尤其加强了早期金本位系统的有效性。

第一，英国作为金融和商业霸主，其地位创造了巨大的、自我强化的协同效应。英国是资本货物（即机械设备）的主要出口国，它提供了大部分金融资本来资助当时新兴经济体（从阿根廷到加拿大）的进口，并购买了它们的大部分产品。本质上，英国经济和金融体系的定位是将黄金重新注入全球经济以进行生产性投资。

第二，在银行体系相对不发达的情况下，中央银行最初面临的关于外部均衡和内部平衡之间的冲突相对较少。

第三，该制度得到了政治活跃人士的强烈支持和一致同意。金本位制的基石是政府会优先考虑稳定和保持可兑换性。毫无疑问，处于体系中心的那些国家会"不惜一切代价"保持体系稳定（这听起来很熟悉吧）。由于投票权有限且劳工组织势力薄弱（回想一下阶级斗争），受货币维持措施影响最大的工人无法撼动这些政策。[27] 在影响这些政策方面处于不利地位的结果是，中央银行能够提高利率鼓励黄金流入，并对价格和工资施加下行压力，最终恢复竞争力和外部均衡。它有助于使工资和价格变得相对灵活，这意味着减少国内支出可以主要通过国内价格和成本的下降来达到，而不需要靠失业率的增加去实现。[28]

由于所有的这些因素都发生了变化，体系面临的压力也越来越大。到19世纪末全球经济力量变得更加分散，金本位制也因此更加难以管理。随着国际贸易和金融一体化的稳步发展，英国经济的重要性相对下降。与此同时，该体系的一个固有缺陷，也就是它对新黄金供应的依赖再次产生了通货紧缩的倾向，给国际金本位制成员的工资、物价和银行业带来了压力。

当黄金供应增长速度慢于经济增长速度时，价格水平需要下降才能恢复购买力的平衡，这在19世纪70年代多个国家相继采纳金本位制时得到了明显的体现。由于用更少的钱追逐更多的商品，该体系处于高度通缩状态，从1873年到19世纪末，英国的物价水平下降了三分之一以上。[29] 物价和工资急剧下降的环境会增加实际债务负担，并使银行更难保持偿付能力。

尽管19世纪90年代南非、澳大利亚和阿拉斯加金矿的发现一度缓解了通货紧缩的压力，但一旦缓解作用开始消退，价格下行压力就会重新出现。为了应对这个问题，该系统越来越依赖（无担保）外汇储备，这降低了金本位制的可信度，并可能会破坏银行的稳定性和国际收支平衡。

随着金融系统更加成熟，金本位制的自我平衡性变得不那么明显。央行发现自己在作为最后贷款人的责任与可兑换性承诺之间存在冲突。随着19世纪社会的进步，部分准备金银行的重要性日益凸显（例如，活期存款增加了5倍，而黄金储备只增加了3.5倍）。[30] 这意味着外部均衡要求（即可兑换性）和内部平衡要求（即国内金融体系和经济）之间的关系更加紧张。银行挤兑意味着存在资金的撤离、对黄金的需求以及英格兰银行提供紧急流动性的压力。然而，提供流动性（以潜在的更低的利率提供更多的资金）直接违背了金本位制的游戏规则。此外，如果金融市场感觉到中央银行维持外部平衡的决心减弱了，货币挤兑就会随之而来。

在这样的环境中，国际合作变得尤为重要。[31]正如凯恩斯所说，英格兰银行一直是"国际交响乐队的指挥家"。通过跟随英格兰银行，不同国家的央行互相协调，对国际信贷状况进行调整，帮助管理黄金过度流动。但随着需要国际合作的事件数量和严重程度的不断增加，特别是由于金融不稳定，听众开始察觉到一些不协调之音。由阿根廷政府违约引发的 1890 年巴林银行危机迫使英格兰银行（该体系的关键）从法国和沙俄的中央银行借入黄金。20 世纪初，美国的一系列金融危机也需要类似的贷款。金融体系的存续越来越依赖于合作，而不是休谟所提出的自动调整机制。

随着选举权范围的扩大，工人阶级组织起来，代表工人阶级的政党逐渐开始流行，政治压力开始出现。过于专注可兑换性而忽视对国内经济，特别是对工资和就业的影响，这种做法变得越来越难以维持。这削弱了体系的可信度，强调金本位制是"一种依存于特定环境的社会建构制度"。[32]事实上，最初的金本位制是在纸币和存款准备金制度发展之前就采用的。它预设了一种政治环境，在这种环境中，政府不受政治压力的影响，例如国内活动、工资或金融稳定。简而言之，它是在政府可以将货币和汇率稳定放在首位的环境中创建的。

被价值观打败的金本位制

金本位制的最终失败是因为它的价值观与社会价值观不一致。它优先考虑国际团结而不是国内团结。它对外部稳定的强调与国内金融审慎相冲突。一旦工人获得更大的影响力，政治上所需的调整就更加困难和耗时，就业的负担也就重。简而言之，这个体系变得越来越不可持续。

金本位制最终随着第一次世界大战而崩溃。在战争停止后不久，人们开始试图复兴金本位制，但面临着巨大的挑战，因为战争前已经开始的金本位制变革加速了。英国的工商业优势已经消耗殆尽，在战争期间，许多海外资产已被出售。在战争前夕，美国经济规模是英国的两倍多，英国经济也落后于德国和沙俄。[33] 在两次世界大战之间，美国商业和金融周期的规模和时机上的差异严重阻碍了金本位的运作。美国不一定愿意跟随相同的曲调，但也还没有准备好指挥整个乐团。

在两次世界大战期间，金融行业变得更加成熟，这要求更多的中央银行去承担最后贷款人的角色。工会主义的发展意味着工资的弹性下降，政治选举权的范围也显著扩大，这改变了国内和国际事务的优先次序，而黄金固有的神秘感也被打破了。

当时的银行家和经济学家并不像我们现在这样清楚这一点。事实上，在1920年重新举行的银行家晚宴上，英格兰银行行长蒙塔古·诺曼在讲话中强调了金融城需要团结才能恢复正常。他所指的团结是围绕英格兰银行提出的"政策"展开的。他相信"这个政策是唯一能让金融城和国家重新回到战前卓越地位的政策"。

诺曼所提到的"政策"是"试图重新获得金本位"，但他根本没有花时间解释除了恢复正常以外，它还能实现什么。回想起来，在金融城贵族晚宴上发表模糊的言论来建立关于恢复金本位制的政治共识是不明智的，但那个时代是"从不详述，从不解释"的时代。

这种对回到过去的自满尝试最终使国家陷入了通货紧缩和深度衰退。旧政策已不再适应战后新常态，经济衰退加快了英镑退出全球储备货币舞台的速度，在经历了这场灾难性的衰退后，英国被迫放弃了这一政策。固守旧的确定性最终导致了英国的失败。到1931年9月英国政府突然宣布放弃与黄金挂钩时，失业率已经上升到了 15%，经济总量自 1926 年重新采用这一"政策"以来就没有增长过。

上任英格兰银行行长的第一天，我回忆了英国过去与黄金有关的曲折历史，我决定从行长的会客厅中移走一幅蒙塔古·诺曼的肖像画，以给其他画作腾出空间。几个小时后，财政大臣乔治·奥斯本给我打电话。我心想："嗯，看起来英格兰银行果然隔墙有耳。"

乔治想要走诺曼的肖像画。"当然可以，但是为什么？"我天真地问。

"把它挂在唐宁街 11 号的餐厅里，因为那是蒙塔古·诺曼说服温斯顿·丘吉尔（20 世纪 20 年代时任英国财政大臣）重新采用战前金本位制的地方。"他回答说。奥斯本说这幅画会提醒他"永远不要听信英格兰银行行长的建议"。

我把它和一幅约翰·梅纳德·凯恩斯的肖像画一同寄了过去，凯恩斯在 1920 年辩论中持反对意见。传说凯恩斯在做出决定的那天晚上身体不适，未能充分阐述他的观点。在金本位制的辩论中，"紧缩王子"乔治·奥斯本的内心其实是一个凯恩斯主义者。

金本位制作为货币价值的教训

在金本位制的经验中，第一个教训是：信任对于任何形式货币的采用和持续都是至关重要的。在过去的某些情况下，这种信任可以通过一个简单的规则支持，例如作为金本位制核心的严格可兑换性。这在经济中创造了一种自我平衡机制，在这种机制中黄金的跨国流动会导致国家间的利率、物价和工资的变化，并重新建立平衡。

但是，如果没有政治支持，就无法维持信誉和信任。这不仅需要靠透明度和问责制建立的公众信任，还需要建立基于团结的共识，包括各国共同分担调整的压力。

　　随着维持金本位制所需的调整范围越来越大，这些货币基础受到了动摇。世界变得多极，国际团结相对于国内团结变得更加重要。国内金融体系更加复杂，内外平衡之间的冲突更加频繁。这可能会使财务审慎与黄金可兑换性的承诺发生冲突。最后随着劳动力的增加，工资和物价下行的弹性变得越来越小。这将增加对冲击进行调整的时间，从而使人们对该体系的可持续性提出疑问。

　　这些发展动摇了金本位制的政治经济地位。金本位制的历史表明，支撑货币价值的价值观远远超出了信任，还包括透明度、问责制、团结和韧性。所有的这些都必须得到尊重，货币体系才能支持充满活力的经济。

　　凭借从经验中产生的智慧，大多数国家现在已经决定使用由强大机构支持的集中式公共法定货币，以便为公众提供既高度可信又易于使用的货币。但是，正如我们将在第4章中看到的那样，如果这些机构的基础（即中央银行）也没有以正确的价值观为基石，那么它们将会变得与金本位制一样脆弱。

|第 4 章|

从《大宪章》到现代货币

货币的历史表明，健全的货币是一种社会约定，它们只有得到符合社会价值观的公众的支持，才会持续下去。

现代货币由一系列机构支持，其中大部分机构都设在中央银行。现代货币的价值在于公众对货币的信心。货币的价值不仅需要公众在某个时间点的信任，还需要公众在任何时候都能够认同它。这不仅决定了中央银行应该如何维持货币价值，还决定了它怎样做、如何解释自己的行为以及如何对任何错误负责，因此金本位制的有效性最终取决于它被接受的时间。在提到货币的时候，我们就必须要培养和维护公众的认可和信任。

私人和公共货币泛滥会造成经济不稳定和高经济成本，一个世纪以来形成的严格的银行监管和监督范式，以及中央银行对金融和货币体系的监督，是避免这一问题最有效的方法。它利用第三次全球化浪潮使全球生活水平得到了极大的改善，但现在这一模式正面临经济危机和技术变革的严峻考验。

为了更好地了解这个强大制度框架的前身，我们有必要追溯到金汇兑本位制的发展和英格兰银行成立之前。几年前，英国纪念了一个具有历史意义的事件。借助参加庆典的机会，我从索尔兹伯里到了林肯，又到了大英图书馆的地下室和高等法院的宏伟办公室。通过参加纪念活动，我看到了一个社会如何强化和践行其价值观，使我对支撑货币价值的宪法原则有了更好的理解。

当时，通货膨胀非常严重，公共财政危机重重，公共部门需要救助，而欧洲正在展开内斗，这不是 8 年前，而是 800 年前，这就是《大宪章》的经济背景。

对于许多人来说，《大宪章》是一份意义深远的文件，它几乎是神一样的存在。它被视为英国宪法结构的基石，也是包括美国在内的许多其他国家宪法的蓝图。它被认为建立了议会民主的基础、建立了法治的框架、保护了个人的自由、捍卫了无辜者的权利和限制了国家的职权。

毫无疑问，几个世纪以来，《大宪章》及其理念对英国和其他地区的政治发展起到了重要的作用，它成为那些寻求自由、摆脱压迫的人的领导旗帜。但许多现代学者认为它的重要性被夸大了，作为一份务实的政治性文件，《大宪章》是经济萧条时代的产物。正如历史论点通常所说的一样，《大宪章》是否被夸大，这个答案可能介于两者之间。

《大宪章》对无约束权力的限制仍然反映在我们的政治和经济治理体系中，这是它被一直保留的部分，与现代中央银行体系和货币价值维持相关的宪法以及其中务实的观点被沿用至今。具体而言，对通货膨胀成本的关注推动了《大宪章》的完成，其沿用的核心内容，即注重明确公共责任界限的权力下放，是英格兰银行制度安排的核心，这种方法已被其他司法管辖区广泛采用。[1]

以《大宪章》的精神为基础，英格兰银行这样的中央银行被赋予了实现货币和金融稳定的重大责任，而实现这一追求需要在有限的自由裁量权下运行，同时中央银行的行为也要对公众负责。

《大宪章》的经济和政治背景

《大宪章》的政治背景是失序的"英国"君主制家族内部冲突不断，同时，为了与法国争夺诺曼底和亨利二世位于欧洲大陆帝国其他领地的控制权英国与法国也发生了冲突。[2]

13 世纪的英国还不是一个统一的国家，大多数事务由当地男爵管理，国王在发生争议时充当仲裁者，地方（男爵）和中央（君主）权威之间的关系远不如现在这么顺从和亲密。事实上，早期英国金雀花王朝的国王大部分时间都住在诺曼底或安茹㊀的家中，这让英国男爵们拥有了相当程度的自主权。直到 1204 年约翰国王将诺曼底拱手让给法国人之后，国王才回到英格兰居住，开始了对男爵们的监督。尽管住得近了，男爵们却不喜欢国王监督自己的行为和财富。

公共财政的困境使约翰国王与男爵们的关系破裂，约翰国王为了支付皇家奢侈的消费、内部斗争，与法国的战争所需的费用，强行征收了无法忍受的高额税赋。皇家司法系统的触角深入到了男爵们的生活中，它不再用于确保"公正"，而是用于勒索现金，并最终成为皇家控制人们的工具。

由于各种原因，国王的财务状况不断恶化。首先，国王需要为诺曼底领地持续的军事活动支付巨额款项，这在现代宏观经济学家看来是一种巨大的结构性赤字。如果约翰国王接受他早晚会被驱逐出欧洲大陆的结果，那么这个军事活动就会结束，经济负担也会逐渐减轻。然而他并没有。他

㊀ 安茹，法国西部旧州名。——译者注

的愚蠢就在于进行了一系列重新征服诺曼底的无效努力。在《大宪章》签署前夕，这种无效的努力才被画上了句号。[3]

其次，由于需要为公共部门援助提供大量的资金，英国财政在1193年遭受了巨大的打击。理查德一世在德国被捕，需要支付66 000英镑的赎金，由于"权位太高不能入狱"，这就意味着英国要支付相当于每年皇家财政收入的两到三倍才能将他保释出来。相比之下，2007～2010年英国政府对英国银行的现金支持也才占英国政府年度财政收入的四分之一而已。

"萨拉丁什一税"是一种数额相近的暴利税，目的是支付与萨拉丁·阿尤布战争的费用。英国的财政问题已经足够糟糕，而在征收"萨拉丁什一税"五年后，更糟糕的事情发生了，这项税收竟要求男爵们缴纳自己全部收入和动产的十分之一。

最后，13世纪初期，由于通货膨胀加剧，为公共财政筹措额外的资金变得更加困难。[4]问题在于，大部分的王室收入一般是以"农场"的形式获得，即国王的土地用于农业租赁，从而收取固定租金。这些农场的固定租金通常是按名义金额确定的，而国王的支出却并非如此，因此国王的财务状况没法得到有效避险。

抵消风险的首选方法是将土地租赁者赶出土地，并将其纳入直接的领地管理。[5]将土地纳入直接管理后，男爵可以取得土地的实际产出，而不是获得固定的名义租金，这些产出可以按市场价格被消费、交易或出售，以折换成白银。结果是男爵们越富有，他们所开发的土地就越多，他们的潜在利润也就越大。

其结果是创造了一个极其富裕的精英阶层，他们一方面摆脱了士绅中产阶层的束缚，另一方面从国王（或公共部门）的赋税压力中解放了出来。然而这种土地直辖管理的方法对于国王来说却是行不通的，因为这会破坏国王与治安官和其他王室官员之间的关系，而国王的政治稳定依赖于他们。

当时还存在着许多滥用权力的行为，但为什么简单地定期调整租金就成了一个问题呢？部分原因是因为惯例规定不可更改租金，而另一个原因则出在英国各郡的治安官身上。[6]

但相比于王室内讧、战争或革命，真正让央行行长紧张的是通货膨胀。进一步研究表明，我们有充分的理由认为，通货膨胀可能是《大宪章》制定的重要催化剂。

历史学家估计，价格是在 13 世纪初急剧上涨的。在此期间，小麦和牛等农产品的价格可能翻了一番。[7] 有证据表明，亚麻布、蜡、铅甚至马匹（中世纪马匹就好比今天的丰田普锐斯）的价格也迅速上涨。

工资也在上涨，而且涨幅比中世纪实际工资抵制[⊖]的结果还要高。约翰国王支付给他的骑士的工资几乎是他父亲亨利二世的三倍。[8] 步兵的每日工资增加了一倍。有限的证据表明，王室庄园熟练工人的工资可能也以相似的比例增长。[9] 随着工资每年增长接近 20%，实际工资也在不断地上涨。[10]

历史学家对这种通货膨胀的根本原因存在争议，但最有说服力的论点是通货膨胀是货币性的。不足为奇的是，因为关于 13 世纪货币供应量的统计信息质量很差，目前掌握的信息一直都是从考古发现的现金储备中推断出来的。[11]

保罗·拉蒂默指出，"在 12 世纪中叶到 13 世纪中叶之间，英格兰的银币数量大幅增加"。[12] 除了可能是由于欧洲白银供应量普遍增加（尤其是随着哈尔茨银矿的开采），还有可能是由于私人贸易顺差的结果，尤其是与佛兰德斯的羊毛贸易取得了很大的成功。几十年来，这些白银的流入超过了"公共部门赤字"、诺曼底战争费用以及偶尔的一些其他费用，从而导致了国际收支多年来一直处于盈余状态，而之后白银货币供应量进一步增加，盈余依然没有得到冲销。

即使对于 13 世纪的英国人来说，全球货币状况也很重要。如果约翰国

　　⊖　实际工资抵制（real wage resistance），经济学术语，指随着通货膨胀加剧，劳工阶层要求加薪来抵消实际工资因物价上升而造成的下降。——译者注

王哀叹"中央银行！中央银行！我的王国需要一个中央银行！"那么英国的宪政历史会有所不同吗？国王需要一个中央银行，因为其他因素都在推动货币发展，其中包括我们熟知的金融创新。具体而言，普通法的发展使土地成为一种流动性越来越强的资产，因此土地在当时首次被用作财富存储的手段。[13]

不再将财富存储在容易被国王拿走的银币中，而是将其存在其他方式中，这开启了中世纪的金融加速器（大约在本·伯南克创造这个术语之前的 750 年）[14]。从而白银货币的需求量减少。货币流通速度随之加快，在其他条件相同的情况下，价格会上涨，直到对白银的交易需求量增长到足以与其供给量相等为止。至少，这为替代的财富存储方式提供了一个潜在的环境，使得货币流通速度能够加快。

一个可能的推动因素是对 1204 年货币重铸的预期。[15] 重铸货币对国王有利，因为他能从熔化和重铸硬币所支付的费用中受益。但这对现金持有者不利，一方面是因为要支付这些费用，另一方面是因为他们必须根据金属价值的实际价值而不是面值，将压秤的硬币进行兑换。因此，在重新铸币之前，谁都不想成为旧硬币的持有者。[16]

总而言之，加速的通货膨胀、国王的野心和无能加剧了财政紧缩，这最终导致了国王与男爵们的关系破裂。

《大宪章》经久不衰的宪政意义

在这种背景下，《大宪章》是一次绝望的（而且可能是不诚实的）和平条约尝试，但它几乎立即就失败了。在教会的斡旋下，约翰国王于 1215 年 6 月颁布了该宪章，旨在安抚心怀不满的男爵们。人们对约翰是否真的打算遵守协议的问题存在疑问，因为这意味着他的权力会受到许多限制。事实上，在达成协议后的几个月内，即 1215 年 8 月末，约翰说服教皇英诺森三世废除该宪章，理由是该宪章是在胁迫下颁布的。[17] 因此 1215 年的《大宪章》实际上从未颁布，英国陷入了第一次男爵战争。

这种类型的宪章在当时并不少见。事实上，英国国王常常试图拉拢与贵族的关系，因为他的领土的稳定取决于贵族的支持，为了赢得贵族的好感，国王通常会诋毁他们前任的声誉，并发布"加冕宪章"来证明自己是多么有德行和爱好和平的。相比之下，国王违背这些宪章中的承诺也是相当常见的，这为重新开始这一循环创造了肥沃的土壤。[18]

《大宪章》的创新之处在于：①它比之前的宪章更长、更详细；②它不是在约翰加冕时颁布的，而是在他统治 16 年之后，在政治反对派的逼迫下颁布的，显然为时已晚，无法实现其目的了。[19]

这也带来了第二个发现。尽管约翰国王令人讨厌且残暴，但他并不是导致《大宪章》引起贵族不满的唯一罪魁祸首，主要原因是他的前任们违背了承诺，对国家管理不善，并危及国家的财政，而约翰在行政和军事上的无能只是压死骆驼的最后一根稻草。

如果《大宪章》是那个时代的产物，它为何受到如此推崇呢？而一旦我们抛开了它的神话色彩，《大宪章》对今天的经济治理到底有何意义呢？

《大宪章》的修正主义解释作为关于自然权利和自由的永恒声明，直到 17 世纪才在英语世界中根深蒂固。这在很大程度上要归功于爱德华·科克的努力，科克不仅是一位极具影响力的法学家，还是流行英语法律教科书的作者，这些教科书将他的观点传播到世界各地。为了抵制斯图亚特国王詹姆斯一世和他的儿子查理一世的专制主义倾向（他们受到欧洲大陆君权神授模式的启发），科克找到了适合他时代的古老词汇，通过诉诸《大宪章》的精神，唤起了被遗忘了 400 年的《大宪章》。科克认为，宪章的渊源可以追溯到一部古老的宪法，该宪法不仅可以追溯到英国前国王忏悔者爱德华的时代，（有点令人难以置信）还可以追溯到亚瑟王之时：这部古老的宪法，现在正受到斯图亚特王朝暴政行为的威胁，并且危及了英国人正当的生活方式。

尽管科克和其他人做出了努力，但查理一世拒绝了所有企图限制其权威的条款，这最终导致了英国内战和 1649 年国王被斩首。与此同时，科克势不可当的《大宪章》改革已经启动。

与自己在国内的行为相反，詹姆斯一世和查理一世一直积极地颁布王室特许状，承诺会将英国人的自由赋予美洲殖民地居民。1606 年，科克本人参与了弗吉尼亚公司第一份宪章的起草工作，在接下来的 60 年里，马萨诸塞州、马里兰州、康涅狄格州、罗得岛州和卡罗来纳州的宪章中也包含了类似关于自由权力的内容。

有人认为，提到《大宪章》，无论当时这些条款多么无关紧要，但它都是一种对新世界定居者的激励。时至今日，美国已有 25 个州在法规文书中摘录了《大宪章》；还有 17 个州甚至直接使用了《大宪章》全文。没人知道这些州打算如何对"在泰晤士河、梅德威河以及整个英格兰范围内除海岸外的所有捕鱼围堰"（第 33 条）进行强制执行。当然，美国的治外法权有时确实超越了国界。

科克对《大宪章》的复活极具浪漫色彩，他将《大宪章》变成了美国独立战争背景的一部分，他的影响力在美国宪法的起草过程中显而易见。

《大宪章》的一般原则和具体禁令

当时的经济力量和政治发展在约翰国王与男爵们的对抗中发挥了关键作用，这催生了《大宪章》和第一次男爵战争。在这种背景下出现的《大宪章》，其实在很大程度上反映了富人的利益。《大宪章》由三个基本主题主导：税收、滥用"司法制度"以增加收入以及保护男爵的商业利益。

由于《大宪章》中的许多条款对于现代社会来说无关紧要，在 1225 年重新发布后幸存下来的宪章条款（因此首先将其纳入法律）都随着时间的推移被废除了。事实上，原来的 66 条中只剩下了 4 条。这些条款在性质上与其他条款不同。它们更通用、更普遍且不受时间的限制。它们是：

- 第 1 条：教会的自由。
- 第 13 条：保护伦敦金融城的"古老自由"。
- 第 39 条：不得非法监禁。这也许是最著名的条款。"任何自由人不得以任何方式被扣押或监禁，或被剥夺其权利或财产，或被剥夺法律权益及流放，或被剥夺其地位，我们也不会对他使用武力，或派其他人这样做，除非他的同族人或国家法律通过合法判断决定这样做。"
- 第 40 条：正义不是用来出售的。

此外，1215 年《大宪章》第 12 条的精神（从后来所有重新发行的版本中删除），即"未经我们的普遍同意，不得在我们的王国中征收'兵役免除税'或'援助金'"，这显然在后来成为"无代表不征税"，即建立一个委员会（后来成为议会的雏形）批准国王可能要求的任何新税收。

无论当时的目的是什么，法规文书中保留的基本条款在今天依然会引起人们的共鸣。它们包含了法治的思想以及确保正义的正当程序，所以人们很容易将这些条款视为《大宪章》的永恒遗产，但同时人们也以傲慢的态度对待那些关于建造鱼堰、建桥义务和偷伐木材用于建造城堡等看似过时的废话。

这种态度是错误的。因为正是条款的具体性才使条款的一般原则更具有活力，它们具体而针对性地解决当时关注的重点，所以这些具体条款是对国王权力进行限制的真正尝试，而不是依赖于模糊的陈词滥调。[20] 我们将会看到，现代"治理货币"的"宪法"也存在着类似情况。

《大宪章》不是第一次试图将正义和良政善治理念囊括在宪章内，也不是最后一次。但事实上，这是一次非常失败的尝试，而且它只关心社会中极少数人的利益。约翰国王的继承人被迫在 1215 年之后一次又一次地重新颁布宪章（在 1216 年、1217 年、1225 年、1234 年、1253 年、1265 年、1297 年和 1300 年，这里仅引用重新发布的宪章中更著名的那些），《大宪章》由于多次重新颁布，在历史中成为一个重要的象征：行使权力需要获得授权者的许可，而且即便获得批准，这种许可也可以很容易地被撤回。

在货币领域，社会花了几个世纪来确定相关的权力和许可。金本位制的假设是获得社会的许可，而当社会拒绝任何固定挂钩时，金本位制就会遭到破坏。在随后的几十年里，各国都在寻求新的政治秩序以确保货币维持其价值。他们会发现，最成功的方法，即限制自由裁量权，其实是采纳了《大宪章》的价值观。

现代货币走向宪法秩序

在最理想化的情况下，《大宪章》明确规定权力来自人民并限制国家权力。国家可以将权力下放给地区和独立机构，但它们的权力必须受到控制。宪法法学家几个世纪以来一直在探讨权力的委派问题，而随着行政国家的扩张，这个问题如今达到了新的高峰。

为了在民主制度下运作，独立机构的权威必须受到限制，只允许它们做为追求特定目标所必需的事情，并且它们的行为需要对人民负责。[21] 英格兰银行用了三个世纪的时间才在其章程中完全体现了这些原则，这一延迟体现了英国在维持货币价值方面面临的一些历史挑战。

对于"英格兰银行的目的是什么"这个简单问题没有明确的答案，所以随着时间的推移，人们对此给出了不同的答案。英格兰银行在 1694 年的创始章程中解释说，其最初的目的是"促进公共利益和人民的利益"。日记作家约翰·伊夫林在 300 多年前用以下术语记录了当时的实际情况："一家公共银行……根据议会法案设立……为战争提供资金。"这里提到的战争是针对法国的，作为筹集资金的回报，英格兰银行获得了收入和银行特权：

很快它就成为唯一一家被允许组建为股份制形式的银行，并有效地垄断了伦敦地区的纸币发行。

到 19 世纪上半叶，英格兰银行已成为金融基础设施的核心，它发行的纸币是各银行之间公认的结算方式，英格兰银行实际上成为其他银行的银行。商业银行持有英格兰银行的纸币来代替黄金，依靠英格兰银行的信誉来实现最终的可兑换性。[22]

尽管英格兰银行的创立目标是为公众服务，但直到 19 世纪中叶，它仍受到批评，理由是在面临财务压力时，英格兰银行会根据自己的利益而不是公众的利益采取行动。随着英格兰银行逐渐承担起最后贷款人的角色（见第 3 章），并采纳了散文家和经济学家沃尔特·白芝浩的原则，即在危机时期，银行应该以惩罚性利率自由贷款给有良好担保物的借款人，这种批评才逐渐消失。[23]

到 19 世纪末，英格兰银行对广泛的政策领域都负有非正式责任。它是政府的财政代理人，通过金本位的运作来维持货币稳定。英格兰银行通过它作为有效的最后贷款人的角色和谨慎的行动，在促进金融稳定以及管理和解决金融危机方面发挥了重要作用。[24]

英格兰银行于 1946 年转为公有制，正如前行长埃迪·乔治所说，在随后的半个世纪里，"该银行根据立法运作，值得注意的是，这些立法并没有试图定义我们的目标或职能"，相反，它们"被认为继承了银行早期的悠久历史"。[25] 在这方面，银行的"宪法"类似于英国的宪法，都建立在丰富的历史、法律和约定之上。

尽管央行的职责在接下来的几十年里都有所不同，但直到 1997 年，这些职责仍然是广泛且非正式的。在此期间，20 世纪 50 年代和 60 年代的货币贬值，货币价值急剧下降，随后是 20 世纪 70 年代和 80 年代居高不下且不稳定的通货膨胀，这导致当时出现了一系列银行危机和房地产市场的剧烈波动。英镑也遭受了一系列外汇危机，并在 1949 年和 1967 年出现贬值。1971 年布雷顿森林体系解体，随后出现了周期性国际收支危机，其中 1976 年的危机、1985 年的危机以及 1992 年危机都给英格兰银行带来了巨大的压力，特别是 1992 年的"黑色星期三"[⊖]，英格兰银行被迫退出欧洲汇率机制，这导致了英镑的剧烈贬值和金融市场的混乱。在这段时间里，从英格兰银行国有化到货币政策独立授权的半个世纪里，累计通胀率达到了 2200%。

简而言之，货币正在失去价值。

尽管政府在此期间对货币政策负有正式责任，但在高通胀和经济不稳定的时期，包括英格兰银行在内的所有当局的信誉都受到了影响。经验表明，现代货币日益复杂且相互关联，需要采取一种全面、透明和负责任的方法来维持其价值。

现代货币不受黄金、土地或其他"硬"资产的支持，现代货币与信心息息相关。这种信心包括：

- 人们使用的钞票是真钞而不是假钞。
- 货币将保值，不会被高通胀侵蚀。
- 债务负担不会因为通货紧缩中的物价和工资下降而飙升。
- 银行和保险公司的资金将是安全的，即使出现萧条、金融危机或疫情，资金也不会消失。

人们想要对货币保持信心，因为这样他们就可以有精力去做更重要的事情，例如为新家储蓄、支付孩子的教育费用或无后顾之忧地退休。

保持这种信心需要健全的制度和广泛的公众认可。任何意外或失望都会动摇这种信心。一家倒闭的银行；高而波动的通货膨胀水平；假币；包括中央银行在内的公共机构的运营失败。保密和不透明会消耗人们的信心。

⊖ 1992 年 9 月 16 日星期三，由于英镑与欧洲其他主要货币的联动机制出现了问题，导致了英镑暴跌。——译者注

现代货币依靠中央银行的行动来支持，而不是由它们内部的黄金来支持。一个独立的中央银行是维持公众对公共货币信心的持久的、值得信赖的、稳健的方式。这意味着只有法律保障、明确的目标以及民主问责制，才能确保广泛的公众支持和合法性。虽然央行不能完全免受违规的诱惑，但事实证明，健全的货币制度是社会经济和政治利益的最有效保障。

作为一名行长，我很早就了解到中央银行可能是有效的，但并不诱人。在我担任加拿大银行行长的第一个春天，每隔 45 分钟我就能听到窗外来了一辆旅游巴士。导游会说："那是加拿大银行，那里拥有世界第二大的黄金储备。"然而我想："不，我们没有，我们在 20 世纪 90 年代就已经卖掉了很多黄金。"几天后，我想我最好还是澄清一下，以防有越来越多的加拿大人可能会询问，在我的监管下，"消失"的黄金去哪儿了。所以我让一位同事打电话给旅游公司，让他们知道我们的货币不是由黄金支撑的，而是由"加拿大银行采取独立的货币政策以实现低、稳定和可预测的通货膨胀水平"支撑的。从那以后，我再也没有听到有旅游巴士经过。即使经过精心考虑的技术决策远远超过了黄金的价值，它们仍然无法与黄金的吸引力相提并论。

央行有两个广泛的目标，对货币价值至关重要：货币稳定和金融稳定。

货币稳定意味着确保货币的价值是可以被信赖的。它是通过生产人们可以放心使用的高质量的纸币来实现的。这就是为什么聚合物纸币要配备从全息图像到紫外线特征等复杂的防伪保护。实现货币稳定还需要保持通胀水平低、稳定和可预测。目前，这一价格稳定目标的要求是通胀目标处于 2% 的水平。

金融稳定意味着确保金融体系能够在逆境和顺境中支持家庭和企业。这需要金融体系具备足够的韧性，能够在经济冲击发生时继续向家庭和企业提供贷款。它还意味着宏观经济衰退不会因为不可持续的债务负担而变得更加严重。

这需要：

- 确保持有资金的银行和房屋互助协会的安全和稳健。
- 保持整个金融体系的韧性。
- 确保任何机构的破产都是有序的，不会对系统产生更广泛的影响。
- 向银行和其他金融机构提供广泛的流动性，以促进金融体系在冲击期间能持续运作。
- 运营支付系统的核心 RTGS，该系统每天以最高标准的效率和弹性处理价值超过 6000 亿英镑的银行间支付；[26] 从购买一个应用程序到家庭置办房产，英格兰银行每天的结算都通过这个系统。

为了说明为什么难以实现货币和金融稳定的目标，请回想一下，当政治约束凌驾于恢复外部平衡措施时，银行会实行维持黄金可兑换性的措施，这就导致了金本位的失败。英国在通货膨胀方面的经验是一个鲜明的例子，它说明了当短期政治考虑与货币当局要求的艰难决定同时出现时会发生什么。

在 20 世纪 70 年代和 80 年代，英国的物价并不稳定。随着 1971 年布雷顿森林体系的瓦解，英国货币政策失去了名义锚汇率。随后，英国进行了一系列失败的实验，其中涉及收入、货币总量和汇率目标，这种失败的代价是巨大的，在 1992 年之前的 25 年里，物价上涨了 750%，超过了过去 250 年的总和。[27] 这种扭曲的价格信号抑制了投资，损害了经济的生产潜力，伤害了那些最不富裕的人，失业率很高（平均略低于 8%）且波动很大（标准差为 2.8%）。

尽管低而稳定的通货膨胀水平得到了广泛认可，但事实证明，实现这一目标十分具有挑战性。即使经济形势不像 1215 年《大宪章》通过时那样严峻，但它也足以最终导致货币宪法的改变，这种改变在货币领域可能就像《大宪章》在政治领域那样经久不衰。

这是因为影响通胀最有力的工具，即货币政策，也会影响产出和就业，至少在短期内是这样的。这使当局在政府的影响下承诺未来会保持低通胀，但随后又反悔，改用低利率来促进经济活动，选举周期强化了这种倾向。企业和家庭开始可以预见这些激励措施，并提前做出决策反应。

这种时间不一致性的解决方法是首先让社会选择更想要达到的通货膨胀率，然后将运营责任委托给货币当局，以采取必要的货币行动来实现该目标。通过"束缚"当局，更好的通胀水平和失业结果才能成为可能。

要使货币政策的实施不受政治因素的影响，低通胀的承诺才有可能兑现，但这需要强大的问责机制和透明度来合法化这种独立性，并保持公众的认可。20 世纪 90 年代，在新西兰和加拿大的带领下，一些国家在中央银行中采用了体现这些方法的通货膨胀目标框架。

英格兰银行的新英国框架

1998 年的《英格兰银行法案》是对这些见解最全面的采纳。[28] 该法案明确了央行的职责，并赋予了它执行货币政策的独立性。在将权力委托给新的独立机构货币政策委员会（MPC）时，该法案确保该银行将在"受限"而非"不受约束"的自由裁量权下运营。[29] 该法案给予 MPC 在中期的通胀率目标，并授权其制定决策来实现这一目标。[30] MPC 对议会负责，运用货币政策工具以实现政府确定的货币政策目标。[31]

最后，《大宪章》的精神体现在了货币政策上。

英格兰银行的运营独立性是在严格限制的范围内通过议会从人民那里获得权力的一个例子。但独立性反过来又要求问责制，以便英格兰银行拥有履行其使命所需的合法性。通过分析、听证和演讲，英格兰银行解释了它如何行使权力以实现其明确界定的政策职责。在有限的自由裁量权下，英格兰银行听从其职权范围内的命令，并对议会和人民负责。

独立带来的收益是巨大的。在独立后的 20 年中，通货膨胀率平均不到 2%，而独立前的 2 年则超过了 6%，通胀率只是不稳定时期的五分之一。至关重要的是，独立性使货币政策能够大胆有效地应对一个世纪以来最大的金融危机，它使英格兰银行有能力解决围绕英国脱欧的一系列问题。

过去几十年的经验教训给我们上了重要的几课。

第一课，它强调了通胀目标中灵活的重要性。通胀目标框架本身的一项重大改进是明确确认了（从 2013 年开始）MPC 需要在通胀目标和产出波动之间进行权衡。换句话说，面对异常巨大的冲击，货币政策委员会可以充分利用通胀目标的灵活性，以尽可能多地支持就业和增长，或者在必要时以促进金融稳定的方式，使通胀回到目标水平。例如，尽管货币政策无法阻止与欧盟的新贸易安排过渡而相伴的实际收入增长放缓，但它可以影响这种对收入的冲击如何在失业和物价上涨之间分配。

第二课更加基础。1997 年的变化反映了一种信念，即价格稳定是中央银行对宏观经济稳定和更广泛的公共利益做出的最好贡献，这代表着中央银行关注范围的缩小和旧中央银行模式的解构。

尽管在此期间进行了巨大的革新，但全世界都采用的关于中央银行角色的还原论观点却存在致命的缺陷。对价格稳定的过度关注已成为一种危险的干扰，虽然通货膨胀仍处于控制之中，但金融脆弱性在 21 世纪初却不可避免地加剧，最后随着全球金融危机的崩溃而瓦解了。

全球金融危机有力地提醒了人们金融稳定的必要性。在危机发生之前，发达经济体正处于一个被称为"大缓和"的时期，即长期不间断的经济增长与低、稳定和可预测的通货膨胀水平相结合。但这场危机清楚地表明，中央银行在此期间虽然赢得了对抗通胀的战争，却失去了和平。

这个代价是沉重的。2008 年公众对私人融资完全丧失的信心只能通过 15 万亿美元的公共援助、政府对银行负债的担保和中央银行的特殊流动性计划才能挽回。在英国，实际工资经历了自 19 世纪中叶以来，增长最疲软的 10 年，公众对系统的信任已经崩溃了。

尽管这场危机令人震惊，但它不只会发生一次，在 800 年的经济史中，金融危机大约每 10 年就会发生一次，这是因为在维持货币价值方面存在着系统性问题。

金融政策决策与货币政策一样会面临时间不一致的问题。金融游说团体很强大，追求增长的诱惑也很大。宽松的监管可以为经济提供强大的推动力，而受选举周期和金融周期自满曲线驱动的政府更是强化了这种诱惑。从长远来看，这种放任的代价是金融和宏观经济的不稳定、经济增长速度的放缓和失业率的上升。

相反，国家为避免未来危机而做出了艰难的决定，却没有获得什么明显的或直接的回报。今天我们可以感受到审慎宏观干预的成本，但审慎宏观干预的好处往往在很远的将来才能有所体现。类似缓和经济衰退和避免危机这样的好处是无法被直接观察到的。宏观审慎政策所防止的不良结果必须进行估计。但是，反事实推理很难被人们接受："本来可能更糟"听起来不像"它从来没有这么好过"那么有说服力。

所有这些复杂性和不确定性使得实施正确的审慎政策变得具有挑战性，并且我们也更难讲清楚其中的道理。随着时间的推移，尤其是在繁荣时期，这些挑战会助长不作为的观念。随着人们对上次危机的记忆逐渐消退，人们的自满情绪开始蔓延，要求放松政策的压力卷土重来。所以，当金融系统保持稳定并避免危机时，很难将成功的结果归功于单一的因素或个人。

金融危机的一个教训是，信任不仅会因为货币未来价值的不确定性而受到破坏，还会因为公众对银行失去信心甚至对金融体系本身失去信心而遭遇打击。换句话说，货币稳定和金融稳定对于保持公众对货币的信心至关重要。

由于中央银行是发行货币的垄断者，它负有作为货币信任和信心担保人的首要责任。这自然使它们能够用货币政策来控制货币数量和利率。这也意味着金融稳定政策的核心部分落到了它们的肩上，那就是在金融危机时期充当私人金融机构的最后贷款人。

现在人们已经认识到，中央银行从一开始就负有反脆弱累积的核心责任。这意味着央行要通过确保银行和保险公司拥有充足的资本、流动性资金，以维持银行和保险公司的安全和稳健。这也意味着要通过管理金融周期以及解决金融机构和市场的结构性风险来维护整个金融体系的稳定性和韧性。

这就是为什么在2008年金融危机之后，许多中央银行被赋予了更多的责任来应对金融体系中的风险。例如，英格兰银行进行了彻底的改革，将货币和金融稳定的职责重新统一，由三个独立的委员会负责：货币政策委员会（MPC）、负责制定宏观审慎政策的金融政策委员会（FPC），以及负责维护金融稳定以及银行和保险公司的安全与稳健的审慎监管委员会（PRC）。[32] 英国议会明确规定了这些职责，并且英格兰银行具有运营独立性，可以行使权力来实现这些职责，并就其履职表现向议会和公众负责。

问责制、透明度与合法性

将责任委托给独立的中央银行，让其做出支持货币价值所必需的艰难决定，这一做法在理论和实践中都得到了充分的支持。但是，正如《大宪章》明确指出的那样，这些中央银行永远不会忘记它们的权力来源或对谁负责。它们的权力仅限于实现货币和金融稳定所需的范围，并且它们的行为需要对人民负责。为了支持货币的价值，它们需要展现韧性和信任这些价值观。为了维持货币的价值，它们还需要拥有问责制、透明度与合法性。

正如金本位制在失去公众信任时会失败一样，如果没有公众的持续支持，独立中央银行的有效性就无法经受时间的考验。我在英格兰银行的工作内容里有一点很重要，那就是必须使银行获得公众的支持。在我上任的第一天，我得知我们钞票所印图案缺乏多样性的争议越来越大。由于选择温斯顿·丘吉尔取代监狱改革家伊丽莎白·弗莱印在 5 英镑的纸币上，银行的四张纸币上将只有男性角色（除了每张纸币一侧的女王陛下）。

由作家和社会活动家卡罗琳·克里亚多·佩雷斯领导的一场公众运动指出，这样的钞票图案不能代表英国社会，并且她提交了一封请愿书，要求在 10 英镑上用女性角色取代查尔斯·达尔文。我召集了英格兰银行的专家团队，来讨论这个我本以为会是一个相对简单的问题的决定。有人得意地告诉我，人们不能在法律上认定银行存在歧视，因为钞票上的字符是从已故的人中挑选出来的，也就是说"你无法歧视死人"。如果货币不能反映它所服务的社会的多样性，那么它是分裂的而不是统一的。因此，英国文学界最伟大的作家之一简·奥斯汀很快被选中出现在 10 英镑纸币上。

我们进一步废除了过去由行长独自选择人物的旧制度，采用了一种公开的提名程序，并辅以专家小组的建议。专家小组本着这样的宗旨，即人们每天携带的钞票应该呈现出伟大的英国历史人物的多样性，以及他们在各个领域中的贡献。我们认识到，英格兰银行仅致力于实现这一目标是不够的，我们需要公众对我们多元化的承诺充满信心。几年后，我们收到了近 25 万份科学家和数学家的公开提名文件，最后我们很自然地选择了艾伦·图灵作为 50 英镑纸币的候选人。

图灵的成就不计其数。第二次世界大战期间，他在布莱奇利公园的密码破译工作中做出了"不可或缺"的贡献，可以说他帮助将这场冲突缩短了几年，拯救了无数人的生命。[33] 当时他在密码分析领域取得的进步，包括为了加快解密速度，他与同伴共同发明了用于破解密码的 Bombe 计算机和应用统计技术，对破解迄今为止仍牢不可破的德国 Enigma 密码起到了重要的作用。图灵奠定了计算机科学的基础，[34] 在战后早期电子计算机的发展中发挥了十分突出的作用 [35]，并且他还创立了生物学领域的形态发生学，用于研究植物和微生物如何发展其形态。他是一位远见卓识的革命者，他意识到"这只是未来的一种预示，只是即将发生的事情的影子"。[36]

奥斯汀和图灵都代表了英国最优秀的一面。在奥斯汀去世 200 多年后，她的作品仍然非常受欢迎。当前计算机科学、人工智能甚至未来货币形式的发展都站在图灵这位巨人的肩膀上。奥斯汀和图灵也代表了那些在他们有生之年成就和潜力没有得到认可的人。奥斯汀匿名出版了她的作品，因为当时女性作家不受重视，直到她去世几十年才获得赞誉。1952 年，图灵因与一名男子的私人关系而被判犯有严重猥亵罪，只有接受化学阉割才能避免入狱，这项罪名结束了他的职业生涯，不久他就死于氰化物中毒。

货币的基础

将奥斯汀和图灵等人物肖像放在钞票上是对过去错误的纠正，并给予他们应得的尊重。但货币的价值远不止这些。货币的价值和银行的合法性来自人们对制度公平性和完整性的信任。纵观历史，大部分英国人都受到过不公平的对待，包括像英格兰银行这样的机构。今天，银行必须努力赢得和保持英国人民的信任。致力于多样性和包容性对于将正确的价值观赋予货币至关重要。

英格兰银行货币和金融政策的有效性取决于良好的治理、透明的政策行为以及对议会和公众的明确问责。自从 1930 年前行长蒙塔古·诺曼在麦克米伦委员会要求对银行行为做出解释以来，公众的期望发生了巨大变化："需要原因吗？主席先生，我没有理由，我只有直觉。"

在我 50 多次议会作证期间，我不敢做出这样的回应。非正式责任、点头、眨眼、保密和凭直觉的时代早已过去。英格兰银行比以往任何时候都更加需要公开和负责，这不仅是因为人们对机构及其内部"专家"的不信任日益增加，还因为公众的更好理解会使我们的政策更加有效。

自从授予银行运营独立性以来，其沟通工作已经有了很大的改进。透明度稳步提高，这些举措包括发布事前预测的详细假设、事后准确性评估以及同时发布货币政策摘要、会议纪要和通胀报告。多层次的沟通引入了更简单、更易于访问的语言和图形，以覆盖尽可能广泛的受众。

英格兰银行还开展了广泛的宣传活动，以改善问责制并维持公众许可。英格兰银行会在政策发布当天公布每项政策决定的所有相关信息，披露其预测背后所依据的关键判断，并在预测与现实存在差异时进行解释说明。英格兰银行每年还与数千家企业以及数万名出席市政厅会议和公共论坛的人会面，并通过社交媒体与数十万人交流沟通。

在我担任行长期间，这些也是工作中最具挑战性和最令人愉快的部分。具有挑战性是因为与公众会面意味着摆脱了技术术语、统计数据和编码参考；是因为人们会问最基本的问题，例如"什么是钱"或者"我什么时候才能加薪"。

当我考虑加入英格兰银行时，我的顾虑之一是，英国公众是否会接受一个外国人担任如此重要的角色。后来我放心了，因为"一旦你在伯明翰以北，英格兰银行行长就是一个外星人。没有人会知道央行行长是做什么的"。但这也让我觉得很奇怪，而且我很高兴看到英格兰银行有一项广泛且不断发展的区域访问计划，我发现这是我最有宾至如归感觉的时候。

很明显，我们可以做的不仅是与当地的企业家会面，所以我们扩大了访问的范围，还包括与第三部门团体举行会议，以便更好地了解经济复苏乏力对人们的影响并听取他们的担忧。我们设立了市政厅会议和公民小组，直接听取那些不明白货币和金融稳定性、限制自由裁量权等概念却直接受其影响的人们的意见。通过创建经济决策教学模块，我们还访问了大量的学校，这一教学模块现已覆盖了英格兰和威尔士五分之一的公立学校。

我对访问学校的印象特别深刻。这些学校中的许多学生生活在贫困地区，那里有一半的孩子享受免费的校园餐，而且许多孩子来自三代人都没有工作的家庭。年幼的孩子们睁大眼睛，乐观开朗，而青少年则充满好奇，想知道我赚了多少钱（"不如足球运动员多"），我开的是什么车（很遗憾是福特 Galaxy）以及为什么我们不能使用比特币（"因为它行不通"，请参阅第 5 章）。

在访问中，我的核心目标是解释银行的工作是保持对货币的信心，让金融世界看起来不那么陌生，并建议学生，如果他们追求自己的兴趣，他们很可能会按照自己的方式取得成功。以我为例：我和他们一样去的是我们国家的一个公立学校，我的学校也远离商业、媒体和政府的中心。我学习经济学是因为我想更好地了解世界是如何运转的，我曾在公共部门和私营部门工作，并试图使其更好地运行。我从未打算成为英格兰银行的行长（如果我一直都在寻求这个职位，那么我反而可能永远无法实现这一目标）。我之所以成为行长，是因为历史的偶然性，但这种偶然性的发生得益于我从事自己热爱的事情。如果像我这样来自加拿大北部的丑角能够成为英格兰银行行长，那么其他人也同样会有机会。

之后除了他们明确同意我是小丑这一点，我想知道这些话有多少被听了进去。在我访问了东北地区一所中学后的几天，我收到了一位母亲的来信，告诉我她的儿子听完我的讲话回来后，对学习和未来的计划充满了新的热情。她在信的末尾用大写字母写下："这样的访问改变了命运。"

这是赋予货币价值的关键：韧性、团结、透明度、问责制和信任。

第 5 章

货币的未来

> 能够活在那样的清晨是何等的福祉，但青春才是真正的
> 天堂！
>
> ——威廉·华兹华斯《早期热情追随者眼中的法国大革命》

对于支持者来说，席卷金融科技世界的创新浪潮无疑是一场革命。金融科技给狭义银行业和投资组合优化带来了曙光。它将改变货币的性质，[1]动摇中央银行的基础，并为所有使用金融服务的人带来一场民主革命。

当新的通用技术正在改变诸多行业（如零售、媒体和教育）的时候，我们不应轻率地对这些说法置之不理，传统企业很少能够预测到变革的规模和速度，往往是在事后，才会认识到革命的本质。

回想上一个世纪，凯恩斯对 20 世纪初科技与金融结合所创造的可能性感到惊叹，他说道：

> 伦敦居民可以在床上喝着早茶的同时，通过电话订购全球的
> 各种产品……他们可以在同样的时间以同样的方式，在世界的任

何地方对自然资源和新兴企业进行风险投资，或者他们可以选择将财富的安全性与任何大陆上的重要城市的居民信誉相结合，而这种选择可能是大数据根据个人的兴趣或信息推荐所决定的。[2]

几十年前的技术发展使这种全球投资组合管理成为可能，从 19 世纪 60 年代的"传真电报"（能够传输签名以验证银行存款）到深埋在大西洋下方每分钟可以传输 8 个单词的电缆，这种远程交易确认方式和低延迟使当时被称为"高频交易员"的投资者的出现成为可能。

这些创新促成的金融全球化是建立在一种更早、更简单、更深刻的变革之上的：账本。因为如果没有记录交易、比较余额和评估义务的能力，也就没有金融。货币和信贷作为商业的通用工具，离不开这一最基本的金融技术。这种技术使得借方和贷方可以相互抵销，债务可以作为货币流通，货币取代了需要依赖记忆的交易方式，从而使贸易呈指数级增长。

在凯恩斯描述的"在床上品尝早茶的全球化"之后，我们又取得了多大程度的进步？

用"平板电脑"替代"电话"，用"豆奶拿铁"替代"茶"，我们将迎来的不是 20 世纪，而是 21 世纪，在这个世纪，机遇不再仅限于男性或城市居民。第二波全球化浪潮正在达到顶峰，第四次工业革命才刚刚开始，在技术的巨大变革、全球经济实力的重新洗牌和日益增长的气候变化压力的推动下，新经济正在兴起。

新冠疫情危机加剧了这种变革，供应链更加注重本地化和安全性，数字化集成也正在加速，这些因素推动了公司和国家的战略开始"重置"，这为解决气候变化问题和推动向净零经济转型提供了新的机遇。

金融民主化和转型的程度取决于支持性技术。移动电话的出现、互联网的普及、高速计算的可用性、密码学的进步和机器学习的创新可以结合起来，共同推动金融领域的快速变革，就像它们在其他经济领域所能做到的一样。

货币的本质一直在演进

如果认为当前独立中央银行模式代表了货币历史的终结，那就太不知天高地厚了。

几个世纪以来出现了一系列货币创新，但大多数都因为抵御不了贬值的诱惑而失败了，但也有一些创新改变了货币的本质。由于当前大家都在围绕货币和支付系统进行创新，这两种结果都有可能出现。而成功的关键在于，要明确在追求价值的过程中支持哪些创新、抑制哪些创新。

历史上最有前景的货币创新主要起源于私营部门，这些创新主要用于适应商业不断变化的性质。最早的纸币诞生于中国北宋时期，目的是让商人和批发商在大型商业交易中可以不用携带沉重的铜钱。马可·波罗在 13 世纪将这一概念引入欧洲，尽管在保值方面存在问题，但纸币在 17 世纪和 18 世纪还是变得越来越普遍。

文艺复兴时期，银行业主要用于支持不断增长的跨境贸易。意大利 14 世纪和 15 世纪银行业的重镇在佛罗伦萨，强大的美第奇家族就在这里。它们是外汇交易商，主要负责在欧洲贸易路线上交易不同质量的货币。从起初在卡瓦尔康蒂宫外经营货币兑换摊位，到后来成为梵蒂冈的银行家，美第奇家族真正的贡献是开创了汇票来管理新兴的中世纪贸易。这些从一个商人传递给另一个商人的付款承诺本身也可以用来付款，或出售给银行以筹集现金。

从 17 世纪开始，部分准备金银行制度的发展为贸易和工业的发展提供了所需的资本，其核心的技术是信息收集、信贷判断和贷款监控，并且这种模式以提高金融风险为代价来扩大亚当·斯密所谓的看不见的手的应用范围。为了保持货币的价值，中央银行必须越来越多地参与私人银行的监管，并在危机时作为它们的最后贷款人。

今天，私人货币是非银行部门（尤其是养老金、保险公司和各种资产管理公司）创造的，它可以帮助个人管理风险并增加储蓄。然而正如我们将在第 7 章中看到的，今天的非银行金融部门与 19 世纪的部分准备金银行业务处在大致相同的位置。合规与不合规的做法、有弹性的机构和脆弱的机构混合在一起，这使得非银行金融本身就成为社会价值风险的来源。

金融科技革命正在改变金钱和支付领域的传统。它是由以下几个因素驱动的。

首先，随着密码学和人工智能的进步，以及社交媒体强大的网络效应等根本性、变革性技术的创新，货币正在发生着变化。如果"点赞"是这一代人的社会货币，那它们有可能会发展成下一代人的经济货币吗？

更根本的因素是，经济和社会重组为一系列分布式的点对点强大网络，这种重组网络推动了货币的创新。[3] 人们越来越多直接、即时、公开地创建联系，这彻底改变了人们的消费、工作和交流方式。然而，金融系统仍然围绕着像银行、支付、清算和结算系统这样的中心枢纽进行安排，即使加密货币和稳定币等货币替代品不是唯一的创新，但它们也向现有的支付系统发起了挑战，因此支付系统现在必须发展，以满足可靠、实时分布式交易的需求，当局也需要创造适当的环境来支持这种发展。

新经济对金融提出了新的要求。消费者和企业越来越希望交易能够实时结算，而结账成为少数情况，跨境支付能够和去街对面进行支付没什么两样。利用智能合约可以根据个人偏好和社会规范，实现货币和支付方式的更高效和更具韧性的结合。金融系统也可以进一步进行调整，要么增加金融交易的隐私保护，要么实现更多个人数据共享的机会。

尽管大肆宣传，西方国家日常支付方面的创新迄今为止还停留在表面上，是缺乏实质性的。大多数变化发生在支付方式上（购买的方法），包括了非接触式信用卡、智能手机移动钱包和银行应用程序。最基本的支付基础设施大体相同——交易在信用卡或银行程序上操作，并涉及数字货币。

人们支付的这些钱是由私人银行创造的（正如我们在第 4 章中看到

的）。私人银行受到中央银行的监管，人们在私人银行中的任何存款都由国家在一定限额内投保（目前在英国是 85 000 英镑，在加拿大是超过 100 000 美元）。考虑到这一事实（而且大概是不用担心的），人们会感到很放心。

这一支付系统方便，但费用相对昂贵，费用在交易价值的 0.5% ～ 2%。它可能很慢，付款最多需要 3 天才能到达商家，而跨境支付的成本甚至会高出国内支付多达十倍，这限制了竞争并限制了消费者的选择。

更具变革性的创新开始显现。中国支付巨头蚂蚁金服拥有 10 亿用户，是美国最大银行的 5 倍。它与微信支付（腾讯的附属公司）一起处理了全球近 90% 的移动支付。Paytm 是一个印度支付平台，拥有超过 3 亿用户，其中许多是小微企业。下一阶段是将这些私人支付系统与公共账本和后备机制进行整合。

此外，在线市场和数字支付提供商，如 Stripe 和 Shopify，成为对中小企业贷款增长最快的机构，它们可以通过访问优质的客户数据来提高信用评分和贷款决策速度。

私人货币创新的基础

在这个创新如雨后春笋般的时代，货币的公共保管人必须既要具有建设性又要保持警惕，建设性意味着要为私人创新提供平台，中央银行应该像对传统参与者一样对新的参与者开放，这意味着新的参与者可以平等获得关键的央行特色服务，例如实时批量支付系统、存放存款和获得短期流动性。[4] 但这也意味着银行会对相同活动采用相同的监管方式，无论提供者是银行、非银行金融服务公司或科技公司。这种监管的一致性是保持警惕的一部分，只有这样新货币才能与旧货币一样安全、可靠和值得信赖。

中央银行还必须意识到，私人货币替代品的兴起可能标志着公众应对一系列危机的信心开始转变。俗话说，"建立信任需要很多年，而破坏信任只需要几秒钟，修复则需要永远"。[5]金融危机破坏了公众对私人金融体系的信任，并引发了公众对公共监督有效性的质疑。为应对新冠疫情危机，公共债务大幅扩张，再加上一些中央银行的大规模购买（这在和平时期是前所未有的），这可能促使公众对货币的信心发生动摇。

事实上，本书在论证价值再平衡方面的重要贡献之一就是探讨公共货币价值的维持。这并不意味着要阻止创新的潮流，相反，它意味着要通过强化货币背后的核心价值来支持创新。未来的货币必须是可信的、有韧性的、公平的、包容的、透明的、可问责的和充满活力的。从根本上说，若要求公众对私人创新做出回应，就必须确保新的系统能够为公众服务。这意味着新的货币和支付系统必须满足许多要求。

它必须是有韧性的和可信的。新的货币和支付系统必须与现有系统一样具有韧性，同时为客户提供更好的服务。当经济冲击来袭时，新的货币应该保持其价值（货币稳定性），并且所有与它接触的机构都应该是可靠的（金融稳定性）。资金还必须具有韧性，对异常事件有强大的抵御能力，并且不容易发生技术故障。

它必须是可问责的和透明的，同时它需要保护隐私并维护客户的数据主权。现金交易是匿名的，并且在符合反洗钱、打击非法活动或恐怖主义的法律规定下，公众的私人银行业务细节也将是保密的。新的电子货币形式应该在匿名性和客户授权的私人信息访问之间找到平衡，以提供更好的服务。

在民主国家，如果货币系统的核心基于某种形式的电子私人货币，并且其创造者控制着大量货币（例如比特币）、拥有特权可访问客户数据或支付系统（例如某些稳定币），或者这种形式的货币容易出现贬值（例如像阿姆斯特丹银行等发行的私人货币就经常容易发生贬值），那么这种现代货币系统是不可持续的。

正如我们在第 4 章中看到的，透明度和问责制对于维持公众对政策的支持（并最终许可）至关重要，这些既不能由算法来实现，也不能由私营部门承担最终责任。

它必须通过增加金融包容性和促进团结来提高公平性。新的货币和支付系统必须通过向所有人开放来发挥其实现金融服务民主化的作用，这意味着需要大幅降低支付、银行业务和跨境交易（包括汇款）的成本，也意味着需要促进为客户服务的竞争，新型货币形式中的所有网络外部性应当使公众受益。

促进团结意味着永远不要回到像金本位那样的货币形式，在那种货币形式下，货币调整以牺牲工人阶级的利益为代价。实际上，促进团结意味着充分利用新技术来创建更灵活的经济，从而进行更规律、更平稳的调整，而不是先造成巨大的失衡和脆弱性，然后再用残酷的方式解决问题。

它必须通过提供新服务和廉价、高效、安全的支付方式来维持经济活力。新的系统可以通过整合数据资源为小企业提供更高效的融资机会，将智能合约与金融和商业贸易相结合，提高效率，并通过数字化技术简化和加速跨境贸易过程，使其与国内交易无异。新的支付系统必须是可扩展的。毕竟，货币是一种社会约定，是一种网络。使用它的人越多，它就越有用。为了发挥作用，货币形式在大规模应用时至少要与在小规模时一样高效。目前，大多数加密货币的替代品在这一方面存在明显的不足。

建立在公共基础上

坦率地讲，中央银行不会想象到当前金融创新浪潮带来的可能性。相反，中央银行应该为私人创新创造尽可能公平的竞争环境，同时确保新系统能够尊重、支撑货币的核心价值观：可信、有韧性、公平、包容、透明、可问责和充满活力。

这意味着两件事。首先，该系统的核心必须是公共货币，尽管它与私人货币之间的联系性质会发生根本性的变化。英国纸币"向持票人付款"的承诺得到了国家的无条件支持，这是目前零售电子支付形式所无法做到的。[6]

当前对私人电子货币系统的支撑是用户可以随时将其持有的资产转换为现金。这些新的货币形式应该通过提供类似现金的属性来模仿现金在实物交易中的使用。这意味着支付的最终性，即付款完成不可撤销。如果有人在酒吧交出一张 10 英镑的纸币，他的债务会立即结清，开酒吧的人手上就有了现金，可以马上将现金用于他认为合适的另一笔交易。确保支付的最终性是中央银行的工作之一，以便企业和客户可以充满信心地进行交易。

其次，为了让新系统保持稳健货币的价值，中央银行将继续提供一系列公共支持，以维系公众对货币的信任。具体是指：保护以电子现金或计价单位形式存在的基础货币；确保支付的最终性；在系统面临压力时提供支持，以确保可扩展性和系统运行所需的流动性；全面监督支付系统，因为系统的安全程度取决于最脆弱的环节。

评估现有的三个选择

> 每个人都能创造货币，问题是要让大家认可它。
>
> ——海曼·明斯基[7]

评估三个重要的创新，即加密货币、稳定币和中央银行数字货币（CBDC），在核心功能和基本价值观方面的表现如何。

正如我们将看到的，货币王冠的电子觊觎者目前在大多数标准上都达不到要求，但他们发起的革命将推翻旧政权。如果我们将注意力集中在支撑稳健货币的价值观上，我们可以积极接受这种变革，未来的货币将支持更加动态和包容的经济。

首先是一些定义。有两种类型的货币：基于账户的货币和基于代币的货币。基于代币的货币包括从雅浦岛石币到纸币等常见的例子，代币基本没有内在价值，但社会习俗的力量给它带来了广泛的认可，要使其持久，需要适当的机构支持。

当阿姆斯特丹银行等存款银行在 17 世纪的欧洲流行开来时，基于账户的货币开始腾飞。在支付过程中通常使用中介机构（比如银行）来完成交易。在这个过程中，支付方的账户会被扣款，收款方的账户会被入账。这些交易可以发生在同一家银行或不同的银行，但最终结算发生在中央银行。基于账户的资金是我们大部分（超过 95%）资金的持有方式。

这些银行余额属于数字货币，它们是我们银行维护的分类账中的电子记账项，尽管现在支付的速度和便利性已经大幅提升，但其基本架构与 17 世纪账户货币体系相似。[8] 对于来自非银行支付服务提供商（例如 Apple Pay、Venmo 或 Stripe）的创新型支付应用程序而言，这一原理也是适用的。

当前的电子货币系统是双层的。在较低层级，正如我们在前几章对部分准备金银行制度的讨论中见到的那样，银行通过发放新贷款来创造私人货币。这些贷款由银行的资本来支持，并由存款提供资金。[9] 而银行之间的交易则在中央银行准备金的较高层级结算，这是私人银行在中央银行持有的基于账户的货币。

这个系统有几个优点。它确保付款的最终性，并便于中央银行进行核心活动，例如在金融系统压力大时提供流动性、充当最后贷款人以及通过量化宽松参与资产购买。

系统的某些要素可以被应用和改进，以实现金融科技革命所承诺的效益。例如中央银行储备属于电子公共货币，但它不向广大公众开放。这些货币未来的一个发展方向是使其可供公众使用（在 CBDC 的变体下），另一个方向是让私人货币成为交换媒介。

第一个毫不掩饰地挑战传统货币体系的是加密货币。加密货币是一种基于代币的数字资产，它并不是货币，因为目前还不清楚它是否具有货币的功能。这些数字资产的基础是分布在大量计算机上的网络，这使得它们可以不受政府和中央当局的监督。"加密货币"一词源自用于保护网络安全的加密技术。正如我们在第4章中看到的，这些技术起源于英格兰银行发行的一张50英镑纸币上的"面孔"——艾伦·图灵所做的一些工作。

在全球金融危机最严重的时期，技术发展与银行系统信心的崩溃同时引发了加密货币的革命。它的拥护者声称，去中心化的加密货币（例如比特币）比中心化的法定货币更值得信赖，因为：

- 它的供给是固定的，因此不受贬值诱惑的影响。
- 它的使用不受私人银行风险的影响。
- 持有它的人可以保持匿名。

一些人认为加密货币可能比中央银行发行的法定货币更高效，原因是其底层的分布式账本技术可以省去中央银行和金融机构等中介，使支付可以直接在支付方和收款方之间进行⊖。

包含着一种似乎是对未来世界的悲观担忧和自由主义、乐观主义的精神，第一个或所谓的创世比特币区块传递出的信息是："《泰晤士报》2009年1月3日，财政大臣即将对银行进行第二次救助。"

加密货币和货币的地位

加密货币能否很好地发挥货币的作用，必须根据整个加密货币生态系统的功能来判断，该生态系统超越了货币本身，延伸到了可以买卖加密货

⊖ 尽管银行持有大多数法定货币的记录并受托确保其有效性，但对于数字货币，所有用户、所有交易的分类账却是公开可用的。与其信任中央机构，比如银行（以及监督它们的中央机构，比如英格兰银行），不如依赖于网络和更新账本的规则来维护其可靠性。

币的交易所、创造新货币并验证交易的"矿工",以及更新分类账和提供托管服务的钱包提供商。

一种较为宽容和开放的观点认为,加密货币充其量只能在有限的范围内对有限的人起到货币的作用,而且即使如此,也只能与用户的传统货币并行存在。[10]

事实证明,加密货币是一种具有高波动性的短期价值存储手段,其价格波动可以在数月内形成 50% 的收益或损失。过去五年,比特币的每日标准差是英镑的 10 倍。而比特币还是相对更稳定的加密货币之一。

这种高波动性部分反映了加密货币既没有内在价值,也没有任何外部支持。它的价值取决于对未来供求的信念,也就是最终它是否会顺利成为通用货币或作为应对其他形式货币贬值的对冲工具。

对加密货币的长期价值持怀疑态度的最根本原因是,我们还不清楚它如何成为有效的交换媒介,因此它不太可能成为记账单位。简而言之,很少有零售商能接受加密货币,它的交易非常缓慢,同时"挖矿"过程会消耗大量的能源。因此,加密货币的可扩展性可能会依赖于数字钱包内交易的清算,如下所述,该框架其实更适合中央银行的数字货币。

与历史上其他成功的货币不同,任何个人或机构不对加密资产负责,同时加密货币也没有得到任何权威机构的支持。由于比特币仅仅是由算法支持的,所以许多企业都被管理问题所困扰(例如所有权的集中使比特币容易被操纵)。尽管加密货币在成立时是与传统金融系统对立的,但加密货币所需的基础设施与整个金融体系所需的基础设施在机制上是相同的,因此加密货币也依赖于公众的信任。这也说明了当它面临网络攻击、客户资金损失、资金转移受限和市场诚信不足等问题时,同样很难建立自己的信任。

最后,当加密货币被用作货币时,也会引发一系列围绕消费者和投资者保护、市场诚信、洗钱、恐怖主义融资、逃税以及规避资本管制和国际制裁的问题。就其用于交易而不是投机来说,加密货币对那些活跃在非法经济中的人更具吸引力。这增加了比特币的信任赤字，也意味着一旦它被纳入监管网络（最终就像所有形式的货币一样），它作为货币的吸引力就会减弱。

加密货币不是货币的未来，但这并不等于要抛弃它。有些加密货币可能因其固定供应量（在它们可以抵抗贬值的范围内）和与其他资产的低相关性而被赋予价值，这就是一些人对比特币的看法，如果有足够多的人主观地认为比特币是抵御通货膨胀、不确定性或冲击的"安全避风港"，那么人们就会有对其作为资产而不是货币的需求。比特币的高波动性以及它与股票、债券等传统资产的较低相关性，使它能够创造出类似于黄金的对冲。尽管在这种数字黄金背后形成了一种社会约定，但这种约定仍会因为政权转换而使"安全避风港"发生变化，这种转换可能由于治理挑战、新的监管或数字货币领域的创新而触发。时间将告诉我们，比特币的主观价值是否能够获得长期的共识。

更直接的是，加密货币背后的核心技术已经对货币的未来产生了影响。事实上，加密资产在三个方面指明了货币的未来：

- 如何促使货币和支付方式调整以满足社会不断变化的偏好，特别是去中心化的点对点交互方式。
- 通过加密货币的基础技术所提供的可能性，可以改变支付的效率、可靠性和灵活性。
- 中央银行是否应该提供一个面向所有人的中央银行数字货币。

稳定币

加密货币发起的革命催生了私人稳定币，尽管它的最初设计存在一些严重缺陷，但稳定币可以极大地推进货币的未来。

与仅由算法支持的加密货币不同，稳定币是与一种基础资产（例如黄金或石油）或法定货币（例如美元或欧元）挂钩（并因此得到支持）的加密货币。稳定币结合了加密货币的多种技术要素，包括基于代币的形式和使用分布式记账技术进行交易验证，同时基础资产的可信度使稳定币得到进一步强化。但我们最好将稳定币（例如 Libra）视为支付系统而不是货币本身，因为它的货币性来自基础主权货币。

即使稳定币不是货币，它们也可以改变货币的性质。稳定币比加密货币更有能力作为支付手段和价值储存手段，因为它可以通过与基础资产的联系来稳定其价格。因此，它可以创建更快、更便宜和更具包容性的全球支付系统。稳定币可以与数字钱包和智能合约集成，使实时分布式、低成本的点对点交互成为现实，这使创造银行或信用卡系统之外的另一种支付系统成为可能，同时也大大降低了跨境支付的成本。

稳定币的福利收益可能是巨大的。尽管近年来取得了明显的改善，但当前的支付系统仍然存在两大缺陷：世界上很大一部分人口无法经常享受到金融服务以及跨境零售支付效率低下。在全球范围内，尽管 11 亿人拥有手机，但仍有 17 亿成年人无法使用交易账户。[11] 由于交易账户是获取信贷、储蓄和保险等额外金融服务的渠道，如果很多人无法使用交易账户，这会妨碍金融包容性的发展。[12] 移动钱包和移动货币，如肯尼亚的 M-Pesa，已经证明了金融在包容性方面的潜在变革。

稳定币是他们的核心支付系统，但通过创造类似货币的工具进行交易，人们可能会倾向于将稳定币作为传统金融体系之外的价值储存手段，例如放在数字钱包中。在这种情况下，当局应该应用相同风险 / 相同监管原则，以确保稳定币在价值稳定性、法律索赔的稳健性、全额（票面价值）赎回能力、支付生态系统的韧性等方面，与商业银行货币达到相同的标准。

此外，如果像 Libra（更名为 Diem）这样与拥有超过 25 亿用户的全球主要社交媒体平台 Facebook 相关联的稳定币成为主流，那么经济中的大部分资金可能会流向正规银行系统之外。这将从根本上改变实体经济的信贷供给，并使货币和金融稳定发生动态变化。

稳定币的最大问题之一是其支持体系的性质。对于那些由美元或英镑等货币支持的支付系统来说，为了满足法定货币的标准，这种支持必须是绝对的、不可撤销的和无风险的。如果没有与发行基础法定货币的中央银行充分合作，很难想象如何实现这一目标。

正如阿古斯丁·卡斯滕斯所强调的那样，私人稳定币在治理上应该吸取阿姆斯特丹银行失败的教训。[13] 随着时间的推移，除非治理健全、透明度完整且公共监督完备，否则私人资金的"约束性规则"几乎不可避免地会放松。阿姆斯特丹银行从用黄金一对一支持"银行资金"逐步走向提供秘密贷款。究竟用什么才能避免稳定币面临利率、信用、交易对手甚至货币风险呢？在这些方面的绝对明晰性和法律确定性至关重要。此外，稳定币还需要解决一些重大问题，包括在压力下由谁提供流动性、适当保护数据隐私以及潜在的洗钱、恐怖主义融资和其他形式的非法融资。

中央银行数字货币

最终，很可能只有一个公共问责机构才能满足稳定币的治理、流动性和运营要求，使稳定币随着时间的推移始终如一地工作。在这方面，中央银行的信誉是令人信服的。最有可能的未来货币是中央银行的稳定币，也就是中央银行数字货币（CBDC）。

CBDC 是一种电子形式的中央银行数字货币，公众可以使用它进行数字支付。目前，我们使用借记卡或手机付款时，用的是最初在银行创建的私人资金。我们从中央银行那里能够获得的唯一无风险资产只有实物现金，但现金的使用正在迅速下降，这创造了新的机遇和风险，现在，我们可以将数字支付的便利性与中央银行货币的最终安全性相结合。

如果设计得当，CBDC 可以提供加密货币和稳定币所追求的所有功能，同时解决基本的法律和治理问题（这些问题最终会破坏那些货币替代方案）。它可以通过全天候支付服务、不同程度的匿名、点对点转账或提供支付货币利息的范围来开辟新的可能性。

CBDC 的最佳结构是双层系统，消费者可以通过中介机构对 CBDC 提出间接要求，中介机构可以是银行或数字钱包（例如 Apply Pay 或 Facebook 的 Calibra），这将大大提高效率，因为绝大多数的付款可以在数字钱包内和钱包之间进行。如果持有"狭义银行 / 钱包"受到中央银行的监管，那么这种双层系统也能提高其自身的韧性。同时，建立双层系统也可为私人创新创造机会，包括与智能合约进行集成，以及根据消费者的喜好，收集数据以改善数字服务质量。

我们需要考虑一个重要的因素，即人们是否可以直接使用 CBDC，它将是最终的无风险资产，是现金真正的数字等价物。目前，人们可以将他们的商业银行存款转换为现金（当然，部分准备金银行制度意味着不是每个人都可以同时做到这一点）。在一个完全数字化的世界中，如果他们拥有相同的权利，可能会导致即时的银行挤兑。但双层系统可以消除 CBDC 可能会发生的挤兑金融风险（在一层基于账户的系统中，客户可以直接访问中央银行账户，或者在基于代币的零售型中央银行数字货币中，客户也可以无缝访问）。

但如果人们不能转换他们持有的数字货币，国家会为他们提供足够的财务保护吗？一种折中方案是采用一种混合结构，允许人们获得一定数量的 CBDC，这类似于当前的存款保险。

其他设计问题包括是否应支付 CBDC 的利息。这显然会增强持有中央银行数字货币的吸引力，从而增加银行系统的脆弱性。相反，它也使中央银行能够收取负利率，但目前这种利率受到现金收益率为零（一旦考虑存储成本实际上略为负）的限制。

谁应该负责"了解您的客户"和反洗钱法规的执行？在什么条件下可以访问客户数据？在客户同意的情况下，是否能更好地提供有针对性的服务？或者它是否会用于平衡隐私权，以及在中央银行数字货币中如何平衡隐私权与利用其中信息打击恐怖主义和经济犯罪的程度？

这其中一个主要的担忧是，如果设计不当，CBDC可能会导致中央银行在存款收集和信贷配置方面挤压私营部门。因此，为限制公众的直接访问规模，需要采取相应的措施。否则，这种面向公众的CBDC可能导致中央银行资产负债表过大，在正常时期削弱商业银行的中介作用，并有可能在紧急时期促使投资者纷纷将资金转移到中央银行数字货币中去。[14]

一场未来货币的革命已经开始。它的起源是由基本面驱动的：新技术使新的支付形式成为可能，新经济创造了巨大的变革需求。当局需要引导这种能量和创新，以便让新的货币更好地为人们服务。新的货币必须以长久以来支撑稳健货币的持久价值观为指导。

作为信用的社会互动

几年前英格兰银行举办了一次活动，问学生们钱对他们意味着什么。活动的效果非常好，其中提交的一个作品引起了我的注意。这是一段来自肯特郡查尔斯·达尔文中学学生的视频（因为达尔文几年前出现在10英镑上）。但是提交作品的这位年轻姑娘已经预料到了另一种进化，一种对金钱的自然选择。视频画面是田园诗般的自然风光，松鼠在保护它们的资源。同时，参与演出的角色都在自拍并发布到网上，每个角色都积累了自己的粉丝，这使摄像师非常满意，并促使她去购物，而在这个未来世界里，商店只接受拥有粉丝的顾客付款，街头的穷人则乞求有人能给予他们关注。

起初我想，"当然了，我记得对于一个正在读高中的少年来说，同龄人的认可、人气，才是最重要的"。但经过反思，我意识到这些粉丝类似于亚当·斯密所定义的人类互动和交流的过程，我们通过这个过程培养我们的道德情感。在斯密的"心意相通"理论中，观察他人并看到他人的判断，能够使人们知道别人是如何看待自己的行为的（从而更加了解自己）。我们从感知（或想象）他人的判断中获得的反馈，会创造一种激励来实现"情感的交互"，从而引导人们养成习惯，进而变成行为原则，而这些都构成了他们的良知。

在斯密的时代，"偏好"确立了社会习俗。而现在，"点赞"可以被货币化。那些编辑 Spotify 播放列表的人会得到丰厚的回报，Instagram 用户和 YouTube 博主能将他们的人气转化为利润丰厚的广告收入，通过推广热门商品、新潮风格和流行语来创造自己的赚钱方式。有时，在某种意义上，道德情操就是市场情操。社交媒体公司使用点赞和流量来衡量广告质量、改善服务。我们用受欢迎的程度作为事物可信度的衡量标准。

通过数据衡量的社会互动正被用来塑造道德（或至少是规范的）行为。有的国家正在试点通过社会信用体系跟踪社会行为，以创建一种国家征信体系。该计划建立了个人、企业和政府的统一数据记录，可以对其可信度进行跟踪和评估。它有多种变体，一些是数字上的信誉评级，而另一些则有简单的白名单和黑名单。不良的社会信誉评级被用于限制乘坐飞机和火车，反过来良好的信誉评级可被用来减少在医院就诊和在政府机构办事的等待时间。

征信体系的支持者认为它有助于改善社会行为并增强"可信度"，包括及时缴纳税款和账单以及促进道德价值观的形成。而批评者认为它侵犯了个人和组织的隐私权，降低了个人尊严并可能被用于监视。

因此货币是一个完整的循环。一旦建立在信任的基础上，信任就变成了货币。

* * *

历代货币发展的经验表明，无论是哪种形式的货币，要想持续存在，信任必须建立在不止一个简单的规则或传统的基础上，无论这些规则或传统多么根深蒂固。

从早期的不足量的货币到阿姆斯特丹银行再到比特币，它们一次又一次地证明欺骗和贬值的诱惑真是太大了。从美第奇家族的银行王朝到大缓和时期⊖的货币胜利，一次又一次地孕育了自满，而自满又带来了危机。我们必须做出艰难的决定来应对系统冲击，这些决定要用短期的痛苦换取长期的收益，健全的货币政策最终需要由作为系统核心的公共机构来做出这些决定，以追求货币和金融稳定。这意味着一些私人创新最终会被纳入公共领域，并经过调整来为更广泛的公共目标服务。[15]

从《大宪章》到金本位制，我们了解到，如果公共机构没有适当的基础，并且没能得到公众的认可，当局做出这些艰难决定的能力就会缺乏可信度。

货币要可靠，就必须值得信任。它必须保持自身价值，并成为通过抵御冲击来保持信心的金融体系的一部分。维持韧性需要正确的机构支持、具有明确授权的机构、实现这些目标的正确工具以及政治和公共问责制。货币价值背后的关键机构，尤其是中央银行，需要培养和维系公众的认可。正如霍布斯所说，人们把他们的一些自由让渡给国家以换取国家对他们的保护。如果国家不能提供这种保护，它就失去了统治的权利。就新冠疫情而言，这种交易已经被验证。由于恐惧在蔓延，人们愿意向霍布斯的《利维坦》屈服，比如放弃他们的自由出行等基本权利。

货币也是如此。只要当局能够确保货币和金融的稳定，人们就会支持将决策权委托给独立的中央银行。同时，当局必须透明、公正地履行职责，并对自己的行为负责。

如果将这些价值观放在首位，货币的未来将充满希望。它可以促进更

⊖ 指 1987 年到 2008 年次贷危机爆发前的这段时间，此时全球经济以低通胀、低经济波动和稳定增长为特征。——译者注

广泛的经济包容性和新的经济活力。新金融形式的不断发展可以满足经济
中不断变化的需求，并利用新技术的优势。虽然这些创新中有许多将属于
新瓶装旧酒，但也有一些是真正的佳酿。当局必须知道如何去辨别新金融
形式与传统金融形式的区别和潜在风险，然后它需要调整支持货币的机构，
以使经济能够从经济活力中受益，同时保持货币的受信任度、可靠性和韧
性。货币的价值非常重要，因此与其功能密切相关的任何事物都不能长期
脱离某种形式的公共监督。

　　如果货币是有韧性的、可问责的、透明的、有活力的和可信的，那么
它就会受到重视。然后它就可以用货币来估价。而探讨货币价格影响我们
价值观的范围和条件正是第 6 章要讨论的主题。

| 第 6 章 |

市场社会与无价值

在某一个时刻，每个北美孩子都会读到美国作家欧·亨利写的一个悲伤的故事。它讲述了一对新婚夫妇在平安夜发生的事情。几乎身无分文的黛拉·杨迫切地想为丈夫吉姆买一件圣诞礼物，于是她卖掉了她的长发，并用换来的钱为丈夫心爱的手表配了一条铂金表链。然而那天晚上，当他们回到狭小漏风的公寓里共进晚餐时，她发现吉姆刚刚卖掉了手表为她买了一套梳子。尽管两人都无法再使用这份礼物，但他们都意识到，他们都做出了很多的牺牲来表达对彼此的爱，而他们的这份爱是无价的。

当我第一次听到这个故事时，暂时忘记了我一直梦寐以求的曲棍球棒，而是想到了母亲需要的那双新拖鞋。正是在给予的过程中我们才有所收获，当然我那时只有 8 岁，还不知道圣诞节真正的经济意义。

对于许多经济学家来说，送礼物是低效率的，故事中夫妇两人的"协调失败"是这个观点的一个极端例子。乔尔·沃尔德福格尔的"圣诞节无谓损失"分析计算了"不完美"的礼物所导致的原始效用损失。[1]他将送礼物而不是直接送钱的做法归因于"赠予现金的羞耻"。[2]如果这对夫妇能够克服这种羞耻，他们就可以有效地交换 20 美元的钞票，这样每个人都可以买到他们真正想要的东西。[3]

沃尔德福格尔以及他在《美国经济评论》和普林斯顿出版社的编辑朋友们没有考虑到的是，对金钱礼物的"羞耻"可能反映了"像细心和体贴这样值得尊敬和鼓励的美德"。[4]也许他们一直没有体会到欧·亨利故事结尾饱含的真正情感："不过，让我们对现在的聪明人说最后一句话，在所有赠送礼物的人当中，那两个人是最聪明的。在所有赠送和收到礼品的人当中，像他们两个这样的人也是最聪明的。无论在任何地方，他们都是最聪明的人。他们就是麦琪[⊖]。"[5]

到目前为止，把麦琪和商人放在一起的讨论体现了大部分价值故事的精髓。在经济学中，主观价值和边际主义的结合将价值观念从商品或服务的内在特征转变为它的交换价值，即它在市场上的价格。在这个过程中，收入分配的重要性以及生产性活动和非生产性活动之间的区别被淡化了，企业宗旨和国家理想也随之被淡化了。

今天，这种经济价值方法已经得到了广泛传播，市场价值被用来代表内在价值，并且如果商品或活动不在市场上流通，就不会对其估值。随着商业深入到个人和公众领域，我们正在逼近商品化的极端：一切的价格正在成为一切的价值。

这将对社会价值、创造价值的能力，更准确地说是改善公民福利的能力产生什么影响呢？

⊖ 麦琪：指圣婴基督出生时来自东方送礼的三贤人。——译者注

包容性增长的社会契约

市场经济通常依赖于结果平等、机会平等和代际公平所构成的基本社会契约。不同的社会对这些要素赋予了不同的权重，但很少有社会会忽略这其中的任何一个要素。社会渴望实现分配公平、社会公平和代际公平的三位一体，这其中至少包含三个原因。

首先，越来越多的证据表明相对平等有利于增长。越平等的社会越有韧性，因为社会资源会更加均衡地分配给更多的人，并且这样的社会拥有强大的政治机构和连贯的政策。[6] 很少会有人不赞同：一个为所有公民提供机会的社会比偏向某个精英群体的社会更有可能繁荣。

建立公平和经济发展之间的这种共生关系得到了越来越多证据的支持。例如，经合组织在一项综合研究中使用了 1970～2010 年多个经合组织成员的数据，以 5 年为间隔进行测量，统计发现不平等对经济增长具有显著的负面影响。[7] 特别是它估计出，对于其中一些国家（包括美国和英国在内），如果收入差距没有扩大，那么 1990 年至 2010 年之间的累计增长率会高出五分之一以上。相比之下有数据表明，一段时间内，西班牙、法国和爱尔兰不平等的减少有助于提高这三个国家的人均 GDP。另一方面，在危机发生前，更大程度的平等有助于提高西班牙、法国和爱尔兰的人均 GDP。

国际货币基金组织的研究人员也得出了类似的结论，即使控制了再分配，现有的不平等率也不利于经济增长。[8] 净不平等水平与滞后人均收入增长之间存在很强的负相关性。此外，不平等水平与经济增长时间在统计上存在显著的负相关性。[9] 不平等水平每增加 1 个基尼点，下一年经济衰退的风险就会增加 6 个百分点。[10] 但一些研究也发现经济增长与不平等水平之间存在短期正相关性，[11] 研究表明，不平等水平与较慢和相对不持久的增长有关，尤其是从长期来看。[12] 从长期来看，[13] 这种关联适用于经济增长率、国家之间的收入水平以及经济增长周期的持续时间。这些发现只有少数例外，而这些例外往往是不确定的短期相关性。[14]

不平等对经济增长的影响不仅体现在较弱且不稳定的总需求上，还从机会不平等方面对整体增长构成实质性的拖累。有证据支持这样一个观点，即不平等加剧可以自我强化并限制经济增长，因为不富裕的人在技能培养上的投资会减少，这使得惠及大众的教育和基础设施的公共投资也会随之减少。[15] 此外，不平等对经济增长的这些负面影响还会自我强化。收入不平等对机会均等性低（用代际流动性衡量）的经济体的增长会产生更大的负面效应。[16]

其次，研究表明，不平等是幸福感的一个重要决定因素，而社会意识是幸福感的关键决定因素。[17] 通过跨国家和跨时段进行的分析发现，决定人们是否能够健康幸福、享受生活和感到满足的最重要因素有以下几个：

- 他们的身心健康。
- 他们的人际关系质量。
- 社区意识。
- 他们的工作。
- 他们的收入。
- 总体社会氛围（包括自由、政府质量、和平等）。[18]

收入和幸福感之间的关系是复杂的。虽然不如社区意识和身心健康那么重要，但绝对收入和相对收入也是非常关键的因素，因为它是非线性的，高于某个阈值后（在美国约为 75 000 美元），拥有更多的钱并不会让人更快乐。[19] 但是给最不富裕的人一点额外的钱却可以提升个人幸福感和社会的总体福利。

尽管市场延伸到了人类互动的更多领域，但幸福感并没有得到提升，并且经济增长与幸福感之间也没有明确的关系。[20] 虽然对这样的结果有多种解释，但其中一个比较合理的解释是，竞争已经逐渐深入到我们生活中的各个领域。理查德·莱亚德对越来越多的儿童考试和教育、卫生专业排名感到遗憾，因为这使成功变得更加个人主义，而不是为了提升他人的幸福感和福利，有证据表明这样做会滋生压力和不满，即使"赢家"也不能幸免。

最后，回顾经济学的发展我们可以发现，经济学是广泛的伦理和道德体系的一部分，包容性资本主义的三位一体呼唤的是人们最基本的正义感。[21] 美国哲学家约翰·罗尔斯进行了一次思想实验，询问人们如果他们在做出选择的时候并不知道自己所处的环境，那么他们想要构建一个什么样的社会。他最终确定了一个社会的黄金法则：己所不欲，勿施于人。

正如我们将在第 9 章和第 10 章中讨论的那样，在应对新冠疫情的威胁时，社会已经仔细考量了应该如何对待那些弱势群体。当从健康角度推动社会进步时，我们其实一直沿用了罗尔斯的观点，即将经济活力和效率的价值观与团结、公平、责任、同情心相结合。

从经济学的角度来看更普遍的追问是，在"无知的面纱"背后（也就是不知道自己未来的才能和所处的环境），到底是谁不愿意将不富裕群体的机会和福利最大化？

经济契约

社会契约包括结果的相对平等、机会的绝对平等和代际公平，旨在最大限度地提高社会福祉。它具有道德和经济两个方面。在许多情况下，这两个方面是一致的，例如，促进就业增长的政策既增加了工作者的收入，也提高了工作者的尊严。但是，当经济政策不承认这些方面时，紧张局势可能会出现。

尽管经济学已成为价值的仲裁者，但许多经济学家还是试图将经济学描述成价值中立的。引用畅销书《魔鬼经济学》中的话，"道德代表我们希望世界运转的方式，而经济学则代表它实际运转的方式"，并且经济学"根本不涉及道德"。[22] 事情真的有这么简单吗？现代经济分析的政策建议是否暗含了道德哲学？经济关系，特别是它侵入新的领域，是否会以我们"可能不喜欢"或预测不到的方式影响"世界运作的方式"？

正如托尼·阿特金森所观察到的，从亚里士多德到斯密的传统观点认为，"经济学是一门道德科学"，经济学期刊"充斥着关于福利的声明"。[23] 但当经济问题涉及伦理问题时，大多采用的却是功利主义的社会正义（即使通常不被承认）。正如第 2 章所讨论的，确定功利主义的方法到底是较简单的边沁主义，即在未加权的基础上将个人效用直接相加，还是约翰·斯图尔特·穆勒的福利主义方法，该方法更接近于宗教和世俗传统中最大化总体幸福的思想。选择哪种方法对评估社会公正性和福利具有重要意义。

卡斯·桑斯坦在他的《成本－效益革命》一书的开头引用了穆勒的话，这句话既能唤起宗教经典又能让人想到罗尔斯的观点：

> 我必须再次重申，功利主义的攻击者很少会承认：构成功利主义正确行为标准的幸福，不是行动者自己的幸福，而是所有相关者的幸福。在他自己的幸福和他人的幸福之间，功利主义要求他像一个无私的、仁慈的旁观者一样严格公正。在黄金法则中，我们读到了完整的功利伦理精髓。己所不欲，勿施于人，爱人如己，是功利主义道德的理想状态。[24]

桑斯坦强调了广义福利概念的重要性："人们关心其他事情，包括生命的意义或使命。美好的生活不仅仅是'快乐'的。"[25] 他用一系列真实世界的例子展示了一个简单但常见的功利主义经济学应用，该应用以最大化净货币收益为焦点，但与净福利收益不一致，这可能是以下原因造成的：

- 收益和损失的分布（或发生率）（回想一下收入对幸福的非线性贡献）。

- 与生命尊严、避免精神痛苦和增加便利带来的享乐利益有关的未定价的利益和成本。[26]

新的福利方法着眼于扩大社会契约的范围，并改变了追求幸福等同于追求成功的趋势。理查德·莱亚德呼吁进行一场以新的幸福为指导的世俗革命。在他看来，社会的目标应该是"以最少的痛苦为代价，尽可能创造最多的幸福"。这需要大量的利他主义，以及鼓励并培养这种基本人类特质的文化。

本章中的问题与之相关，但本章中的问题更为直接：市场的扩张是否正在改变它所依托的社会契约。是否强调个人而不是社会，强调利己主义而不是利他主义，这是否会影响市场在决定价值和社会价值方面的有效性？简而言之，在从市场经济向市场社会转变的过程中，我们是否消耗了创造经济和人力资本所必需的社会资本？

我们不应低估市场运行的风险，也不能理所当然地认为市场可以解决所有问题。近几十年来，市场制度的推广和采用使数十亿人摆脱了贫困，延长了人们的预期寿命。同时，它正在推动从基因组学到人工智能等突破性技术的发展，这些技术可以使我们更好地工作、交流和生活。

市场的优秀之处在于它具有一系列的特性，这些特性与约翰·凯所说的纪律性和多元性是相通的。它始于我们熟知的看不见的手，即价格作为信号指导资源配置，而不是由中央计划来调配。另外，市场还有两个关键但并没有被广泛承认的特性，首先，市场具有一种发现新事物的能力，它通过无序的实验过程逐步调整，以适应不断变化的形势。同时，市场催生了一种试错机制，在这个机制中，成功的企业可以蓬勃发展，而不成功的企业则被淘汰。其次，市场分散了政治和经济权力，使企业家的精力集中在财富创造上，而不是夺取他人的财富。

市场对于进步至关重要，但它并不是孤立存在的。市场是一种社会建构，其有效性一部分取决于国家规则，另一部分取决于社会价值观。它需要正确的机构、支持性的文化和社会许可的维护。如果放任不管或任其政治化，市场将侵蚀对其有效性至关重要的价值观。

正如第 16 章将讨论的那样，持续的经济进步取决于包容的经济制度，这些制度允许和鼓励公众参与经济活动，并充分调动他们的才能和技能。为了具有包容性，经济制度必须包括安全的私有财产、公正的法律体系和提供公平竞争环境的公共服务，人们可以在其中进行交流和签订合同。同时，教育必须是高质量的，向所有人开放，人们能够选择自己的职业并自由地开展新业务。对经济史有一定了解的人都知道，为了实现繁荣和持续增长，机构必须在社会资本和经济资本上进行投资。

社会资本指的是一个社会中的人际关系、价值观和信仰，这些组成部分会促使个体对自己和家庭负责，相互信任并共同合作来支持彼此。社会资本是制度和文化的产物。它包括诺贝尔奖得主道格拉斯·诺斯所称的"信仰系统中的激励机制"。[27] 但现在的情况是，市场主导地位的上升开始排挤、破坏或（用教皇方济各的话说）"蒸馏"了更广泛的价值观。

例子不胜枚举。正如我们在前几章中看到的，货币的价值并不仅仅依赖于简单的规则或复杂的法律框架。它最终基于社会的信仰和共识，这些信仰和共识必须首先获得并加以培育。在接下来的章节中我们将会看到，当个人和他们的企业对客户和更广泛的金融体系没有责任感时，灾难就会随之而来。对于发达的经济体而言，开放和竞争的政治环境是包容性经济制度的重要补充。如果经济的运行被独裁统治者所控制，那么经济最终会走向崩溃。

国家和市场之间平衡的转变

随着时间的推移，市场与国家之间的平衡发生了变化，近几十年来，市场的地位、重要性和影响力不断提高。

正如经济学家布兰科·米兰诺维奇总结的那样，几乎所有在资本主义条件下组织起来的经济（按照马克斯·韦伯的简化定义）都具有生产方式私有化、雇用劳动力和生产协调分散化的特点。[28] 世界已经远远超越了古典资本主义的范畴，在古典资本主义中，存在三个不同的阶级：地主（作为不工作的纯粹食利者阶级）、资本家（拥有生产机器但不工作）和工人（工作但既不拥有土地也不拥有机器）。

当下资本主义制度具有三个主要特征：高效的技术官僚和任人唯贤的官僚机构；法治的适用缺乏一致性；国家的最终自治。该系统的合法性取决于其实现持续经济增长的能力，这需要在法律、监管与寻租、腐败之间保持艰难的平衡。

世界上许多经济体都渴望自由或精英资本主义。这意味着任人唯贤，并且对赚取收入或在社会中有一定地位的人没有法律限制。而这些国家通过广泛的教育和遗产税来纠正个体初始的禀赋差异，从而追求自由主义。

重要的是市场不仅是经济的组织框架，而且日益成为人际关系的组织框架。在西方，市场的影响力已经延伸到普通民众和家庭生活中，以至于"整个社会正在变成工厂"。[29] 与此同时，对资本主义（宗教和默契的社会契约）的社会约束已经在逐步放松。

过去的智慧总是现在才沉淀下来。从亚当·斯密到马克斯·韦伯，思想家都承认宗教信仰的遗产塑造了当前的社会资本。正如第 16 章中讨论的那样，现在国家和市场的相对地位是四次政府革命的产物，每一次革命都受到新思想、新技术和新威胁的推动。[30]

首先是托马斯·霍布斯对竞争国家的发展起到了启发的作用。在 17 世纪，当霍布斯写下他的杰作《利维坦》时，他的生活就像他的名言那样"孤独、贫穷、肮脏、野蛮和短暂"，[31] 他饱受战争、革命和疾病的痛苦。因此霍布斯补充说，"我和恐惧生来就是一对孪生兄弟"。[32] 一个能够减轻这些恐惧的国家比一个从国王权利中获得合法性的国家更应该得到人民的支持。

君主制为封建贵族强加了秩序，而欧洲的统治权斗争增强了君主制的力量。他们利用船舶和武器等新技术来扩大影响力，以寻求重商主义的荣耀，从而建立广泛的殖民帝国和商业社会模式。

第二次革命是自由国家的崛起，受到亚当·斯密和约翰·斯图尔特·穆勒的启发，他们认为腐败的君主特权应该让位于自由主义。政府缩小规模，并由专业的公务员阶层组成，其效率会得到提高。19世纪格莱斯顿时代是一个由小政府（不超过 GDP 的 20%）、贸易和资本自由流动、有限的国内监管和原始劳动力市场制度组成的时代。这也是文化机构强大和社会道德达到顶峰的时代。

第三个发展是国家保护学说的扩展，这推动了福利国家的建立。这一次的发展是以安全为主题，主要针对疾病、不幸和不平等，这推动了欧洲社会民主主义的发展，并促成了林登·约翰逊的"伟大社会"。同时，福利国家的增长也受到了新技术（如大规模生产和电气化）和社会正义新观念的推动。

约翰·米克尔思韦特和阿德里安·伍德里奇等人认为撒切尔和里根对福利国家的挑战代表了"半场革命"，在此期间《利维坦》只是"暂停消化而不是节食"，现在是"脾气暴躁、不受欢迎地妥协，付费的人认为国家权力过大，但使用其服务的人则认为国家提供的服务不足"。[33] 他们认为在西方，左翼和右翼都迷失了方向，前者注重福利国家机构（例如教师工会）的权益，而不关注像教育质量这样的目标；右翼则被利益团体所控制，这些团体利用小政府论点为受青睐的产业提供不必要的财政援助。

我们将在第 16 章研究如何提高国家的有效性和效率，我们在书中提供了很多有见地的观点。然而，过分关注西方国家的规模有可能会忽视其转变的方向。国家的制度和文化在价值确定方面日益倾向于市场，这会对竞争力和福利产生深远的影响。

撒切尔–里根革命从根本上改变了市场和政府之间的界限。明确地说，这种方向的变革是迟来的，因为国家一直在侵蚀市场机制，方法包括控制利率和汇率、广泛使用收入政策（有时包括工资和价格的控制）、广泛地国有化商业企业和在广泛的经济领域内持续增加规则、管制和官僚主义的繁文缛节。

撒切尔 – 里根的改革扭转了这些趋势并释放了新的市场活力。行政控制被取消，汇率可以自由浮动，金融部门自由化，国家中的大部分行业实现了私有化。税收特别是投资税得以削减。不利于工作和创业精神的不正当激励措施被取消。经过初期的调整，生产率增长加快，总收入增加，但不平等也因此加剧，价值观也随之发生了变化。

这些措施在经济上取得了一定成就，到撒切尔 – 里根的政治对手（布莱尔和克林顿）掌权时，亲市场思想已成为他们解决一系列经济和社会问题的核心。随着时间的推移，这些想法逐渐演变为一种传统智慧。

当我刚刚从私营部门调任加拿大央行副行长时，我遇到了一位彬彬有礼、经验丰富的意大利政策制定者托马索·帕多亚 – 斯基奥帕。当时，他是欧洲中央银行管理委员会的成员。如果不是因为他在 2010 年英年早逝，他会升任意大利财政部部长和国际货币基金组织国际货币与金融委员会（IMFC）主席。我很少遇见像他这样的智者。

2003 年秋天，我在迪拜参加国际货币基金组织 / 世界银行年会期间，第一次在早餐会上见到了他。这个团体自称是全球经济的非正式指导委员会，是 20 世纪 80 年代卢浮宫协议和广场协议缔制者的继承者。但在迪拜会议中心一间不通风的小房间里的讨论，与在奢华环境中敲定感恩戴德的金融市场协议相去甚远。当我们的讨论转向汇率问题时，在托马索提出美元是如何错位的时候，一位同事打断了他，"相对于什么错位？美元是由全球最成熟的市场来定价的"。

托马索短促地叹了一口气，感叹市场效率理论的普及程度已经达到令人难以置信的程度。该学说认为，如果市场具有深度和流动性，则它应该始终朝着均衡发展，或者换句话说，"它应该总是正确的"。决策者对市场无话可说，他们只能倾听和学习。如果市场大幅偏离合理的轨道，决策者必须谦虚地承认，他们一定是忽略了某些东西，导致市场"以其无限的智慧"表现出它自己的行为方式。但正如托马索所观察到的，"当我们授予一个实体无限的智慧时，我们就进入了信仰的领域"。

信仰可以指导生活，但依靠信仰指导政策却是不合理的。当公共政策制定者的心态完全倒向于亲市场激进主义的时候，学术界、政治领导人的话语和社会生活模式都成了亲市场的激进主义，"工业"和私人金融被看作"宇宙的核心"。这种认知捕获导致了"政策制定者在决策上出现自我否定，即只有市场知道"。[34] 这种对市场的信任在我们早餐会后的几年里一直占据着主导地位，这种肆无忌惮的信仰认为市场失灵的唯一解决方案是进一步提高市场地位或减少监管。随着房地产泡沫的扩大，金融衍生品的泡沫也相应扩大，并且人们热衷于吹嘘证券化和合成风险分担所带来的奇迹。在第 7 章中，我们将探讨随之而来的危机所带来的巨大代价。

托马索去世前不久，危机仍在肆虐，他警告说，国家与市场之间的斗争将面临巨大挑战和严峻的利害关系。

> 我们已经花费了几个世纪的时间来定义和建立国家与教会之间适当的宪法关系。这个过程如此漫长，因为政治和宗教既相互联系又彼此分离，两者都渴望捕捉到人类的整体性。但政治和宗教必须被分开，因为它们涉及人类意识的不同方面，也就是权力和信仰，这两者一旦相互侵蚀，便会一起崩溃。
>
> 政治和经济活动也是既相互联系又彼此分离的。它们也会相互侵蚀，但它们需要被关联起来。权力和财富是两个根本不同的类别，但各自都可能决定对方的命运。当前的危机有力地提醒人们，市场与政府之间的关系仍不稳定，而且这种不稳定的关系还可能破坏经济繁荣和民主自由。[35]

自他发表讲话以来的这些年里，市场的范围已经扩大，这种相互依赖已经变得不平衡，这是十分危险的。

资产和活动在逐渐商品化，包括我们的空闲时间在内都可以拿去出售。[36]现在可以在零工经济中雇用各种形式的劳动，例如烹饪、论文写作、园艺和育儿。这是商品化历史进程的最新阶段：首先是农业剩余产品的商业化，然后是制造业，之后是工业，现在又是服务业，服务业鼓励更多人灵活地从事更多的工作。保罗·梅森在他的《新经济的逻辑》中有一个合乎逻辑的极端预测是：整个社会都变成了工厂。

迈克尔·桑德尔也持有类似观点，即市场价值观和市场推理决策过程正日益深入非市场规范统治的生活领域：生育、育儿、健康和教育、体育和娱乐、刑事司法、环境保护、军事服务、政治运动、公共空间和公民生活。

尽管更大程度上的商品化在许多情况下改善了我们的生活，但它常常削弱了人际关系并破坏了社会和公民价值观。个人和公民关系的变化动用了社会资本并改变了社会契约。问题是，我们是否会达到米兰诺维奇预测的"财富乌托邦和个人关系的反乌托邦"这一终点。[37]

社会契约正在瓦解

越来越多的人认为，基本的社会契约正在瓦解。而这种不安也得到了数据的支持。在社会内部，代内和代际之间的不平等明显增加。

技术和全球化的主要驱动力正在扩大市场分布。所有经济体都感受到了技术对不平等的影响，而发达经济体却主要感受到了全球化的影响。[38]此外，全球化世界正在放大那些"超级明星"和幸运儿的收益，尽管很少有人愿意承认这一点。米兰诺维奇认为，现代资本主义的结构强化了这些力量，在这种结构中，富人同时拥有劳动力收入和资本收入，他们的资本可以获得更高的回报，他们也有更好的机会进入顶尖学校（社会流动性），进而影响政治阶级。[39]

现在正是出名或发家的时候了。正如迈克尔·刘易斯对普林斯顿毕业班所说的那样，"成功总是被合理化的，人们不喜欢听到成功被解释为运气，尤其是那些成功的人。但你很幸运，生活在世界上有史以来最富有的社会，在这个时代，没有人真正期望你为任何事情牺牲自己的利益"。[40]

还有一些令人不安的证据表明，机会平等性已经降低，这有可能加剧文化和经济的鸿沟。例如，美国的社会流动性在下降，这削弱了美国社会核心的公平性。迈尔斯·科拉克发现 1950 年至 2000 年间，美国男孩成年后的收入相对于父母收入的弹性，即代际弹性，从 0.3 上升到了 0.55。科拉克还表明在更不平等的国家，收入的代际弹性往往更高，这种现象被艾伦·克鲁格称为"盖茨比曲线"。[41]

其他发达国家的代际公平问题同样也很严峻。事实证明，如果不进行改革，前几代人设计和享受的社会福利制度将是未来一代人无法承受的。正如第 11 章将讨论的那样，气候危机正在无情肆虐。第 9 章会表明，新冠疫情危机扰乱了年轻人的教育并抢夺了他们的工作，进一步危及年轻人的发展前景。

为何重要：对市场运行的破坏

为了维持包容性的社会契约，有必要认识到价值观和信仰在经济生活中的重要性。从亚当·斯密时代开始的经济和政治哲学家早就认识到，信仰是我们继承的社会资本的一部分，它为自由市场提供了社会框架。正如前几章所讨论的，即使是用来衡量价值的货币，也必须以韧性、透明度、可问责、团结和信任等价值观为基础。

那么，什么样的价值观和信仰可以为包容性资本主义提供基础呢？

- 显然，要想在全球经济中取得成功，经济活力是必不可少的。

- 为了协调各代人的激励措施，需要有长远的眼光和可持续性。
- 为了维持市场的合法性，市场不仅要有效还要公平。没有哪个市场比金融市场更迫切地需要有效和公平了。金融必须被信任。
- 个人必须对自己的行为负责，同时要被问责。
- 重视他人，参与其中的公民需要认识到他们对彼此承担的义务。简而言之，需要相互团结。

这些信念和价值观不一定是一成不变的，它们必须得到培育。最重要的是，不受约束的市场激进主义吞噬了资本主义本身维持长期活力所必需的社会资本。当对市场力量的信仰进入信仰领域时，资本主义就失去了中庸之道，在危机前的几十年里，这种激进主义开始主导经济思想并逐渐成为一种社会行为模式。

在金融体系中，宽松监管式的市场激进主义认为泡沫无法被识别，市场永远是正确的，这直接导致了金融危机和相关社会资本被侵蚀。[42] 这些将在第 7 章进行更深入的探讨。

这场危机揭示了人们对金融体系的信任度进一步降低：

- 在"正面我赢，反面你输"的泡沫中运营，大型银行被认为体量太大而不能倒闭。
- 为牟取个人利益而操纵市场基准。
- 股票市场公然偏爱拥有技术的机构投资者而不是散户投资者。

这种做法扩大了内部人与外部人回报之间的差距，并对分配正义提出了挑战。更根本地说，由此产生的对市场机制的不信任既降低了幸福感，又损害了社会资本。正如凯强调的那样，如果对市场的多元性给予的重视不足，政策可能会变得偏向于支持商业而非市场，这反过来可能会削弱市场经济的社会和政治合法性。

事实上，有相当多的证据表明，公众对市场经济以及主导市场经济的专家的信任正在被削弱，从而使人们对市场和专家的支持下降（见第 13 章）。我们将在第三部分探讨领导者、公司和政府如何在信息民主化和社交媒体算法相互作用的环境中获得公众的信任。

为何重要：商品化腐蚀了价值观

市场机制的过度扩展可能会改变社会价值观的原因包括以下几点。

一是以财富为基础的纯商业社会的示范效应。这种商业化社会导致人们关注财富的获取，这种系统性地追求财富被马克斯·韦伯定义为资本主义的关键社会学决定因素。[43] 繁荣！一切地位建立在金钱之上！[44] 亚当·斯密担心这种对财富的追求会助长不道德的行为，所以他强烈反对 17 世纪社会理论学家伯纳德·曼德维尔从蜜蜂寓言中得出的结论，即每只蜜蜂追求个人私利会带来整个蜂巢的繁荣，个人恶习会成为公共美德。然而经济学家却站在蜜蜂这边，并将它们作为皇家经济学会的象征。

然而当手段（金钱）成为目的时，社会就会受到影响。有人认为贪婪是社会发展的一个阶段。换句话说，它既不是内在的，也不是自然的。金钱是一种催化剂，赋予贪婪一种抽象的享乐主义，因为在追求金钱的过程中，人们可以获得各种可能的享乐和满足。[45] 生活的商品化强化了贪婪，因为金钱可以买到越来越多的东西。米兰诺维奇观察到，当金钱成为判断成功的唯一标准时，社会会发出这样的信号，"富有是光荣的"和"只要一个人没有被抓到做违法的事情，那么用什么手段来实现荣耀都是无关紧要的"。[46]

二是行为的传统约束被削弱，促使市场激进主义不断蔓延。几千年来，宗教能够保留商业社会繁荣所必需的企业家精神，同时内化某些可接受的行为模式。新教排斥炫耀，限制了精英的消费和财富的展示。[47] 同时，它又鼓励了人们对社会和经济资本进行必要的再投资，因为利润将用于社会，或者按照所谓的"上帝"的旨意追求更多的收益。引用韦伯的话："这一必然的结果是，通过禁欲，强迫人们储蓄来积累资本。对财富消费施加限制自然会使资本的生产性投资成为可能，从而增加财富消费。"[48] 这种调节得到了罗尔斯默契的社会契约的补充，这种契约在日常行动中重新确认了社会的主要价值观。[49]

西方宗教的持续衰落使这些限制在今天都没有了约束力。从商业角度来看，坎特伯雷大主教、教皇和拉比·萨克斯都试图加强商业生活中的道德考量。[50] 正如拉比·萨克斯所说：

> 最大的问题是：我们如何再次拥有道德？市场是为我们服务的，而不是让我们为市场服务。经济学需要伦理，市场不能仅靠市场自身力量来生存。市场还需要对那些受到经济主体决策影响的人负责。如果我们失去这些，那我们失去的不仅是金钱和工作，还有更重要的东西：自由、信任和尊严，这些东西是有价值的，而不是仅仅用价格就能衡量的。[51]

在超级资本主义全球化的世界中，默契的社会契约也被放松了，因为个人脱离了他们的社交环境，"我们的行为不再受到我们生活中其他人的监督。人们住在一个地方，却在另一个地方工作"。[52]"无处可去的公民"并没有超越他们的政体上升到人类层面，而是脱离政体并内化为他们自己。新冠疫情导致的对活动区域的限制可能会使以前无拘无束的人重新建立起某种社区意识。

在没有这些传统的内部约束的情况下，人们更多依赖的是以法律和法规形式存在的外部约束。在米兰诺维奇的严厉评价中指出，"道德已被剔除并完全外化。它已经从我们的自身外包给了整个社会"。[53] 因此人们可以游走于规则的边缘。体育比赛中的作弊行为竟然还能受到赞扬，蒂埃里·亨利公然使用手球让法国赢得了足球世界杯的席位，就像几十年前迭戈·马拉多纳赢得了一场关键的世界杯比赛一样，这似乎成了一个传统。科技公司在重复"缴纳所有应缴税款"口头禅的同时，却在另一边创建空壳公司，以免除在公司最活跃并赚取最多利润的国家的财政责任。金融结算在某种程度上传播了无道德行为，因为错误的行为被给予了一个价格。罚款渐渐被视为费用而非惩罚。

三是市场的扩张会导致更多的不平等交易，这其中还存在着强制卖方。它损害了人的尊严。交换是否平等是非常重要的问题，例如一个极度贫穷的人出售肾。

四是商品化（出售商品）会侵蚀所定价活动的价值。当我们从市场经济转向市场社会时，价值和价值观都会发生变化。越来越多的事物、行为或某人的价值将与他们的货币价值画上等号，并且这种货币价值是由市场决定的。买卖逻辑不再仅适用于物质商品，而是逐渐深入到从医疗资源分配、教育、公共安全和环境保护等整个生活领域。正如桑德尔所说，"当我们决定买卖某些商品和服务时，我们至少隐含地决定，将它们视为商品、利润和工具是合理的"。[54] 我们假设社会价值观在此过程中将保持不变。

大多数商品不会因进入市场而发生改变，[55] 但是正如我们将看到的，为每项人类活动定价会侵蚀某些道德和公共物品。为了提高效率，我们应该在多大程度上进行互利交换，这是一个道德问题。性应该被出售吗？生育权应该市场化吗？为什么不能拍卖逃避服兵役的权利？为什么大学不能出售录取资格以便为更有价值的事业筹集资金？

标准经济原理认为市场交换的扩张可以提高经济效率，而不会带来道德成本。这一立场是由诺贝尔奖获得者肯尼思·阿罗在 1972 年提出的。同时他认为，商品化一种道德行为并不会改变它的本质，而道德行为可以被视为一种需要商品化的商品。然而，这些观点都没有令人信服，并且经济学专业没有认真对待过这些观点的影响。

随着市场深入非市场规范管辖的生活领域，市场不会侵蚀其所接触的商品或活动的观点变得越来越不可信。考虑三个关于儿童的例子。

第一个是以色列一家日托中心的著名案例，该中心决定对接孩子迟到的父母处以罚款，因为日托工作人员不得不陪孩子等家长，这给他们造成了不便。[56]结果是晚接孩子的情况大幅提升，因为罚款被视为一种费用，免除了让教师加班等待而给家长带来的愧疚感。相反，家长支付了这个费用，并相应地优化了他们的时间安排。

第二个例子（由桑德尔引用）是家长付钱给孩子以激励他们读书。这不仅给出了阅读与使用手机的相对价格，也传达了阅读是一项必须得到补偿的烦琐任务，而非一种本质上可享受的好事。当一切都变得相对时，没有任何事情是不可改变的。

第三个例子是付钱给孩子让他们为慈善事业筹集资金。基于在日托中心的观察，经济学家乌里·格尼齐和阿尔多·鲁斯蒂奇尼进行了一项实验来研究经济激励对学生动机的影响。[57]他们将高中生分为三个组。第一组学生观看励志演讲，内容为募捐将是一件非常有意义的事业。第二组和第三组学生看了与第一组相同的演讲，但他们分别会获得募集资金的1%和10%的奖励（由第三方支付，因此对净收益没有影响）。我们的普遍看法是，受到较高激励的群体比受到较低激励的群体更有动力，筹集的资金也更多。但事实上仅仅出于慈善和公民美德去募捐的第一组学生筹集的资金却是最多的。我们的这种惯性思维已经证明，金钱在一定程度上取代了公民意识和道德义务。

这些例子表明，在为商品定价之前，应该考虑这是否会改变商品的含义。经济学通常回避这个问题，部分原因是经济学声称自己是一个价值中立的学科。但这个立场是站不住脚的。

有大量证据表明，当市场扩展到人际关系和公民实践（从养育子女到教学）时，进入市场可以改变商品的特征及其所支配的社会实践。这种现象被称为商业化效应，在社会心理学领域存在越来越多的研究，可以解释它的内在动机（如道德信念或对手头任务的兴趣）和外在动机（如金钱或奖励）之间的差异。正如桑德尔所得出的结论，当人们从事一项他们认为有内在价值的活动时，给他们提供金钱可能会削弱他们的动机，降低或冲淡他们的内在兴趣或承诺。[58] 在社会生活的许多方面，引入金钱激励并不是增强动机，而是侵蚀动机。

理查德·蒂特姆斯对美国和英国的献血系统进行了比较研究，并在《礼物关系》中记录了一个著名的例子。蒂特姆斯证明，在经济和实践方面，英国的自愿献血体系优于美国的自愿献血体系。他补充说，将血液变成商品削弱了利他主义的精神，削弱了人们为支持社会中其他人而献血的责任感。[59] 桑德尔提供了许多其他的例子，从中我们可以看到金钱支付如何削弱了人们对解决瑞士核废料问题的公民责任感，也可以看到用付费来获得"自由进入"国会听证会的机会是如何降低了美国的民主进程的。

这些教训可以适用于商业的本质和市场的有效性。例如我们将在第 7 章中看到，当银行家与金融产品的最终用户脱钩时，他们唯一的回报就是金钱。但纯粹的经济报酬忽视了就业的非货币价值，例如帮助客户或同事取得成功的满足感。对人类状况的这种还原论观点不足以成为支持道德金融机构长期繁荣的基础。全球金融危机既是文化危机，也是资本危机。第 13 章和第 14 章指出领导者和公司行动计划的核心应该是这样的，即日常价值观的实践可以强化个人认同、企业目标和社会责任。

这凸显了许多主流经济学家的第二个道德错误，那就是将公民和社会美德视为稀缺商品，尽管有大量证据表明公共精神是随着实践增加的。在评论阿罗关于美德必须配给的主张时，桑德尔观察到，"这种对慷慨美德的思考方式很奇怪，甚至牵强。它忽略了这样一种可能性，即我们拥有的爱和仁慈的能力不会随着使用而耗尽，而是会随着实践而增强……类似的问题也可以体现在社会团结和公民美德上"。[60]

公民美德和公共精神像肌肉一样用进废退。根据亚里士多德在《尼各马可伦理学》中的说法，美德是我们通过实践来培养的："我们因行善而变得公正，因做事有节制而变得温和，因舍生取义而变得勇敢。"[61] 卢梭持有类似的观点，桑德尔总结道："一个国家对公民的要求越多，公民对国家的奉献就越大……公民美德是被建立起来的而不是被消耗掉的。"[62]

这些观察结果在公民对新冠疫情的反应中可以得到验证。任何志愿团体都没有因他们制作和捐赠临时个人防护用品和防护口罩而拿到钱。几天之内，超过 100 万人响应了志愿为国家医疗服务体系提供帮助的号召。他们当中没有人是为了得到政府的酬劳才去帮助社区中的那些老人或无家可归者的。

相反，市场的扩张破坏了社会团结，而社会团结是幸福最重要的决定因素之一。当我们将公民美德外包给有偿的第三方提供者时，我们缩小了社会的范围并鼓励人们从中退出。

市场社会的兴起和价值（观）的衰落

经济历史学家约翰·法格·福斯特在对价值理论史的回顾中得出这样的结论："经济价值可以通过技术效率的程度来衡量。就是这么简单。"[63] 像许多经济学家一样，他从社会和政治关系中剥离出了价值。尽管这种还原论可以得到人们的认可，但经济学并不是脱离现实世界的。

在通过扩大市场来追求效率的过程中，经济学做出了道德选择。但在此过程中它是盲目的，因为它假设价值只是主观偏好，并且定价一种活动或商品不会改变其潜在性质。就公民或社会美德而言，它认为价格激励是对已经鼓励这种行为的内在价值的补充或强化。它没有预料到内在激励和金钱激励充其量只是替代品，并且在某些情况下，商品化社会空间、给价值定价可能会腐蚀这些价值观。

当市场侵蚀非市场规范时，我们需要考虑效率收益是否值得我们为此付出代价。正如托尼·阿特金森所强调的那样，效率只有在使社会变得更好的情况下才是重要的。[64] 当经济学家仅仅根据效率来推动政策时，他们就在进行道德评估。但是判断一项政策是否适合社会，通常需要的不仅仅是经济学家所青睐的简单功利主义加总，这种算法是根据市场定价的成本和收益来计算的。至少，它需要桑斯坦提倡的高度复杂的评估，其中考虑到对非定价属性因素的估计，例如心理健康、人的尊严和能动性。

这个问题通过影响价值观本身而深化。利他主义、慷慨、团结和公民精神不是固定供应的商品，它们会随着使用而枯竭。但它们会随着"锻炼"而变得更"强壮"。或者，通过缩小社会空间并将市场渗透到家庭生活的核心，市场会将更多的生活领域转变为计分打卡式的竞争活动，从而削弱社区、离间家庭并影响人们的心理健康。

正如我们将在后续章节中看到的，在我们做决策时，价值观因从道德情操转向了市场情操而被腐蚀，这最终会导致我们在决策时受主观价值的影响从而扁平化了这些价值观。主观方法的优势在于它是中立的。大多数事物可以通过一个普遍、容易获得的标准进行比较，即市场价格。不足之处在于它认为总福利是简单地把所有价格加总的过程。

这种扁平化操作是在没有层次结构或不考虑价值分布的情况下将它们相加。正如我们将看到的，这促使我们在今天的增长和明天的危机、健康和经济、地球和利润之间进行权衡。

这些动态引发了一系列价值危机，这些危机将在第二部分进行探讨。金融、健康、气候和身份认同的危机不仅是市场估值能力不足的产物，也是市场侵蚀、改变我们价值观的结果。

根据我的经验，世界正经历的剧变表明，重新平衡资本主义基本活力与我们的社会目标至关重要。这不是一个抽象的问题，也不是一个天真的愿望。本书的第二部分提出了一些措施，以强化公平、有效市场所需的核心价值观，以及我们真正践行价值观时所需的更广泛的社会资本。

第二部分

三场价值危机

第 7 章

全球金融危机：一个迷茫的世界

　　2007 年 8 月的情况与现在大相径庭。那时，美国作为世界唯一的超级大国（所谓的 G1），是全球秩序的引领者。以自由市场、自由贸易和资本市场开放为标志的华盛顿共识成为国际秩序的理念基石。这种理念基石的形成有赖于全球经济的繁荣，许多国家正在经历自第二次世界大战以来最长时间的经济繁荣。英国在创造了 14 年（连续 56 个季度）经济增长"奇迹"的同时，有效控制了通货膨胀，世界经济进入了"大缓和"时期。各国之间的贸易和投资壁垒不断降低，以中国为代表的新兴经济体开始融入世界贸易体系，各国争相加入欧盟。

　　在金融领域，银行家将自己视为宇宙的主宰。人们主观认为，次贷证券化可以将风险在全球范围内进行分散，这样就可以高枕无忧。宽松的金融监管在一定程度上保护了公众的信任，认为自由竞争会产生最佳的结果，但也有人认为这种监管并未解决不平等和不公平的问题。

然而即便如此，最具洞察力的人们还是能够感受到这种深刻变化所带来的震动。苏格兰民族党赢得了第一次苏格兰选举；一个国际科学家小组认为全球变暖可能是人为造成的。几个默默无闻的欧洲合成信贷基金停止了它们一直在参与的活动。加拿大资产抵押商业票据（ABCP）市场开始破裂，尽管当时很少有人能意识到这一点，但自大萧条以来最严重的金融危机已经悄然来临。

时任欧洲央行（ECB）行长让 - 克洛德·特里谢特别喜欢讲他的一位央行同事在苏格兰度假的故事，这是他们计划已久的一次徒步旅行。当时这位同事的黑莓手机没电了，但是他很想查阅消息，于是走进了当地一家商店，问柜台后面的女售货员："你们有《金融时报》吗？""有的，先生。你想要昨天的还是今天的？"她回答道。"嗯，夫人，我更喜欢今天的……""那您明天再来吧……"

特里谢的同事没有等，而是直接回到法兰克福，加入了欧洲央行的计划，向其货币市场注入了数十亿欧元的流动性，这在当时是前所未有的，因为他觉得到明天一切就都来不及了。

同一个周末，那是 8 月酷热的一天，高温和潮湿让人感觉在渥太华像是在佐治亚州一样。我正在后院一边乘凉一边看着我的孩子们玩耍，这时我的电话响了。虽然现在看起来很平常，但在当时加拿大大部分地区都在休息的小长假就感觉有点奇怪了。毕竟，加拿大也加入了同一轮的全球繁荣，过去十年经济的平均增长率为 3.8%，失业率为 5.2%，而且夏天来了，生活变得更加轻松愉快。直到我看到电话是来自多伦多湾街的资深银行家杰米·基尔南时，我才想着要接起来。因为我知道他不是来关心我是否安康的。

在接下来的两年里这已经成为一种模式，我把电话接起来，在电话的另一端传来的是明显的恐惧。当时杰米告诉我：加拿大资产抵押商业票据市场正在冻结，下周二可能不会重新开放。银行已经收到了追加保证金的通知，同时还需要启动流动性备用额度。如果不这样做，整个市场就会崩盘，金融危机会迅速蔓延到伦敦和纽约。因此加拿大政府需要做点什么。

这真是给我泼了瓢冷水，我觉得我的夏天就这样结束了，尽管这件事对于我来说和对于现在读这些话的你来说一样无法理解。这倒不是因为银行家说的话我听不懂。在华尔街和纽约工作了很长时间后，我开始在加拿大财政部工作。我是从商业票据开始做起的，这是一个相对沉闷的领域，新员工可以在不造成太大损害的情况下学习信用风险和市场流动性。商业票据通常不是以戏剧性而闻名的，它声名鹊起往往是由于它会引发市场恐慌，从而打断愉快的周末，一石激起千层浪。

商业票据（CP）是一种短期债务，通常在 3 到 6 个月内到期，由最优质的公司发行给机构投资者。传统上，商业票据市场在金融机构、保险公司和其他投资者的过剩资金支持下，发挥着重要而直接的作用，它为企业的短期业务需求提供融资，比如帮助企业维持产品库存。资产抵押商业票据则是这个市场更为复杂的另一端，但它是相对比较直接的。或者，至少在我上次关注的时候，它还是这样的。

根据我的经验，很少有人是依靠在 CP 部门工作而致富的。如果他们做好功课，他们可以在晚上睡个好觉，享受不被打扰的漫长周末。因此，在伦敦谈论的那些追加保证金、破产和迫在眉睫的恐慌，似乎对他们来讲是完全陌生的。杰米并不知道所有的细节，他只是听到了一些事情，而他并不是参与交易的。但我知道他不会浪费我的时间，所以在挂了电话之后我就马上开始四处寻找更多的信息。

从整体上来看，加拿大 CP 市场其实很小。杰米谈论的只是 300 亿美元的冰山一角，同 5000 亿美元的政府债务和 1.5 万亿美元的股票相形见绌。加拿大市场与伦敦和纽约的联系是不明确的。我们无法解释为什么不能等到下周二才开始工作，以及为什么政府应该介入复杂机构之间的一系列私人交易。只有紧迫性才是唯一明确的。

当有些事不合常理的时候

在我刚开始涉足金融业的时候，高盛的合伙人之一鲍勃·赫斯特教会了我一条宝贵的规律："如果某件事怎么想都没道理，那么它可能真的就是有问题。"这是真正的智慧。鲍勃的观点是，如果有人向你解释了金融领域的某件事情（比如一个花哨的新产品，或者为什么一家公司的估值应该比它所在行业的其他公司高出几个数量级）而你没有听懂，请让这个人再重复一遍他的理由。如果顺着他的逻辑仍然讲不通，那你就应该夺路而逃了。

这样做是因为在金融领域，你永远不应该仅仅依靠信任而去购买，不要只是为了随大流，或者假装你了解某事，以免自己看起来很愚蠢。这样做是因为实际上只存在两种可能。第一种可能是你卖掉了一些真正没有意义的东西。这只是一种金融炼金术，将债务转化为股权，这就是传说中的无风险回报的最新版本，或者是英语中最昂贵的四个词的最新变体，"这次不一样"（This time is different）。

随着时间的推移，我了解到第二种解释其实更为普遍。有些事情讲不通，是因为宣传这些新想法的人其实自己也没有搞清楚。在金融领域，决策往往是基于别人在某个领域所取得的成功、该领域是一个热门行业，或者干脆只是因为人们不想承认他们在做决定时其实并不了解情况。确实如此，金融中唯一愚蠢的问题是那些从未被问过的问题。正是由于这个原因，当虚假的知识掩盖了真正的无知，当天平从人们的眼前滑落时，恐慌便开始了。

这并不是说人们在黑暗中就不会有一段幸运的时光。毕竟水涨船高。在牛市中，人们只需跟随趋势或复制别人的策略就可以在一段时间内有出色的表现。银行可以在不完全了解竞争对手的情况下剪切和粘贴竞争对手的新产品。但是在牛市中，当一切似乎都很顺利时，对出错的恐惧就会飙升，新的曙光似乎已经破灭，愚蠢的问题迅速接踵而来。

最终，这些问题必须要得到答复。

杰米在那个 8 月的午后透露给我加拿大 ABCP 市场正在崩溃的信息，我继续调查但仍不能明白为什么会这样。如果接下来的内容对你来说没有什么道理，也请不要担心。市场结构越复杂，真正了解它们如何运作的人就越少，几乎没有人知道市场和机构对市场结构的依赖程度到底有多强，或者当经济开始下滑时究竟会发生什么。

从审慎到危机

与金融领域的许多事情一样，加拿大 ABCP 市场始于对合理概念的谨慎应用。银行将长期向某些部门或个人提供贷款。这些贷款发放是相对可预测的，特别是当它们组合在一起的时候，它们之间的任何特质都会在很大程度上相互抵消。多元化资产池的风险低于单一敞口或一组相同类型的贷款（例如一个城市的抵押贷款），这带来了证券化的发展，就是将不同资产组合成资金池，再作为证券出售给投资者。

在 ABCP 市场中也是如此，银行将其短期资产（如信用卡应收账款）集中起来，然后把它出售给资产负债表外的结构性投资载体（Strutured Investment Vehicle，SIV）。[1] SIV 实际上只是一家通过发行商业票据来融资的空壳公司。如果信用卡支付的总利息（在对任何违约进行调整后）高于商业票据的利息成本，每个人都会很高兴。银行可以出售信用卡应收账款并预先获得现金以发放新贷款。SIV 所有者可以通过信用卡付款与商业票据的利息成本之间的差价赚钱。与信用质量类似的公司的商业票据相比，投资者将获得更多的利息（作为回报，他们必须花些额外的时间来进行分析，以确保一切都行得通）。

投资者购买 ABCP 主要面临两个风险。首先，流动性风险是指出售资产或以其价值借款的能力。在深度市场中，个人投资者的出售对资产价格的影响很小，在许多情况下，资产甚至可以按照其价值迅速变现。但是，当市场疲软或根基不深时，投资者可能很难在需要现金时成功变现。在极端情况下，市场的流动性风险类似于银行挤兑，不同的是在市场上没有像中央银行这样的最后贷款人，投资者不受安全网的保护，相比之下银行的零售储户则既可以直接从存款保险中获利，又可以间接从帮助银行抵御风暴的中央银行服务中受益。

在上升的市场中，流动性几乎被视为理所当然的，投资者相信他们在需要现金时只要出售商业票据就可以了。发行商业票据的公司也有其他流动性来源作为备用，包括银行额度，以防止市场关闭或它们的信誉恶化导致投资者不再需要它们的票据。在加拿大 ABCP 中，市场关闭被认为是几乎不可能发生的，而信誉恶化只会是个循序渐进的过程。在经历了长期平静的市场运行期之后，投资者已经忘记了市场还可以迅速从深到浅，从流动到缺乏流动，从强劲到衰弱。

加拿大 ABCP 的投资者面临的第二个风险是信用风险，即是否有足够的信用卡可以真的被还清。投资者应该一直监控他们购买的 SIV 资产的质量，但是正如我所提到的，商业票据是一潭死水，所以他们通常依赖 SIV 的声誉和独立评级机构来对其信用度进行评估。

到 2007 年夏天，这些防线已经变得越来越脆弱。SIV 的经理通常依靠银行的业绩记录来做出信用判断。尽管信用评级机构对进入 SIV 的资产进行了尽职调查，但现在回想起来很明显的问题是，这些机构没有真正考虑过一旦银行不再拥有这些资产，那么这些资产的质量会发生什么样的变化，以及银行发放新贷款时是否会变得不够谨慎，并希望迅速将新贷款出售给市场。这正是一个市场如何逐渐被腐蚀的例子。

换句话说，SIV 商业票据中的投资者与最终借款人（例如使用信用卡购买商品的人）相去甚远。没有人提出这个棘手的问题，每个人都在依赖其他人。SIV 的行为类似于银行，只是将银行业的基本职能外包给了评级机构和向它们出售资产的银行。银行依靠市场从它们的账簿中扣除贷款。这些关系使人们质疑银行的真正用途到底是什么，以及银行是否能被市场取代。

银行到底有什么用

商业银行履行了多项关键职能。第一，它们是支付系统的关键部分，也就是金融交易发生的渠道。通过促进亚当·斯密的去中心化交易，支付系统对市场经济的运作至关重要。除非支付系统发生故障，否则一般都会忽视它，而且中央银行的工作之一是监督支付系统的系统要素以确保其可靠性。正如我们在关于货币未来的第 5 章中看到的那样，支付系统可能很快就会被新技术和私人货币形式所扰乱。

银行的第二个重要作用是转换资产和负债的期限。银行通常以存款的形式承担短期负债，并将其转化为长期资产，例如转化成抵押贷款或公司贷款。因此，家庭和企业可以反过来，持有短期资产和长期负债。这有助于它们规划未来并管理因现金流量的不确定性而产生的风险。

银行还可以搭建短期资产快速变现的通道，来为客户提供流动性。事实上，通过在各种期限内进行交易，银行可以提供套利空间，来提高金融市场的效率。这允许借款人获得符合其风险特征的最低利率。

期限转换的社会价值是毋庸置疑的。然而根据定义，它也会导致期限错配，从而给银行带来基本风险。银行持有的流动准备金只是其待偿债务的一小部分。储户想要取回他们的钱是没问题的，因为银行保持了足够的流动性以应对客户提款的需求，并且如果冲击大于预期，也可以从其他银行借款。但是如果许多储户同时想要取回他们的钱，从而使取款金额到达了一个临界点时，流动性问题仍然会出现。

为了对这种风险进行管理，银行需要两个关键措施的支持。存款保险给予存款人信心，它可以确保存款人的资金在出现问题时能够得到赔付，而中央银行则充当那些有偿付能力但流动性不足机构的最后贷款人的角色。这些支持机制经过了精心的设计，目的是阻止银行在提供必要支持的同时承担不适当的风险，并且为这些机制配备了强大的监管框架。银行家接受社会契约，这在紧张时期可以给他们提供安全网，但银行家的行为始终要受到监管。

银行扮演信贷中介的第三个重要作用，是将资金从储户那里转移到实体经济的投资者手中。这使得储户可以分散他们的风险，并且我们所有人都可以随着时间的推移平滑我们的消费曲线。年轻的家庭可以借钱买房，学生可以支付大学费用。人们可以为自己的退休生活投资低风险、有利息的产品，企业可以为运营和投资进行融资。

需要提醒的是，银行业不是为了自身的利益，而是为了促进投资、创新、增长和繁荣。银行业从根本上讲就是中介，用来连接实体经济中的借款人和储蓄者。然而在危机爆发前，有太多的金融界人士将银行业看作经济活动的顶点。银行业更多地变成了银行与其他银行之间的一种联系。客户被交易对手所取代，银行业越来越具有交易性而非关系性。正如我们将看到的，这些看法是在多年来新市场和新工具的产生中逐渐形成的。最初的动机是满足客户的信贷和对冲需求，以支持他们的业务活动。然而随着时间的推移，许多金融创新逐渐演变成了放大金融杠杆的方式。

银行和市场陷入穷途末路

银行不是围城中唯一的博弈。危机前夕的许多国家，在公司和家庭融资方面，市场变得与银行一样重要。从金融体系的角度来看，市场的深化通常是受欢迎的，因为它可以使系统更加稳定并增加竞争，从而约束银行的活动。但前提是它做得正确：这就意味着要有足够的透明度、健全的流动性管理、一致的激励措施以及银行和市场之间的适当分离。

虽然市场扩大了金融消费者的选择范围并降低了价格，但市场的功能与银行是不同的。市场更依赖于对流动性的信心，而这种信心会消失得很快。

银行的一个主要优势是与客户的关系。银行会随着时间的推移跟踪借款人并监控他们的付款历史和可靠性。在正确履行职责的情况下，银行会根据借款人的需求量身定制金融产品，酌情提高标准或降低标准。

相比之下，市场的命脉是交易。市场充当储户和借款人之间的中介，却不需要与两者中的任何一方维护关系。因此当基础产品更加标准化时，市场工具会更加稳健。确定一项活动最好通过银行还是市场来融资，取决于该活动在专业化与标准化之间的相对效益。

为了应对市场中不断增加的竞争压力，银行越来越多地直接参与到了市场中，最终播下了危机的种子。

首先，银行越来越依赖短期市场为其活动提供资金，并在此过程中大幅提高了杠杆率。这使得银行对持续获取货币以及资本市场的流动性产生了依赖。当市场在 2007 年秋季发生变化时，这种依赖被残酷地暴露了出来。

其次，银行利用像 ABCP 这样的证券化市场，来同时满足关系银行业务和交易市场融资的需求，实现关系银行和市场融资的平衡。在从发起到分销的商业模式下，银行发放一组贷款，将其重新包装成证券，然后出售给投资者。从本质上讲，银行获得了专门的贷款，并以标准化的形式将它出售。虽然证券化承诺会为银行分摊风险，但这种风险转移往往是不完整的。银行经常将证券出售给独立的交易渠道，如 SIV，这些渠道后来又被迫重新转手或仍然固守 AAA 级的复杂结构，这些 AAA 级的证券被证明并非完全无风险。[2]

英国抵押贷款机构北岩银行将这种从发起到分销的商业模式引向了一个荒谬的极端，在我夏天接到那个电话几周后北岩银行就倒闭了。北岩成立于 1965 年，是一个建筑协会、一个互助储蓄机构，其主要目的是为成员提供抵押贷款，而这些抵押贷款主要来自其他成员存款。到 20 世纪 90 年代中期，北岩已扩展到其他传统银行业务（撒切尔时代的金融放松管制使之成为可能），1997 年北岩建筑协会股份化，在股票市场上市，成为北岩银行。新银行对股东负责，而不是对它的成员负责，它奉行一种基于发起到分销模式的雄心勃勃的增长战略。北岩银行所做的不是将成员的抵押贷款持有至到期并仅按照成员存款允许的规模放贷，而是根据需求承销抵押贷款，在短期货币市场为抵押贷款提供资金，直到它们可以作为证券化债券被重新包装和出售。

到 2007 年，北岩银行是英国第五大抵押贷款提供商。但是它过度杠杆化，完全依赖于抵押贷款支持证券的批发债务市场。当美国次贷危机加剧时，短期货币市场上的资金枯竭，该银行商业模式的缺陷变得非常明显，这导致了英国一个多世纪以来的第一次银行挤兑。

金融危机暴露了证券化可能出现的根本激励问题。在从发起到分销的模式中，发起机构的激励不再与风险承担者的激励一致。一旦这种关系被切断，新贷款的承保标准和持续监控都会从负责任的变成鲁莽的。然而定价和风险管理并没有反映这些变化，发现问题为时已晚。由于客户变成了交易对手，他们与银行家之间的任何形式的团结都已经消失了。价值观影响了价值。

银行和市场的第三种结合是许多零售银行和商业银行开始向投资银行业务扩张。这使得银行能够将传统贷款与更高附加值的代理业务打包在一起，开拓市场，并越来越多地从事自营交易。银行进入市场有助于刺激场外衍生产品的扩散，从而产生难以识别和控制的交易对手风险和投资风险。

同样，激励问题也困扰着这种转型。在许多银行，对创新和不透明的奖励多过对风险管理和透明度的奖励，这种文化对机构的破坏性比原先想象的要大。正如我们将看到的，到那时候承担风险的初级交易员已经获得了以现金为主的报酬。许多大型、结构复杂的银行发现公司内部以及公司与其股东之间可能存在委托–代理问题，而意识到这一点为时已晚。

当银行开始做传统市场最擅长的事情时，市场也开始涉足银行业。但目前对此既没有安全网，也没有适当的监督。银行越来越多的传统职能，包括期限转换和信用中介，是通过各种中介机构和投资工具来实现的，统称为"影子银行"系统。影子银行包括投资银行（在其他国家）、抵押贷款经纪人、金融公司、结构性投资载体、对冲基金和其他私人资产池。

影子银行的发展规模是显著的。在这十年中，银行资产大幅增加，在加拿大、美国、英国和欧洲，银行资产规模是国民生产总值的 1.5 倍到 6 倍不等。在加拿大以外的其他国家，这种增长的大部分资金来自增加的杠杆。[3]

在繁荣的最后几年，当对获得流动性的自满情绪达到顶峰时，影子银行系统的规模呈现爆炸式增长。例如，SIV 的价值在截至 2007 年的三年内增长了两倍。金融活动的增长和日益复杂的金融参与者导致金融体系内部的债权急剧增加，而不是金融体系与实体经济之间的债权增加。这意味着风险难以被识别和管理。更为根本的是，它显示了金融体系在多大程度上偏离了它本应该扮演的为实体经济服务的角色。

包括许多银行在内的金融机构开始依赖市场上的高流动性。在美国，危机前的三年里商业票据的总价值增长了 60% 以上，ABCP 市场的总价值增长了 80% 以上。从本质上讲，影子银行体系是在没有安全网的情况下进行期限转换的，即完全依赖于资金市场的持续可用性。而从 2007 年 8 月开始的市场流动性崩溃使这些风险更加具体化。

监管机构既没有意识到这种"恣意蔓延"的规模，也没有应对这些新风险的有效举措。影子银行系统不像银行系统那样受到支持和监管，这样就变得"有恃无恐"。事后看来，影子银行系统的过度蔓延被默许走得太远太久了。

从简单到愚蠢：ABCP 不再有意义

同许多金融创新一样，最初的证券化结构是经过细致的组合和设计的，这很有道理。选择了最好的资产，它们要么期限较短，以便在出现问题时可以迅速平仓，要么长期投资者的投资期限与基础资产相匹配。在资本缓冲和超额抵押方面，证券化结构在充分考虑损失的情况下，设定了误差范围。

加拿大 ABCP 市场只是一个巨大的全球资产类别的冰山一角。几十年来，债务证券化的范围一直在扩大，公司债务、信用卡债务和抵押贷款都被打包成证券并出售给了市场。在金融危机之前的几年里，这种增长急剧加速，2000 ～ 2007 年，未偿证券化的价值从 5 万亿美元上升到了 17 万亿美元。[4] 从基础资产中进一步剥离的证券在同一时期则以更快的速度增长。债务抵押债券（CDO）（由各种债务集合组成的证券）的发行量增长了 6 倍，而双重 CDO（其他 CDO 的集合）$^{\ominus}$的发行量增长了 11 倍。[5]

这些证券的买家是投资银行、对冲基金、投资基金、货币市场基金，当然还有 SIV，比如加拿大 ABCP 的发行者。到 2005 年左右，这些影子银行业务为美国提供了约 8 万亿美元的资金，这使得影子银行的规模已同真正的银行系统本身一样大。[6]

那时候自满和贪婪已经占据了上风，以至于影子银行的大部分业务不再有意义。自满（过度依赖过去的表现以及依赖他人）削弱了每一道防线。金融家开始推卸责任。贪婪促使那些经营 SIV 的人认为 SIV 赚取的利差有点小，因此他们努力通过向投资组合中添加风险较高的资产（如次级抵押

$\ominus$ 双重 CDO，即 CDO-squared 或后文的 CDO2，也可以翻译成双层 CDO 或叠加 CDO。——译者注

贷款）来提高回报。与按月还款的信用卡不同，这些长期抵押贷款使资产抵押商业票据的结构性投资载体更像银行，因为它们增加了期限转换（银行的核心作用），这就大大增加了抵押贷款的流动性风险。

毕竟，如果像北岩银行这样拥有数千名员工、资本、存款人保护和当局监督的银行都会受到挤兑，那么为什么一家只有少数员工、很少资本、没有存款人保护、没有监管的空壳公司就不会受到 CP 市场买家罢工的影响呢？通过增加次级抵押贷款，这种回调的可能性更大。这些空壳公司的信誉在很大程度上依赖于证券化通过组合不相关的风险资产来降低资产池整体风险的能力。在这种情况下，整体的风险小于其部分风险的总和。但次贷并没有在经济低迷时期经受住考验，而且可以认为次贷问题是在"发起－分销"模式中最容易受到激励问题影响的领域。

为了分摊这些风险，加拿大 ABCP 的管理人员也开始将资产放在 SIV 的资产负债表上，以等待人们偿还信用卡债务。这是一个合成衍生品爆发引发了证券化奇迹的时代。模仿纽约和伦敦的发展，一些加拿大 SIV 开始向总部位于伦敦的投资银行出售信用衍生品来收取费用。SIV 将通过抵押部分资产来支持其支付承诺。

现在我意识到事情开始变得非常复杂，衍生品使得包括加拿大 ABCP 在内的许多影子银行无法掌控全局。而它们这样做的方式正代表了危机爆发前整个全球金融体系存在的问题。

这里需要明确的是，衍生品具有许多基本功能。作为从其他基础变量的价值中"衍生"其价值的金融工具，它们可以用于将金融风险从一个实体转移到另一个能够更好地承担风险的实体。例如，农民可以在春季同意以固定价格在秋季出售他们的作物，这就给那些具有挑战性的职业提供了一颗"定心丸"。农民的收入被合同锁定并受到保护，他们可以免受不确定结果的影响，但作物接收方从交易中是会受益还是会受害则取决于未来某天的作物价格。早在古代美索不达米亚，农民就已经开始通过在泥板上指定价格和未来销售日期来进行此类交易了。

几千年来，衍生品的使用范围急剧扩大。除了保护农民和商品生产者，衍生品还用于使房主、养老金持有者和企业免受各种风险。到 2005 年左右，衍生品被部署在了广泛的市场中，其基础资产范围从抵押贷款到个人公司信用（称为 CDS），再到一揽子公司信用风险敞口（称为 CDX）。全球场外衍生品市场的名义价值从 2000 年的不到 100 万亿美元增长到 2007 年夏天的超过 500 万亿美元。[7]

正如我们在 2007 年秋天发现的那样，衍生品在房主的背后创造了一个巨大的倒金字塔式风险，而衍生品市场上的交易者也与基础资产（房屋）越来越远。我在埃德蒙顿的一家零售银行工作时会被派去复查我们收到的房产估价，而像这样的简单日子已经一去不复返了。如第 4 章和第 5 章所述，传统银行发放抵押贷款和创造货币的能力受其风险偏好的影响，以及资本和流动性要求的制约。而到了 2007 年夏天，许多银行承销新抵押贷款的能力在很大程度上受到它们在证券化池中出售资产的速度的限制。然后，买方可以将这些抵押贷款池集中到 CDO2 中，或者使用信用衍生工具对冲风险。这其中的每一步都离房屋所有人越来越远。没有人会去检查房屋或房主。金融越来越抽象，人们还没有问足够多的问题就买卖了抵押贷款敞口，他们甚至都不知道该给谁打电话。

特别是，投资银行开始使用信用衍生品来"确保"自己的资产负债表。例如，如果一家银行拥有一个抵押贷款组合，它们可以购买一种衍生品，在抵押贷款违约率上升时银行可以得到偿付，这样至少它们在抵押贷款上的部分损失可以通过衍生品来弥补。当然，这取决于衍生品的供应商是否可以在抵押贷款出现问题时付款。为了保护自己，以防衍生品供应商本身在抵押贷款市场不景气时违约，银行会要求衍生品供应商提供抵押品，也称为保证金。头寸风险越大，银行需要的抵押品就越多。

你还能跟上我讲的吗？如果你听懂了，你将领先于 99% 的市场、评级机构、商业票据的购买者、信用违约掉期的购买者，以及几乎所有的经理和股东。市场上的大多数人只看到了正在发生的事情的一部分。绝大多数人认为其他人，例如银行、评级机构、大投资者、SIV 的所有者或相信市场智慧的监管机构，提出了正确的问题并完成了艰苦的工作。很少有人将在市场之上生成的那些市场联系起来。没有人计算过风险敞口的大小，而相对较小的变化却可能会破坏整个大厦的稳定性。

分崩离析

到了 2007 年夏天，一些结构性信贷基金开始出现松动的迹象。然而拉动这些毛线不仅会拆掉一件毛衣，甚至还会拆掉整个衣柜。这可不是一个普通的衣柜。这是一个步入式衣橱，像卡戴珊那样贵的那种。让我来把这个比喻具体说一说，在我的 8 月周末假期结束时，加拿大 ABCP 市场的规模约为 320 亿加元。资产与负债大致匹配，但市场越来越紧张，因为其中一些资产是美国次级贷款，并且加拿大市场已经开始察觉到了美国次贷市场出现问题的一些端倪。谨慎的 CP 投资者想要退出；毕竟，从事商业票据工作的好处之一，应该就是可以过上更平静的生活。

然而这里面存在着一个问题。大多数人并不知道，其中许多资产已作为信用保险的抵押品。到底投保了多少信用？随着我们的深入挖掘，这个数字在不断增长，直到它高到超过了优质商业票据的 10 倍！伦敦的投资银行持有超过 2000 亿美元总信用风险的加拿大“保险”。这种风险敞口是总额超过 6000 亿美元的更广泛信贷组合的一部分，它已经超过了加拿大经济规模的一半，而且由于加拿大 ABCP 的衍生品敞口最终大到令人瞠目结舌，英国、欧洲和美国的情况相形见绌。

2007 年夏末，从加拿大 ABCP 中购买信用保险的银行开始担忧起来。次级抵押贷款的市场价值感受到了压力，一些信贷基金发现它们的产品已经没有了市场价格，然而它们认为价值应该基于基础信用模型之上。

不知不觉间，它们已经从主观价值转向了客观价值！

随着这一切的发展，那些持有加拿大 ABCP 信用保险的人想要更多的抵押品。但是加拿大 ABCP 提供商只有在发行更多商业票据和购买更多资产的情况下才能提供更多的抵押品，这正是现在完全清醒的加拿大市场所不想要的。伦敦的银行知道，如果它们的追加保证金要求没有得到满足，它们会立即对资产负债表上的信贷造成巨大的敞口，而这些信贷是它们以为自己用神奇又廉价的方式投保得到的。资产负债表规模的这种爆炸式增长恰好发生在它们的投资者和债权人开始就它们的风险敞口提出尖锐问题的时候。

到 8 月中旬，市场紧张局势开始蔓延。法国和美国的一些基金（分别由法国巴黎银行和贝尔斯登赞助）开始暂停赎回，这破坏了欧洲央行行长的苏格兰假期。金融系统开始出现故障，迫使欧洲央行和加拿大银行进行干预。问题开始堆积如山。我的电话也接二连三地响了起来。

在纸牌屋正在倒塌的时候，我们做了一件非常了不起的事情，至今我仍然无法完全相信它真的发生了。凭借亨利–保罗·卢梭的人格魅力（他经营着该行业最大的魁北克储蓄投资集团）和加拿大银行行长大卫·道奇以及加拿大金融部门的集体力量，我们能够叫停伦敦、纽约和加拿大的银行以及主要投资者，停止追加保证金和发行新的商业票据。在那个夏天的电话打完之后的几天内，每个人都进入了战备状态，紧张的行动开始了。

如果任由加拿大 ABCP 市场的情况在 8 月的那几天里继续发展，就会引发雷曼式的危机。事实上，冻结在短期内避免了灾难，并创造了产生永久解决方案的可能性。在传奇的加拿大律师珀迪·克劳福德的帮助下，我们协商出了一个解决方案。克劳福德从来没有抱怨过他最初答应给我"提供一点帮助"，最后会变成 18 个月的持续紧张工作。在接下来最黑暗的 18 个月里，投资者每投资 1 美元看似可能只获利 20 美分，但最终他们获得的收益却超过了 90 美分。是的，在金融市场中，内在价值和主观价值之间可能存在很大差异！

从那个 8 月的漫长周末开始，我便生活在了一种不祥的预感中。我和我的同事意识到，如果这种情况在相对沉闷的加拿大，规模都会如此之大，那么它一定会在世界上最大的金融中心更加猖獗。全球证券化和衍生品市场已变成了行尸走肉。它们加总起来可以使整个金融体系崩溃。它们最终会这样。

全球金融危机的直接原因

加拿大 ABCP 市场的核心问题代表了困扰全球金融体系的断层线。

与所有金融危机一样，这次危机始于新时代的思维。经济周期的大缓和、次级抵押贷款带来的房屋所有权的新经济学、新的金融产品分散和降低风险，这一系列的信念促进了借贷的巨大增长，而持续增长使得在痛苦来临之前人们一度变得沾沾自喜。许多想法在适度时是合理的，但如果不能慎重使用，这些想法就会变得有害。

杠杆作用无处不在。不受监管的证券化工具之所以盈利，主要是因为它们的杠杆率高于受监管的银行。然而它们对此并不满意，又通过加拿大 ABCP 公司的信用保险等衍生品增加了更多的杠杆。在危机爆发之前，英国和美国银行资产负债表报告的杠杆从 15 倍增加到了 40 倍。它们的实际杠杆甚至要更大，因为它们已经将资产转移到像加拿大那样的 SIV，而且它们似乎已经通过衍生工具对冲了许多技术上仍存在于资产负债表上的风险。一旦危机袭来，风险又会重新回到它们的资产负债表上，它们的杠杆也会随之膨胀。

如果你认为这根本讲不通，那么你就是对的。

十年前，这种复杂的影子银行掩盖了系统中的巨大杠杆作用，包括银行之间大量可能的风险敞口和相互关联。不透明的证券化，如加拿大ABCP，导致了不完善的信用风险转移，当无法满足追加保证金的要求时，这种风险转移就会崩溃。单一信贷保险公司支持不可持续的债务，银行变得过度依赖来自货币市场的脆弱的短期资金，而货币市场本身就是那些存在突发风险的、基于资产的商业票据的主要购买者。影子银行的复杂链条瓦解后，随之而来的是资产抛售和流动性罢工的螺旋式上升，这威胁到了整个系统的稳定性，并使数百万家庭和企业无法获得信贷。

该系统在其他市场之上开辟市场，通过合成衍生品分散风险，因此理论上即使出现了问题，很多人也只会损失一小点钱而已。事实上，一切都是相关联的。对于 SIV 来说，银行给它们提供资产。对于银行来说，SIV 给它们提供信用担保。而银行通过衍生品和短期融资网络向其他银行提供资金。

当市场情绪转变时，市场接连发生崩溃，银行认为的风险已经飘到四面八方并开始生根发芽。这就是当对市场盲目信任与市场的极限相冲突时会发生的情况。这些后果都是由于试图创造更多市场来解决市场失灵而造成的。

当市场发生转向时，这些不透明的结构、复杂性、透明度的缺乏都引发了恐慌。我从 2007 年秋季的谈话中了解到，许多银行 CEO 很晚才意识到，他们认为已被抛售的风险只是由那些相当于加拿大空壳公司或对美国次贷市场崩盘存在大量风险敞口的交易对手来"投保"的。这已经足够令他们担忧了，但对他们的竞争对手呢？他们自己银行的风险敞口对他们又意味着什么？人们急于退出，这有助于解释为什么美国次级抵押贷款中 2000 亿美元的信贷损失（实际违约）却导致了 1 万亿美元的市场损失。在这个过程中，资产价值在上涨时与现实脱节，并在下跌时再次脱节。

这其中的核心是围绕激励措施的一系列问题。在那个时代，当前的价值就是一切，未来的价值却一文不值。当我们处理 ABCP 的混乱时，我们发现了一些令人不安却很典型的事情：银行工作的人在激励动机方面严重错位。中级交易员将承担在债券市场购买公司债务的信用风险。这到目前为止仍然很普遍。接着他们会通过从加拿大购买 AAA 级信用保险来对冲一揽子风险。然后他们将根据保险成本与债务期限内（通常为 10 年）的债务利息之间的预计利差获得现金奖励。他们的动机是增加这些可以延伸到未来的风险敞口，尤其是因为那时他们已经不在这里了，不用再去承担这些后果。

我们已经谈到了困扰证券化的第二类激励问题。当那些决定发放贷款的人只是为了出售贷款时，他们需要小心谨慎的责任就减少了。在危机爆发之前，承保标准从谨慎变为粗心，从负责变为鲁莽。随着承保质量的下降，金融的道德基础也在下降。

这是一个无形金融的时代，当时市场的发展与其最终服务的家庭和企业相去甚远。在大多数职业中，人们都可以看到他们工作的"真实"影响：教师见证了学生的成长，农民见证了庄稼的成长。当银行家与实体经济中的最终客户脱节时，他们无法直接了解自己工作的影响。伦敦银行间同业拆借利率（Libor）制定者只将屏幕上的数字视为一场必胜的游戏，而忽略了他们的行为给抵押持有人或企业借款人带来的后果。价值是相对的，价值观受到了影响。市场之上的市场不仅在财务上而且在道德上都是很脆弱的。

而当音乐停止时，这些宇宙的主宰者便开始向国家求助了。我记得，2008 年初我刚成为加拿大银行行长，我就会接待 ABCP 的投资者代表团或那些暴露在混乱中的银行家。他们提出的要求倒是有一点好处，那就是具有一致性：始终如一地自利。他们会争辩说，加拿大银行有责任承担他们的风险。我们不应该过度担心：市场只是暂时失去了理智。

他们忽略了为什么加拿大人从来没有机会去问一问连金融界的大师都没有提出的问题，即为什么要承担这个负担。他们忽略了这种行为对系统道德风险的影响，因为如果银行和市场从他们的错误中解脱出来，那么是什么阻止了他们在未来承担更大的风险——仍然是延续"硬币正面他们赢，硬币背面我们输"这样的金融？这将如何促进对可持续金融至关重要的责任、问责、审慎和信任这些价值观呢？

与此同时，随着金融部门的崩溃，经济像自由落体一样坠落。我们没有奢望事情能完全解决，但危机必须得到控制。

危机管理的教训

在接下来的一年里，我从本·伯南克、蒂姆·盖特纳、汉克·保尔森、克里斯蒂娜·拉加德、马里奥·德拉吉和让 – 克洛德·特里谢那里学到了很多关于金融危机管理的知识。有几个教训让我印象深刻。

第一个教训是，市场出错的时间可能比你保持偿付能力的时间更长。在恐慌中诉诸基本价值观被置若罔闻，因为人们在尖叫时就很难听到其他声音了。这带来了许多挑战。当市场在 2008 年秋季崩盘时，市场实际上是因为对主观价值的过度依赖而自掘坟墓。如果市场总是正确的，并且市场认为次级抵押贷款的价值是其以前价值的三分之一，那么即使大多数抵押贷款人正在还款，许多美国和欧洲银行的资产负债表也会资不抵债。资本市场上放贷给银行的大机构开始进行这种盯市计算，然后撤回资金，一夜之间流动性问题变成了偿付能力问题。

第二个教训是，抱有希望并不能成为一种策略，引用蒂姆·盖特纳的话：有计划胜过没有计划。一个实际执行的计划就是最好的计划。无休止地寻找最好的方案往往会适得其反。

英国脱欧公投前夕我们在英格兰银行上了这一课。由于市场将留欧视为最有可能的结果，因此我们的工作很简单：就是做相反的计划。在投票前几周，我们制定了一个长达数百页的剧本，说明了在不同的市场情况下该怎么做；我们预演了可能出现的问题，以及可以采取哪些措施来降低风险。我们认识到我们无法预测每一种意外情况，因此我们通过让银行向中央银行预置抵押品来承保整个方案。这将使我们有能力向银行提供高达2500亿英镑的贷款，相当于它们上一年向企业和家庭提供的贷款总额的4倍多。投票脱欧后的第二天早上首相宣布辞职，在货币自由落体和市场承受巨大压力的情况下，我能够代表银行做出简单的声明："我们已经为此做好了充分的准备。"一旦我们投放2500亿英镑来支持市场，市场就会知道这是实情，也会稳定下来。

第三个教训是，要清晰、频繁、诚实的沟通。你无法摆脱危机。真相总会大白于天下。8月电话会议后，在那令人痛心的18个月里，我收到美联储主席本·伯南克的消息，我们总会定期并且经常提前知道了美联储的重要决议，因此不会感到任何意外，并且如果觉得信息有用，我们会协调配合。我知道我们必须向加拿大人坦诚公开我们的优势和劣势。如果不提劣势，那么优势就是不可信的。

第四个教训是，就像在战争中没有无神论者一样，在金融危机中也没有自由主义者。金融危机残酷地暴露了市场的局限性。我记得2008年春天，作为加拿大央行行长，我参加了G7会议。那天晚上，我们在美国财政部镀金的现金储藏室与世界最大银行的CEO共进晚餐。晚宴快要结束时，雷曼兄弟的首席执行官迪克·富尔德打来电话，要求我们"关闭对冲基金"。自由市场结束了。

几个月之内，傲慢、不透明和杠杆作用的结合意味着雷曼兄弟本身而不是其他对冲基金处于崩溃的边缘。ABCP危机爆发后一年多，我在周日下午接到了另一个电话，这次是本·伯南克打来的。他当时在纽约联邦储备银行，美国当局曾试图在那里安排私营部门拯救雷曼兄弟，但未能成功。我听着电话，当时两岁的女儿搂着我的腿；她似乎比本更不安，而本在巨大的压力下还是一如既往的冷静。由于私营部门救援失败和雷曼兄弟破产，我们讨论了可以做些什么来挽救第二天的市场。用蒂姆·盖特纳的话来说，这只不过是"跑道上的泡沫"。这次崩盘会伤害到很多人，但至少自由市场还会有重振雄风的一天。

正如国会议员巴尼·弗兰克后来打趣的那样，称其为"自由市场日"是合适的，因为它只持续了 24 小时。到周二，这场金融大屠杀迫使政府推出了一系列公共救助计划，试图挽救站在金字塔风险顶端的巨型保险公司 AIG。几小时内，各大银行都承受着巨大的压力。多米诺骨牌快速地连续倒下。在接下来的几天里，我接到了惊慌失措的银行家及投资者的电话，要求我们在某个地方做点什么。我知道美国当局管理者现在认识到需要采取重大行动，但又不想放弃他们的游戏，而我则专注于加拿大银行的实力。在这场多米诺骨牌游戏中，加拿大银行将是最后一个倒下的，它们一直在降低杠杆率并避开次级贷款、大型证券化、高风险的自营交易和深奥的衍生品。我向来电者保证，加拿大银行将是易货经济出现之前的最后一站。但我忽略了我的估计只能维持几周的时间。

雷曼兄弟的破产表明，金融体系无法在危机中得到修复，尤其是当相互联系的网络意味着一家银行的倒闭可能会拉低其竞争对手时。在警告"道德风险激进主义者"时，拉里·萨默斯观察到"人们在床上吸烟的可能性通常不会被当作反对消防部门存在的论据"。[8] 当存在传染的可能性时，如果疲惫的吸烟者点燃的火能迅速蔓延到相邻的建筑物，则更有必要扑灭火焰。在雷曼倒闭、美林和 AIG 接连接受抢救之后，毫无疑问，这是一场五级火灾。虽然扑灭一场因人为疏忽而引起的火灾是令人不快的，但也必须这样做。如果最终不得不这样做，那么最好现在就赶紧做完。

这使我学会了关于管理危机的最后一课：压倒性力量的重要性。以半途而废的方式扑灭金融火灾是徒劳的。无论是汉克·保尔森 2008 年的 7500 亿美元的计划，还是马里奥·德拉吉几年后在欧元危机最严重的时候做出的"不惜一切代价"的承诺，有效的危机应对措施都应该是大规模、制度化和可信的。最终，这种压倒性的力量只能来自国家。这正是公共价值发挥作用的时候。这需要韧性、责任感和团结。为公共利益采取强硬行动对恢复信心至关重要。

在雷曼兄弟倒闭后的几周内，我深刻领悟到了这一点。当时加拿大在进行联邦选举，总理斯蒂芬·哈珀的保守党少数政府正在寻求重新掌权。事后证明，这场运动其实在危机爆发前几天就已经开始了，但这个时机选择是非常糟糕的。政府正在以积极的经济前景作为竞选纲领。雷曼兄弟倒闭后，这种竞选纲领相对而言仍然是正确的，加拿大的表现没有其他国家那么差，但一个只是非常糟糕而不是彻底糟糕的表现也不是什么值得炫耀的事。加拿大的竞选活动相对较短，政府并没有做太多的信息调整（他们还曾一度暗示市场的自由落体是一个买入机会）。在选民看来，竞选者对积极的经济前景其实并不关心。

距离选举日期还有十天左右。我知道一些世界上最大的金融机构正处于崩溃的边缘。英国政府正在向多家银行注入巨额资金，并将最大的银行RBS收归国有。在与本·伯南克、时任英国央行行长默文·金和让－克洛德·特里谢讨论后，我们形成了一种观点，即央行需要前所未有、协调一致地降息50个基点，以使金融系统能够支撑到周末，到那时候在G7会议上我们也许能够以压倒性的力量采取行动阻止经济大衰退的发生。采取行动的理由虽然已经很明确了（此时，发达经济体的全球衰退已经确定），但我还是很担心。如果加拿大央行的行动表明政府对经济的立场不坚定怎么办？独立的、不涉及政治的中央银行的行为会影响到选举结果吗？

但经过反思，我意识到不行动将是政治性的。随着金融部门正在内爆，我们需要为金融体系提供即时流动性。随着全球经济陷入停滞，加拿大经济将需要重大刺激措施以尽可能多地保住工作岗位。此外我们需要向市场展示"飞机上有飞行员"的信号，即当局已经认识到了情况的严重性，并会以压倒性的力量采取行动。

因此当天下午，加拿大央行管理委员会同意在第二天早上与美联储、欧洲央行、英格兰银行、瑞典央行和瑞士国家银行一起紧急降息。晚上 7 点左右，我给财政部长吉姆·弗莱哈蒂打电话，他是一位才华横溢，但顽固的职业政治家，他一年前才任命我为加拿大央行行长。在我告诉他我们的计划后，他问央行以前是否做过这样的事情。"只有在'9·11'事件之后才做过。"我回答道。他倒吸了一口气，然后停顿了许久才说了一句，"祝你好运"。

事实证明，降息对于弗拉哈蒂来说是幸运的，他们的政党将看到他们的民调数字在反弹，因为加拿大人似乎对为公共利益采取的行动而感到欣慰。然而他和我都知道，当世界经济濒临崩溃时，周末的会议需要的不仅仅是运气。我们需要一个计划。

在旧体系的废墟上建立一个新体系

几天后，我们与其他七国集团财长和央行行长一起回到了美国财政部的现金室。我们差点就没挺到周末，但目前还没有想出合适的计划。开始会议时，我们有的只是一份长长的、乱七八糟的公报，它是用不透明的、毫无意义的 G7 语言写成的。我能知道这些，是因为曾经当副手时我就是这样写文件的。这些文件有自己的位置，但绝对不应该在这里。

将那次会议的内容与我同时期的笔记进行比较，这些干预的长度和文采似乎也随着岁月的流逝而增长了。在我看来，它是"完整、坦率和专注的"。那些认为市场已经偏离正轨但会自我平衡的论点被击破了。德国财政部长佩尔·斯坦布吕克说，那一周他在德国遇到了一位女士，这位女士告诉他"现在她正在目睹资本主义的垮台"。剩下的少数激进主义者被告知，一旦我们开始对系统进行改革，大型银行就可以在不拉低经济的情况下倒闭。焦点转向了唯一重要的事情：拯救金融体系的剩余部分以防止萧条。

人们达成了共识，政府和中央银行将在必要时明确地以流动性和资本来支持我们的银行系统。公报草案被丢弃了，但我们从五个备用的、清晰的要点中起草出了一个新的计划，这个计划既震撼又可行。

之后，当我走下美国财政部的楼梯时，我回想起我第一次参加 G7 会议时，作为财政部副部长的我有幸坐在美联储主席艾伦·格林斯潘旁边。这是华盛顿共识占主导地位的时期——相信自由市场、自由贸易、浮动汇率和自由化资本流动将促进全球繁荣。G20 是一个年轻的论坛，旨在在成员国之间促进全球化。在一段时期内它很奏效。市场更加自由化，全球经济日益一体化。数亿人摆脱了贫困，全球不平等开始减少。格林斯潘比大多数人更早地了解全球化和技术是如何推动美国的生产力走向繁荣的，并且他正确地预测了这些力量将是反通货膨胀的。那真是一个新的时代。但新时代的机遇总是伴随着风险而来的。

与此同时，经济体内部和经济体之间的失衡开始加剧。虽然不平等的程度在全球范围内有所下降，却在许多发达经济体中急剧上升了。美国变得严重依赖外国借款来为其消费支出和房地产繁荣提供资金。解决这些漏洞的窗口期是有限的。到 2005 年，大多数财务压力指标的警示灯都在闪烁，但为此采取的措施却很少。

这并不是因为美联储主席是市场激进主义者。格林斯潘非常了解金融周期的性质，他在 20 世纪 90 年代就看到了股票市场非理性繁荣的迹象，并在 2005 年描述了债券市场的"骗局"，当时长期收益率并未随着近期的加息而上升。但是，尽管他承认市场可能超出或低于预期，他却怀疑当局是否有足够的信心发现这些情况并采取行动。此外格林斯潘认为，在泡沫破灭后才去"清理"比在泡沫正在形成时就去清理反而更有效。他反对扩大监管，并阻止快速扩张的衍生品市场机制的改进，而正是这些衍生品市场打倒了雷曼兄弟。他两次拒绝让美联储对大规模的 GSE（美国政府资助的企业，如房利美和房地美）进行监督，而这些企业日益不负责任的行为助长了美国的房地产泡沫。他依赖金融市场参与者的自利行为来限制过度的风险承担。

它们要让格林斯潘非常失望了。在 2008 年 10 月 23 日著名的国会证词中，格林斯潘发表了过失声明："我们这些指望用贷款机构自利行为来保护股东权益的人（尤其是我自己）处于难以置信的震惊状态。"他接着说，他认为某些复杂的交易工具（例如信用违约掉期）不需要监督的观点"部分上"是错误的。当委员会主席问他："你发现你的世界观、你的意识形态是不对的、行不通的吗？"格林斯潘回答说："它们绝对正确。"然后补充道："你知道，这正是令我很震惊的原因，因为我已经用了 40 多年或更长的时间，并且有相当多的证据表明它们运行良好。"

正如他的传记作者塞巴斯蒂安·马拉比所描述的那样，艾伦·格林斯潘是一个"明白的人"。他比大多数人更了解市场理性的局限性。这就是从 1987 年股市崩盘到"9·11"事件的重大金融和经济冲击，他都强行干预的原因。但他同样对监管持有怀疑态度，因此他没有利用干预来增强韧性。他也不赞成使用货币或其他政策来解决系统性风险的累积。他认为 20 国集团（G20）是一个有效的论坛，可以在亚洲 20 世纪 90 年代末的危机之后，传播关于开放全球市场的共识，并将其视为支持开放全球市场的基础平台。

当我前往匆忙召开的 G20 会议时，我知道这种轻率、自由放任的想法已经死了。新兴世界的经济体被发达经济体金融体系的内爆所拖累，我们需要达成新的共识。

G20 财长和央行行长匆忙聚集在一张大桌子旁，以支持 G7 维系整个金融体系的决定。美国财政部长保尔森和美联储主席伯南克被一把空椅子隔开。早些时候，当让-克洛德·特里谢讲话时，房间内开始交头接耳，我转过头看到布什总统大步走进来了，他坐下来倾听我们的发言。巴西财政部长曼特加曾对美国处理雷曼兄弟的方式颇为不满，他是下一个要发言的人。他提出跳过，其中一个重要原因是他的英语不太好。"不，继续吧，"总统回答说，"我的英语更糟。"这句话缓解了紧张的气氛。

布什给我们讲话时说得很好，他承认美国犯下的错误，发誓要解决问题，承诺加强美国银行体系并寻求我们的帮助。"我们也需要你们的支持来渡过难关。我们将一起变得更强大。"他强调说。谦逊、责任、韧性、决心、团结，他的讲话强调了这些正确的价值观，很明显他赢得了会场上所有人的赞赏。

这让人很放心，当我与更有经验、更有智慧的同事马里奥·德拉吉一起走出去时，我告诉他总统对会议的处理方式给我留下了深刻的印象。

而今世界已经从 G1 转型到了 G0。霸权不在，这个体系还能生存吗？我想，只有当它能够重新发现它的价值观时才能生存吧。

第 8 章

创造一个更简单、更安全、更公平的金融体系

在与布什总统会晤后，G20 被授权领导全球金融体系的改革。改革的目标不仅是解决危机的根源，还要让金融系统变得更简单、更安全和更公平。它将这些任务交给了一个新的机构——金融稳定委员会（Financial Stability Board，FSB），并让它直接向 G20 领导人报告，从而提供必要的政治支持。作为金融稳定委员会第一任主席马里奥·德拉吉的继任者，我有幸领导了这些工作。在我们接受任务时，我们知道必须要重新平衡银行与市场之间、市场与国家之间以及经济与社会资本之间的关系。

虽然解决问题的新方法许多都是技术性的，但关键的改变不能仅仅通过公式找到。实际上它们远远超出了经济学家的传统本能，毕竟经济学家是羡慕物理学的。我们渴望物理学简洁的方程，渴望它的确定性系统。这

不可避免地带来了失望，因为经济不是确定的，人们并不总是理性的，人类的创造力、脆弱性、乐观和悲观情绪都会影响到经济和金融周期。

正如伟大的物理学家艾萨克·牛顿爵士所感叹的那样："我能计算天体的运动，但不能计算人心的疯狂。"这是牛顿在他投资南海公司受损之后，或者更准确地说，是在他投机于一个毫无意义的泡沫后发出的感叹。[1]牛顿的经历在整个历史长河中是很常见的。一些起初是创新的东西，最终却走向了极端。当市场上的人产生了一种疯狂的信念，这种信念扩散开来使市场的势头增强，就会导致投资者追逐涨势而不再关注基本面的价值和真实情况，从而使市场价值变得相对无常，不再与真实的基本面相符。最终泡沫破灭了，带来了可怕的金融后果。

在全球金融危机爆发之前，也是如此。21世纪头十年的新时代思维植根于从全球一体化到技术创新带来的经济繁荣。如果应用得当，金融创新会提高金融包容性，并有可能降低风险。但最初的成功却滋生了自满情绪。

对市场的信仰变得至高无上，金融体系中的风险却逐渐被忽视。很少有"宇宙主宰者"关注自己行为的长期后果。然而未来却给它们当头一击：从大缓和到大衰退，从繁荣到萧条，从满怀信心到缺乏信任。

失去的十年。在北岩银行倒闭后的十年中，英国的实际家庭收入一点都没有增长（见图8-1）。这是自19世纪中叶以来最糟糕的表现。当前的政治发展是如此令人惊讶的吗？

全球经济体系日益分裂。第三次全球化浪潮以金融危机告终。在过去十年中，贸易和跨境资本流动分别以每年8%和20%的速度增长。自崩盘以来，贸易增长放缓至2%（在新冠疫情之前），跨境资本流动仍未恢复到危机前的水平。在此后的几年里，用G20国家公报中的话来说，G20一直在设法"抵制保护主义"。[2]但随着经济持续下行，贸易保护主义逐渐加强。新冠疫情引发的保护主义使全球贸易保护趋势更加难以逆转，甚至可能会加剧这些趋势。

十年移动平均线，百分比

图 8-1   1850 ~ 2015 年英国实际工资变化

对精英越来越不信任。金融危机使公众对专家的信任显著下降。[3]受到大多数经济学家和政策制定者以及所有银行家称赞的金融体系崩溃了，其中一些人仍在承受崩溃的后果。他们像伊丽莎白女王一样想知道，"为什么没有人注意到金融体系的崩溃"？[4]根据一封由 33 位杰出经济学家签名的写给女王陛下的信，答案是"这是许多聪明人集体智慧的失败，无论是在国内还是在国际上，他们都没能预见整个系统所面临的风险"。[5]

第 7 章概述了那些专家遗漏的关键问题。这些问题包括了过高的债务水平、过度依赖市场的流动性、衍生品市场的复杂性、像资产抵押商业票据（ABCP）这样的机构进行大规模监管套利等，它们像没有安全网的银行一样运作，并且银行及其效仿者中都存在激励措施错位的问题。

但还有更深层次的原因。这既是一场价值危机，又是一场价值观危机。从积极的一面来看，金融创新最初旨在提高金融的包容性，并且有一段时间确实做到了。美国的房屋拥有量急剧增加。那段时间杠杆的快速扩张有助于推动更强劲的增长和更大的经济活力。但大部分增长被证明只是昙花一现，主要是因为在此过程中，金融业失去了公平、诚信、审慎和责任。

金融稳定委员会和激进的金融改革

布什总统在华盛顿与财政部长和央行行长交谈的那个关键性周末之后的几年里，G20推行了一项激进的改革计划，旨在使全球金融体系更简单、更安全和更公平。由于2008年危机后经济和金融面临严峻挑战，促使各国采取集体行动，从而使这些举措成为可能。正如我们所见，它们成立了一个新机构，即金融稳定委员会（FSB），并责成它修复引发危机的问题。FSB将世界最大经济体的中央银行、证券监管机构和财政部的负责人以及主要标准制定机构的负责人聚在了一起。

在马里奥·德拉吉干练而充满活力的领导下，FSB对塑造更具韧性的全球金融体系产生了直接影响。在接下来的十年中，它将制定一个包含100多项改革的综合计划。当我接替马里奥担任主席时，我从他的例子中学到了在"G0世界"中使多边主义取得成功所需的条件。

首先，拥有明确的使命并得到政治的支持至关重要。匹兹堡的G20领导人要求FSB识别和解决全球金融稳定所面临的风险。这项任务简单却又艰巨，但每年一次的峰会以及G20领导人和公众的审查使FSB能够始终专注于这个结果。FSB享有被授权的、但受到详细限制的权力。它可以制订提案，但在各国选择是否实施之前必须要先得到G20的认可。

其次，要让正确的人参与进来。FSB并不是一个大型的国际官僚机构。它的秘书处只有30人。它的优势在于其成员是中央银行、监管机构、财政部和标准制定者。他们带来了专业知识和共同的使命感，他们密切合作为共同的问题寻找全球解决方案。

另外，FSB制定改革的过程中需要借助共识来树立共同的责任感。FSB商定的标准在任何成员管辖区都没有直接效力。此外，对全球化的一些不信任源于丹尼·罗德里克所说的经济一体化、民主、主权之间的不可能三角——三重困境。[6] 货物、服务和资本之间的贸易需要共同的规则和标准，但这些规则要么中断了，要么让位于主权。为了保持合法性，制定这些标准的过程必须基于民主问责制度。

FSB 的工作过程解决了这个三角关系。任何国家都不必实施自己新的改革，实施新政策符合每个国家的利益，尽管金融风险很容易跨越国界。通过共同的分析和达成共识的方式开发新的措施，能够让各国对新的改革拥有归属感，并在大多数情况下，在国家层面及时和全面地实施这些改革。

金融的三个谎言

金融改革的综合计划是正在创建一个在逆境中也能为家庭和企业服务的体系。新冠疫情危机期间金融部门的表现就是一个很好的例子。尽管经济冲击堪比大萧条，但金融一直是解决方案的一部分，而不是问题的根源。如果金融改革计划的精神得以延续，就可以进行进一步的改革，深化金融的包容性，更好地满足老龄化人口的需求，并为低碳经济转型提供资金。

但是，如果政策制定者和金融家故步自封，所有这些成果都将付诸东流。金融史的韵律节奏过于波折，使我们的公民付出了巨大的代价。如前所述，800 年的经济史表明，金融危机大约每十年就会发生一次，这一频率在一定程度上反映了金融机构记忆的短暂性。随着"新时代"的到来和金融周期的重新开始，在萧条时期经历的痛苦会逐渐被遗忘。

一位大银行的 CEO 曾告诉他的女儿，金融危机"每五到七年就会发生一次"。[7] 在人类的其他方面，人们都在努力学习和改进，而金融领域似乎是一个例外。这种从谨慎、自信、自满、狂喜到绝望的令人沮丧的循环反映了金融的三个谎言：这次不一样；市场总是出清的；市场是道德的。为了打破它们的诱惑力，我们需要强化金融体系所需的基本价值观，以履行其作为社会公仆而非主人的角色。

让我们来考虑一下第一个谎言，它是英语中最昂贵的四个词："这次不一样。"[8]

这种误解通常是初步成功的产物，早期的进步逐渐成为对轻松繁荣新时代的盲目自信。例如，为了战胜 20 世纪 70 年代和 80 年代的高通货膨胀率、失业率上升和经济增长波动等问题，需要进行宏观经济政策的改革。

正如我们在第 4 章中看到的，滞胀被新的货币稳定制度驯服，这些制度既民主又高效。它们是明确职权，议会问责制，健全治理，独立、透明和有效的决策。这些都是那个时代的伟大成就，它们的价值延续至今。

但这些创新不但没有给宏观经济带来持久的稳定，反而相去甚远。价格稳定并不能保证金融稳定。起初积极的关注变成了危险的干扰。在所谓大缓和的平静背景下，一场风暴正在酝酿，七国集团的非金融债务总额随着 GDP 规模的增长而增加。

有几个因素促成了这个超级债务周期，其中包括人口结构和中产阶级实际工资的停滞（本身是技术和全球化的产物）。在美国，家庭不得不借钱来增加消费。"让他们吃蛋糕"变成了"让他们吃信用"。[9]金融创新让这件事变得更容易了。外国资本的现成供应使它更加便宜。最重要的是（这就是谎言）受长期宏观经济稳定和资产价格上涨的影响引发的个人和机构之间的自满情绪，使得这种不知悔改的借贷看似很明智。[10]

正如伟大的经济学家海曼·明斯基所描述的那样，这个周期通常在一开始是积极的，例如新市场或广泛应用的新技术。随后的繁荣和宏观经济的稳定时期导致了借款人和贷款人对未来做出越来越乐观的判断，例如"房价只会上涨"或"金融创新降低了风险"。债务和资产价格上涨，在一段时间内相互加强。

由此产生的脆弱性只有在经济状况发生转变时才会暴露出来。当脆弱性显现，贷款人会匆忙调整他们对未来的预期并撤回贷款——这就是"明斯基时刻"。借款人减少支出，或者在极端情况下违约。这些反应使经济衰退变得更深、更持久。

当危机爆发时，政策制定者迅速抛弃了大缓和时期公认的智慧，又争先恐后地重新吸取大萧条时的教训。明斯基的观点又成为主流。[11]

对市场根深蒂固的信念隐藏在大缓和的思想当中。正如托马索·帕多亚－斯基奥帕在迪拜会议室所预见的那样，正是由于相信了金融可以自发地进行自我调节和自我纠正这一神话，才使当局卸下了监管和监督的职责。

第二个谎言是相信"市场总是出清的"。也就是说，任何交易的供给量总是等于它的需求量，并且在"合适的价格"下永远不会出现供过于求。

这种认为市场总是出清的执念有两个危险的后果。首先，如果市场总是出清的，则可以假设它们处于均衡状态，或者换言之市场"总是正确的"。如果市场是有效的，那么泡沫就不会被识别，也无法触及形成泡沫的潜在原因。其次，如果市场总是出清的，那么它们应该具有天然的稳定性。如果存在相反的证据，那么这必定是由于市场的扭曲或者市场的不完善所导致的。[12]这种思维方式支配着政策制定者在金融危机前对住房和信贷繁荣保持漠视。

商品和劳动力市场不均衡的证据已经非常充分了，因此这种天真的信念真是令人震惊。在商品市场上，"到处都是迟钝"。如果任其发展，经济体可能会在高于或低于自身潜力的情况下持续运行，从而导致通货膨胀过度或不足。然而，有效的市场力量"应该"带来足够的价格变化让真实需求与潜在需求相匹配，从而使通货膨胀成为一种纯粹的货币现象。

在劳动力市场上，"到处都是刚性的"。劳动力需求不足的时期可能会持续存在，从而导致大规模失业和职位空缺，而不是通过流动调整将劳动力需求与其供给相匹配。然而，有效的市场力量"应该"通过调整工资以确保总是并且永远都会实现充分就业，来消除劳动力市场的不均衡。货币政策不仅仅是对这些刚性的回应，货币政策正是因为这些刚性才变得有效的。

许多金融创新源于这样一种逻辑，即市场失灵的解决方案是在旧市场上建立新市场，[13]就是在尝试通过无限倒退来取得进步。

在大缓和时期，这种观点成为金融家和政策制定者的组织原则。后者追求宽松的监管议程，以寻求完备市场的完美现实世界，这是最初由阿罗和德布鲁描述的一种抽象理论。在这个世界里，自利的个体代理人以冷静的方式计算着未来可能发生的所有状态的可能性，并互相之间书写和交易合同，所有这些都是无摩擦的，并且所有这些行为都能达到互利和社会最优的结果。[14]

当然，市场只在教科书中才是出清的。在现实中，正如牛顿所付出的代价一样，人们是非理性的，经济是不完美的。当存在此类缺陷时，增加市场有时只会使情况变得更糟。

以合成型的信用衍生品为例，它们本应在违约风险中完善市场，从而改善资本的定价和分配——这是一种金融炼金术，它似乎分散了风险，将其分解并分配给最想承担风险的人。[15]然而，危机前的系统只是偶然和不透明地分散了风险，最终风险还是增加了。危机开始后，ABCP、证券化和信用衍生品市场都陷入了停滞，风险迅速集中在本身资本就受限的中介机构的资产负债表上。随着借款人和贷款人的命运被高度全球化的银行和市场联系在了一起，核心问题迅速蔓延到了中介机构之外。

金融的一个真理是资产的风险取决于谁在拥有它。当市场不明朗时，代理人可能会惊讶地发现他们到底持有什么以及持有了多久。当这些意外已经（或者被认为）普遍存在时，恐慌就会随之而来。

无法完善市场并不是危机前唯一要解决的实际问题。即使市场可以得到完善，自然界本身的可能性和风险也是不可知的，例如牛顿力学在亚原子的层级上就不成立。阿罗－德布鲁的世界依赖于人们能够计算出每种可能情况发生的概率。然后他们就可以互相交易合同并为他们不愿承担的风险提供相互保险。

即使是片刻的反省，也会暴露出这些假设与现实世界相比是多么荒谬。通常情况下，描述出宇宙中的可能结果都已经超出了凡人的能力，更不用说将主观概率归到每个结果了。这不是风险，而是真正的不确定性，这正是弗兰克·奈特在 20 世纪 20 年代所做的区分。[16] 这意味着市场结果其实反映的是在个人装作有知识的情况下做出的选择。[17]

由此产生的情绪波动（这一秒垂头丧气，下一秒兴高采烈）不仅反映了自然的可能性，也体现了我们自己对它们的评估，并且不可避免地会被人类行为所扭曲。在凯恩斯的《通论》中，他思考了理性的代理人如何对待一场虚拟的竞赛，即从 100 张照片中选择最美丽的面孔。获胜的策略：

> 不是选择那些自己认为最漂亮的（面孔），甚至也不是那些公众认为真正漂亮的。我们已经达到了第三个层次，我们将我们的智慧用于预测公众会认为其他人会选择的类型。我相信还有一些人则达到了第四个层次、第五个层次和更高的层次。[18]

作为一名成功的投机者，凯恩斯认为，类似的行为在金融市场中也起着作用，人们对股票的定价不是基于对其基本价值的估计，而是基于他们认为其他人对价值的估计，或者其他人预期的价值的平均估计。它是主观效用导数的导数。它是福利的 CDO2。在明斯基周期中，市场估值可能会严重脱离基本价值。

卡斯·桑斯坦在社会运动方面的工作可以用来解释为什么（似乎是）广泛持有的信念会受到突然的重新评估。有相当多的证据表明，社会规范的变化，往往是突然发生的。

桑斯坦确定了可以解释这种现象的几个因素。其中包括偏好伪造，即我们愿意公开说的内容与我们头脑中想的内容是不同的。另一个是相互依赖，即我们愿意说的或做的事情取决于他人。这些特征意味着，一旦条件成熟就会迅速形成大量新观点，有时甚至会带来残酷的后果。金融市场也是如此。随着明斯基循环的进行，价值变得越来越相对。当股价普遍较高时，买入动量最大的股票就变得有吸引力了，因为人们希望在崩盘前会有一个更大的傻瓜来接盘。但是这种"魔鬼在后"的想法其实最终高估了真实的平均意见。

但市场是如何在最开始就与价值脱节的呢？在行为科学试验中，如果人们了解一种新的或正在出现的社会规范（例如接受素食主义），他们就更有可能按照该规范行事。后者可以帮助解释新时代思维是如何受到追捧的。在凯恩斯的名言中，他强调了动物精神在推动市场远离基本价值方面的作用：

> 除了投机带来的不稳定性之外，还有人性特点导致的不稳定性，我们积极行动的很大一部分依赖于自发的乐观情绪，而不是基于数学预期，无论是在道德层面、享乐层面还是在经济层面。我们大多数决定积极行动的决策，其充分后果会在未来的许多天里逐渐显现出来，只能是出于"动物精神"——一种自发的行动冲动，而不是一个以定量效益与定量概率相乘的加权平均结果。[19]

这些动态不仅会影响老练的投资者，还会影响抵押贷款人和购房者，尤其是在"新时代"。如果房价只能上涨，人们就有可能大量成倍借入，并用随之而来的资本收益偿还未来的债务。

这种"理性"行为助长了信贷狂潮。而且归根结底，"市场永远是对的"的信念意味着政策制定者没有发挥应有的作用——在追求集体利益的过程中去缓和这些趋势。

第三个谎言（"市场是道德的"）认为市场所需的社会资本理所当然地会实现自身的承诺。在金融市场中，手段和目的很容易混为一谈。价值可以变得抽象和相对。群体的力量可以压倒个人的信念。

以往固定收益、货币和大宗商品（FICC）市场的运作往往依赖非正式的规范或共识。几个世纪以来，它们还受到不合规行为的困扰。固定收益、货币和大宗商品市场标准委员会（FMSB）对金融不当行为的全面审查发现，过去 200 年来一直存在欺诈行为。[20] 1868 年的黑麦市场紧缺与 1900 年的冰市场紧缺、1951 年的燕麦市场紧缺和 2010 年的可可市场紧缺类似。1930 年用来提高曼哈顿电力供应公司股票价格的所谓"洗盘交易"，2014 年再次用于同样的目的。用于提高股价的虚假传言在历史上反复出现，19 世纪通过电报传达，21 世纪则通过社交媒体传播。技术不断演进，新的法规出台，但这种不当行为在本质上是相同的。[21]

全球金融危机前夕反复出现的不当行为（包括 Libor 和外汇丑闻）使市场对创新和发展所需的社会许可提出了疑问。金融市场参与者被发现故意向客户销售不当甚至有欺诈性质的产品。各公司的专业人士操纵关键利率和外汇基准来支持其公司内的交易头寸，同时使依赖这些基准的零售和企业客户损失数十亿美元。在精心策划这些暴行的聊天室讨论记录中最引人注目的事情之一是，他们与他们所影响的现实世界中的企业和家庭有多么疏离。

关键市场例如债券、货币和衍生品市场不再是专业和开放的，而是变成了非正式的和俱乐部式的。参与者没有根据业绩进行竞争，而是在网上串通勾结。不是每个人都需要为自己的行为负责，很少有人会被追究责任。

不当行为的规模损害了银行公平有效运作的能力。危机发生后的 10 年里，全球银行的不当行为造成的损失已超过 3200 亿美元，然而这些资本本来可以用于向家庭和企业提供约 5 万亿美元的贷款。[22] 在一个以信任为基础的体系中，只有 20% 的英国公民认为银行在危机后仍运行良好，而在 20 世纪 80 年代这个数字是 90%。[23]

这场危机提醒我们，真正的市场不是随随便便就能运行的；市场的有效性、韧性和公平性取决于市场基础设施的质量。这意味着我们既需要"硬"基础设施——市场本身的结构（例如金融市场基准的设计），又需要"软"基础设施（例如管理其中行为的法规、准则和文化）。

因为金融市场服务于实体经济，所以正确地建立这种基础设施是至关重要的。通过为公司提供融资来招聘、投资和扩张，市场有助于推动经济增长并创造就业机会。通过开放跨境贸易和投资，我们的市场就会为企业和储蓄者创造新的机会。通过将风险转移给最愿意和有能力承担风险的人，我们的市场可以帮助家庭和企业防范意外。

这种活动在很大程度上取决于FICC市场，例如公司债券市场、商业票据市场、衍生品市场和外汇市场。这些FICC市场明确了家庭、公司和政府的借贷成本。它们设定了我们在国外旅行或购买商品时使用的汇率。它们决定了我们食品和原材料的成本。它们帮助公司管理投资、生产和交易过程中产生的财务风险。

市场对于人们来说变得越来越重要，因为他们承担着越来越多的退休筹资和风险担保的责任。这些决定的适用性将在很大程度上取决于FICC市场。因此，FICC市场的良好运行十分重要。

尽管它可以成为繁荣的强大驱动力，但FICC市场可能会出错。如果无人看管，FICC市场很容易变得不稳定、被过度使用甚至滥用。没有正确标准或基础设施的市场就像没有建筑规范、消防队或保险的城市。糟糕的基础设施让美国次贷危机的火花点燃了英国市场的火药桶，引发了我们有生之年经历过的最严重的经济衰退：

- 糟糕的"软"基础设施，例如因很少有人阅读而被太多人忽视的行为准则。
- 有缺陷的"硬"基础设施，如利率和外汇基准，它们实际上是固定的。
- 资本不足且严重依赖短期资金的弱势银行变成了一个火药桶。

中央银行也经历了这样的失败，它运营着一个火灾保险系统，当全球市场被火焰吞没时，该系统的不确定性使它除了有建设性外，毫无作用。在危机前夕，中央银行的一般做法与FICC市场的态度是一致的，后者在历史上严重依赖非正式的规范和共识。这种非正式性非常适合早先的时代。

但随着市场的创新和发展，它被证明是不可取的。

　　最令人不安的是利用这种非正式性而产生的大量不当行为事件。这些事件削弱了公众信任并威胁到了系统的稳定。市场参与者之间的不信任增加了借贷成本并减少了信贷供应。对市场韧性的信心下降意味着公司已经抑制了生产性投资。不确定性意味着人们在是否要换工作或搬家时犹豫不决。

　　这些影响并非微不足道，它们降低了经济在后危机时代的活力。[24] 广泛的不信任也带来了更深层次的间接成本。市场本身并不是目的，而是实现所有人的繁荣和安全的有力手段。因此，它们需要获得社会的同意，即有社会许可才能被允许运营、创新和发展。每个人都对这些反复发生的不当行为感到失望。金融界、公共部门和私营部门的每个人都有责任去解决这些问题。

　　所以这次也不例外。市场并不总是出清的。我们可能会因它们的不道德行为而受到连累。那么知道了这些之后，我们接下来应该怎么办？以及如何才能牢记这些？

　　答案始于 G20 改革的激进计划，该计划正在创建一个更简单、更安全和更公平的金融体系。这是一个在经济不景气时也能更好地为家庭和企业服务的金融系统，一个可以实现更大的包容性和向净零经济过渡的系统。这些对市场的改革至关重要，但目前这些还远远不够。

　　仅靠监管还不能打破 8 个世纪以来金融的繁荣和萧条周期。如果我们再次陷入金融三大谎言的魔咒，当前的收益将荡然无存。为了抵御金融魔咒的诱惑，政策制定者和市场参与者必须保持清醒，共同行动。这最终意味着承认市场的局限性并重新树立我们对系统的责任。

"市场不总是出清的" 有什么后果

　　目前已经进行了重大改革使市场变得更简单、更稳健。核心目标是重建真实市场。真实市场是有韧性的、公平的和有效的。它们拥有社会的许可。真实市场不是随便形成的，它们取决于市场基础设施的质量。

强大的市场基础设施是一种公共产品，它经常面临供应不足的危险，尤其是因为最好的市场总在不断创新。只有当所有市场参与者（公共和私人）都认识到他们对整个系统的责任时，才能克服这种风险。

10 年前，场外（OTC）衍生品交易在很大程度上不受监管、不需报告并且是双边结算的。当雷曼兄弟倒闭时，这种风险敞口的不确定性引发了恐慌。从那时起，人们意识到要通过改革使这些市场更安全、更透明，尤其是要提供交易报告并鼓励场外衍生品交易实行中央清算。因此，美国新的场外单一货币利率衍生品中目前已有 90% 采用了集中清算。而现在，全球所有衍生品交易都要求有额外的抵押品，总值超过 1 万亿美元。[25]

金融危机后的 10 年里，一系列措施正在消除影子银行在危机中影响较大的有害的形式，例如加拿大 ABCP，其资金错配严重、杠杆率高、表外安排不透明。其他更具建设性的市场融资形式，包括货币市场基金和回购市场，都受制于新的政策措施，努力降低风险并增加收益。

然而，虽然在发达经济体中旧的矛盾已经得到缓解，但在一些新兴市场经济体中这些矛盾却在扩大。

更广泛地说，G20 中出现了一个潜在的重大新漏洞。而这种风险通常始于良性发展。全球受到管理的资产已从 10 年前的约 50 万亿美元增长到今天的约 90 万亿美元，并已经占了自危机以来向新兴市场经济体增加的外国贷款的全部。这为金融体系带来了可喜的多样性。

然而，尽管一些资产被用于投资缺乏流动性的基础资产，但仍有超过 30 万亿美元的资产被存放在向投资者承诺具有每日流动性的基金中。[26] 这种流动性错配为提前赎回的投资者创造了优势，尤其是在经济压力下。在发生问题的市场中，先行者可能会出现一种不稳定的逃离潮，而且这种情况可能会波及其他存在类似风险的市场。基金暂停赎回是一种普遍可行的工具，但会加剧问题的严重程度。换句话说，它们建立在了市场总是出清的谎言之上。当基金持有更多非流动性资产且市场状况更差时，资金从开放式基金中流出对基金表现更为敏感。尽管到目前为止，风险只在一些利基经理人和较小的市场中体现出来，并且它们的影响已经得到了控制，但如果基金所持有的流动性较差的资产继续增长，这些风险有可能会变成系统性的。

与银行一样，处于市场金融核心地位的机构，尤其是开放式投资基金，必须谨慎管理其杠杆和流动性。赎回条款与某些基金资产的流动性之间的不匹配意味着提前赎回的投资者具有优势，尤其是在紧张局势下，这有可能成为系统性风险，因为先发优势可能会引发不稳定的退出热潮。

作为回应，英格兰银行和金融行为监管局（FCA）认为基金资产的流动性与其赎回条款之间应更加一致（见图 8-2）。具体来说：

- 对于评估基金资产的流动性，可以通过以下两种方式：一是为快速出售这些资产的垂直部分所需的价格折扣；二是在规定的赎回通知期内出售资产避免实质价格折扣所需的时间。
- 对于赎回的投资者，应该根据所需出售基金资产的比例，给予他们一个价格，该价格反映了在指定的赎回通知期内出售所需比例的资产所需的折扣。
- 赎回通知期应该反映在不影响赎回投资者所获得价格中已捕捉到的折扣的情况下，出售所需比例的基金资产所需的时间（见图 8-3）。

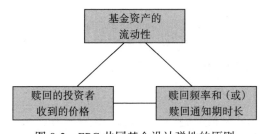

图 8-2 FPC 共同基金设计弹性的原则

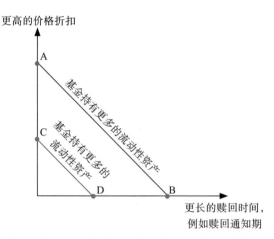

图 8-3　价格折扣和通知期的程式化组合需要减少提前赎回的动机

在危机期间，一些现金充裕的银行囤积了过多的资金，导致市场上的流动性变得稀缺，尤其是在同业市场。与此同时，为防范交易对手风险而增加抵押品折扣率，这引发了"回购挤兑"，将发达经济体的影子银行推向了崩溃的边缘。在欧元区，主权债务危机加剧了这些问题，导致一些市场沿着国家线分裂。

全球改革已经修复了断层线。流动性覆盖率和净稳定资金比率等流动性监管全球新标准现已就位。银行资本标准现在考虑到影子银行的风险敞口，包括介入风险，并且整个周期的保证金可以防止担保贷款中的明斯基周期。这些改革正在改变银行的流动性管理方式，并增强了整个系统的韧性。例如，相对于可能迅速流失的负债而言，流动性资产的规模比以前增加了 10 倍。[27]

然而，近年来美元回购市场的波动表明仍有一些摩擦需要解决。2020年，当这些市场面临压力时，银行没有介入放贷，因为银行认为盈利机会不足以抵消对监管流动性要求的影响。美联储的公开市场操作最终使市场平静下来，但长期回购利率仍处于高位，因为交易商认为未来出现类似飙升的可能性更高。这是一系列事件之一，包括美国和德国政府债券市场的动荡，表明在压力下市场流动性不连续会引发更广泛的问题。

解决方案不是放松危机后的流动性监管，因为随着时间的推移，这种错误只会重现过去巨大的系统性风险。此外，应注意这些事件所产生的系统性后果。毕竟，资产的风险取决于谁在持有它。外围市场感受到的"危机"对于那些在其中经营的人来说只是糟糕的一天而已，但对于银行系统核心来说糟糕的一天，对于实体经济来说却是灾难不断的一年。

正如我们在前几章中看到的，几个世纪以来，中央银行扮演着银行最后贷款人的正式角色，以防止暂时的流动性短缺转变为偿付能力危机。每一位中央银行银行家在成长过程中都学过白芝浩原则："为了避免恐慌，中央银行应该及早、自由地向有偿付能力的公司放贷，而不是以高利率向有良好抵押品的公司放贷。"[28] 如果真是这样，那可就太简单了。

如果要将白芝浩原则付诸实践，央行行长会遇到几个挑战。首先是很难判断一家公司是否有偿付能力，尤其是因为银行杠杆的规模意味着，如果市场反对一家资产稳健的机构，"市场可能是错误的，错误的时间比银行保持流动性的时间更长"，而对于银行来说，保持流动性就相当于保持偿付能力。

第二个挑战是良好的抵押品由什么构成。谨慎的央行行长总是希望以政府债券等最高质量的资产为担保放贷，但这并不是一项多么大的服务，这样做只会对经济产生有限的连锁反应，这在危机时期表现得很明显。市场的流动性对系统的运作变得至关重要，例如资产支持的证券。然而银行倾向于囤积它们收到的流动性，而不是将其流动起来以改善市场运作。因此只为银行服务的最后贷款人逐渐不再服务于社会。

第三个挑战是高利率或处罚利率本身可能会引发问题。高利率的设定目的是避免道德风险，以防止银行在假设自己可以外包流动性管理的情况下拥有低流动性。然而，以高利率借款可能会带来不良影响——它表明银行陷入困境。这意味着银行不太可能提前向中央银行寻求援助；实际上，当它们寻求援助时，可能已经太迟了。

这与另一个因素密切相关：价值观的冲突。传统的中央银行是暗中运作的。紧急贷款可能会悄悄进行。在民主问责的时代，这种做法是不可持续的。这使大批纳税人的钱正处于危险之中。但披露这些可能会招致银行挤兑的风险，而紧急流动性旨在避免这种风险。

这些因素的结合意味着中央银行的最后贷款人职能发生了几乎翻天覆地的变化。这其中的重点是要向众多交易对手透明地拍卖流动性，包括银行、经纪自营商以及像中央交易对手（衍生品市场的核心）这样的金融市场基础设施。过去几年的经验表明，中央银行最后贷款人职能还需要进一步扩大。

回购市场遭受压力背后的一个潜在问题是，如果跨机构或跨国家边界不是对称分布的，那么在总体上可能看起来有足够的流动性，而在实际上可能并不充裕。这表明中央银行应该提供更多的总体流动性，包括扩大资产负债表的使用范围。

例如，在英国脱欧带来的潜在风险推动下，英格兰银行每周开始对英镑、美元和欧元进行拍卖，以缓解压力。它还有一个或有定期回购工具，可以在需要时以更高的频率被使用；英格兰银行与欧洲央行一样，可以向范围广泛的交易对手提供各种抵押品的贷款。

中央银行和监管机构还必须清楚流动性工具和缓冲资金是可以使用的。例如，央行明确了监管预期，以再次强调在日常业务过程中提供流动性的承诺，央行不需要公司证明贷款使用的合理性，也没有任何假设企业在使用其自有缓冲资金之前必须使用该银行的工具。

增加中央清算是进一步改善回购市场流动性的一种高资本效率的方式；如果较小的机构能直接参与，这将是最有效的。如果公司能够采取更全面的方式对内部资本进行管理，那么公司将变得更加灵活，其中包括不在交易桌级别应用杠杆比率。

一个强有力的观点认为，应该将资产管理公司等更多的金融市场参与者都囊括进来，以扩大它们获得中央银行流动性设施的渠道。过去十年的经验表明，银行在市场压力下没能传递足够的流动性来改善市场运作。这会产生加剧市场波动的连锁效应，可能会促使央行采取更多的干预措施，包括公司和高收益债券的资产购买计划，这些计划更多是为了维护金融稳定，而不是为了实现货币政策目标。

浅谈“这次不一样”

如果说金融危机和新冠疫情的经历教会了我们什么，那就是谦逊。我们无法预测每一种风险或为每一种突发事件制订计划。但是我们必须而且可以为失败做好准备。这意味着要创建一个反脆弱系统，该系统在已知风险加剧和“拉姆斯菲尔德未知[○]”面前都可以保持自身的稳健性。

对公众信任最严重的打击是当人们发现在金融的中心存在数十家“太大而不能倒闭”的银行。十年前，大型综合银行在“正面我赢，反面你输”的泡沫中运营，它们在危机前夕将利润私有化，然后在危机发生时将损失社会化。2008 年秋季，公众对私人金融信心的完全丧失，只有在接下来的一年里，通过总计 15 万亿美元的救助、政府对银行负债的担保、特殊的中央银行流动性计划等公共支持才能阻止。

这种不公平的风险回报分担直接导致了不平等，更重要的是，它腐蚀了金融所依赖的社会结构。通过完备的市场纪律取代强大银行的隐性特权，社会资本得以重建并增强了经济活力。这就是为什么必须创建一个反脆弱

○ 美国国防部前部长拉姆斯菲尔德在谈到伊拉克是否会向恐怖分子提供大规模杀伤性武器时说：“有些事情是已知的已知，我们知道自己知道。还有已知的未知，也就是说，我们知道有些事情我们不知道。但也有未知的未知——那些我们不知道自己不知道的事情。”这句绕口令式的表达当时备受嘲讽，但也因此成为他的名言。后来拉姆斯菲尔德甚至将自己的回忆录命名为《已知与未知》。——译者注

系统，一个即使面对冲击和混乱也能蓬勃发展的系统。

为此，现在的银行资本要求比危机前的标准高了 10 倍。十年前，银行的资本严重不足。一旦表外工具崩溃，有些人的杠杆就超过了 50 倍，相比之下，历史表明 15～20 倍的杠杆实际上还算是谨慎的。复杂的商业模式需要依靠市场的善意，然而它最终依赖的还是纳税人的善意。由于对最大银行的资本要求高了 10 倍，银行已筹集了超过 1.5 万亿美元的资本。它们受到新的杠杆比率的约束，以防范那些看似不高但事实上却并非如此的风险。

金融体系会变得更简单，部分原因是十年后银行将不再那么复杂，并且银行也会更加专注。正如预期的那样，依赖于高杠杆、高风险交易活动和批发资金的商业战略正在消失。交易资产减少了一半，同业拆借业务减少了三分之一。银行向家庭和企业提供的贷款会更多，而相互之间的贷款则会更少。

为了恢复市场纪律并结束对公共资金的依赖，G20 标准有助于确保全球系统性银行在未来能够安全倒闭。银行通过撰写"生前遗嘱"和重组，使其能够继续为家庭和企业服务，即使其投资银行业务遭遇严重压力也能继续运营。最重要的是，银行现在必须持有足够的债务，以便在倒闭的情况下其继任者可以进行资本重组，以支持银行最重要活动的持续运营。现在市场的纪律得以恢复，英国最大的银行享受的公共补贴下降了 90%。该系统对银行及其管理层更加公平，因为它们将承担任何失败的后果。

虽然过去的危机源于经济损失，但在我们的数字时代，系统性冲击也可能来自网络攻击在内的非金融领域。为了提高公司的网络防御能力，英国最大的银行现在接受了网络渗透测试。与此同时，我们实际上正在为失败做准备，包括为关键金融机构制定标准，要求它们在遭遇网络攻击后必须以多快的速度恢复重要服务。

宏观审慎方法鼓励当局去迎接下一个挑战，而不是简单地打上一场战争。他们必须探索"会发生什么？"而不是自欺欺人地为最有可能发生的事情做好准备。宏观审慎方法将对女王的答复变得生动：这意味着要从整个系统中发现风险。

宏观审慎政策存在的理由是确保金融体系支持经济。宏观审慎框架是反周期的，在风险增加时创造韧性，并在风险明确时利用这种韧性。宏观审慎政策的具体目标是金融稳定。金融稳定的一个积极定义是金融系统能够在经济不景气和经济繁荣时持续地提供金融服务，并且有信心认为该系统能够承受未来的冲击而不会对这些服务造成重大破坏。

在经济不景气时支持经济需要金融体系足够强大，以便在经济冲击发生时继续向家庭和企业提供贷款。这意味着即使宏观经济下滑，金融体系也不会因为不可持续的债务负担而变得更糟。[29]

为了实现这些目标，宏观审慎当局将注意力集中在系统性风险上，即那些足以对增长产生重大影响的风险。这种系统性风险大致分为两大阵营：周期性和结构性。周期性风险会随着时间而推移，当经济走强、人们变得更加自满，金融状况趋于放松、债务趋于增加时，结构性风险就会出现，极端情况就是经典的明斯基周期。结构性风险是不随周期变化的系统性风险。它通常与金融系统内的相互联系和集中有关，但也可能来自金融合同或法规。

例如，如果金融机构之间通过衍生品存在相互关联的风险敞口，那么一个银行的问题可能引发系统范围内的连锁反应。或者，如果几家公司都在同一市场面临风险，那么由于这些公司的连锁反应，该市场的问题可能会被放大。如果存在结构脆弱的投资工具，在重要市场中起到重要作用，并且容易通过抛售资产来应对风险，风险也会更高。结构缺陷的市场基础设施增加了市场的复杂性和不透明度，使风险更难以识别。

在过去的十年中，已经采取了一系列宏观审慎政策来解决引发危机的问题，包括提高银行最低资本要求和提供缓冲资金，为银行引入流动性缓冲工具，减少银行的关联性并提高其可处理性，有针对性地限制抵押贷款，改变脆弱的场外衍生品市场，逐步减少影子银行的有害形式，建立更具韧性的以市场为基础的融资。

对金融系统进行改进备受关注，并获得了广泛支持，在一定程度上这反映了人们对金融危机成本的切身体会。

如第4章所述，一个清晰的宏观审慎政策框架有助于打破金融周期这条沉闷的自满曲线，指导决策者并提高他们对宏观审慎政策的理解，增强政策的有效性。它可以促进私人金融部门内部的自我强化行为，并使中央银行为议会及其服务的人民提供更好的透明度和问责制。

最终，宏观审慎政策有效性的真正考验是金融体系对冲击的反应能力。新冠疫情是一个我们能够想象到的最大测试。英国主要银行都通过了测试。它们的韧性有助于金融部门为当前的未知风险做好准备。

这股力量并不是为了自己而建立起来的。它是在需要时使用的。这是有目的的谨慎、有理由的韧性，而这个理由是英格兰银行货币和金融职能结合的最终目标（央行银行家存在的意义可以在1694年宪章[⊖]的开篇中找到）——"提升联合王国人民的福祉"。

恢复市场道德

一系列丑闻使金融的社会认可受到了质疑。只有将监管措施和真正的文化变革相结合，才能解决金融领域的这种弊病。

多种因素导致了金融市场出现道德偏离。市场标准鲜为人知，经常被忽视，而且始终缺乏约束力。太多的参与者既不对系统负责，也没有意识到自己的行为会造成的影响。不良行为不受控制，最终蔓延开来并成为常态。

⊖　这里指英国颁布给英格兰银行的特许执照。——译者注

在丑闻、回应、诚信、道德移位和新丑闻的循环中，解决方案在宽松监管和全面监管的极端之间摇摆不定。因为每个方案都有它的问题。

由于低估了基础设施对实际市场的重要性，宽松的监管直接导致了金融危机。

然而，依赖全面监管和事后大规模制裁的体系同样注定会失败，因为它提倡的文化是遵守法律条文而非法律精神，而且当局将不可避免地落后于快速变化的市场的发展。

一个更全面、更持久的解决方案是将公共监管与私人标准相结合，以恢复个人对其行为和系统的责任感。其中有三个组成部分：

- 根据价值观调整补偿。
- 增加高级管理人员的责任。
- 更新金融职业意识。

那些以短期回报为导向的激励制度鼓励个人承担过度的长期风险和尾部风险。简而言之，现在被高估，未来被严重低估。

为了使良好激励措施与公司长期利益以及更广泛的社会利益保持一致，在英国银行、保险和资产管理行业的薪酬规则中，将当前的大部分薪酬推迟了最多七年。[30] 英国还引入了一个监管参考系统，用来解决违反行为规范的从业人员在未披露的情况下跳槽的问题。现在，金融公司被要求分享关于个人行为规则违规、适应性和适当性评估，以及后续纪律听证会结果的信息。这意味着雇用这些人的任何人都将了解到这些"滚动坏苹果"的历史记录，并可以自行判断是否雇用他们。[31]

奖金的延期意味着如果员工出现不当行为、错误、风险管理失败，或有证据表明个人、团队或公司的财务表现得十分糟糕，奖金就可能会被没收。在英国，根据高级经理制度（SMR），这些规定适用于直接负责人，或本可以合理预期识别和管理风险或不当行为却未采取措施的员工，以及那些本应通过树立团队文化和战略来履行职责的高级管理人员。在绩效或风险管理问题普遍存在的情况下，也可以针对整个员工群体调整奖金。

这些措施要求个人对自己行为的长期后果担负责任，使他们更好地对自己的行为负责。这些措施还明确规定了高级管理人员在培训员工和监督员工绩效方面的职责，这在组织内部树立了正确的团结意识。尽管某些金融部门的奖金等同于"过度"薪酬，但有很大比例的风险薪酬对使回报与风险保持一致至关重要。薪酬不仅取决于授予奖金的那一年的表现，还取决于该年做出的关键决定的长期后果。例如，伦敦银行的交易员如果从空壳公司那里购买了信用保险，他们就不能提前获得现金奖励。在英国，递延补偿（奖金）可以被没收，如果存在不当行为，则会在支付后收回（在英国最严重的案例中可以延长十年）。

鼓励个人考虑他们行为的长期影响，这种思维方式会使个人在做出决策和采取行动时更加集中注意力。这种方法的有效性解释了为什么当我担任英格兰银行行长时，我们反对欧洲奖金上限。尽管这听起来对那些不满金融服务业高薪酬的人很有吸引力，但它却产生了不利影响，例如它降低了风险、降低了与绩效相关的薪酬，从而削弱了问责制和需要承担的责任，但总薪酬却保持不变。或者在某些情况下，总薪酬反而增加了。

当然，没有任何补偿方案可以完全规避个人行为对系统性风险的影响，包括对系统信任度的影响。为此，市场参与者需要成为真正的利益相关者。也就是说，他们必须认识到他们的行为不仅会影响他们的个人回报，还会影响他们运作系统的合法性。

许多银行正确地制定了道德准则或商业原则，但考虑到它们的普遍性，能不能问问是否所有交易员都能理解它们的含义？如果交易员无法将亚里士多德的原则应用于快速变动的金融市场，那么恢复市场信任的一种补充方法是依靠交易员对真正市场的直观理解。

为了引导这种理解，我们为 FICC 市场制定了公平有效的市场原则。[32]

公平市场的主要特征有：

- 具有清晰、相称和一致应用的市场实践标准。
- 足够透明，以允许用户验证这些标准是否得到了一致应用。
- 提供开放准入（直接访问或通过开放、竞争和监管良好的中介系统）。
- 允许市场参与者以能力为基础进行竞争。
- 市场应该建立信任机制，确保市场参与者做出诚信的行为。

有效市场还包括：

- 允许终端用户通过可预测的方式进行投资、融资、风险转移等交易。
- 以强大的交易和交易后基础设施为支撑，使参与者能够获得可用的流动性。
- 市场应该提供一个有效的机制，让市场参与者能够以竞争性价格进行交易。
- 确保资本和风险的适当配置。

从《大宪章》中汲取的教训是，拥有正确的原则是必不可少的，更宝贵的是我们要掌握实际案例使它们变得切实可行。私营部门设计的新规范和标准使公平市场的原则栩栩如生。为了重建公平有效的市场，当局鼓励市场参与者制定可以被所有人理解和遵循的市场惯例标准，更重要的是，这些标准要跟上市场发展的步伐。重要的例子包括全球外汇代码和由私营部门 FMSB 制定的一系列 FICC 市场标准。[33]

当然，如果没有人阅读、遵循和执行道德准则，那么这些准则就没有什么用处。这就是英国高级经理制度等措施的作用所在。高级经理制度通过激励企业将道德准则融入它们的日常运营中，来为自愿遵守准则提供支持。SMR 要求确定最高级决策者及其职责，重新建立级别和问责制之间的联系，加强了个人和集体的责任感。

根据 SMR，如果银行、保险公司和主要投资公司的最高级决策者未能采取合理措施（包括培训或适当监督）来防止其职责范围内的监管违规，他们将被追究个人责任。高管采取的行动是否合理，可以参考英国金融行为监管局公开认可的自愿性准则来判断。根据相关的认证制度，公司必须每年评估和认证一大批风险偏好型员工的健康和行为适当性。这种方法正在逐步拓展，一些国际公司正在采用 SMR 认证要求的要素来加强其全球业务。许多司法管辖区（如中国香港、澳大利亚和新加坡）正在应用 SMR 中的原则和许多特性。FSB 的治理工具包中也包含了 SMR 的一些要素。[34]

正确的补偿和行为制度至关重要。英国和其他司法管辖区，尤其是美国，在将补偿分别与风险和行为挂钩方面已经取得了巨大进步，值得其他国家效仿。同样，高级经理制度将高级经理的责任和责任最佳实践也融入了整个金融系统。但归根结底，诚信既无法购买，也不能通过规定来实现。它必须发自内心，并以价值观为基础。

强大的银行文化需要行业的持续承诺。银行标准审查委员会（BSRC）等提出倡议，要求通过在整个英国行业推广高标准能力和行为来塑造银行业的使命感。BSRC 的主要目标是通过内部和外部评估帮助个别银行提高行为标准和能力。这需要一个持续改进的过程，需要定期评估文化、能力和劳动力发展以及客户成果。正如第 6 章所讨论的，这些价值观就像肌肉一样需要锻炼。

经营大型金融机构的人员应该有明确的职责，并以正直、诚实和能力行事。他们应该认识到自己在维护金融体系价值方面的作用。他们必须有一种团结意识。

所有市场参与者无论大小，都应该认识到市场诚信对公平的金融资本主义至关重要。我们需要强化市场的信心以及真正的竞争，以确保终端客户能得到适当和有效的服务。

正如我们将在第三部分中看到的，这个过程要求董事会和高级管理层能够明确界定组织目标，并在整个过程中树立道德价值观和行为准则。同时，员工必须与客户和社会建立牢固的联系。

G20 改革创造了一个更强大、更简单和更公平的金融体系。事实证明，它在新冠疫情危机中是有韧性的，随着时间的推移，它可以继续为家庭和企业提供服务，重拾人们对它的信心。

我们知道我们不能满足于现状。金融史的循环往复太频繁了，让我们的民众付出了巨大的代价。我们必须保持警惕，抵制金融的三个谎言，强化一些核心金融真理。

因为下一次是不会有什么不同的，当局和市场参与者必须尝试预测从互联网到加密技术的一系列新风险。但是因为我们无法预测每一次冲击，所以我们需要创建一个反脆弱系统来应对那些我们看不到的冲击。

由于市场不总是出清的，中央银行需要调整其作为最后贷款人的角色，但它们还必须认识到并能够解决由市场所造成的问题，因为市场并非总是正确的且很有可能在两个方向上出错。

而且由于市场在本质上并不是道德的，如果自由放任，它们可能会扭曲价值并腐蚀价值观。我们需要通过薪酬、准则和监管的方式，并尽我们所能促进问责、责任、团结、诚信和审慎的价值观，同时认识到只有通过文化和实践才能充分发扬和实现这些价值观。

因此，虽然当局必须建立"硬"基础设施和"软"基础设施来使市场运行，但没有简单的公式可以打破金融历史的循环。物理学可以为此提供一些帮助，但它并不能拯救金融业。但建立一个所有参与者都能践行社会核心价值观的体系，却可以拯救我们的金融业。

第 9 章

一场危机：重新思考生命的价值

2020 年 2 月末，我坐在利雅得豪华餐厅的镀金椅子上，参与我最后一次 G20 财长和央行行长的会面。我参加这样的聚会已经超过 15 年了，我已经熟悉了他们的节奏，会议上，国际组织的负责人会警告我们增长不平衡、不平等加剧和长期环境不可持续发展所带来的经济脆弱性，然而，随着对全球金融危机的记忆逐渐消退，财政部部长们似乎对他们的警告无动于衷。他们越来越倾向于在发言时遵循事先准备的口径，再加上时差问题、紧急的国内政治事务和对社交媒体的依赖，导致他们在不发言时，很少会完全专注地倾听他人的发言。

然而，那天有些不同。几位部长用激动的语气、急切而有力地谈到即将要发生的灾难。大家没有看自己的 iPad，全都抬起了头。围坐在桌子前的每个人都知道冠状病毒，这种病毒当时被认为仅会在亚洲部分地区流行。很少有人知道他们的国家需要在这段时间内做出何种反应。而且没有人能够想象到，他们所认识的每个人，甚至是全球范围内的每个人的职业和个人生活都将发生根本性的变化，新加坡和韩国的部长们阐述了他们国家为控制病毒而采取的措施，包括检测和流行病的调查制度，这些制度很快就会在其他国家之间引起关注。就在病例和死亡人数激增的前几天，意大利财政部长瓜尔提耶里还谈到伦巴第大区的疾病威胁日益增加。[1]

虽然他们听得比以往认真，但很少有部长能预见即将发生的事情，也没有人真正做好了准备。我们现在知道那个时候英国和加拿大各有大约 20 例病例，美国大约有 60 例。[2] 然而这三个国家当时基本都没有实施旅行限制，[3] 也没有采取局部隔离的措施，更没有囤积重要设备或扩大医疗服务能力。他们告知公众新冠病毒对本国的威胁很小。

当我回到英国时，对听到的情况感到震惊，我打电话给彼得·皮奥特，他是世界上最受尊敬的流行病学家之一。几年前，我在一次会议上见过彼得，他在会上描述了他领导抗击埃博拉的经历以及应对另一场大疫情威胁的经验。从那以后，我们一直保持社交联系，但还未曾在专业领域有过探讨，英格兰银行有很多责任，但为流行病做准备不是其中之一。然而，我知道银行现在将成为应对经济和金融冲击的关键部分。尽管官方发表了令人放心的言论，但鉴于事件的发展速度，我越来越担心我们可能需要尽快采取行动，甚至可能需要在两周后我的任期结束之前就采取行动。

和蔼可亲、简明扼要、准备极其充分，彼得以清晰并带有不祥预感的方式回答了我关于病毒的基本问题，而这只会增加我的恐惧。他提出要与央行的同事分享他的团队对该疾病的建模，以便我们能够评估潜在的经济和金融影响，并开始思考应对措施。在接下来的几天里，我们的发现令人震惊。我们的经济预测负责人杰米·贝尔向我递交了对疫情影响的一些主要估计：如果让新冠疫情朝着臭名昭著的"群体免疫"方向发展，将导致250 000人死亡。我们的模型表明GDP可能在几周内下降10%（实际上最终下降了两倍）。为了保护生命，必须要给经济上呼吸机了。

3月初我们立即开始准备应急计划，利用金融部门的力量来支持企业和家庭。我们取消了所有社交聚会，并发布了在家工作的应急方案。我们创建了新的流动性工具以防金融市场陷入困境，并为可能需要的潜在货币刺激方案建模。我已经打算将银行交给我的继任者安德鲁·贝利，他会对未来几个月内可能发生的所有事情做好充分的准备。

十天内所有这些计划都将启动，新的流动性工具开始投入使用，为银行提供更大的支持。凭借冷静的决心和非凡的速度，安德鲁和他的同事们将在接下来的几周内强力部署这些（以及更多）措施。央行采取的行动规模和其机构公信力的结合，不仅意味着可以避免灾难，还意味着整个金融体系的力量都在为人民服务。与金融危机时期不同的是，这一次英国金融体系通过了这场严峻的考验。

医疗系统面临的挑战更大，部分原因是该系统没有现成的协议或明确的机构可信度。一旦政府意识到受疫情威胁的规模，就会立即采取行动。这是国家运用强制力来履行保护职责的极端例子。这些行动的有效性最终取决于国家的合法性，并且在未做好准备的社会中，人们被要求做出的牺牲是对紧急情况的应急响应。

世界上大多数政府的做法是优先考虑突发的公共卫生事件，然后再尝试解决由此产生的经济后果。虽然最初导致了经济活动的大幅下滑、大量失业以及金融价值的破坏，但是随着时间越来越紧迫，人们需要在健康和经济之间做出明确的权衡，这也凸显了社会建立共同目标的重要性。

应对经济和健康的双重挑战需要各个层面的团结：在我们的家庭内部，邻居和社区之间，企业与员工、供应商和客户之间；以及银行与储户之间。

国家之间的团结与合作本可以进一步加强行动的有效性，但实际上各国并没有团结起来。有的国家更加关注自身的利益和独立行动，大部分国家都放弃了减轻负担和共担风险的机会。

主要的经济问题不在于衰退的深度，而在于我们经济的生产力和公民的生计可以在多大程度上得到保护。央行和政府采取了一系列前所未有的措施，旨在应对这场巨大而又短暂的冲击，包括承担部分被停工工人的工资、向个人和小企业提供现金转移支付，并向大型企业提供紧急贷款。

正如我们将看到的，一些熟悉的价值观是应对新冠疫情危机的核心：

- 从家庭到企业、银行等社会各阶层的团结。
- 对我们所有人负责，企业对员工、供应商和客户负责。
- 可持续性，因为新冠疫情是代际危机，老年人更多地承担了健康后果，年轻人更多地承担了经济后果。
- 在获得医疗服务和承担经济成本方面的公平性，以及在与新兴经济体和发展中经济体分担责任方面的国际公平性。
- 活力——在这场危机最严重的阶段过去之后，考虑到疫情给国家造成的极大的影响和私营部门的脆弱性增加，需要持续努力恢复我们的经济活力。

这些价值观源于对危机引发的一些关键问题的回答：

- 这是怎么发生的？为什么这么多国家未能履行保护的职责？
- 国家及其公民的反应揭示了什么样的社会潜在价值？
- 个人可以期望社会做些什么，而社会又可以期望我们每个人做些什么？
- 只是为了对抗疾病而设定经济限制？
- 在对待我们当中弱势群体的问题上，这场危机揭示了什么？我们是遵循了黄金法则（己所不欲，勿施于人）还是追求了共同利益？

国家的责任

国家最基本的职责是保护它的公民。托马斯·霍布斯（1588—1679）在他的经典著作《利维坦》中描述了公民如何放弃某些自由以换取国家的保护，"免受外国人的入侵和彼此的伤害，从而使他们能够通过自己的产业和大地的果实来确保他们可以养活自己并幸福地生活"。[4]霍布斯关于公民与国家之间关系的概念源于他对人性的消极看法：没有政府，生活将是"肮脏、野蛮和短暂"的，是一场持续不断的战争，人们一直在害怕却面临着暴力和死亡的威胁。[5]为了限制这些冲突，公民服从国家的统治，只要国家还能保护他们，他们就有义务服从国家。[6]国家通过强权来行使权力。

约翰·洛克（1632—1704）对人性抱有更仁慈的观点，并相信没有政府的生活也可能会非常和平，社会上充满善意和互助。[7]因此，有政府并不意味着一定会优于自然状态；政府的合法性更多地取决于其公民的许可。这种社会契约可以远远超出维持和平的范围。洛克同意霍布斯的观点，即国家的最终职责是保护其公民免受暴力和伤害，对于洛克来说这其中就包括保护公民的财产权。但他认为，公民的许可会给国家带来额外的义务。[8]在洛克之后的让-雅克·卢梭（1712—1778）也支持类似的观点，认为许可是"所有权威的基础"。[9]

几个世纪以来，国家的职责范围已经在不断扩大。政府作为保护者的角色现在远远超出了保护公民免受暴力和直接伤害的范畴，而是涉及促进金融稳定、保护环境和维护数据隐私安全等各个领域。这种范围的扩大在很大程度上是对风险规避型人群的回应，他们希望政府能提供更多的保护。[10]此外，今天政府的职责远远超出了它作为保护者的传统角色，而是包括提供基本服务、提升福利以及教育培训。正如我们将看到的，在新冠疫情和货币政策中，政府行动的有效性取决于政府的可信度，而可信度又部分取决于政府履行多种不同角色职能的能力。

对于洛克和卢梭来说，国家职责是交换的产物，公民接受对其自由和义务的限制，以换取仁义的政府履行其商定的责任。国家权力概念的核心是互惠。[11] 国家有保护的义务，而公民有义务与国家以及其他公民之间相互合作，以取得令人满意的结果。国家的责任越大，对我们的自由和对社会的相关义务限制就越多。正如卢梭所警示的那样，我们有时会被要求"为我们的安全而承担某些风险"，例如被征召入伍或在强制封锁期间克服经济困难。[12]

霍布斯、洛克和卢梭的观点都是社会契约论的高级版本，即我们作为公民与彼此以及与国家达成协议，规定了各方的义务和权利。契约主义模型在描述现实方面有一定的局限性，人们不能选择终止他们的合同，也不会明确同意成为其中的一方。但这个概念使我们能够思考我们与国家的关系，并考虑我们可以期望政府做些什么，政府可以期望我们做些什么，以及最终我们对彼此的期望又是什么。这些期望在新冠疫情暴发最初的几个月受到了极端考验。与许多契约一样（参见本书第 14 章），社会契约作为一种抽象的概念，并不代表关系的极限。社会资本、责任感甚至文化都对增强社会的韧性至关重要。

国家的能力

为了履行职责，国家必须具备必要的才能或国家能力。国家能力可以分为三个主要组成部分：

- 法律能力，指国家制定法规、执行合同和保护财产权的能力。
- 集体能力，指国家提供公共服务的能力。
- 财政能力，指国家征税和支出的权力。这些能力是互补的，任何一个方面的不足都会损害其他方面的能力。[13]

　　在政府应对传染病的历史中，各种国家能力相辅相成，它们对于国家履行职责来说具有重要意义。当 14 世纪黑死病袭击欧洲时，当局没有能力有效地保护其公民，反而在很大程度上转向了教会，去寻求解释和补救措施。[14]

　　在接下来的几个世纪里，国家关于疾病防治的研究发展缓慢，但疾病却会周期性地卷土重来。政府逐渐学会了运用法律能力来减少病毒传播，包括实施隔离、拉防疫线以及我们现在熟知的"社交距离"规定。[15] 到了 1700 年，集体能力已经发展到一种程度，在整个欧洲普遍出现了应对疾病暴发的卫生委员会。政府建立了专门的医院来隔离传染病患者，当局还对患者的床上用品和衣物进行熏蒸或直接销毁，以减少疾病传播。在某些情况下，政府还给予贫困家庭援助，使他们能够在强制隔离期间生存下来。

　　通过反复的试验和失败，法规和公共服务得到了改善，但对疾病原因的未知仍然削弱了措施的有效性。在 19 世纪中叶早期的国际卫生会议上，疾病传播的不同理论使得国际社会难以达成一致或制定实质性政策。[16] 直到几十年后人们广泛接受了病原体学说，才改变了这种情况，而促成这一进步的正是国家对知识和教育的投资。

　　在 20 世纪，财政能力的发展增强了国家保护人民免受流行病侵害的能力。早期用于疾病应对的公共资金是有限的。即使在 19 世纪下半叶，税收收入在国民收入中的占比也不足 10%，并且主要用来为警察、法院系统、军队和一般行政部门提供支持，仅此而已。[17] 今天，对收入、消费和资本收益征税，以及对更有效的税收体系的投资，使发达经济体的税收收入从占 GDP 的四分之一增加到略低于 GDP 的一半。[18] 这种额外的财政能力可以帮助政府在医疗卫生支出上增加资金投入，而医疗卫生支出已经从 19 世纪远低于 GDP 的 0.5% 上升到了 20 世纪末的近 10%。[19]

　　当然，我们的目标不是建立大型国家，而是建立具备实现社会目标所需能力的智慧国家。当国家面临共同性问题时，人们更有可能建立起有效的国家能力，这需要达成对国家资源应该用于长期优先事项的一致意见，这种一致意见在国家凝聚力强、社会能够就政府和公民责任展开富有成效的思想交流时才可能实现。

国家与细菌、病毒等其他病原体的赛跑体现了国家职能范围的扩大，这种职能范围的扩大是源于政府作为保护者的传统观念。在这种情况下，政府不能保护公民就意味着它未能履行自己的首要职责。

但将失败归于政府是错误的。政府的决策方式，例如是否存在固有的短期政治偏向性？是不是路径依赖现象导致了最初的失败，进而导致人们对政府失去了信心和遵从度，进一步加剧了问题的复杂性？此外，这种疫情表现的根源是不是更深层的，是我们想通过政府来表达的价值观所导致的结果？

对危机的准备是一种国家保护

政府保护不仅是针对现有威胁采取行动，更是针对可能发生的威胁做好准备。尽管许多国家遭到入侵的风险很小，但国家仍然保留了常备军。相比之下，疫情的风险近在咫尺。我们这个全球化、人口稠密的世界更容易造成疾病的传播，病毒在其发源地尚未被充分认识之前就可能已经跨越了大陆。然而我们的防御能力却是有限的。

专家们对潜在流行病的严重性非常重视，他们在近几十年来定期发布警告。例如，1999 年世界卫生组织的流感疫情计划敦促各国政府成立国家疫情计划委员会，并采取负责任的行动。[20] 2006 年流行病学家发表在《柳叶刀》上的模型发现，现代疫情可能会导致 5000 万人至 8000 万人死亡。[21]

类似的警告也经常出现在媒体上。报纸、杂志、有线新闻，甚至有一部好莱坞电影也在猜测即将到来的全球健康危机到底会给人类带来何种影响。2015 年，比尔·盖茨在 TED⊖演讲中专门宣传了健康安全的理念，以

⊖　TED（指 Technology、Entertainment、Design 在英语中的缩写，即技术、娱乐、设计）是美国的一家私有非营利机构，该机构以它组织的 TED 大会著称，这个会议的宗旨是"传播一切值得传播的创意"。——译者注

取代过时的政府保护观念，后者只侧重于核战争等威胁。这段演讲在最初并没有被人重视，直到 2020 年它才重新回到人们的视野。2017 年《时代》杂志封面上的不祥的微生物或许可以概括媒体在这些故事、报道和演讲中的整体基调，封面上还附着标题"警示：我们还没有为下一次疫情做好准备"。

尽管存在很多威胁，但只有在特定的、重大的疾病暴发时，各国政府才会采取重大措施。埃博拉疫情后，为改善国际协调，各国做出了一些改进。这些改进很大一部分与监测和通报疫情有关，因为这之前国家只有义务报告霍乱、鼠疫和黄热病病例。[22]

虽然国家对该问题进行了深入分析，但实际行动上却采取了较为保守的举措。这导致国家未能建立医疗保健能力。埃博拉危机之后，世界卫生组织确定了各国卫生危机应对能力方面的系统性差距。[23] 到 2018 年，100多个国家开展了联合外部评估和模拟演习，50 多个国家完成了"行动后审查"。[24] 这些审查发现，许多国家的基本医疗卫生服务不足以对抗新型病原体。

认识到这些差距是有必要的，但这还远远不够，行动也必须要跟上。但在世界卫生组织评估性实践中，只有一半以上的国家会按照世界卫生组织的建议制定国家卫生安全行动计划，而到新冠疫情暴发时，没有一个国家的计划得到充分资助或实施。[25] 只有三分之一的国家遵守了世界卫生组织为保障全球健康制定的《国际卫生条例》。[26]

举个例子，在全球健康危机中对个人防护用品的需求很大，但在新冠疫情开始时，很少有国家拥有足够的库存或有效的补货渠道。在英国，当2009 年建立国家储备库时，关键物品如面罩和防护服被遗漏在外。在新冠疫情开始的六个月前，政府无视自己咨询组的警告，没有购买缺失的防护装备。[27] 在加拿大，联邦政府储备的数量还不足以支撑安大略省在新冠病例第一次激增期间的用量。此外，加拿大公共卫生局没有制定适当的设备目标，它也不知道省级库存中维持的设备数量。[28]

在美国，国家战略储备的口罩供应量约为疫情严重时所需用量的 1%。[29]
在 2009 年 H1N1 流感疫情期间，该库存已经被耗尽，哪怕不断有人提出要
填补库存，但用于购买新设备的资金却不断被国会预算否决。[30] 当被问及为
何不提供补货资金时，负责监督 2011 年库存的拨款委员会主席丹尼·雷伯
格表示，无法预测是否会发生那种需要强大储备的公共卫生危机。[31]

德国和法国也遭遇了个人防护用品短缺的问题，在紧急措施开始实施
不到两个月，两国医护人员通过在社交媒体上发布自己赤身裸体的照片，
来抗议设备短缺，并表示自己正在脆弱而不安全的条件下工作。[32]

而这些还是发生在发达经济体的。许多发展中国家的情况更糟，个人
防护用品稀缺，甚至连干净的自来水和肥皂也是短缺的。[33] 几百万人口的
国家仅有几台呼吸机可供使用，而有些国家更是连一台呼吸机都没有。[34]

理论上，在危机时期可以通过增加进口或增加国内生产来弥补库存的
不足，但各国对这两种选择的现实准备并不充分。全球供应链虽然高效但
也脆弱，在危机时期依赖它们是有风险的。在新冠疫情暴发的最初，需求
激增和保护主义的结合使许多政府陷入了困境。

国内生产能力取决于多样化的制造业部门，但在全球供应链和高度
专业化的时代，很少有国家会建立完整的制造业链条。即使国内企业愿意
为了国家利益转变为生产工厂，这种转型也需要时间，而且还需要有合适
的材料，于是这就变成了一个供应链问题。例如，全球一半的熔喷无纺布
（一种用作口罩过滤器的非织造聚丙烯）供应都来自少数几个国家。[35]

其实解决全球疫情防范中的顽疾并不需要太大的投资。2019 年世界银
行估计，中低收入国家平均每人只需要花费不到 2 美元就能提高《国际卫
生条例》规定的核心能力。[36] 2016 年一份报告建议每年增加 45 亿美元的
全球总支出来为疫情做准备，其中四分之三用于提升国家防控疫情的能力，
其余大部分用于传染病检测和治疗上的研发。[37]

埃博拉危机爆发后，联合国成立了全球防范监测委员会，这是一个独

立的专家小组，每年报告全球对健康危机的准备情况。他们在 2019 年 9 月发布的第一份报告中指出，"世界正面临毁灭性的区域性或全球性疾病流行的严重风险，这些流行病不仅会造成生命损失，而且会冲击经济并引发社会动乱"。[38] 报告得出的结论是，尽管自埃博拉疫情以来出现了一些积极的进展，但"目前的努力仍然严重不足"。[39] 同样，2019 年全球卫生安全指数发现："世界各国的国家卫生安全基本上都很薄弱。没有一个国家完全准备好应对疫情或大流行病，每个国家都有重要的问题需要解决。"[40]

与危机的成本相比，提高疫情防范的成本既容易负担又微不足道。即使将疫情防范的年度投资增加到目前建议水平的两倍，也只是因为准备不足而造成全球经济产出一天的损失。现在的情况是，各国有能力但却未能运用国家能力来履行职责。

为什么会这样呢？

价值观的揭示：绝处逢生和有备无患

当我在利雅得参加最后一次 G20 会议时，韩国是最早暴发新冠疫情的国家之一。由于病例数高以及城市人口稠密，韩国似乎要成为一个病毒的热点地区。然而它并没有。新病例没有呈螺旋式上升，反而在 3 月初急剧下降，到 4 月底尽管人口规模相似，但韩国的病例总数仅相当于西班牙病例总数的十分之一。

对于韩国在遏制该病毒方面取得的成功，最好的解释就是他们有备无患。韩国曾在 2015 年与中东呼吸综合征（MERS）的暴发做过斗争，随后修改了立法和政策以对抗传染病。这些修正案与其他措施相配合加快了病毒检测，并且政府在实施中可以使用地理定位数据，单是这两件事在许多国家就非常难以执行了。通过采取这些措施，韩国能够建立广泛的检测和追踪制度，这帮助他们迅速控制住疫情。[41]

并非所有国家都能通过传染病暴发的经历来激励自己做好准备，但正如我们所见，所有国家都收到了此次疫情威胁的充分预警。各国政府都知道后果，但韩国却是一个已经采取行动来做好准备的特例。为什么其他地方没有对预警采取行动呢？

简而言之，人们对韧性还不够重视。国家具有保护责任，需要规划应对各种失败情况，从管理全球系统性银行崩溃（参见第 8 章）到避免气候变化中的明斯基时刻（参见第 12 章），再到认识到一些成为 TED 演讲和《时代》杂志封面亮点的卫生警告可能会变为现实。

但在进行必要的长期投资以抵御灾难时，我们的大脑却经常与我们作对。行为心理学研究表明，人类有许多认知偏差，这意味着我们低估了韧性的重要性。我们表现出对当下的偏爱，而未来会发生的问题和未来的收益容易被轻视，即便现在能得到的奖励整体价值不大，我们也还是更喜欢马上就能得到的奖励。[42] 即使其他威胁更大，我们通常也会更倾向于防止最近的灾难重演。因此在飞机事故发生后的几周，对飞机安全性的需求会增加，尽管汽车事故导致的死亡更多。

此外，包括决策者在内的所有人都会表现出认知偏差，关注 H1N1 和埃博拉相对成功的对策，而忽视西班牙流感的后果，尽管有明确警告称可能会在全球范围内发生致命性的疫情大暴发。在这些方面，金融危机的悲惨历史延伸到了对疫情的准备上，人们被哄骗了，认为"这次不一样"，毁灭性的健康危机已成为过去。

由于公职人员存在这些认知偏差，而普通民众又只会去赞赏那些提供直接利益而不是先发制人解决问题的政治家，因此使这些思维模式在我们的治理系统中根深蒂固。当韧性的重要性被低估时，资金会转移到其他地方，国家卫生安全行动计划便无法得到资助。

传染病暴发也凸显了责任分散的问题。为了有效应对疫情，需要协调国际组织、各级政府和广泛的政府机构。在和平时期，角色和责任不明确的问题可能会被忽视，但这种模糊和责任重叠会导致对疫情的准备不足，并在危机期间引发紧张局势。一份 2016 年联合国关于埃博拉危机的报告发现，"在危机初期，对哪些国家机构负责协调应对措施、哪些组织应该参加相关会议缺乏明确性。在个别情况下，部门间竞争和不明确的汇报层级路线会导致决策迟缓"。[43] 同样，一份泄露出的关于 2019 年美国模拟演习的审查报告发现，"参与演习的人员对联邦机构合作伙伴在流感大流行应对中的角色和责任缺乏明确性"。[44] 政府也很容易被分散注意力。例如自 2016 年以来英国脱欧一直占用着公共话语体系和政府资源，而国家健康服务（NHS）一直存在资金不足的问题。《泰晤士报》的报道发现，为了应对无协议脱欧的可能性，用于培训关键工作人员应对重大健康危机的计划被搁置了两年，应急计划的方向被转移了。[45]

最后，认知偏差和一系列系统性因素导致了对这场灾难性的、极具毁灭力的健康危机和经济危机准备不足。

成本 - 效益分析是艰难抉择时的框架

由于未能使公民免受疫情的伤害，各国正集中精力减轻疫情带来的后果。健康和经济双重危机之间复杂的相互关系要求当局要在公众健康和维持经济活动之间做出艰难的选择，并预估成本和收益。这场危机有助于揭示社会的价值观。疫情迫使社会进入一系列极其艰难的价值判断。

对新冠疫情采取的政策决定可以说是有史以来在神圣价值观和世俗价值观之间做出的最困难的、最重要的权衡。这些决策把过去几十年来政府和监管机构的一系列微观决策工具（例如要求在汽车上安装安全气囊），应用到了比以往任何时候都更大规模、更复杂和更重要的宏观政策决策（例如关闭和打开整个经济领域）当中。为了指导这些决策，新冠疫情暴发的前几个月，学术机构和智囊团掀起了对封锁措施成本 - 效益分析的浪潮，[46]

同时公众对此类决策是如何做出的给予了更多关注。[47] 除了重复它们"遵循科学"的口号，政府在阐述它们的策略演变时并非总是及时透明的，即使成本 – 效益评估在新冠疫情简报和政策决策中扮演了重要角色。

进行成本 – 收益分析的一个主要优势是它迫使构建者明确相关变量和假设。然而，这种明确性要求给构建者带来了许多实际挑战。其中一个明显的挑战就是，通常关键变量只能以较低的确定性来近似估计，一旦估计出来，他们就会夸大自己的权威性。对于新冠疫情，关键变量，例如死亡率和 R0 因子[⊖]，最初难以通过给定的零散数据来估计，其他因素，例如新冠疫情对人们健康的持久影响，甚至更难进行实时评估。

即使可以合理确定变量的当前值，其未来预计值也是基于对其他变量的一系列假设来判断的。R0 将根据公众对封锁措施的遵守情况而变化，而公众对封锁措施的遵守又受到众多不同力量的影响，这些力量随着时间的推移或多或少地会发生变化。此外，决策需要与没有干预的预期状态进行比较，而不是与当前事态进行比较。封锁的经济成本还必须与正确的反事实[⊖]进行比较，这个反事实并不是与疫情暴发前的经济活动相比的整体下降，因为即使没有实施封锁措施，许多人也会自愿减少外出，从而减少消费，以保护自己的健康。因此，针对新冠疫情的完整成本 – 效益分析包括一系列相互关联的假设。在解释结果时需要非常谨慎。

正如我们所见，成本 – 效益分析的一个基本挑战是如何将变量转换为可比较的单位，以便计算决策的净影响。在比较经济成本以及疫情对健康和生活质量的影响时，这一点尤其困难。预期 GDP 的下降可以用相关的金钱数值表示，但并没有直接的、明显的数值（货币或其他）可以用来代表逝

⊖　R0 是病毒传染能力的量化指标，可以简单理解为一个人能传染几个人。——译者注

⊖　构建反事实既要考虑经济情况，又要考虑人们的行为习惯。如果新冠疫情前经济就已经在下滑，那么就不能仅使用新冠疫情后的经济情况与之前进行比较来计算封锁的经济成本。同时，如果在封锁前人们就不愿意外出，那么也不能比较出封锁对人们的生活和消费的影响。——译者注

去的生命。相反，那些构建成本 – 收益模型的人必须插入一些估计值来代表生命的价值或质量的下降。如何估计这种对生命的"货币化"，充分诠释了我们市场社会的价值观。如何运用这种评估方法，凸显了价值观的潜在转变。

对生命进行估价对于现在的国家来说是非常重要的，但这并不是一种新现象。当一名自由穆斯林被夺去生命时，先知穆罕默德要求杀人者赔偿给他的家人 100 头骆驼。[48] 根据古老的盎格鲁 – 撒克逊法律，杀人者把受害者在生命期间积累的财富作为基础，向受害者的家属支付一定的金额。[49]

在 17 世纪，威廉·配第爵士（作为 GDP 的先驱我们在第 1 章中遇到过他）试图为生命赋予价值以衡量英国的国民财富。配第用平均年劳动价值乘以 20 年，来对人口进行估价。[50] 他得出了每人值 80 英镑，并指出该数字可用于估计战争等事件对国家造成的损失。[51] 他的工作是为政府决策而评估生命价值，这项工作在今天仍然具有重要意义，因为各国在专注于生产的几十年后重新对衡量财富和福利产生了兴趣。

在配第之后的几个世纪，工业革命带来了拥挤的城市和不安全的工作条件，这反过来又导致过失致死索赔的发展以及人寿和意外保险数量的激增。[52] 与配第对国家财富的计算类似，赔偿的重点仍然放在失去的收入上。保险公司使用投保人的年龄和盈余收入，以及利率和标准化死亡率表来计算生命的价值。[53] 法院同样将惩罚性赔偿的分析重点放在未来收入损失上。

当生命已逝时，民事赔偿或保险的目标是确保死者家人的财务安全，在这种情况下，通过劳动力潜力来评估生命是有意义的。然而从 20 世纪开始，政府对生命越来越重视，这不是为了对死亡进行赔偿，而是为了评估防止死亡发生的可行性，此时这种估值方法的缺点就变得很明显了。在新情况下，财务保障和会计成本不能作为唯一考虑的因素，如果这样做，就意味着不应该花钱挽救退休人员和永久失业人员的生命，因为严格来说他们的死亡并不会给国家造成什么财务上的损失。

　　进行分析还需要考虑些什么，这在最初是很难把握的。在 20 世纪 50 年代初期，当兰德公司试图确定空军飞行员的生命价值以估算不同任务的总成本时，就受到了这个问题的困扰。飞行员对美国空军的价值很容易根据培训和更换新机组人员的成本来确定，但是正如一份内部备忘录所指出的那样，这本身是不够的，因为"在我们的社会中，飞行人员的生命确实具有内在价值，这种价值甚至超越了对他们的投资"。[54] 连奇爱博士[⊖]都能看出内在价值和重置价值之间的差异。

　　这些缺陷对生命价值估算方式提出了新的要求，并最终带来了生命价值观念的转变，这种转变与第 2 章中讨论的主观价值革命有许多相似之处，尽管它只发生在过去的 60 年间。

　　引发了一场革命的关键是 1968 年由未来的诺贝尔奖得主托马斯·谢林撰写的重要文章《救你一命的可能是你自己》。谢林的主要观点之一是转变了价值观的主体。他认为对于挽救生命的问题，重要的不是对相关方的价值；相反，任何拯救生命的投资都应该根据受影响的人的私人价值来进行评估。谢林提出的问题是"对谁有价值？"，而他的回答是"对那些可能死去的人有价值"。

　　谢林的另一个关键洞见是，计算并不需要评估生命的价值，而是需要评估延迟死亡的价值。特别是，重点不是推迟某一例的死亡，而是推迟统计学意义上的死亡。面对迫在眉睫的死亡，大多数人会将他们的生命置于过高的高度，因此不能依靠他们做出对政府有用的评估。然而，谢林意识到人们的偏好可以通过降低风险来确定。人们愿意付出多少来将死亡风险降到最低？

　　尽管《救你一命的可能是你自己》在发表时受到了大量的批评，现在也不乏批评，但谢林的工作已经成为决策者评估生命价值的基础，而他创

　　⊖　奇爱博士是美国导演斯坦利·库布里克根据彼得·乔治小说《红色警戒》改编的一部黑色幽默喜剧片中的人物，影片于 1964 年在美国上映。——译者注

造的术语"统计生命价值"(VSL)已成为主流词汇。

谢林解决生命价值评估难题的方法是确定人们在面临风险时的偏好。为了做到这一点,他建议分析现有的价格结构并进行调查。这两种方法今天仍在使用。

第一类方法,即显示偏好,基于个体在市场中的行为,其中价格反映了不同死亡风险的差异。在享乐工资法中,VSL是根据从事危险工作而获得的工资溢价来进行计算的。举一个简单的例子,如果某项高风险工作的死亡率是万分之一,而工人年薪中包含300美元的危险津贴,那么VSL估计值将为300万美元。在规避成本方法中,VSL是根据人们为降低不良结果的可能性或严重性而进行的支出(例如购买头盔)来计算的。

与显示偏好方法不同,陈述偏好方法通过构建一个假设的市场来衡量死亡风险的变化,并直接在调查中询问受访者为减少风险愿意支付的金额。常见的陈述偏好方法通常要求受访者说明为降低其死亡风险而愿意支付的金额。而选择建模方法则要求受访者在不同特征和费用水平下进行一系列健康风险的选择。

显示偏好和陈述偏好方法都有其优点和缺点,两者都在不同的情况和不同的国家被采用。美国主要使用享乐工资法,欧洲国家倾向于使用某种形式的陈述偏好研究,选择建模方法也越来越受到欢迎。[55]

这一系列不同的方法导致各国统计生命价值之间存在很大的差异。经济合作与发展组织2012年的一项调查显示,在加拿大估计值从340万加元到990万加元不等,而在美国估计值从100万美元到1000万美元不等。[56]同时,欧盟委员会建议统计生命价值应该在100万欧元到200万欧元之间,英国交通部使用了一个精确数字,1 638 390英镑。欧洲生命价值显著较低的主要原因是欧洲国家不使用享乐工资法,而享乐工资法往往给出的是较高估计。值得注意的是,上述估值并不是静态的。政府机构会根据通货膨胀调整它们对统计生命价值的估计,至少在美国,VSL以超过通货膨胀的速度迅速上升。[57] 就人们对其生活价值的估计而言，美国不仅仅是再一次伟大，显然它从未如此伟大过。

作为 VSL 的替代方案，医疗保健行业通常采用成本 – 效用分析而不是成本 – 收益分析。成本 – 收益分析通过对寿命进行估值来为收益分配货币价值，而成本 – 效用分析则侧重于每一美元所增加的效用。根据国家的不同，如果某项治疗的费用低于分配给患者每一年的规定金额，那么公共卫生机构或保险公司就会批准该治疗。成本 – 效用分析并不直接对生命进行价值评估，但它允许决策者根据预算限制和对生命价值的理解来批准治疗或计划。

生命年数通常根据生命质量来进行调整，因此完全健康的生命年等于一个质量调整的生命年（QALY），但被诊断有精神疾病的生命年只有 0.8 个 QALY。疾病对生命质量的影响是通过对一般人群的调查来确定的，它类似于 VSL 的陈述偏好方法。例如，EQ-5D 是一份反映五个维度的问卷：行动能力、自我护理、日常活动、疼痛和焦虑。[58]

今天，VSL 和 QALY 的使用在世界各地的政策制定中无处不在。VSL 是卡斯·桑斯坦所称的"成本 – 效益革命"的重要组成部分，这种革命在过去 50 年里不仅发生在美国，也发生在加拿大、澳大利亚、英国、北欧国家和欧盟。[59] 根据质量调整的生命年也成为英国卫生政策的支柱，并在许多国家被用于评估健康治疗的功效。有了明确的数字就可以做出明确的决定，因此这些量化技术现在被很多国家使用。但这种明确性是否合理？它是否反映了我们在社会中应该为之奋斗的价值观？

回到依赖主观价值的危险

对于谢林而言，与生命相关的无形品质与其他消费品没有什么不同。当我们通过市场为布洛芬定价时，我们对疼痛赋予了价值，当我们为百事可乐定价时，我们对快乐赋予了价值。谢林遵循新古典主义经济学家及其主观价值理论的观点，主张这些对无形品质价值的判断是由普通人而不是由经济学家决定的。生命的价值与使用市场价格作为其衡量标准的典型消费品是截然不同的，这主要出于以下三个原因。

第一，与大多数消费品不同，生命是一些经济学家所说的"非位置商品"。这意味着生命价值不受他人拥有类似商品所有权的影响。当我们周围的人生活得不好时，我们不会感到更开心，然而当我们拥有一辆更棒的汽车时，我们可能会感觉更好。相比之下，罗伯特·弗兰克根据行为试验的大量证据得出，许多消费品的价值部分取决于它们如何影响人们的实际位置或感知位置。[60] 位置商品的价值主要来自它们的稀缺性，而不是它们的绝对特征。因此在行为调查中，更多的人会喜欢比邻居家大的小房子，而不是比邻居家小的大房子。这导致了"支出瀑布"，并且使消费者的行为和军备竞赛越来越像（支出能被别人看见，并且能超过我们周围的人）。有证据表明，工作场所的安全和死亡风险是以绝对价值来评估的。人们会支持延长他们预期寿命的措施，即使这会更多地增加其他人的预期寿命。弗兰克得出结论，生命是一种明确的"非位置产品"。

这样说似乎听起来很奇怪，但生命确实与百事可乐是不同的。

第二，谢林的推理方式（暗含的）存在一些严重的问题。例如，用显示偏好方法估计生命价值取决于一系列严格的市场和人性假设，这些假设很少（如果有的话）能实现。特别是，假设从事高风险工作的人知道职业死亡概率，并根据他们的工资溢价合理分析此概率，同时将所有其他变量从分析中分离出来，这种假设是令人难以置信的。行为心理学和经济学揭示了个人的非理性行为，这是无法用大量数据来克服的，因为有充分的理由相信认知偏差和信息获取不足在整个市场中是普遍存在的。陈述偏好调查中提出的问题需要对概率进行理性评估，而这也只是个天真的假设。

在涉及生命质量的问题时，受访者的偏见和有限的信息可能会阻碍研究得出有价值的结果。研究发现，公众往往会高估健康问题的负面影响，而且我们在偏好问题中关注的事情在实际中并没有那么重要。[61]生命质量调查的结果更多说明的是我们对失去一条腿的恐惧，而不是真正失去一条腿的人的生命质量。如果让这些偏见来决定哪些医疗应得到保险覆盖，那么就会降低那些弱势群体或患有可控疾病的人的生命质量。

第三，这种对生命的系统性贬值说明了一个除方法论缺陷外的更广泛的观点。在遵循主观价值理论时，计算 VSL 或确定生命质量的显示偏好和陈述偏好的方法是基于个体偏好的总价值。但它们只描述了人们如何看待自己的生命，没有考虑到我们应该如何珍视他人的生命。我们有理由对市场的盲目依赖持谨慎态度，尤其是那些基于对低风险和不确定性有复杂理解的调查。

以收入不平等为例，虽然 VSL 没有明确考虑当前财富或未来收入，但这些变量通过调查样本的偏好被考虑进来。因此，50 多岁的人比 20 多岁的人显示出更高的 VSL，而且在国家层面，发达国家报告的 VSL 高于发展中国家报告的 VSL。[62]但是我们是否愿意说，政策应该根据这些描述性事实制定呢？

1991 年一份泄露的世界银行备忘录就此问题进行了讨论，该备忘录指出了将有毒废物等影响健康的污染物倾倒在最不发达国家的经济逻辑。[63]尽管此逻辑无可挑剔，但这份备忘录却引起了人们的强烈反对，备忘录的作者拉里·萨默斯随后不得不明确表示，"没有哪个理智的人会喜欢在任何人类居住地附近倾倒有毒废物"。[64]今天，世界银行建议各国根据自己的国民收入情况调整 VSL 估计值，但世界银行强调 VSL 仅用于国内决策而不用于跨国比较。[65]

使用像 VSL 这样的描述性措施看似可以提供道德公正的外衣，但实际上并非如此。使用 VSL 本身就是一种道德选择，许多批评者都主张使用其他替代方式，尤其是那些能够更准确地考虑福利的方法。[66]通过在成本–

收益分析中将价值转换成美元，我们最终选择了财富最大化，从而使消费最大化，但这并不一定意味着福利得到了最优化。[67] 例如，一项为富人带来大量收益而穷人只需为此付出很小代价的政策可能会优化财富，但不会优化福利。对于批评者而言，将诸如生命之类的变量量化为货币数字，最终会使人们忽视制定决策或政策时必须首先考虑的价值观。[68]

VSL 还做出了一个基本假设，即生命才是正确的分析单位，而不是生命年，这可以通过"统计生命年价值"（VSLY）来衡量。在讨论交通法规等问题时，这两个单位之间的区别并不重要，其影响并不偏向于任何特定的年龄段，但在其他情况下却可能会引起相当大的争议。例如，就新冠疫情而言，在使用 VSL 或 VSLY 时，封锁措施的好处有很大差异，因为该病毒对于那些即将去世的人来说才是最致命的。

到底应该使用哪个单位，这是一个关乎平等的问题：是所有的生命都平等，还是所有的寿命年限都平等？对于这两种方法，都存在伦理上的争议，并且使用其中任何一种方法都是一个带有价值判断的决策。

进行成本－效益分析的人也必须决定是否评估死亡的本质，以及如何评估。通用的 VSL 假设所有的死亡都是平等的，但统计偏好研究发现人们对不同类型死亡的恐惧程度不同，并愿意支付更多费用来降低他们认为不愉快的死亡的风险，例如在一场流感疫情中在拥挤的医院中没有亲人陪伴死去。[69] 考虑到有尊严死亡的价值，或认为不同死亡观念会扭曲市场，应该在分析中消除它们的影响，依据这些而对 VSL 进行调整，这实际上仍然是一个受道德影响的决策。

结论

尽管政府有保护公民的基本职责，但在新冠疫情危机暴发之前，政府系统性地低估了经济韧性的重要性。在第 10 章中，我们将转而探讨缺乏准备而造成的破坏性后果，包括新冠疫情对人口的不平等影响。我们也将看到，在我们应对疫情的失败中也孕育了许多成功，它们可以帮助我们度过这场危机，并为未来的危机做好准备和提供指导。

政府的角色和职责由公民来制定，但我们越来越依赖市场的价值衡量标准来决定政策，而不是由社会价值观驱动政府行动。在新冠政策决策中，涉及对生命价值、生活质量和尊严的评估，即使这些决策不是明确的。将这些问题框定在成本－效益分析的范畴内，会面临对这些神圣价值的货币估值的挑战。政策决策还必须要权衡基本的公平问题，包括疾病和经济困难的发生率以及保持经济活力的重要性。

新冠疫情让人们对个体与国家之间的关系以及社会价值有了更多的了解。最基本的是，面对灾难，政府和公民依靠它们的核心价值观，基于人性的同情心做出决策，而不是追求财务上的最优化。我们要从这些价值观中汲取灵感来制定一个管理双重危机的框架，那么现在让我们转向政府如何应对、人们如何表现，以及它揭示了价值与价值观之间怎样的关系。

| 第 10 章 |

危机：影响、康复和重生

对危机的反应揭示了什么

2020 年 3 月，新冠疫情已经从众多新闻中的一条彻底转变为 21 世纪历史上划时代的事件。在一个月的时间里，受疫情影响的国家数量从 18 个增加到了 150 多个，报告的病例数从 85 000 增加到 750 000，报告的死亡人数从 133 人增加到超过 36 000 人。[1] 对于全世界数十亿人口来说，新冠病毒很明显已经成为一种紧迫的威胁。

为应对这一威胁，各国政府采取了严格措施来阻止疾病的传播。

牛津大学布拉瓦尼克政府学院追踪了各国在新冠疫情暴发期间对疫情的政策反应，并对措施执行的严格程度进行了满分为 100 的数字评分。[2]

月 29 日，只有五个司法管辖区的限制政策得分超过 50 分，到 3 月 31 日，这一数字增至 158 个地区。

与限制政策同时实施的还有提高医院承载力和资助疫苗研究的卫生政策，以及旨在减轻金融破坏的经济政策。

霍布斯是在英国内战的动荡背景中创作的，他认为对国家的服从是获得国家保护的代价。公民服从国家的权力，允许它"垄断暴力"，以此来换取国家提供的更广泛的安全。然而与霍布斯不同的是，我们不将国家的行动与暴力的无政府状态进行比较，也不会感激地服从国家。相反，一个国家的行为是根据其相称性和一定的标准来判断的，在该标准中，可信度、团结和公平感构成了它的基础，体现这些价值观的国家不是通过威胁惩罚而是依靠公民的自愿行动来度过危机的，这体现了以合法性和互惠性为代表的国家软实力以及社会资本，它也表明了政府和公民的价值观是紧密结合的。

价值观的体现：合法性和互惠性

各国及其公民的反应体现了社会的基本价值观：低估病毒的持续性导致准备不足，在危机时缺乏团结，并导致经济和健康资源的分配不平等，这与平时国家和公民对公平的重视形成了鲜明的对比。

一个国家的合法性源于其公民对政府结构、官员和政治进程的信念。一国的规章制度是否值得遵守取决于这些规则是如何制定的，以及规则由谁来制定。[2] 公民对行为规则的遵守源于他们的使命感和服从当局的意愿，特别是在遵守规则会违背公民切身利益的情况下。同时，这种合法性又源于人们对规则的正义程度和政府可信度的判断和看法，而对政府的信任则是依据政府政绩、领导人动机和行政能力来评判的。[3]

这些判断与看法是由当前的背景、历史经验以及我们文化中蕴含的信仰组成的。正如第4章所讨论的，《大宪章》能一直被人们所重视，一部分原因是它体现了英国实现了对国家权力进行限制的这一神话（在没有成文宪法的情况下尤其重要）。当一个新成立的政府能够承认受约束的权力并实行仁慈的治理时，它就具备了合法性。这种治理的持续性非常难得，需要受到重视和保护，因为它的对立面，也就是治理的恶性循环经常会发生，而且现实往往是这样的，党派之争、谋取私利、丑闻、不作为和不公正的规则削弱了人们对政府的信任。

可信度是建立在决策过程之上的（如果决策是公平的，人们更有可能尊重决策），而合法性主要取决于决策过程中所体现的价值观。仅仅靠强制权力来统治是可能的，但合法的权力会使治理更容易、更有效。[4] 即使是专制政权也并非完全依靠强制力，而是要经常投入大量资源来试图使他们的统治合法化。[5] 合法性往往与一种信念相关，那就是政府做事是为了公众的利益。

可以说，民主本身对一个国家几乎没有合法性，而是一个运作良好的民主制度所带来的结果才赋予了国家合法性。[6] 与独裁政权相比，成熟的民主国家往往有着根深蒂固的公正制度和更好的政府质量。[7] 这种制度最大限度地减少了腐败、歧视和其他不公正的侵权行为，从而创造了合法性。[8] 与此同时，人们发现规则公正的制度是经不起检验的、脆弱的，政治家们很难做出可信赖的承诺，因此新兴民主国家的治理质量和合法性都低于其他国家制度。[9] 换句话说，象征性的投票行为本身不会建立对国家的信任，但有意义的问责制和公平待遇将超过创造合法性。

政治学家通过观察投票、志愿兵役或纳税等行为的遵守或配合情况来衡量国家合法性。在疫情期间，苹果和谷歌发布的移动数据可以补充这些指标的数据。例如，在新西兰，零售和娱乐活动比实施全面封锁的第一天下降了90%，在该国为期五周的封锁中，这些活动至少减少了85%。[10] 政府命令得到即时和一贯的遵守，这表明了政府具有高度的合法性。这种合法性使公民遵守政策的要求，以及政府在旅行限制和封锁令方面有及时且果断的行动，意味着新西兰能够在 6 月第一波疫情期间完全根除病毒，同时仅造成不到 24 人死亡。

各国人员流动的减少并不完全具有可比性，因为各国政府对开放基本服务的界定存在差异，并且针对户外运动和关闭公园等采取了不同的措施。但是，民众遵守政府规定的速度以及遵守情况是否能保持住，可以证明人们对政府的信任程度。滞后的遵守表明，民众的行为不是基于政府的建议，而是基于其他方面，如媒体报道、社会压力或病毒会影响到朋友和家人。不全面的遵守情况表明，公民对政府不够信任，不足以抵消封锁措施带来的不便和困难。

意大利于 3 月 12 日开始在全国范围内关闭非必要的商业企业，但人员流动性的下降却比新西兰缓慢得多，整整持续了 4 天。在封锁的头两周，每日流动率变化仅为 20%。[11] 在纽约州，全州封锁的头两周，零售和再投资活动的减少幅度在 50% 至 60% 之间，之后是 50% 至 70% 之间。[12] 在这两个国家中，公民遵守情况都远不如新西兰好。

纽约州遵纪守法的情况可以代表整个美国。数据公司 Unacast 的数据显示，尽管许多高级官员敦促人们待在家里，并且除五个州外的其他所有州都采取了封锁措施，但在 4 月中仅有两天时间美国的人员流动性是下降 55% 至 70% 的。[13] 在 4 月的其他日子里，人员流动性只下降了不到 40%。到 5 月中旬，尽管病毒仍然存在，但人员流动性下降不到 25% 已经成为常态。

在新冠疫情的最初阶段，美国经历了强烈的党派之争和各级政府之间的政策高度不统一，这削弱了民众对政府的信任，并导致了遵守率的下降。特朗普总统公开反驳卫生专家，并与州长争吵不休。戴口罩成为一个党派问题，导致民主党和共和党自愿遵守建议的差异率超过了 20%。[14] 巴西也面临着类似的摩擦，但巴西也在同时努力控制着病毒传播。相比之下，其他联邦制国家如加拿大，不同政党领导的各级政府之间表现出了令人瞩目的合作能力，并且信息传递是统一的，为了更广泛的利益，传统的政治敌意在很大程度上被搁置在了一边。

这种表现体现了国家的合法性、能力和社会资本的重要性。没有这些因素，应对疫情的准备工作就无法起到应有的作用。2019 年 10 月，全球卫生安全指数发布了各国应对卫生危机的准备情况排名，新西兰排名第 54 位，远远落后于巴西、意大利和西班牙等许多在新冠疫情中表现不佳的国家。[15] 美国和英国分别排在第 1 位和第 2 位，而及早采取全面应对措施的新加坡仅排在第 28 位。总体而言，这些排名充其量只能大概体现一个国家在疫情中的实际表现，而疫情是在指数公布后不久后才开始的。全球卫生安全指数的排名是基于六个因素确定的：预防、检测和报告、快速反应、卫生系统、遵守国际规范以及风险环境。[16] 该指数并没有考虑社会信任、当前的政治领导或国家的合法性。

相比之下，国际腐败观察指数（Corruption Perceptions Index）的统计完全基于影响国家合法性的因素，而与全球卫生危机无关。该指数是由公众对公共部门腐败的看法而计算的。在 2019 年的指数中，新西兰是世界上最廉洁的国家，其他一些被誉为成功应对新冠疫情的国家也进入了前十名，包括丹麦（与新西兰并列第一）、芬兰、新加坡、挪威和德国。冰岛也是一个非常成功的国家，排在了第 11 位。[17] 国际腐败观察指数虽然没有完美地拟合疫情期间的表现，但排行榜上名列前茅的国家在新冠疫情期间的表现确实非常优秀，这强调了在处理危机时，信任和国家合法性是十分关键的因素，在这种情况下它等同于挽救生命。

当政府实施封锁措施后，市民待在家里，或在要求戴口罩的法规出台后，市民纷纷戴上了口罩，这些行为可以被视为霍布斯主义的一部分：以服从换取保护。但这忽略了一个重要的方面。对于许多人来说，这种服从源于他们愿意遵守一个合法可信的政权法令，以及他们有帮助同胞的意愿。服从是对社会成功的一种贡献，是社会契约中的互惠义务，而不是对霍布斯式国家强制力的回应。在极端情况下，强制可能是必要的，但它不是实现政府目标的主要手段。[18]

价值观的体现：团结

当政策与公民的价值观保持一致时，合规性就会得到加强。一旦危机来袭，社会的价值观就会凸显。世界各地的公民都表现为罗尔斯主义者和社群主义者，而不是自由主义者或功利主义者，即使他们认为危机对自己的风险很小，他们也会普遍支持封锁措施和大规模的政府支出。[19] 到 2020 年 3 月，当实施大规模严格措施的时候，人们大多认为新冠疫情仅对老年人口和已存在健康问题的人构成重大风险。然而在这种情况下，所有年龄段和不同健康状况的人却都愿意为了家人、邻居和更广泛的利益做出个人和经济上的牺牲，这体现出了强烈的团结意识。

此外，在这场危机中，人们不仅满足了遵守法律这一最低要求，还积极参与到了大规模的社区利他主义中。人们缝制口罩，向弱势群体运送食物，并公开为前线工作者的英雄主义点赞。随着私人志愿组织数量的增加，政府开始组织起正式的志愿者活动。在英国，一项面向国民保健服务（NHS）的呼吁收到了超过 100 万名志愿者的申请者。

公众对危机的反应体现了团结意识和社会意识等价值观。人们愿意，有时是渴望帮助同胞并履行对社会的义务，即便这会使他们付出巨大的代价，并且这些代价都是实际的而非理论上的牺牲。封锁措施加深了经济的不确定性，扰乱了社会生活，并带来了无法估量的压力和焦虑。这些本着社会意识和团结精神做出的牺牲，让人们更加清楚地看到了社会深层次的不平等问题。

用经济学家罗伯特·弗兰克的术语来说，疫情中的团结体现了积极的"行为传染"。简单来说，我们会受到周围人所做的事情的影响。如果我们的朋友吸烟，我们就更有可能吸烟。如果我们周围的人遵守封锁规则或佩戴口罩，我们也更有可能这样做。这个概念也可以称为社会模因，它可以追溯到亚当·斯密的道德情操论。弗兰克认为，重要的行为外部性的存在会对公共政策产生影响。虽然好的想法和行为通常会占上风，但并不意味着市场上的观念和行为总是能可靠地促进共同利益，因此"我们能够鼓励对社会有益的模因并阻止对社会有害的模因是源于公共政策利益的强大和合法性"。[20]

价值观的体现：不平等社会中的公平

新冠疫情的影响从根本上是不公平的，它的存在暴露了我们社会中深刻的不平等。该病毒本身针对的是老年人群，94% 的死亡病例是 60 岁以上的老年人，同时，那些有肥胖症、高血压和糖尿病等既往病史的人也是高危人群。[21] 而那些能够减少与陌生人接触的人本来感染病毒的风险就很小，这造成了基于职业和社会经济地位的不平等现象。加拿大统计局发现，只有不到 30% 的高中文凭的人可以在家工作，却有大约 66% 的拥有学士学位或更高学历的人可以在家工作，[22] 结果是感染病毒的风险由受教育的程度来决定。在英国，从事低技能工作的男性死于新冠肺炎的可能性几乎是从事专业性工作的人的四倍。[23]

由于职业和收入等社会经济因素与种族和族裔相关联，所以世界各国的国内死亡率也存在巨大差异。在英格兰和威尔士，黑人、巴基斯坦人和孟加拉人的死亡率几乎是白人的两倍。[24] 在巴西圣保罗市，有色人种死于新冠肺炎的可能性比白人高出 62%，并且据报道，在美国，非裔美国人的新冠肺炎死亡率是其他种族群体的两倍多。[25] 而加拿大最大的两个城市——多伦多和蒙特利尔受灾最严重的社区，也恰好是拥有大量移民人口的低收入社区。[26]

不同人群对限制措施的感受也是不同的。封锁导致了服务业、酒店业和娱乐业的工作岗位锐减。在英国面临永久裁员或工作时间缩短的职业中，有近一半是每小时工资低于 10 英镑的工作。[27] 与其他人口统计数据相比，失业率上升对年轻人、少数族裔社区和妇女的影响会更大（见图 10-1和图 10-2 ），[28] 但在收入支持计划上，非法移民和临时外国工人却被排除在外。[29]

小学和中学在大多数国家都是免费的公共产品，它们的关闭给教育公平带来了巨大的分配效应战。封锁下的教育在很大程度上取决于父母的指导以及对计算机和高速互联网的使用，而这增强了来自高收入家庭的儿童的优势。据联合国估计，在封锁最严重的时候，15 亿失学儿童中约有一半无法使用计算机。[30] 根据重塑公共教育中心的数据，美国富裕学区提供在线直播教学的可能性是低收入学区的两倍，与城市学生相比，农村学生更难与老师取得联系。[31] 私立学校通常能够更快地转向视频教学，并在封锁期间提供更频繁的师生交流。

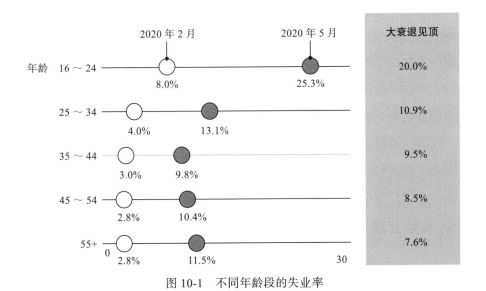

图 10-1　不同年龄段的失业率

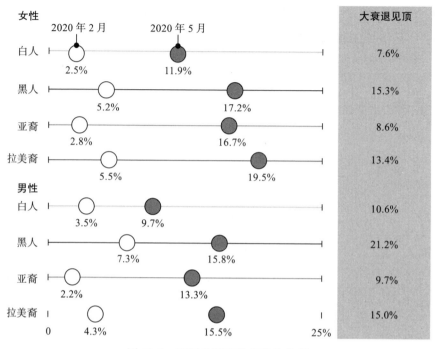

图 10-2 不同性别和种族的失业率

对学校停课的研究表明，在封锁期间无法获得充足的教育不利于学生技能的培养，并且会导致学生受教育水平降低。[32] 挪威统计局估计，学校停课会导致每个孩子每天损失 173 美元的未来收入并且会使父母的生产力下降。[33] 最终结果是，受疾病直接影响较小的年轻人反而要为疫情付出更大的经济代价，这还没有考虑到要提高他们的税收来为应急措施筹款的情况。在当前情况下应该使用多少国家财政能力，需要考虑的因素之一就是未来几代人的预算可能会因此收紧。这一点将在第 16 章中更全面地讨论。

危机下的共同利益框架

当我开始从事金融业时，我的其中一个导师就是格里·科里根。从 1985 年到 1993 年，格里一直担任着纽约联邦储备银行的总裁，这是全球金融界最有权势的职位之一（我们都很幸运，蒂姆·盖特纳在全球金融危机最严重的时候勇担重任）。在黑色星期一（1987 年 10 月 19 日）这一天，美国的股市暴跌 23%，这也是历史上跌幅最惨的一天，但格里却镇定地指挥着纽约联邦储备银行的行动。在那黑暗的一天和随后的动荡日子里，许多人都呼吁停止股市交易，市场已经失去了理智，就像一个孩子需要休息那样，市场也需要休整。但格里不这么认为，在他看来，"关闭市场的问题在于你必须还得再次重启"。正如大多数军事领导人早已清楚，但政治家必须付出巨大的代价才会明白的事情一样：开战容易，退出战场却难上加难。

　　由于准备不足，以及最初对新冠疫情并没有做出及时的反应，当大多数政府要准备采取行动时已别无选择，只能暂停本国的经济活动。面对死亡和人类尊严两个层面上的可怕后果，国家当前最重要的是要遏制疾病的疯狂传播。虽然更早地采取行动并提前做好准备是最优的，但在最终做出决定时，封锁实际上是唯一可行的选择。

　　但问题是，在停止经济活动之后，政府如何才能再次重启经济？考虑到封锁带来的实际经济成本，许多人在决策过程中需要同时考虑封锁的健康效益和经济成本。例如，博索纳罗总统拒绝对巴西实施封锁，因为巴西无法承受"失业潮"带来的代价，特朗普总统也经常暗示封锁给美国经济带来的代价要大于死亡带来的不幸。[34] 在英国，保守党前领袖伊恩·邓肯·史密斯爵士将经济复苏与健康结果直接关联起来，他认为人们更需要重返工作岗位，这样才能资助 NHS。[35]

　　对于应该实施封锁还是尽快开放经济这一问题的思维框架，以最鲜明的方式证明了理解价值与价值观之间的关系是多么重要。我们可以采用一种临床决策的方式来决定是否实施封锁措施，通过结合价值评估技术（如统计生命价值）和决策工具（如成本－效益分析），决策者可以权衡当前和潜在未来的经济损失与增加发病率的"货币成本"，直到死亡和商业活动的边际成本和边际收益相等，这运用了第 2 章讨论的边际革命原则。通过对封锁的心理健康影响和放弃教育的成本估计，以及重新开放对维持工人技能和恢复企业生产能力方面的估计，可以使封锁措施的分析更加全面。这些扩展可以将封锁决策的重要考虑因素纳入其中，在这个框架中，包括生命在内的所有因素都被赋予了货币价值，这样我们就可以像处理其他经济价值最大化问题一样，找到"最佳解决方案"。

然而，这种方法在人们的显示偏好面前却无能为力，因为面对新冠疫情的袭击，人们更愿意竭尽全力保护同胞的生命安全。人们对新冠疫情的反应展现了团结、公平和责任等价值观。因此，要建立解决新冠疫情造成的经济和健康双重危机的正确框架，必须将这些价值观体现在商定的社会目标中，然后才能评估政策对它们的影响。

我们在为共同利益制定新冠疫情政策框架时，可以从气候变化中汲取经验（参见接下来的第 11 章和第 12 章）。我们有一个总体目标即环境可持续性，它由社会的代际公平和公正的价值观来决定。环境可持续性可以通过一个具体目标来实现，那就是将温室气体排放限制在使全球气温升高1.5 ～ 2℃的碳预算内。虽然目标受制于测量和实际气候结果的不确定性（反馈循环等意味着即使预算得到遵守也可能导致更糟的结果），但它是达到社会所重视的目标能够采取的最佳方法。

为了制定正确的政策来消除新冠疫情的影响，我们首先需要明确哪些指标可以衡量目标的成功。为了实现这些目标，应该公开讨论备选方案、可行的行动及行动成功的可能性。然后对实现目标的政策加以分析和实施。

经济学家蒂姆·贝斯利和尼克·斯特恩提倡一种叫作成本－效益的分析方法，该方法可以考察如何以不同方式管理和评估实现目标的成本。[36]在成本－效益分析中，首先设定基于社会价值观的目标，然后建立这些目标的明确指标/衡量标准（碳预算与 1.5℃的气候变化一致，并且正如我们将看到的，新冠疫情的 R0 较低），之后考察替代政策以确定实现社会所需目标的最有效方法。请注意成本－效益分析与成本－收益分析的差异，在

成本 - 收益分析中（当然是简单的应用），我们会进行一系列价值估计，其中包括了基于市场价格的估值，这些估值包含了一系列对价值观的判断，然后将成本和收益相加，并根据边际作用做出决定。当使用纯粹的数字来评估问题时，价值观判断往往被掩盖或忽视。而成本 - 效益分析则采取明确的方式来反映社会的价值观，但在错误的人手中，成本 - 收益分析可能会直接决定或主导社会价值观。

现在让我们将这个理论付诸实践。作家、工程师和商人托马斯·普约在他一篇极具影响力的博客中概述了关于新冠疫情政策的标准框架，其中对新冠疫情的应对被描述为：

- "锤子"是一种初期的极端限制措施，通过控制病毒的传播来保护健康。这也是世界各地许多人群的本能反应。在大多数情况下，"锤子"措施伴随着经济救助计划，以保护企业和家庭免受企业和学校关闭造成的负面经济冲击。
- "舞蹈"是一个逐步放宽封锁限制（同时鼓励保持社交距离和其他限制措施）的试错过程，在这个过程中还需要逐步恢复经济活动。在第二阶段，必须保持对疫情的控制，因为此时它还没有得到完全的遏制。[37]

当普约提出这些观点时，许多政策制定者认为，封锁对阻止新冠疫情传播和避免医疗服务系统崩溃至关重要。经济支持措施（如工资休假计划和廉价的公司信贷）的目标是减少失业，维持企业的生产能力。这些政策在设计时被作为过渡的手段，其中暗含的假设是新冠疫情就像一种急性病，它只是暂时的，人民和政府将健康放在首位，然后尽其所能减轻其对经济的影响。

然而疫情的持续从几周变成了几个月，奇迹般恢复正常的可能性越来越小，有四件事发生了变化。首先，对疾病的控制取得了进展，传播速度

R0低于1（高于该水平时病例数呈指数级增长），但没有从根本上结束疫情。其次，政府赤字达到第二次世界大战以来的最高水平，经济成本开始大幅上升。再次，长期停产开始消耗工人和企业的生产能力。疫情对经济的影响不断地向不同行业不均匀地扩散开来。政府担心对特定行业的支持计划可能会给予某些企业或行业过多的援助，却没有预料到新冠疫情其实正对酒店、零售和运输等行业造成严重影响。最后，疫情对不同社会经济群体（包括妇女、少数族裔和年轻人）以及整个人口的健康状况（包括心理健康、家庭暴力、其他疾病无法得到治疗）的不平等影响越来越明显。

在这种环境下，人们更加要求政府在健康、经济成本和收益之间进行明确的权衡。所有评估都需要对统计生命价值（VSL）进行某种形式的估算，然后将它们的结果与封锁带来的经济和社会成本进行权衡。其中一种最复杂的变体是由"幸福学之父"理查德·莱亚德和多位合著者开发的框架。[38]这一框架以他们称为"WELLBYS"的幸福指标为核心，平衡了封锁带来的一系列社会和经济上的成本和收益，并确定了重新开放的节点。

然而，即使仔细考虑了这一点，这种分析也具有第9章所讨论的问题，即分析的假设太多、方法论有缺陷、公平性不是主要的考虑因素，而优化却被放在了首位，道德立场未经充分思考就被嵌入到了计算当中，并且对生命等变量进行明确评估可能腐蚀了我们社会的价值观。

在生命、死亡和健康问题上，这种定量方法能提供的道德正濒临险境和必须采取的实际决策相关的见解是有限的。过于频繁地使用成本－效益分析和VSL会赋予它们一种不应有的权威。尽管谢林的主观革命在衡量基于劳动能力的生命估值方面有所改进，但仍有许多不足之处。正如诺贝尔奖得主、哲学家、经济学家阿马蒂亚·森在内的许多人所争论的那样，生命不能用美元、英镑甚至"健康调整寿命"这样单一的数字来衡量。并且，政客们也不愿意在公开言论中为生命赋予金钱价值，他们可能觉得这样的立场不会得到民众的认同。[39]因为部分民众有时会公开反对统计生命价值的估算，他们认为自己的生命与他人相比没有得到足够的重视。[40]

尽管经济目标和健康目标通常是对立的（开放带来的经济收益与较差的健康结果之间进行权衡），但实际情况更为复杂。正如我在英格兰银行的同事扬·弗利格所记录的那样，有大量的跨国证据表明这些目标通常是互补的。例如，不同国家的数据表明，随着病毒的传播，80% 以上的流动性减少是自愿的。[41] 如果人们担心自己的健康，那他们可能不会回来工作或外出消费。因此过早解除封锁措施对供需的影响是有限的，如果人们认为感染的风险很高，他们就不太可能在娱乐上花钱，这说明了感染率的激增会削弱消费者和市场的信心。[42]

此外，如果人们发现承诺恢复正常只是虚假的口号，那么在预期未来疫情会连续暴发的情况下，公众信心将会遭受更大的损害，这说明政府要对疫情及其传播的已知和未知情况与公众进行清晰和坦率的沟通。新冠疫情是一个极其困难的挑战，因为这不仅是管理风险的问题，而且是管理极端不确定性的问题。[43] 虽然其他疾病与新冠肺炎有相似之处，但考虑到新冠肺炎毒株是新出现的、可以无症状传播并始终存在变异的可能性，因此没有真正的先例可循。但澄清什么是已知的，什么是未知的，以及向公众及时更新建议，并清楚地解释为什么这些建议可能会改变，对于维护国家的合法性和鼓励公民互助都是至关重要的。只有当人们能够认识到措施的合理性，他们才会遵循这些措施，从而使其产生效果。

这项工作非常重要，不能仅仅依靠公共卫生官员来执行。当局需要"遵循科学"来实现 R0 小于 1 的基本目标，然后在一系列目标中进行权衡和优化，从而反映社会真正重视的价值。此外，流行病学的建议并不是一直有效的，随着时间的推移，此类建议的边际作用是不断递减的。

理想的做法是采取综合的方法来建立共同利益，通过建立共识的过程来定义核心目标，之后确定实现这些目标最具成本 - 效益的干预措施。社会的选择应该以现在与未来它对生命的价值、工作的尊严和人类的繁荣为指导。

正如我们所见，在新冠病毒大流行期间，公民彰显出了团结、公平和有责任的价值观。这些价值观表明，新冠疫情政策的总体目标应以健康和社会成果为核心，也就是要最大限度地减少死亡风险，确保病人得到充足的治疗，同时要求相关的负担以及国家提供的任何保护措施的好处都能够在全社会公平分配。一旦实现了这些目标，政策制定者就可以有选择地开放来最大限度地提高经济利益，并最大限度地降低疾病卷土重来的可能性。在解除限制的过程中，政策制定者必须重点关注分配问题，因为放松封锁措施给消费者和工人带来的直接利益和成本在规模和分配上存在很大差异（指的是在工资、消费、就业和感染率方面的变化）。

当局进行风险管理的方式：在限制极端负面事件发生的前提下，优化预期的结果，并且要满足公众要求的优先事项。当局还要认识到，公众对更好的健康结果的高度重视，意味着需要国家在任何情况下都能控制新冠疫情传播的速度，即实现远低于 1 的 R0（接近 0 取决于复苏的前景和完全消除的成本）。在评估可接受风险时，R0 的使用类似于气候变化中的温度目标（例如保持远低于 2℃的气候变化），这些目标和指标有助于进行理性评估。

若新冠疫情失控的风险被最小化，继续维持封锁会严重影响精神健康、生产能力和代际公平的相对成本。考虑到完全封锁的不确定性和复合成本，我们在制定目标时不能寄希望于疫苗或者治疗、测试、有针对性的封锁等措施会取得突破性进展，并认为这些会使社会恢复原状，从而为此赌上一切。政策面临的挑战是如何最大限度地降低控制疾病传播的经济成本，同时适当考虑分配和代际公平问题。剥夺儿童的教育或削弱未来经济的生产潜力对于消灭新冠来说似乎代价太大了。换句话说，应该将平等和活力添加到指导新冠疫情政策决策的价值观中。

将追求低 R0 作为实现社会价值的统一目标有几个好处。第一，它限制了疾病的传播。第二，通过使疾病传播保持缓慢增长的趋势，可以避免现有的卫生医疗能力不堪重负，从而最大限度地提高对患者的公平治疗和对死者的尊重。第三，它为扩大健康范围和提高检测能力争取到了时间，可以开发新的治疗方法以降低感染新冠人群的死亡率，并增加成功研发和管理疫苗的可能性。第四，疾病的缓慢传播可以逐渐增强人群的免疫力。但考虑到新冠疫情的新特性，所有这些因素都具有高度的不确定性。

关注 R0 的变化将公共卫生和经济学结合在一起。放松封锁可以增加 R0，并带来经济、健康和社会结果，这些结果可以与潜在的经济效益进行权衡。在制定应对新冠的政策方法中，核心是在最小经济成本下找到最佳的政策组合，同时充分考虑分配和其他社会后果，这些成本的计算和校准会为不同遏制策略提供指导。正如贝斯利和斯特恩所说的那样，政策经济学给我们的一个重要教训是，确定哪些工具组合来实现哪个目标对社会决策是至关重要的。[44] 在新冠疫情下，这意味着要关注措施对公平性（在工作保留、社会支持、健康结果等方面）、教育的社会回报、经济激励、代际公平（教育和经济机会）和经济活力（限制对生产力的破坏）的影响。

在制定政策时，重要的是要认识到新冠疫情从根本上是不对称的。与年轻人相比，疫情对老年人的影响更大。不同经济部门的风险暴露程度存在很大差异，疫情对容易传播疾病的行业（娱乐、酒店等）造成重大打击的同时，却加强了那些不易传播疾病的行业（例如电子商务、远程教育和电子健康）的竞争优势。这也意味着，大范围的基础支持计划需要辅以针对特定经济部门和人群的其他支持计划。

在决定开放或关闭经济哪些部门时，政策制定者必须权衡在任何市场中都没有被定价的外部因素。经济外部性是一种活动对其他经济部门的溢出效应。例如，不断发展的汽车行业提高了对钢铁、铝和软件的需求。感染外部性是经济活动对疾病传播的影响。大多数形式的线下娱乐业和酒店服务业都具有很高的感染外部性，而这些外部性并不一定会充分反映在其价格中。[45]

考虑到这些，政策制定者在决定开放或关闭哪些经济活动时，应该倾向于限制那些对其他经济部门具有低经济外部性，但有高感染外部性的经济活动（如现场娱乐表演、餐厅和非必要的旅行），对那些具有低感染外部性和高经济外部性（如制药业和银行业）的活动，更倾向于开放甚至是补贴。最大的挑战来自那些经济上至关重要，但感染风险也很高的领域（医疗保健、必要的旅行和教育），尽管对其感染率的看法随着时间的推移会有所不同。阿森扎等人已经以图的方式呈现了这种分类（见图10-3），根据经济外部性和感染风险外部性，对经济活动进行保护、管理、限制或不加干预。

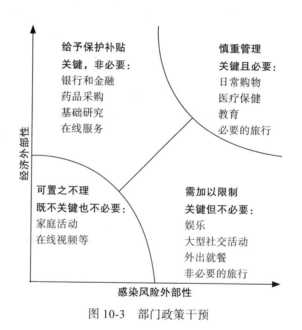

图 10-3 部门政策干预

即使是像阿森扎等人所做的涉及感染风险的隐形价格和跨部门边际替代率等式的高度复杂分析，其实也只是决策者针对新冠疫情做出复杂选择的一种简化模型。例如，大多数建模方法通常不会对不同社会经济群体的疾病或经济冲击的发生率进行加权。简而言之，这些方法其实低估了公平性，而公平性既是影响公众行为的核心因素，也是国家实现合法性的必要条件。此外，这些统计方法还低估了经济的活力，理所当然地认为经济的生产能力不会因封锁而受到伤害和削弱。

因此，决策制定不能简单地通过目标函数期望的优化来实现。[46] 不确定性、后果的严重程度以及价值观上的分歧使得政策制定者应该选择稳健的行动，因为它们通常相对于其他政策表现得更好。理想的政策是"无悔"政策，但考虑到新冠疫情带来的不确定性，我们所能希望的最好的政策可能仅仅是"低后悔"政策。

如第 16 章所述，财政能力的使用是一项关键决策。虽然结构性利率较低，但预算约束并不是无限的。同时，最低的经济成本不应与公共财政开支的最低成本混为一谈。监管给企业带来的成本可能导致就业减少或资产利用效率低下，而许多成本又以价格上涨的形式转嫁给了消费者。在这方面，最重要的是考虑经济的动态能力。政策制定者需要考虑政策对人们的教育、技能发展，以及企业生产能力的影响。另外，路径依赖也很重要。

最后要强调的是，在重新开放的道路上，公众是否能够公平享有医疗保健的权利也至关重要。如果这一权利受到了损害，国家的合法性与公民互惠之间的边界将被破坏，这会降低公众的服从性，并带来严重的健康和经济后果。分配物资的公平性也很重要，不能让强者适用一套规则，而其他人适用另一套规则（公众对政府高级官员和足球运动员在封锁期间的行为所表现出的愤怒证明了这一点）。

管理新冠疫情是一个动态的过程。在信息有限且恐惧弥漫的情况下，政府做出的早期决策不是一成不变的。政策必须随着新的发展以及我们对风险的更多了解而进行更新并重新调整，例如检测和治疗的改进改变了疾病的风险特征，经济也逐渐适应了限制措施，因此政府需要让公众去了解这些变化及其影响。减缓疾病的传播意味着那些现在患病的人能恢复到更好的健康状态，但同时，随着债务的累积、技能的减退、闲置的物质资本的老化以及教育不足的加剧，经济和社会的韧性都在减弱，如果继续实现管理 R0 的总体目标，这些情况将会影响重新开放的决策。

价值会发生变化

在危机爆发的前几年，虽然政府低估了病毒的持续性，未能履行好保护公民的职责，但在那些政府治理能力强的地方，公民对封锁令的遵守情况很好，世界各地的人们都挺身而出，通过个人和重建的社会展现了团结和利他主义。同时，新冠疫情危机还深刻地揭示了社会压力和社会不公。那些不可或缺的工作岗位的价值被低估了，许多人表现出的同胞之间的团结与社会中存在的深刻不平等之间形成了鲜明对比，这提高了人们对生活中各个领域的公平以及更高层次的平等的期望。

问题是危机期间所揭示的价值观是否会在正常时期继续维系下去。[47]这将部分取决于后疫情时代价值观会如何变化。金融市场的估值随着人们对疫情持续时间和严重程度的看法的变化而变化。

令人更加担忧的是，经济体正在经历的不仅仅是供应链的短期中断，而是完全的破坏。具体而言，有多少曾经有生存能力的公司永久受损？又有多少人会失去工作并脱离劳动力市场？这不仅仅是短期 GDP 暴跌的问题，这些问题的答案将是对政府、公司和银行应对措施的真正考验。

人们已经开始关注这场危机所带来的实际机会：远程办公、电子医疗、远程学习以及我们的经济从实体向数字化的加速转变。

随着我们的数字生活和现实生活的扩展，以及我们的物理生活和全球生活的收缩，价值的创造和破坏在同时发生。创造力和活力仍受到高度重视，但新的因素将重塑价值：经济、金融、心理和社会。让我们按重要性升序来考虑以下内容。

第一，危机可能会加速全球经济的分裂。在疫苗得到广泛应用之前，旅行限制措施会一直被实施。即便是在疫苗普及之后，各地也会更加关注自身的韧性和恢复能力，而不是去关注全球效率。

第二，公司的大部分企业价值以损失的现金流和大量财务支持为主。

如果不对债务进行重组、以优惠条件延长债务期限或者进行债务免除，高额债务将增加基础股票的风险并影响其增长能力。

更深刻的影响是，国家与私营部门之间的财务关系变得更加密切和复杂。国家能够顺利退出商业活动吗？国家是否会继续卷入商业活动，限制私营部门的活力？

第三，健康和经济的双重危机将改变企业平衡风险和韧性的方式。我们正在进入一个新世界，在这个新世界中，企业将通过重视反脆弱性和制订应对失败的计划，来为黑天鹅事件⊖做好准备，这是金融部门在全球金融危机期间以痛苦的代价得到的教训，这就是银行现在可以成为解决方案的一部分的原因。展望未来，哪家公司将以最少的流动性、紧张的供应链和代币应急计划来运营？哪些政府将依赖全球市场来解决本国危机？

第四，人们看待经济的角度将发生变化。几十年来风险不断地分摊到个人身上，"账单"已经到来，但人们无力支付。人们正在经历失业的恐惧，并感受到医疗条件不足或无法得到医治的焦虑。这些教训不会被很快遗忘，并且这种情况将对依赖杠杆消费、火爆的房地产市场和充满活力的零工经济部门产生深远影响。

考虑最后一个更深层次的问题。近几十年来，越来越多的资产或活动必须要放在市场中才能被估值，价格正在成为价值。

这场疫情危机可能有助于扭转这种因果关系，从而使公共价值塑造私人价值。在推动这一转变时，社会首先要将健康放在首位，然后再考虑解决经济后果。我们以罗尔斯主义者和社群主义者的身份行事，而不是功利主义者或自由主义者。由于经济活力和效率的价值观与团结、公平、有责任心和同情心的价值观相结合，曾经以统计生命价值为基础的成本－收益分析已经被否决。

这场危机是对股东资本主义的考验。当危机结束时，人们将根据"它

⊖ 指远超预期的小概率事件。——译者注

们在与疫情抗争的期间都做了什么"来对公司进行评判。它们是如何对待员工、供应商和客户的。谁分享了资源，谁囤积了资源？又是谁采取了行动，谁放弃了行动？

许多领导人将当前的危机描述为一场看不到敌人的战争，而当这场战争结束时，我们需要赢得和平。

这种划时代事件带给我们的历史经验是，此后社会的期望不再只关注经济增长的速度，而是更关注增长的方向和质量。全球金融危机之后，我们的目标是实现经济金融化的再平衡，结束银行业"太大而不能倒闭"的时代，并建立股东资本主义。在新冠疫情危机后，国家要合理地预测到公众会要求提高社会支持和医疗服务的质量和覆盖范围、更关注尾部风险管理、更重视专家的建议等趋势。

振兴我们的经济和社会并非易事，尤其是抗击疫情的成本将会削弱政府、企业和金融机构恢复经济（以及应对下一次危机）的能力。我们如何应对气候变化将是对这些新价值观的考验。毕竟，气候变化是亟待解决的问题：这是一场全球无人能置身事外的危机，是被科学预知为今后首要的危机，是一场唯有人类携手提前预案方能渡过的难关。

许多领导人将新冠疫情危机描述为第二次世界大战以来最大的挑战。在第一次世界大战之后，英国首相劳合·乔治将经历创伤的英国人民团结起来，承诺要建立一个"英雄的英格兰"。一旦这场与看不见的敌人的战争结束，我们的志向应更加宏伟："建设一个让我们的子孙后代都能安居乐业的星球。"如果我们能齐心协力应对医学、生物学领域的最大挑战，那么我们也一定能团结一致应对气候物理学和不平等势力的挑战。

我们接下来将首先讨论气候危机，然后在第三部分探讨领导者、企业和国家如何在危机中迎难而上、保持冷静。

| 第 11 章 |

气候危机

自上一个冰河时代以来，人类经历了长达 11 000 年的气候稳定期，这段稳定期也被称为全新世。然而，这种稳定性现在正在走向崩溃。我们创造了一个新时代，即人类世，这个时期地球的气候不是由自然的地质节律来驱动的，而是由我们对地球的影响来驱动的。随着工业革命的风潮吹向世界各地，地球的气候也开始发生变化。自 1850 年以来，全球气温每 10 年就会上升约 0.07℃，在过去的 30 年里，这个上升的速度增加了 2 倍，自 19 世纪末以来，地球的平均温度已经升高了整整 1℃（见图 11-1）。[1]

这些变化正在逐渐影响着地球精心协调的生态系统。自工业革命以来，我们的海洋酸化程度加重了 30%。[2] 海平面在过去的一个世纪里上升了 20 厘米，这一上升速度在过去的 20 年中增加了一倍（见图 11-2）。[3] 北极和南极冰层融化的速度在过去 10 年中更是增加了 2 倍（见图 11-3）。[4] 飓风、森林大火和山洪这样的极端气候事件正在成倍增长，这些事件在过去被当作尾部风险，但很快它们就会成为未来的主要事件。

这些影响始于单个物种的灭绝，然后是对整个栖息地的破坏。在地球历史上，已经发生过五次物种大灭绝。而现在，人类活动正以前所未有的速度将地球推向第六次大灭绝。目前的灭绝率大约是过去几百万年平均水平的 100 倍。从我出生以来，哺乳动物、鸟类、鱼类、爬行动物和两栖动物的数量减少了 70%。[5]

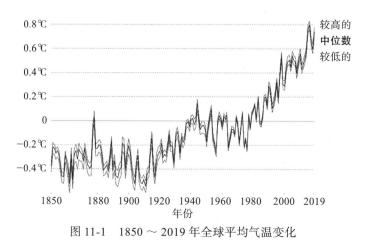

图 11-1 1850 ～ 2019 年全球平均气温变化

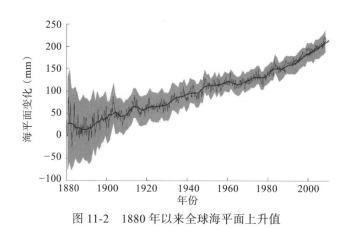

图 11-2 1880 年以来全球海平面上升值

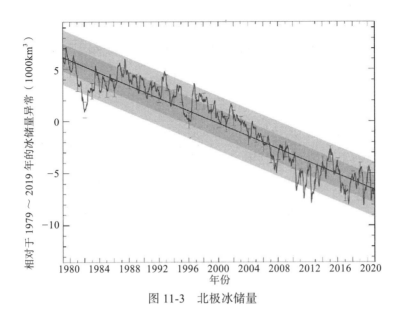

图 11-3　北极冰储量

曾经只在圣经中出现的故事，现在正在变得司空见惯。

也许是因为气候问题没有被正式以金钱的方式标价，所以它所带来的损失最初仅被轻描淡写地略过，气候问题产生的原因被认为是未来才需要考虑的问题。但现在气候变化已经开始影响那些具有市场价格的资产，迫在眉睫的灾难规模变得越来越大。气候变化正在形成一个恶性循环，海平面上升和更极端的天气正在破坏财物，迫使人们移民，损害人们的资产并降低人们的工作效率。现在，新冠疫情危机暴露出了人类的可悲与愚蠢，我们低估了天灾的持续性，甚至忽视了系统性的风险。随着社会逐渐意识到这些风险，我们开始更加重视可持续性，这也是解决气候危机的先决条件。

但是，要做到这一点，我们必须要先了解气候变化的成因和后果。

成因：温室气体排放

联合国政府间气候变化专门委员会（IPCC）得出结论，我们目前的变暖趋势极有可能（概率超过 95%）是由人类活动引起的。[6]快速的工业化和全球经济增长增加了温室气体（GhG）的排放，尤其是二氧化碳（CO_2）的排放量，这些温室气体正在以惊人的速度进入到大气中。虽然燃烧最初的 5000 亿吨碳用了 250 年，[7] 但按照目前的趋势，接下来的 5000 亿吨碳将在不到 40 年的时间内释放到大气中。

二氧化碳浓度从未达到如此之高（见图 11-4），这不只是一个迫在眉睫的挑战。在所有温室气体（包括甲烷、一氧化二氮和氟化气体）中，二氧化碳是最成问题的。它占造成变暖影响排放量的四分之三，并且二氧化碳也是最持久的温室气体，今天排放的碳中有很大一部分在大气中已经停留了几个世纪。[8]

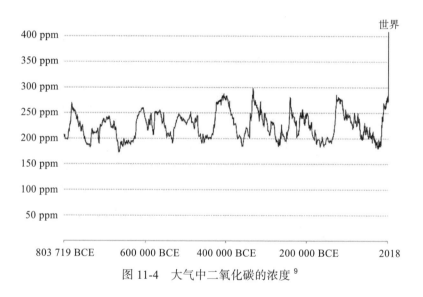

图 11-4　大气中二氧化碳的浓度 [9]

通过分析过去一个世纪碳排放和气温的相互作用，科学家们得出结论，全球变暖的速度与大气中二氧化碳的含量大致成正比。这样的计算意味着我们可以估计出我们的碳预算，也就是说在我们不超过规定的温度阈值之前，还可以向大气中排放多少二氧化碳。

碳预算的大小取决于温度结果和不确定性程度（即假设结果的概率）。IPCC 报告是最权威和最常引用的碳预算来源。2018 年，IPCC 的估计范围从 420Gt（以 66% 的概率实现升温 1.5℃的目标；按目前的排放量计算，这将在不到十年的时间内耗尽）到 1500Gt（以 50% 的概率实现升温 2℃的目标；按目前的排放量计算，这将在大约三年半的时间内耗尽）。将气温变化的上升幅度限制在工业化前的 1.5℃内，可以防止地球气候和自然系统陷入恶性的反馈循环。例如 IPCC 预测，如果气温升高 2℃，17 亿人可能会经历更严重的热浪，海平面可能再上升 10 厘米，珊瑚礁可能减少多达 99%。

概率（%）	温度阈值目标（℃）	碳预算（剩余 Gt，截至报告出版和 2020 年第 1 季度）[10]	按照目前排放率计算还剩几年 [11]
66	1.5	420（报告出版日）～ 336（Q1 2020①）	～ 8
50	1.5	580（报告出版日）～ 496（Q1 2020）	～ 12
66	2	1170（报告出版日）～ 1086（Q1 2020）	～ 26
50	2	1500（报告出版日）～ 1416（Q1 2020）	～ 34

① Q1 2020 指 2020 年第 1 季度。——译者注

由于生态系统的复杂性，这些预算可能会更小，这也是我们尽可能限制温度升高的一部分原因。地球有许多反馈回路和临界点，它们可能会从良性变为恶性并加速这一过程。例如，极地冰盖可以反射光并减少气候变暖的发生。当它们融化时，这种影响就会消失，所以极地冰层的消失既是气候灾难的后果，也是气候灾难的原因。同样，我出生地的那片永久冻土正在融化，这会导致二氧化碳和甲烷的释放并加速全球变暖。北极变暖的速度是全球气温升高平均值的 2 倍，这使得这些反馈循环发生的可能性越来越大，而且它们并不是微不足道的。IPCC 估计，到 2100 年，永久冻土融化所产生的碳排放量可能占升温 1.5℃碳预算的三分之一。

当排放到大气中的碳量大于我们去除的碳量时（这是一个多世纪以来的情况），二氧化碳的存量就会增加。为了将温度上升稳定在 1.5℃以下，或 2℃以下，我们必须实现净零排放，也就是向大气中排放的碳量与从大气中去除的碳量相平衡。

零碳排放不是口号，而是气候物理学的必然要求。

　　为了将气候变化稳定在升温 1.5℃ 的阈值，在未来 20 年里，温室气体排放量每年需要下降至少 8%。考虑到这一点，2020 年的二氧化碳总排放量（包括新冠疫情导致的经济下行）减少了约 5% 至 7%。即使按照这种减少速度，我们仍在继续支出我们的碳预算，而且我们还没有开始实现设定的温度目标。此外我们还要考虑到这些努力的背景，2020 年全球排放量下降 10%，仍意味着人类释放了 33Gt 的 CO_2，这比 2010 年之前的任何一年都要高。

　　为了将温度升高限制在 1.5℃ 以内，今天出生的全球公民"平均"一生中的个人碳排放预算将相当于他们祖父母的八分之一（见图 11-5）。所以下次当你听到"好吧，婴儿潮一代"时，请想想这一点。

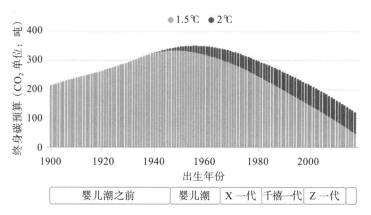

图 11-5　升温 1.5℃ 和 2℃ 情景下按出生年份划分的全球人均终身碳预算

　　如果温室气体排放量的增长直到 21 世纪下半叶才能趋于平稳，IPCC 估计气温将上升 4.0℃（"可能的范围"为 2.4 ～ 6.4℃）。

　　为了将温度升高限制在 2℃ 以内，降低排放的速度和减小排放的规模需要进行重大的结构性转变。各部门之间面临的挑战可能并不相同，但所有人都必须为减少排放做出贡献。甚至大自然也必须从温室气体的主要净排放源转变为自然碳汇，从大气中去除大量多余的碳。

碳排放的最大来源和最难达到净零排放的因素是：

- 工业过程（占当前排放量的 32%），例如制成品、化学品和水泥的生产。自 1990 年以来，这些排放量增加了 174%。
- 建筑物（占当前排放量的 18%），通过用电和供热消耗能源。
- 运输（占当前排放量的 16%），其中包括汽车、重型货车以及水运和航空业使用的能源。在过去的 20 年中，仅交通运输的排放量就增长了 70%。
- 能源生产（占当前排放量的 11%），能源的生产和供应，而不是其最终使用。
- 粮食和农业 / 自然来源（占当前排放量的 10%），包括作物和牲畜。

能源生产和消费是气候不断变化的核心，占全球人为温室气体排放量的近四分之三（见图 11-6）。能源部门包括运输、电力和热力、建筑、制造和施工、"逃逸"排放和其他燃料燃烧。其中，热力和电力产生的排放量最大（2016 年为 15GtCO$_2$e，占总排放量的 30%），其次是运输（15%）、制造和施工（12%）、住宅建筑（11%）和商业建筑（6.5%）。在汽油、柴油和其他运输燃料产生的温室气体总量中，15% 到 40% 是在炼油厂排出之前就产生的。

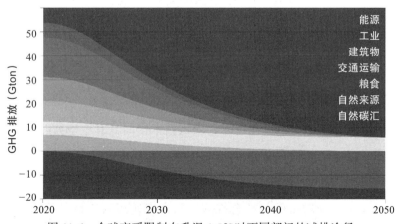

图 11-6　全球变暖限制在升温 1.5℃时不同部门的减排途径

为了减少排放和稳定气候，解决方案必须侧重于：

- 我们如何生产能源（从化石燃料转向可再生能源）。
- 我们如何使用能源（例如，从汽油运输改为电力运输、提高建筑能效和工业脱碳过程）。
- 如何增加我们从大气中去除的碳量［通过大规模重新造林以及开发碳捕获、使用和储存（CCUS）技术］。

要实现净零排放，就需要对我们的能源系统进行大规模变革。这意味着大部分能源使用将转换为电力，并将所有电力转换为可再生能源，还要充分利用其他可能发挥决定性作用的技术，包括氢能技术（特别是用于重型运输，如卡车运输、水运和航空旅行）以及碳捕获和封存技术，尽管人类还需要很长的时间来使这些能源更经济实惠，但这一变革是未来的主要方向。

有些行业比其他行业更难脱碳。这些"难以削减"的行业占全球排放总量的四分之一以上，包括航空、水运、长途运输以及水泥和钢铁生产。减排将需要更有效率的新工业流程和技术。在航空和水运领域，生物燃料和氢动力发动机可以显著减少排放。在建筑领域，3D 打印机现在可以在48 小时内打印出一栋完整的房屋，将建筑垃圾减少三分之一，碳排放量减少一半。

对于一些人来说，呼吁进一步技术创新是一种绝望的忠告。对于创新者、企业家和其他人来讲，这些挑战是巨大的机遇。在任何情况下，速度和规模都至关重要，这就是为什么比尔·盖茨正在领导一个价值数十亿美元的突破性能源基金，力求在短时间内将技术推向具有竞争力的规模。

盖茨在《如何解决气候危机》中，向我们详细介绍了实现净零排放所需的关键技术。正如他所说，这会带来政治挑战以及经济和技术挑战。书中概述了通过将金融价值与社会价值相结合来实现这一目标的方式。它强调了尽最大努力节省碳预算的重要性，以便为比尔·盖茨和其他人所追求的关键技术突破争取时间和空间。

碳排放强度不仅因工业部门而异，也因地域而异。当前碳排放主要集中在城市。虽然城市仅占地球陆地面积的 3%，但它们的二氧化碳排放量占到了 70%。在全球范围内，亚洲是最大的排放地区（略高于全球排放量的一半），其次是北美和欧洲。而人均排放量却呈现出了不同的情况，北美的人均排放量居于首位。历史累积排放量则说明了西方国家对碳排放（不知情的）造成的影响之大。贸易使一些大国进口排放物的情况复杂化，虽然以上所有情况都对人类的努力有影响，但它们表明了问题的全球性以及采取集体行动的必要性。

按人均计算，碳排放量在不同国家之间存在相当大的差异，澳大利亚、美国和加拿大的人均排放量是平均水平的 3 倍，而乍得、尼日尔和中非共和国的人均排放量比这些最高排放量国家少 160 倍，人均排放量仅为 0.1 吨。欧盟和英国接近平均水平，产生这些差异的部分原因是技术和能源生产方式的选择，以及它们的经济更多以服务业为基础。

发达经济体受益于数十年来不受管制的排放，这使它们的工业化能够快速发展，经济也得到了相应的增长。但现在的气候问题要求发展中国家和新兴经济体不能效仿发达经济体过去的模式。这就好比全球需要将温室气体消费从贪婪的婴儿潮一代转移到可持续的千禧一代。

特别是 18 世纪 50 年代以来，美国的历史排放量约为 4000 亿吨，占全球总排放量的四分之一。欧洲的排放量略高于五分之一。直到 1882 年，英国的累计排放量占全球总量的一半，后来被欧洲赶超，而欧洲又在 1950 年被美国赶超。

一些国家已经能够将经济增长与碳排放脱钩。一些大型经济体（如英国、法国、德国和美国）已经做到了这一点，但它们并没有主要依赖将排放生产外包给监管不那么严格（比如，对于消费端和生产端的排放要求都有所下降）的国家，它们的脱钩主要是通过结构性的变化，如增加非碳密集型行业（如服务业）对经济的支持，以及选择更环保的政策和技术。

更广泛地说，暗含了碳排放的贸易揭示了各国对待气候问题的分歧，并凸显这一挑战的全球性。大多数西欧、美洲和非洲国家是碳排放的净进口国，而大多数东欧和亚洲国家是碳排放的净出口国。亚洲的排放强度在一定程度上反映了西方国家目前的碳排放需求。

20世纪90年代以来，世界各国已集体将排放量增长与GDP增长脱钩。然而如上所述，即便整个经济体因疫情而封锁，排放量也仍在增长。因此，将气温上升限制在灾难性水平以下的碳预算正在被迅速耗尽。

基于一些科学的衡量标准，能源革命的规模是相当惊人的。

如果从2000年就开始行动，我们可以通过每30年将排放量减半来达到升温1.5℃的目标。但如果从现在才开始行动，我们必须每10年就减排一半。如果我们再等4年，我们面临的挑战则是每年要减排一半。要是我们再等8年，升温1.5℃的碳预算就会被完全耗尽。

企业家兼工程师索尔·格里菲斯认为，我们承诺了物质资本的碳排放属性意味着，即使再也没有人购买内燃机车辆、安装新燃气热水器，或建造新的燃煤发电厂，我们仍然会使用完剩余的碳预算。[12]这是因为，就像我们期望一辆新车能开上10年或更长时间一样，我们期望我们的机器能一直使用到它们完全报废为止。如果所有机器在它们的使用寿命内的碳排放已经基本耗尽了升温1.5℃的碳预算，那么未来我们将需要几乎所有的新机器（如汽车）实现净零排放。目前，尽管电动汽车是市场上最热门的领域之一，但其销量所占的百分比仅为个位数。这意味着，如果我们要实现社会目标，就会出现报废资产和滞销资产。[13]

如果我们不能及时进行过渡，会有什么危险？气候变化的潜在代价是什么？如果我们达到净零排放，又会保留多少价值？

气候变化的后果

衡量气候变化的后果是价值和估值挑战的核心。有些成本是直接的、直观的和可量化的，比如极端天气事件造成的物质损失。其他的成本可以通过估算气候变化对经济价值的标准指标——国内生产总值（GDP）的潜在影响来估计。但还有更基本的价值问题，特别是由于被气候变化破坏的许多东西并没有明确的（经济）价值，例如生物多样性和生态群落。而我们对应对气候变化政策相对价值的评估，很大程度取决于我们对未来价值的重视程度。

对气候变化的代价和可持续性价值的估计受到若干不确定因素的影响。首先是大气中温室气体浓度对平均温度和气候变化的具体影响。

气候成本的不确定性已经延伸到极端天气如何影响 GDP 增长、就业和工资等关键经济变量的水平和变化率，其中包括创新和适应性在多大程度上可以减轻对衡量经济价值的一些影响的不确定性。评估物种生命价值和人们的生计价值意味着人类要将神圣事物去"货币化"。几乎所有对气候变化成本的估计都忽视了它对社会资本和制度的潜在影响，忽视了它对福祉的直接影响，以及它对经济价值创造的反馈影响。

为了阐明这些观点，我将按照我的习惯，先从央行官员如何看待气候变化的风险开始，然后再对风险价值进行更广泛的衡量。

气候变化带来了物理风险和过渡风险。物理风险源于与气候和天气有关的事件（如火灾、洪水和风暴）发生的频率和严重性的增加，这些事件会造成财产损失、会破坏农作物并扰乱贸易。当实物风险具体化时，它会损害不动产，扰乱人类和自然系统，破坏财务价值。

最后一个具体的例子是保险公司承保风险的显著增加。飓风、洪水、森林火灾和海平面上升等极端天气事件，使企业和社区赖以生存的关键基础设施都面临着风险。由于农作物歉收，房屋被毁，交通网络瘫痪，人类的全部生计可能会毁于一旦。

自 20 世纪 80 年代以来，已登记的与天气有关的事故增加了 2 倍，经通胀调整的损失增加了 5 倍。随着气候变化的步伐加快，与天气相关的保险损失在过去 10 年中实际增加了 8 倍，达到了平均每年 600 亿美元。[14] 这些趋势还将继续下去，预计 21 世纪沿海洪灾将增加 50%，这可能会威胁到占全球 GDP 20% 的资产。[15]

与这些衡量财富存量的资产价值损失的估计相比，GDP 衡量的是流量，即财富的增长。估计未解决的气候变化对经济活动的潜在影响具有重要意义，不仅包括更极端的天气造成破坏的成本，还包括平均气温逐渐升高的影响。例如，气温上升和持续的热浪将影响劳动生产率，特别是对体力劳动者和户外劳动者来说。研究表明气温在 34℃ 时，工人会失去 50% 的工作能力。[16] 1995 年由于高温天气造成的经济损失估计为 2800 亿美元。预计到 2030 年，这一数字将增长 8 倍，达到 2.5 万亿美元。而到 2050 年，将有 12 亿人生活在每年致命的热浪威胁下，这相当于印度现在全部的人口。

绿色金融系统网络（NGFS）是一个由近 80 家央行组成的联盟，它们代表了全球排放量近四分之三的国家。该网络设计了一些具有代表性的情景，以展示气候风险可能会如何演变并影响全球经济。[17] 其中一种情景是"温室地球"，它模拟了如果对气候变化采取的行动不足、排放量增加和温度上升超过 3℃ 时可能发生的情况（请记住，IPCC 不变政策的核心情景是升温 4℃）。在这种情况下，因为海平面上升和更多的极端天气事件的发生，气候变化的物理风险会占据主导地位，到 21 世纪末将导致 25% 的GDP 损失。NGFS 认为这还只是一个保守的估计。

英国央行监管着全球第四大保险业（尽管业内人士对此知之甚少）。当我成为英格兰银行行长后，我很快意识到保险公司正处于应对气候变化的一线。由于对商业的担忧，全球公民增强了投保动机，因此保险公司有最大的动力在短期内了解和应对气候变化。例如，伦敦劳埃德保险公司的核保人员被要求在商业计划和承保模型中都要明确考虑到气候变化。他们的优势在于，他们认识到过去并非序幕，未来的灾难存在于今天的尾部风险之中。有了这些洞见，保险业在组织应对这些生存问题方面显得尤为积极。[18]

财产和意外险保险公司、再保险公司已经在调整它们的业务模式，以适应最直接的物理风险，包括从洪水到极端天气事件对主权风险的影响。例如，伦敦劳埃德保险公司的研究估计，自 20 世纪 50 年代以来，在所有其他因素不变的情况下，曼哈顿南端海平面已经上升了 20 厘米，仅在纽约，超级风暴桑迪造成的保险损失就增加了 30%。[19]

到目前为止，复杂的预测、前瞻性的资本制度和围绕短期承保范围建立的商业模型相结合，使保险公司在管理物理风险方面处于相对有利的地位。[20] 保险公司必须不断更新它们的模型，谨慎地调整承保范围。随着时间的推移，如果没有公共担保，在我们的经济中越来越多的领域将变得无法投保：到 2100 年，价值 2500 亿美元至 5000 亿美元的美国沿海财产可能会被海平面淹没。[21] 此外，如果不维持保险覆盖，更广泛的金融体系将越来越多地被暴露在巨大和多变的物理风险之下。

与气候相关的第二类金融风险是过渡风险。这类风险是向低碳经济调整的结果。随着过渡的成本和机遇的凸显，政策、技术和实际风险的变化会使大量资产的价值需要重新评估。有利的调整拖得越久，过渡风险就会越大。

向净零经济的调整速度尚不确定，但它可能对金融稳定起到决定性作用。由于环境政策或绩效的变化，已经出现了一些企业陷入困境的例子。自 2010 年底以来，美国四大煤炭生产商的总市值已下跌了超过 99%，并有多家企业破产。为了达到升温 1.5℃ 的目标，需要将目前超过 80% 的化石燃料储量（包括四分之三的煤炭、一半的天然气和三分之一的石油）留在地下，从而使这项资产陷入了困境。如果温度变化低于 2℃，大约 60% 的化石燃料资产将被留在地下（而在那里它们将不再是资产）。

当我在 2015 年的一次演讲中提到资产搁浅的可能性时，[22] 业内一片哗然。这在一定程度上是因为许多人反对在巴黎会议上达成的目标（将气温上升控制在 2℃ 以下），不愿意直面经科学估计的、实现这些目标所需的碳预算，以及正视对化石燃料开采的影响。他们不能或者不愿意进行基本的计算。现在人们越来越认识到，一些化石燃料资产将陷入困境，尽管正如我们将在本章后面所讲的那样，金融市场的定价仍然与过渡时期的要求不一致。

搁浅的资产不仅限于化石燃料。商业农业砍伐了 70% 的热带森林，主要为了生产棕榈油、大豆和木材。政府为了限制森林砍伐，限制了新的土地许可并拒绝更新现有的土地许可，使一些农业企业变得难以发展。[23] 据估计，在欧盟内由于三种潜在的干扰：电动汽车、无人驾驶汽车和共享汽车服务，多达 2400 亿欧元的欧洲汽车行业资产面临陷入困境的风险。[24] 各国央行越来越关注如何在气候政策突然大幅收紧的情况下管理金融面临的潜在风险。第 12 章将讨论防止突然的调整和平稳过渡的方法。

气候变化带来的风险表现为经济冲击，这对经济增长速度、创造就业速度、工资增长和通货膨胀都会造成影响。有两种类型的经济冲击：需求和供给。需求冲击会影响消费、投资、政府支出和净出口。需求冲击通常是短期的，一般不会影响经济的长期轨迹或生产能力。而供给冲击则不然。它直接影响增长的驱动因素（劳动力供应和生产率的增长）及其根本决定因素（物质资本、人力资本和自然资本、技术和创新程度）。

负面的经济冲击可以同时影响 GDP 的增长水平和增长率（即使是那些悲观的科学家、经济学家也拒绝把一个对经济产生重大改善的不可预测的事件称为积极的意外）。尽管以往金融危机可参考的事例很多，但这种"传统"冲击对趋势增长率的影响，人们尚未达成共识，部分原因是它的持久影响取决于政策的反应，而预测气候冲击的影响还要更加困难。

有人估计了气候变化对 GDP 的潜在影响。这些影响都受到不确定因素的制约，包括：

- 绘制温室气体与气候结果的关系图（受科学不确定性和气候动力学
  非线性影响）。正如所讨论的，气候变化的科学不是直线前进的，而
  是受制于反馈循环和非线性动力学。
- 温度和 GDP 之间的关系（以及它如何因平均值、变化率或波动性而
  变得不同）。
- 确定物理气候事件是否对 GDP 有一定程度的影响或影响在加强（由
  于对劳动力、生产过程的影响和负面社会效应造成的负面反馈）。
- 缓解气候影响的适应程度和创新程度。

　　鉴于这些基本的考虑和注意事项，让我们来分析一下气候变化对 GDP
潜在影响的估计。这些研究通常发现，气候变化会使全球 GDP 损失 15%
到 30%。[25] 从本质上讲，气候变化可能导致整整十年的经济零增长。此外，
GDP 代表的是经济中一年的增加值。一般来说，对气候变化影响的估计通
常会预测出过去已经失去而未来可能会继续失去的东西。因此，气候变化
会造成持续的负面影响。

　　重要的是，目前的估计并不全面，因为气候变化对许多重要问题（例
如水资源、运输、移民、暴力冲突、能源供应、劳动生产率、旅游和娱乐）
的影响还没被人重视起来，而且没有任何估计值能够涵盖所有问题。这些
遗漏会降低估计的准确性，并加强减少温室气体排放的理由。

　　有些东西是 GDP 能够衡量的，而有些却是 GDP 不能衡量的，GDP 的
这一缺陷使得不同的估算方法都会存在缺陷。特别是 GDP 作为衡量价值的
指标，未能体现幸福、健康和繁荣社会等无形因素，如相对平等、强大的
社会资本以及人类福祉。在一个饱受气候变化影响的世界里，所有人都要
承受压力。

　　在气候变化影响的 GDP 估算中，一些未被建模的因素既对人类福祉至

关重要，又会产生直接的经济后果。

气候变化将加剧资源错配和被迫迁徙。气候难民是指那些受到极端天气事件、水资源短缺或海平面上升影响的人。早在 1990 年 IPCC 就指出，气候变化对我们的社会和经济造成的最大影响可能是会产生大量的气候难民。[26] 2017 年近 2500 万人因与气候相关的灾害而流离失所，据估计到 2050 年，这一数字可能会上升到 2 亿。[27] 被迫迁徙不仅会产生经济后果，对城市地区和卫生系统也会造成越来越大的压力，它还会产生更深远的社会影响，因为社区会解散，社会资本会遭到破坏。

气候变化还可能增加疾病的发病率。由于人类迁移到气候适宜的地区，过度拥挤给疾病制造了温床。随着栖息地和食物链的破坏，携带疾病的宿主会向人类靠近。无论是传播疟疾的蚊子还是携带埃博拉病毒的蝙蝠，疾病发病率的增加都带来了巨大的经济成本。[28] 人为造成的气候变化使各种对健康不利的额外风险增加了一倍以上，世界卫生组织估计，到 2030 年，洪水、疟疾、营养不良和腹泻的增加会推动这一影响的加剧。世界卫生组织指出，气候变化可能会增加全球流行病的风险。[29] 新冠疫情不仅是对人类没有严肃对待系统性风险的一个警示，也是提醒人类应对气候变化、降低其他疫情暴发风险的重要途径。

最后，气候变化增加了冲突的风险。[30] 随着人们争夺包括水、土地和能源在内的稀缺资源，国家内部和国家间发生冲突的风险增加，这在脆弱的国家尤其如此。在这些国家，干旱或洪水等气候事件会加剧紧张的局势，导致法治的崩塌。

这些场景将成为世界各地数百万人的现实生活，而且这些影响不会逐渐消失。在气候变化影响的所有渠道中，最贫穷的国家和地区最容易受到经济和社会后果的影响。

例如，随着财产的减少和基础设施的损害增加，低收入和中等收入国家的保险保障差距意味着，没有保险的人要承担更大的气候变化成本。

2017 年，创纪录的 1400 亿美元保险损失与 2000 亿美元的未保险损失形成了鲜明对比。在一些受气候变化影响最大的国家，例如孟加拉国、印度、越南、菲律宾、印度尼西亚、埃及和尼日利亚，保险渗透率不到 1%。此外，生产力下降最有可能发生在发展中国家，这些国家的经济以农业和建筑业为主，预计到 2030 年，高温将分别导致这两个行业出现 60% 和 19% 的工作时间损失。虽然气候导致的人口迁移可能会影响从路易斯安那州到拉合尔[⊖]的任何人，但在全球范围内，机构对流离失所者支持的质量和力度以及迁徙的机会，都是不平等的。

同样，机构支持和社会基础设施的质量对于控制疾病发病率非常重要，并将再次对社会中最贫穷的人产生最大冲击。一些研究发现，制度完善、人均收入较高和贸易开放程度较高的国家更有能力抵御极端天气造成的最初灾害冲击，并防止其对宏观经济造成进一步的影响。[31]

尽管对气候变化经济成本的估计可能并不完美，但它们将气候变化对生产要素（物质、人力和自然资本）的影响转化成了这些生产要素和技术变化对生产力、投资和收入的影响。

还有其他一些因素，无论多么不完美，转化为以货币估计都不是那么容易的事情。气候变化破坏了许多东西，例如物种、栖息地、生活方式、自然美景等，这些都没有得到应有的重视。回想一下，市场可以估计亚马逊公司未来收益的价值，但在亚马孙雨林被砍伐并转化为"生产性"用途之前，市场是不会给亚马孙雨林赋予价值的。

例如，在任何与气候变化有关的 GDP 估计中，都没有考虑到对珊瑚礁的潜在破坏。2016 年，第一项比较升温 1.5℃ 和 2℃ 气候变化所带来的影响的研究称，当气温升高 1.5℃ 时，90% 的热带珊瑚礁"从 2050 年起将面临由于温度引起的白化而有严重退化的风险"。[32] 如果气温升高 2℃，98% 的热带珊瑚礁会面临这一风险，这表明额外的 0.5℃"可能对热带珊瑚礁的未

⊖ 拉合尔，巴基斯坦第二大城市。——译者注

来起着决定性作用"。[33]

珊瑚礁的大面积消失对生态系统、经济和人类都是毁灭性的。根据国际自然保护联盟（IUCN）的说法，"尽管珊瑚礁覆盖了不到0.1%的海底，但这里却居住着超过四分之一的海洋鱼类"。珊瑚礁还"直接保障着世界上超过5亿人的日常生活，而他们主要是贫穷国家的人"。[34]

《达斯古普塔生物多样性经济学评论》表明，我们与自然不可持续接触的一个根本原因是我们未能将自然视为一种资产，没有将自然损失视为一种资产管理问题。与生产资本或人力资本一样，自然资产随着时间的推移产生商品和服务流（生态系统服务）。该综述认为，生物多样性是自然界的一个特征，在提供生态系统服务方面发挥着重要作用。多样化的生态系统会更稳定、更多产、更有弹性、更能适应环境。正如金融投资组合中的多样性可以降低与金融回报相关的风险和不确定性一样，生物多样性也可以降低自然资产投资组合中的风险和不确定性。决策者和金融从业者可以通过自然资本核算和评估，加强对这些问题的理解。这些框架正在开发中，供公共部门和私营部门以及社会使用，例如联合国环境经济核算系统（SEEA）。来自联合国环境规划署的全球资本账户数据显示，自20世纪90年代初以来，我们的全球自然资本人均存量下降了近40%，而物质资本却增加了一倍，人力资本增加了13%。

总而言之，我们面临着这样一种情况：可量化的成本（如财产损失）已经高得惊人，而且预计还会迅速增长。对经济的影响是巨大的，多数人认为这相当于失去了十多年的全球增长，而这十多年是现代时期大部分的经济发展。这些计算结果甚至很可能被低估了，因为它排除了气候反馈循环和许多经济渠道的影响。同时这些计算没有考虑非市场价值，例如在第六次大灭绝中消失的物种的价值。

我们应该采取什么样的紧急行动？我记得在15年前，在加拿大班夫斯普林斯酒店举办了20国集团能源与环境研讨会。时任壳牌石油董事长的马克·穆迪 – 斯图尔特爵士谈到了气候变化和升温 2℃ 的碳预算。他承认气候科学的预测存在不确定性，但他指出，至少有 75% 的可能性表明气候变化确实存在这样大的风险。他随后评论说，在他的商业生涯中，他经常做出赔率低得多的数十亿美元的决定，考虑到风险是存在的，立即采取行动的价值是显而易见的。

自那以后，壳牌石油的储量增加了 50%，全球排放量增加了 25%，达到近 70 亿吨，而那之后的 9 年是有史以来天气最热的一段时间。

成因：激励动机

气候变化是视野悲剧。它的灾难性影响是大多数人无法预见的，即使我们知道后一代人将会为此付出代价，当前的一代人也没有直接动力去弥补。这意味着气候变化的影响超越了商业周期和政治周期，甚至可能超越技术官僚机构（比如央行）的视野，因为它们的视野受到其职责范围的限制。

货币政策的期限可以延长至两到三年。金融稳定的期限要更长一些，但通常只能稍长于信贷周期，也就是大约 10 年。换句话说，一旦气候变化成为金融稳定的决定性问题，那就为时已晚了。我们升温 1.5℃ 的碳预算那时可能早已耗尽。

正如斯特恩勋爵和其他人所证明的那样，这其中存在一种深层次的矛盾。由于风险是累积排放的函数，尽早采取行动就意味着调整的成本更低。据估计，提前一年采取行动相当于减少超过 35 亿吨的二氧化碳排放，相当于 2019 年全球碳净现值 GDP 的 5% 左右。碳预算强调了如果现在不作为，就需要明日加倍偿还。在 30 年内将排放量减半显然比在 10 年内将排放量减半更容易些。

由于温室气体在大气中已经持续存在了一个世纪或更长时间，因此必须在比大多数社会经济政策问题更长的时间尺度上衡量气候变化的成本和缓解的好处。贴现率的选择对确定经济模型是否能支持今天的投资以减少明天的气候风险至关重要，因为它们决定了不同时间点总成本和收益的权重。[35]

这里的一个关键决定因素是人们对未来几代人福利的重视程度。我们留下的气候遗产取决于我们对未来的重视程度。换句话说，婴儿潮一代是否愿意留下一个无法解决的烂摊子？

尼克·斯特恩主张低贴现率，即平均 1.4%（纯时间优先率为 0.1%），这对当代人和后代人几乎给予同等的重视。[36]这是基于一种规定的贴现方法。斯特恩认为，由于气候变化最有可能影响子孙后代，而子孙后代在当前的决策中并没有发言权，因此对他们造成的损害采取高贴现率是不道德的。当下年轻的气候运动者也提出了类似的观点。

视野悲剧之所以如此重要，还有另一个原因。从历史上看，技术的采用存在一个相对可预测的生命周期，也被称为技术 S 曲线。它有三个不同的阶段：研发阶段、大规模采用阶段和成熟阶段。第一阶段往往是缓慢的、渐进的和昂贵的，直到新技术达到一个拐点，它会变得更具成本效益，这时新技术的采用就会迅速增加。

通常，达到大规模采用的第二阶段需要 45 年，然而对于气候变化而言，这个速度过于缓慢，这无法维持碳预算。[37]此外还要注意，能源转型本身需要时间……而大规模的能源转型就更需要时间。它们需要大量的基础设施和经济调整。詹姆斯·瓦特在 1769 年发明了蒸汽机，然而直到 20 世纪初，煤炭才取代了"传统的生物质"，即木材、泥炭、粪便等。为了达到升温 2℃ 的目标，我们需要在未来 30 年进行更快、更大规模的能源转型。在未来的 30 年到 50 年里，目前由化石燃料生产的世界能源中，有 90% 或更多的部分将需要由可再生能源、核能或化石燃料工厂提供，工厂会将废物进行掩埋而不是排放到大气中。

好消息是，现在新技术的采用速度比过去任何时候都要快（见图 11-7）。

自 2000 年以来，技术 S 曲线的短尾也就是从研发到大规模采用，已经缩短到平均 10 年左右。更好的消息是，就气候变化而言，人们已经绘制出了各个部门实现升温低于 2℃目标所需的确切的技术 S 曲线。

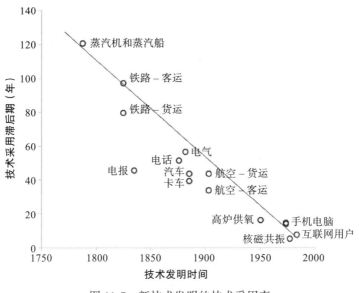

图 11-7　新技术发明的技术采用率

这些技术 S 曲线有助于向市场展示哪些地方可能需要投资，并向政府展示哪些地方可能需要公共政策干预以加速技术采用。例如，在电动汽车领域，政府可以建立充电基础设施，以提高电动汽车的使用率，并出台鼓励购买电动汽车的政策，如降低电动汽车的道路税税率、设立电动汽车专用停车位或专用高速公路，或制定规定要求电动汽车在特定日期前销售。

未来是解决气候危机的关键时期。从根本上说，这是一个我们对它的重视程度的问题。

环境经济学的经典问题是"公地悲剧"。个人为了自己的利益独自行动，当所有人都这样做时就会耗尽或破坏共享资源，从而损害所有人的共同利益，这时就会发生公地悲剧。公地悲剧有很多例子，包括过度捕捞、森林砍伐和19世纪早期在英国和爱尔兰的公共土地上不受管制的放牧。当一个行为影响到没有直接参与（或从该行为中受益）的第三方时，公地悲剧就是负外部性的一个极端例子。这就是在全球公共领域（我们的气候和生物圈）发生的情况，在这些领域，生产者通常不会为他们排放的二氧化碳买单，消费者也不会为他们消费的碳付费。

解决公地悲剧有三种方法：对外部性定价、私有化（通过产权转让）和由使用公地的团体进行供应管理。

第一个解决公地悲剧的方法是，外部性可以通过收取使用费或税款来进行定价，将其内部化，并通过激励使其改变行为。要解决气候变化问题，就意味着要给碳排放定价，让污染者（或污染者的最终消费者）买单。到目前为止，这在理论上是可行的，但在实践中却应用得很少。根据国际货币基金组织的数据，目前有74个司法管辖区对全球排放量约20%的碳排放进行了定价，平均价格约为每吨15美元（见图11-8）。[38] 相比之下，与《巴黎协定》相符的碳价格估值大多都在每吨50美元至120美元之间。国际货币基金组织的定价位于这一区间的中点，为75美元。[39] 我们将在第12章看到，碳价格的水平和可预测性都很重要。

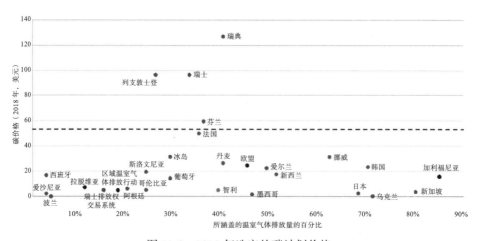

图 11-8　2019 年选定的碳计划价格

第二个解决公地悲剧的方法是私有化，即财产权的转让。这就是圈地运动背后的精神，在圈地运动中，公共牧场被纳入私人所有。尽管它的管理更加可持续，但在所有权分配方面存在明显的财富转移和公平问题。如果这些决定在地方层面很难做出，那么在全球层面则几乎是不可能实现的。科斯定理（见第 14 章）表明，一个人可以获得（或分配给他）整个世界，而我们不会失去自己的灵魂。然而《京都议定书》排放交易许可的经验表明情况并非如此。

这两种传统的经济解决方案都依赖于价格机制来将外部性内部化，并为资源的可持续性赋予价值。但也许有人会问，为什么必须向某人支付报酬才能不成为混蛋？[40] 当公司有意走上与净零排放不符的道路时，就会让人想起科技公司在缴纳所有税款的同时，也在利用复杂的离岸避税手段来尽可能避免缴纳税款。有一些公司在碳排放上暗箱操作，它们在决策时选择将碳外部性内部化。例如，英国石油（BP）最近推出了每吨 100 美元的价格，这与专家们认为实现社会目标所需的价格相符。

诺贝尔经济学奖得主埃莉诺·奥斯特罗姆提出的第三种解决公地悲剧的方法是，社区成员合作或监管，谨慎地开发稀缺资源。这正是先进企业、政府和国家努力实现的目标：达成政治共识，实现共同管理，并由此释放私营部门的活力。

气候变化就像疫情一样，是一个全球性问题。没有一个国家或集团能够独自解决这个问题。但与疫情不同的是，没有一个国家像新西兰一样是一个岛屿，它可以从一开始就实施封锁，将自己与世隔绝，然后等待疫苗的到来。在气候变化问题上，我们不仅处在同一风暴中，我们甚至还坐在同一条船上。

气候变化带来的国际外交努力与战后时期没有什么不同。布雷顿森林会议的一些特征，例如国家自身利益、历史债务和新机构，在今天的气候外交中得到了体现。气候外交真正开始于 1992 年的里约地球峰会，各国领导人同意在《联合国气候变化框架公约》（UNFCCC）下通过一系列国际环境协议，以稳定温室气体的浓度。缔约方大会（通常被称为 COP，由国家和联合国机构的代表组成）每年举行一次会议，并负责管理《联合国气候变化框架公约》。第一个主要协议是《京都议定书》，于 1997 年在第一次缔约方大会上达成，并在第三次缔约方大会上通过。这是第一个具有法律约束力的排放限制协议，但也仅限于发达国家。

然而不到十年，《京都议定书》就暴露出了明显的缺陷。它只在名义上具有约束力，因此需要一个新的替代框架，能够包括更多的国家并鼓励它们采取实际行动。在历史排放问题上根深蒂固的分歧使哥本哈根举行的第15 次缔约方大会未能达成人们寄予厚望的修订框架。《哥本哈根协议》从未被缔约方大会正式采纳，但这份政治协议提出了一个重要的愿景，即将全球气温升幅限制在 2℃以内，并让各国承诺采取行动减少排放。

这为 2015 年采取集体行动应对气候变化的里程碑时刻奠定了基础。在巴黎举行的第 21 次 COP 会议上，195 个国家和欧盟共同同意将气温升幅限制在 2℃以内，并努力将升幅进一步限制在比工业化前高出 1.5℃以内。《巴黎协定》建立在各国主动限制排放的基础上。各国同意在气候变化的不利影响方面相互支持，发达国家承诺资金流动会与减排路径相一致。

这种自下而上的方法在很大程度上依赖于共识。它鼓励各国采取行动，但不受法律约束，只有报告和审查国家贡献的过程是符合国际法要求的。第 21 次缔约方大会的突出之处在于涉及了更广泛的利益相关方。COP 曾经是气候外交官和科学家的专属领域，现在也吸引了广泛的社会团体，包括年轻人和老年人，世界上最大的跨国企业和金融公司，甚至偶尔也受到了央行行长的关注。

尽管《巴黎协定》是气候外交的巨大成功，但其有效性取决于具体的实施而不仅仅是协议的通过。迄今为止，国家贡献和政策承诺还不足以使我们走上实现这些目标的道路。如果所有的承诺和目标都能实现，到 21 世纪末，世界有望实现升温 2.6℃ 的目标，但目前仍然缺乏实现这些目标所需的实际政策（将地球温度升幅提高到 2.9℃），现阶段几乎没有迹象表明，地球的温度不会上升 4℃（见图 11-9）。

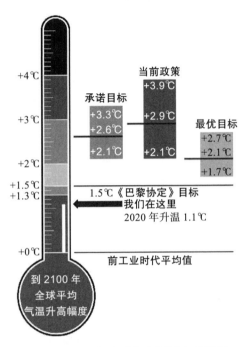

图 11-9　2100 年全球气温预计上升情况

　　我们将在第 12 章看到，如果有更多的国家能像英国这样将其《巴黎协定》的承诺变成立法目标和具体行动，并使实体经济和金融体系做出反应，扩大这些政策的影响，那么一个可信的、时间一致的和信守承诺的政府政策框架就可以推动可持续投资，并叫停那些在净零排放世界中不再可行的不可持续的活动。

　　及早采取行动的政府将从绿色革命的收益中获利。英国从第一次工业革命中学到了这一点。第一次工业革命通过新机器和新能源给国内带来了难以想象的进步，并可以利用伦敦金融城的融资能力，将其出口到一个乐意接受的全球市场。同样，向净零排放的过渡是一个国家的战略机遇，可以巩固在创新技术和能源转型方面的领导地位，并在金融部门的支持下实现可持续发展。

从疫情到流星耀斑再到火山爆发，科学家和学者们致力于对全球范围内的大冲击事件进行预警，但人们对此视而不见。新冠疫情表明，这是一种代价很高且具有破坏性的策略。

虽然我们不能完全消除这些威胁，但我们可以考虑如何减少风险。这包括开发早期预警系统，并提前计划好如果灾难来袭，情况会如何发展。回想一下全球金融危机时，蒂姆·盖特纳的名言"有计划胜过没有计划"。计划可以集中精力并将人们团结起来共同围绕一个目标努力，同时也给人们提供了必要的清晰思路。即使是一个不成熟的策略，它也能让你摆脱迫在眉睫的危险，这也比坐等完美的策略而被击垮要好得多。

可悲的是，我们人类的思想和政治体系在进行这种长期规划方面非常糟糕。我们依靠启发式的方法来有效地处理问题。但灾难的特点是具有不确定性，过去并不能准确地反映未来。我们也往往过于乐观和自信。大脑处理已知的已知事物，但很少考虑已知的未知事物，对未知的未知事物显然更是从不涉猎。即使我们意识到风险，我们也会说服自己，它不会发生在我们身上，或者我们可以在以后解决它。我们的政治体系往往不能克服这些谬误，甚至还将它们放大。降低尾部风险的行动对执政党没有直接的政治利益，而当选的政治家代表的是当前的选民，而不是未来的选民。但真正的领导者是他们所继承的组织、系统或社会的管理者。他们认识到领导力是暂时的。

当前金融部门定价的转型

虽然向净零排放过渡的意愿正在增强，但发展速度还不够快。大量证据表明，金融市场认为，如果气温升幅保持在2℃以内，那么向净零排放过渡的可能性并不大。

虽然碳价格只是众多政策工具中的一种，但它可以作为衡量转型的重要指标。NGFS 情景提供了一种关于整体监管工作（以碳价格为代表）的潜在路径的观点，即在有序过渡到净零排放，无序、延迟然后突然过渡到净零排放，低努力螺旋进入"温室地球"。

从图 11-10 可以看出，能源公司的隐含碳价格（就其内部规划而言）通常高于当前的实际价格，但它们并不能预测未来几十年的价格会继续上涨。这些都是真正披露碳价格假设的开明能源公司。在利用碳价格对资本投资进行压力测试的企业中，只有 15% 采用了一种会随着时间推移而上涨的前瞻性价格，其余企业采用的是静态价格或不披露价格。

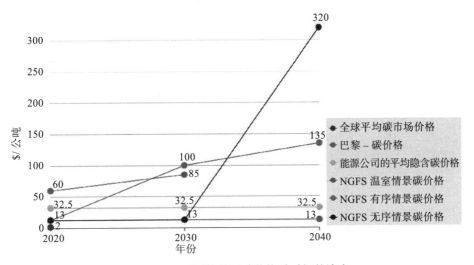

图 11-10   不同情景下碳价格随时间的演变

在已披露价格的企业中，有 90% 是公用事业企业，它们的价格远低于净零排放所需的最低 50 美元的价格。有一些领导者，例如英国石油最近披露，它们在内部模型中使用了每吨 100 美元的价格，并因此减记了 175 亿美元的资产，但它们只是例外。只有 4% 的银行和保险公司认为气候风险被正确地定价了，[41] 它们的认为是对的。

碳价格披露项目的数据显示，公司正在它们的业务中使用隐含价格（一个假设的碳价格揭示了它们选择的风险和机会），但这些价格中的大多数仍远低于上述情景中的碳价格，并且在不同行业之间存在巨大差异。而只有 16% 的样本公司采用了动态价格（随时间增长的价格）。

如前所述，搁浅资产的概念正在获得关注，但现有储量的估值和新投资的规模似乎仍与按时实现净零排放的目标不一致。需要注意的是，它取决于路径和目标（升温 1.5℃到 2℃之间燃烧的化石燃料的 BTUs[⊖]有很大的差异），市场估值表明，到 21 世纪末全球气温将上升 3 ～ 4℃。

回顾一下，为了达到升温 1.5℃的目标，大约 80% 的剩余化石燃料需要留在地下。如果是升温 2℃的目标，这个数字就是 60%。

2020 年，荷兰皇家壳牌减记了多达 220 亿美元的石油和天然气资产价值。2020 年第二季度，作为战略评估的一部分，英国石油公司将其长期油价预测下调了 20 美元 / 桶，并将其长期隐含的碳价格从每吨 40 美元上调至 100 美元，这是欧洲基准水平的 3 倍。对能源转型速度的判断导致了 110 亿英镑资产的减记，这显示了英国石油公司对新兴能源有很大的兴趣。

能源行业还经历了其他具有里程碑意义的减记，包括道达尔减记 80 亿美元、埃尼集团减记 35 亿欧元、雷普索尔减记 15 亿美元、图洛石油减记 17 亿美元。高碳强度和长储备线的资产面临的风险最大。对此的解释各不相同，但能源转型是一个重要因素，减记意味着这些公司首次公开承认了搁浅资产的风险是存在的。

和新建的基础设施一样，长期资产通常也容易搁浅。例如用化石燃料发电的电站，设计寿命为 40 年或更长；钢铁厂或石化厂等重工业资产；燃料运输管道。可以降低脆弱性的方式包括降低初始成本、缩短持续时间和增强适应性（例如，一些北海基础设施正在从石油开发转向风能开发，一

　⊖　英国热量单位。

些天然气管道可能有一天会用于运输氢气）。

有迹象表明，高碳能源项目的资本成本显著增加。资本成本的上升（而非需求的下降）导致了油气资产陷入困境，石油市场正以转型前景来定价。高盛指出，随着投资者继续从碳氢化合物投资中转移资本配置，石油和天然气投资（最低回报率为 10% 至 20%）和可再生项目（欧洲受监管投资的最低回报率为 3% 至 5%）的资本成本出现了显著差异。高盛估计，高碳投资与低碳投资的资本成本差异较大，意味着每吨碳价格将在 40 美元至 80 美元之间，这远高于大多数碳价格的定价方案。

这从结构上制约了油气行业的投资能力。过去 5 年，新的长周期石油项目的资本支出承诺较前 5 年下降了 60% 以上，使得石油储备寿命缩短。在高盛看来，这可能会通过石油和天然气价格的上涨来实现能源转型。根据它们的分析，可采资源从 2014 年的 50 年左右急剧下降到 2020 年的 30 年。

与此同时，大型石油公司开始向大型能源公司转型。自 2020 年初以来，欧洲大型石油公司已经提高了对气候变化的承诺。高盛估计，低碳能源（主要是可再生能源，但也包括生物燃料、自然碳汇和碳捕捉）占总资本支出的比例，已从 2018 ～ 2019 年度的 2% 至 5%，上升至 2020 ～ 2021 年度的平均 10% 至 15%。如果我们也将天然气作为一种低碳燃料（它的碳强度是煤炭或石油的一半），那么大型石油公司已经将 50% 的资本支出用于低碳转型，这是利益相关者参与气候变化的另一个迹象。

高盛预计，到 2021 年可再生能源将成为能源行业最大的支出领域，会在历史上首次超过上游的油气行业。这些投资主要包括可再生能源、生物燃料和支持新电气化时代（包括电网和充电网络）所需的基础设施投资。

正如我们将在第 16 章看到的那样，新开发的指标可以显示投资组合与《巴黎协定》温度目标的一致程度。它将企业的排放量纳入投资组合，并计算这些排放引起的全球气温上升。这个指标具有实用性，因为它具有前瞻性，易于传达并反映了社会目标。

一些最大的投资者已经自愿披露了这一信息，并承诺按照《巴黎协定》的目标管理投资组合，他们愿意与公司合作，并在绝对必要的情况下撤资（例如，很明显在一个低排放量的世界里，这种特定的行业或技术没有立足之地）。安盛集团（AXA）是全球最大的保险和投资管理公司之一，该公司使用这种方法计算了企业投资导致全球变暖的可能性，发现即使剥离高度密集化石燃料资产后，它们也会导致3℃以上的变暖。日本政府养老金投资基金（GPIF）、德国大型保险公司安联保险和美国最大养老基金之一的加州公务员退休基金（CalPERS）也得出了类似的结果。所有公司都致力于管理这些投资组合，使其随着时间的推移维持在《巴黎协定》要求的温度范围内。

这些指标是近年来才出现的，需要做更多的工作来完善计算。企业排放量的数据还不全面，这意味着在计算时仍需考虑一些假设。因为有各种各样的方法来计算度量，使得进行比较变得很困难。然而这只是一个开始，随着信息披露的增加和方法的完善，它们可能会成为一个强有力的工具，用来证明资本市场，乃至整个世界，正朝着升温1.5℃的阈值方向前进。

整个金融部门的参与者开始将转型风险评估纳入其活动中。信用评级机构认识到，随着对高碳产品的需求减少或生产成本的上升，转型风险可能会影响现金流和信用评级。因此，它们越来越多地使用情景分析来评估企业向净零排放过渡的韧性。穆迪最近确定了负债达3.7万亿美元且转型风险最大的16个行业。

转型路径倡议（TPI）由13家主要资产所有者和5家资产管理公司于2019年发起，旨在更好地了解向低碳经济转型会如何影响投资。TPI通过公开、透明的网络工具，评估各公司在向低碳经济转型时的定位。TPI推出了《金融时报证券交易所转型路径倡议》（FTSE TPI）气候转型指数，这是一个股票市场指数，用于评估企业的气候变化目标，跟踪它们的进展，并奖励那些做出更多承诺和行动的企业。该指数只包括那些设定了与巴黎气候大会第 21 次缔约方大会上达成的升温 2℃ 上限目标一致的公司。证券交易所也开始着手转型项目，以评估公司如何为向净零经济转型做准备。

过渡债券是该行业的另一项创新。当"棕色"公司寻求筹集资金，以支持它们向"绿色"过渡时，新的转型债券提供了一种支持转型的手段。

结论

科学的证据和金融系统的动态相结合表明，到了一定的时候，气候变化将威胁金融韧性和经济繁荣。正如我们将在第 12 章中看到的那样，气候变化是一种我们无法分散的风险。此外，采取行动的窗口期是有限的，而且它正在缩短。

解决气候危机需要三种技术。首先是最近取得非凡进展的工程领域。如果剩余的碳预算有足够的时间让资本存量进行周转，那么大部分挑战都可以解决。但由于时间有限，必须以应对战争般的速度加快投资，以应对约翰·克里所说的"第零次大战"。

应对气候危机还需要另外两种技术：政治和金融。在政治上，我们需要达成共识，以打破视野悲剧和公地悲剧。《巴黎协定》和联合国可持续发展目标（SDGs）确定了这些目标，超过 125 个国家已经设定了净零排放目标。地方政府也已经做出承诺并制订了计划。从气候领袖联盟到净零资产所有者联盟，各种行业组织都承诺尽自己的一份力。

我们需要金融市场与气候政策配合，以便使影响最大化。有了正确的基础，金融体系可以构建一个良性循环，以便更深刻地理解未来的风险，为投资者提供更有利的定价，决策者做出更优化的决策，以及更顺利地向低碳经济转型。

一个新的、可持续的金融体系正在建立。它正在为私营部门的倡议和创新提供资金，它正扩大政府气候政策的有效性范围，它可以加速向低碳经济的过渡。创造一个创新和投资的良性循环是我们力所能及的事情，这是我们这一代的需求，也是我们子孙后代应得的福利。然而任务艰巨，机会稍纵即逝，风险却时刻相伴。

为了将气候风险和韧性纳入金融决策的核心，气候信息披露必须变得全面，气候风险管理必须转变，可持续投资必须成为主流。

第 12 章将解释如何才能做到这些。

打破视野悲剧

应对气候变化一直是一场紧迫感与人类自满之间的斗争。

时间的紧迫感指的是碳预算会在十年内消耗殆尽。我们对当前已经存在的汽车、住宅、机器和发电厂等设施上承诺的碳排放表现得过于自满。这些设施在它们的使用寿命内将会排放出大量的碳，我们忽视了这些排放将会耗尽碳预算的事实。

第六次物种大灭绝正迫在眉睫。但人类自满地认为不需要重视个体物种的丧失和整个栖息地的破坏。

同时，我们也迫切需要调整金融体系，以便为未来 30 年向可持续经济转型所需的数万亿美元投资提供资金。金融业许多人的自满情绪使他们不去了解自己的碳预算，不知道净零经济的转型路径，也不知道它们对生存危机的影响。

随着社会价值观被重新定义，优先考虑团结和韧性能够解决这些紧张的局势。自满可以被承诺取代，紧迫感也可以转化为机遇。

我们的经济在向净零过渡的挑战中蕴藏着巨大的机遇。在长期投资不足之后，经济会向资本密集型转变。在这个失业率飙升的时代，建设可持续的未来是一项艰巨的任务。当我们的世界是"棕色"的时候，可持续的未来就是"绿色"的。当我们回到现实，这就是一个全球性问题。这既是未来世界所需要的，也正是我们现在所需要的。

解决气候危机需要三种"技术"：工程、政治和金融。[1]这一切都在我们的掌握之中。

工程技术：驱动规模与创新

向净零过渡的可行性如何？现有技术是否经济有效？规模效应对实现净零经济的作用是什么？净零对未来创新的依赖程度有多大？我们必须在多大程度上改变我们的生活方式？

转型路径的核心是使一切电气化，同时发展绿色电力。要实现净零排放，就需要从化石燃料转向可再生能源，实现交通脱碳，以及减少工业过程的排放。我们还需要新的方法来处理碳排放难以减少的行业，如长途航空旅行或农业，这些行业的电气化或脱碳即使在中期也不太容易实现。

让我们依次来进行讨论。

建设净零经济的第一个首要任务是绿色发电。在净零经济中，电力在最终总能源需求中所占的份额可能从今天的20%上升到2060年的60%以上。这意味着到21世纪中叶，全球总发电量必须增加近5倍，同时还要确保是由可再生能源来进行发电的。实际上绿色能源触手可及，诸如太阳能、风能和水力发电等技术已经存在，而且它们的成本效益越来越高。2013年英国政府估计，2025 年投入使用的海上风电场，平均（或生命周期）发电成本为 140 英镑 / 兆瓦时。[2] 到 2016 年，这一数字下调了 24%，达到 107 英镑 / 兆瓦时。[3] 最新估计成本仅为 57 英镑 / 兆瓦时，这又降低了 47%。据美国政府估计，陆上风力发电的低端水平成本为 26 美元 / 兆瓦时，太阳能发电的低端水平成本为 37 美元 / 兆瓦时，低于煤炭发电的平均水平成本 59 美元 / 兆瓦时。[4] 美国目前的补贴已经将这些可再生能源推到了极具竞争力的水平，陆上风能和太阳能的发电成本分别为 17 美元 / 兆瓦时和 32 美元 / 兆瓦时。在低端成本和补贴后的成本外，对于新建的风能和太阳能平准化成本，可参见图 12-1。

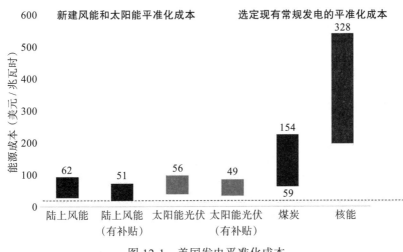

图 12-1　美国发电平准化成本

一些人估计到 2035 年，风能和太阳能将有可能满足近 90% 的电力需求。[5] 这需要我们完成两件事情。首先，考虑到可再生能源的间歇性问题，电网优化的存储和负载需要改进。其次，我们需要快速部署，例如每 7 年将发电能力翻一番，这将在很大程度上取决于公共政策的可信度和可预测性。

在使用可再生能源的同时，我们还需要显著提高电力使用效率。当务之急是改造能源效率特别低的旧住房。

第二个首要任务是尽可能减少交通工具的碳排放。解决方案在于使几乎所有的地面交通工具电气化，并使用包括氢在内的可持续燃料。改善公共交通的数量、使用和电气化是非常重要的，目前我们已掌握电动汽车技术，但还需要配套的基础设施（如电动汽车充电桩）和正确的激励措施（如报废计划和潜在的电动汽车税收减免），以迅速提高使用率。如果电动汽车和插电式混合动力乘用车继续按照目前的趋势发展，即使增长速度从目前的每年 50% 降至 33%，到 2030 年，它们在新销量中所占的比例也有望接近 100%。

使用电池和电力并不是重型货物道路运输（如卡车）的最佳解决方案。氢燃料的兼容性会更好一些，但氢动力运输远不如电力基础设施成熟。建设燃料站、为使用氢燃料的重型货物卡车车队提供试点资金、宣布未来的混合燃料规定、制定车辆和燃料税收规则以鼓励使用氢燃料，这都将是有效的政策干预。

其他交通运输方式，如航空和海运，则完全属于难以削减碳排放的类别。目前这些行业还没有掌握脱碳技术，或者脱碳技术还不具有商业可行性。长途航空将需要生物航空燃料或合成航空燃料，而长途运输将需要氨或生物柴油。这些燃料比现有的化石燃料更贵，导致航空脱碳成本达到每吨 115 美元至 230 美元，海运脱碳成本为每吨 150 美元至 350 美元。[6] 对于这些领域，我们不仅需要减少使用需求，例如通过 Zoom 召开网络会议而不是直接坐飞机过去，我们也需要在工业规模上应用脱碳技术，如碳捕获和存储，但这些技术还不够经济实惠。

第三个首要任务是要减少工业排放。工业部门每年产生 17 千兆吨的二氧化碳，占全球碳排放总量的 32%。这包括水泥、塑料、铝和化工等重工业，以及时尚、家具和家用电器等能源密集度较低的行业。工业部门是最大的能源消费者之一，因此转向可再生能源发电将会使行业发生巨大变化。到 2030 年，通过对设备进行升级或更换现有设备，这一部门的能源强度最多可减少 25%。然而实际上，很多技术还无法应用，例如，水泥窑电气化可能要到 2040 年才能在商业上具备可行性，因此很多行动也只能止步于此，许多工业活动仍然很难去减少碳排放。

有四种人们普遍接受的方法可以减少工业过程中的碳排放：增加氢的使用、电气化、增加生物质的使用和利用碳捕获技术。与此同时，我们还必须提高材料的利用率，减少绝对数量的使用并回收利用使用过的材料。目前，欧盟国家平均每人每年消耗 800 公斤的钢铁、混凝土、铝和化学品。幸运的是，可回收材料的数量正在增加，由此带来的能源节约可高达 75%。[7]

从技术上讲，到 21 世纪中叶，以不到全球 GDP 0.5% 的总成本实现所有较难减排行业的脱碳是可能的，[8] 不过目前仍在探讨我们该如何最好地实现这一目标。例如，目前对碳捕获的规模还没有达成共识。如果能实现巴黎气候目标的几种情景假设，那么到 2100 年碳捕获和封存技术可以每年减少 18 亿吨的排放。但也有人担心碳捕获会被用在化石燃料的使用上。能源过渡委员会假设的碳捕获规模更小，大约每年 5 亿吨至 8 亿吨，这将预留给真正难以减排的部门。[9] 在大多数情况下，碳捕获技术将捕捉约 80% 至 90% 的二氧化碳流，其余的 10% 至 20% 仍然会释放到大气中。

总而言之，现有技术，特别是在大规模应用时，可以减少约 60% 的排放量，使世界保持在 1.5℃ 变暖阈值的净零目标上，但前提是资本存量能够周转。目前商业化应用的关键行业（发电、工业、交通、建筑和农业等）碳减排成本曲线是陡峭的，在低成本领域特别是发电领域，有大量的投资机会，但提高脱碳技术水平，成本会快速上升。高盛估计，按照目前商业上可获得的二氧化碳减排技术的成本计算，以每吨二氧化碳等效物低于 100 美元的价格可以减少当前全球约 60% 的人为温室气体排放。[10] 如果每吨二氧化碳等效物价格低于 100 美元，将使发电行业从碳密集型燃料（煤炭和石油）转向更清洁的替代燃料（天然气、太阳能、风能），但对交通、工业或建筑的影响不大，除非有针对特定技术的激励措施。

值得注意的是，高盛估计，目前约有 25% 的人为温室气体排放在现有的商业技术下无法减少。这表明了需要进一步的技术创新，以及增加对封存技术的投资。虽然人们对碳封存重新产生了兴趣，但它还没有达到大规模采用和规模经济的程度，与其他二氧化碳减排技术（如可再生能源）相比，它还不具备足够的竞争力。在过去 10 年里，对碳捕获、使用和储存（CCUS）工厂的投资还不到可再生能源投资的 1%。特别是直接空气碳捕获与储存（DACCS）的经济效益具有高度不确定性，多数估算值在 40 美元 / 吨至 400 美元 / 吨（规模）之间，所以目前只有小型试点工厂在运营。DACCS 的重要性在于其潜力几乎是无限可扩展的和标准化的，因此它可以在净零排放场景下设置碳价格。

不同的经济部门有不同的路径，如"可能的使命"和"净零竞赛"等计划都已进行了各自的估计（工业和交通的典型例子见图 12-2a 和图 12-2b）。金融机构可以根据这些标准来判断某些公司和特定资产的前景（见图 12-3 和图 12-4），并决定谁正站在历史正确的一边而谁又站在了历史错误的一边。

有些资产将被搁浅，有些资本则必须被摒弃。如果没有进一步的技术突破，有些行业可能会被淘汰。回想第 11 章，为了及时实现净零排放，技术采用曲线必须要达到很快的速度。对于一些人来说，这是一个绝望的忠告，然而对于另一些人来说则是巨大的机遇。对于持乐观态度的风险投资者来说，目前阻碍航空运输或钢铁等行业实现净零排放的技术瓶颈表面上是棘手的挑战，实则蕴藏着巨大的机遇。

使现有技术实现规模经济是通往可持续发展之路的关键。有些技术目前价格昂贵，但随着产量和使用率的提高，它们的价格应该会大幅下降。太阳能电池板生产就属于这种情况，它遵循摩尔定律。斯旺森定律指出，累计出货量每增加一倍，光伏组件的价格就会下降 20%。路径越可信，预期投入就会越多，规模更大，效率更高，良性循环也就越容易实现。

将三个主要脱碳路径结合，航空业有望实现 CO_2 净零排放：

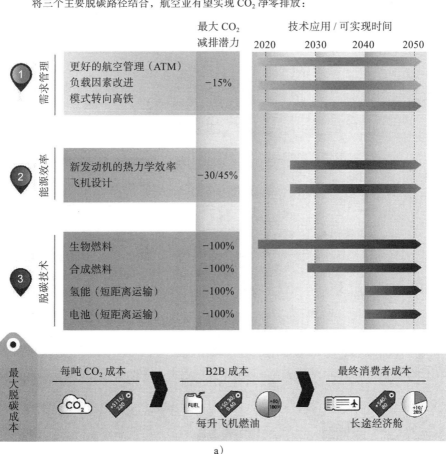

a）

图 12-2 向净零排放模式转型

将三个主要脱碳路径结合，水泥业有望实现 CO_2 净零排放：

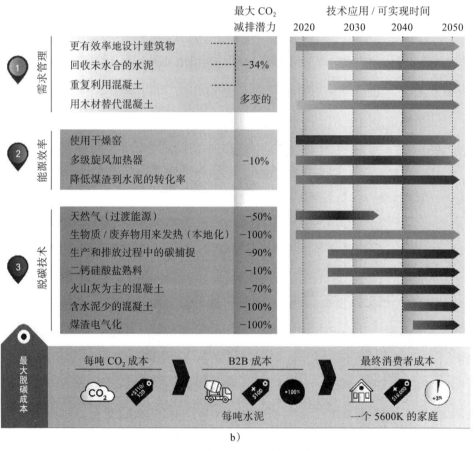

b)

图 12-2 向净零排放模式转型（续）

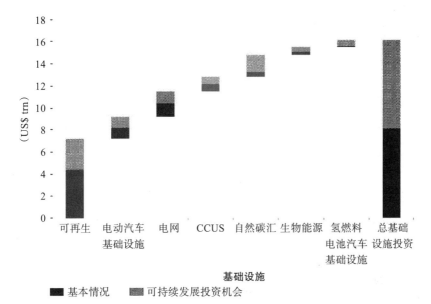

图 12-3　到 2030 年基础设施的累计投资机会

图 12-4　可再生能源与碳氢化合物开发的资本成本

政治技术：设定正确的目标

我们需要的核心政治技术就是要求重视我们的未来，关心子孙后代。因为气候变化本质上是视野悲剧。

我们越早行动，调整就越容易。如果尽早开始向低碳经济转型，并遵循可预测的路径，气候变化的风险将被降至最低。正如我们马上会看到的，要打破视野悲剧需要采取一系列措施，使现有市场能够更好地运转，并创造出新的市场。但最根本的是，它要求社会明确设定其价值观和目标，然后政府、企业、第三部门，也就是我们所有人都要努力实现这些价值观和目标。

* * *

社会可以通过不同方式和不同层次表达其价值观和目标。在国际上，联合国可持续发展目标（SDGs）代表了 193 个联合国成员对"为所有人实现一个更美好、更可持续的未来"的集体观点。这 17 个目标由 169 个具体目标组成，旨在应对从不平等到负责任消费等各种社会和经济挑战，我们需要在十年内解决这些问题，建设一个更加可持续、繁荣和公正的世界。可持续发展目标不仅具有经济意义，而且具有道德意义。实现可持续发展目标将意味着更高的生产率、更多的劳动力供应，以及最终实现更强劲的经济增长。简而言之，它们可以将全球经济从目前长期停滞的困境中解救出来。

当 2015 年各国在亚的斯亚贝巴[⊖]举行的可持续发展峰会上首次达成一致时，可持续发展目标就具有了一种深奥的特性。许多人将可持续发展目标视为多边开发银行和国际金融机构的管辖范围，认为这是可笑的全球主义者的最新慈善项目。但是，随着可持续发展目标被转化为国家目标，并被领先的、有目的的企业采纳，它们开始变得活跃起来。

没有什么比气候更能说明问题了。振兴地球的目标在 SDGs 中占有重要地位：例如负担得起的能源和清洁增长、可持续的城市和社区、气候行动和水下生命。2015 年的《巴黎协定》是将与气候相关的可持续发展目标

　⊖　埃塞俄比亚的首都。

转化为具体目标的里程碑。世界各国领导人承诺限制碳排放，相对于工业化前的上升幅度，他们承诺将全球平均气温上升控制在 2℃以内，并争取将升温幅度进一步控制在 1.5℃以内。该协议还帮助各国适应气候变化带来的直接影响，并确保资金流动以支持最脆弱的国家应对气候危机。

在过去五年中，这些国际目标已深入到国家层面。超过 125 个国家（占世界 GDP 的一半以上）已经开始将《巴黎协定》转化为到 2050 年实现净零排放的公开承诺。[11] 许多国家都有减排的中期目标，并为不同的经济部门制订了脱碳计划，支持绿色基础设施的公共支出，制定鼓励可持续私人投资的政策框架。

在 2015 年的巴黎会议上，各国阐述了各自国家的自主贡献。这些都是由国家推动的，在特定日期前减少排放的承诺，以便实现《巴黎协定》中的温度目标。顾名思义，国家贡献由每个国家决定，它完全是自下而上的，如果某个国家的贡献总量超过了碳预算，它也没有义务修改自己的计划。

众所周知，在巴黎达成的国家自主贡献和支持这些承诺的政策还不足以实现全球升温低于 2℃的目标；事实上，在计算中，它们仅能够使 21 世纪末的全球气温比工业化前水平上升 2.8℃。在随后的几年里各国并没有兑现承诺，而且有证据表明到 21 世纪末，我们的地球气温将上升 3℃至 4℃。[12]

到目前为止，各国都比以往更加重视全球变暖问题，但重视的程度还不够。

我坐在联合国大会大厅里，听到各国总统、总理、商界领袖和其他"政要"的讲话。像我这样的人，来到这里是因为我觉得自己一直致力于解决气候变化问题，致力于为所有经济体创造高收入、可持续的就业机会。刚开始的时候我们还自我感觉良好。我们没有抵赖，我们已经意识到了风险，并且对于在我们已知的世界上最大的挑战，我们是采取务实解决方案的先锋之一。

然而白纸黑字，来自现实的质疑却告诉我们：我们都是失败者。

外界的批评使我们认识到实现全球可持续发展目标和国家净零排放的承诺是明确且紧迫的一件事，这是解决气候变化的先决条件。由于气候变化会持续多年，气候政策必须尽可能可信和可预测。这需要在最终目标背后达成一个自下而上和自上而下的广泛公众共识，并需要有能够支撑这一目标的价值观，例如团结、公平以及至关重要的活力。

这表明了要求采取气候行动的社会运动的重要性。近年来，随着挑战的规模日益增大，这些要求已成为主流。"星期五为未来"和"人民气候运动"等组织展示了公众要求实现可持续发展的强烈意愿。

在过去的 30 年里，人们对气候变化的兴趣已经从科学界和活动家团体转移到了主流媒体和更广泛的公众良知。它不再是政治光谱边缘的绿色和环保党派的领地（见图 12-5）。今天，在经济福祉和代际公平等基本问题的推动下，年轻人和老年人走到了一起，呼吁政府和企业采取迅速、果断的行动，以避免迫在眉睫的气候危机。

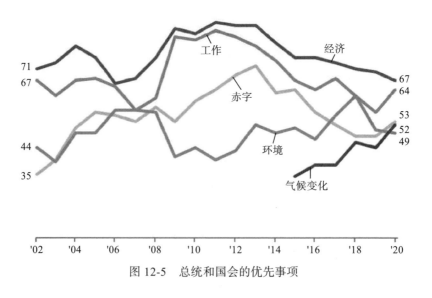

图 12-5 总统和国会的优先事项

2019 年的全球气候罢工动员了全球 185 个国家或地区的 760 万人，达到了创纪录的水平。人们要求为下一代创造一个安全的未来。"反抗灭绝"组织对从事或资助导致第六次生物大灭绝的活动的企业和金融机构施加压力。"人民气候运动"呼吁在低碳世界、无污染社区和100%可再生的未来中为所有人创造经济机会，以确保集体福祉。

气候行动主义的传播从社会到主流媒体、从街头抗议到客厅辩论，并一度反映在了对选民利益和投票模式的调查中。随着这一运动越来越关注经济福祉，它已经达到了社会的临界点。在气候抗议和罢工的背景下，越来越多的选民认为气候是影响他们投票的关键因素。[13]

这些发展表明，在许多社会中，对可持续性的需求正在达到临界点，虽然这不是上天注定的，却完全是可以实现的。对社会运动的研究表明，社会运动可以带来多重平衡。许多原本看似不太可能的社会运动出人意料地获得了支持，这是多种因素作用的结果，这些因素包括了偏好证伪（我们公开说的话与我们心里想的不一致）、不同的门槛（不同的人更愿意在别人面前说出来）、相互依赖（我们愿意说什么取决于别人）和群体极化（当人们和志趣相投的人在一起时，往往会变得更加极端）。[14]

在几年内，公开的边缘观点变成了主流。正如德·托克维尔认为"没有人预见到法国革命"一样，约翰·亚当斯和托马斯·佩恩对美洲殖民地的起义感到惊讶。然而，两国当时的记录揭示了个人不满早已达到了很严重的程度。[15]人们的想法和说法非常不同，直到导火索出现后，个人的不满变成了公众的愤怒，一切都变得更激进了。相互依赖（一个关键群体一旦形成了）推动了"我也是"（Me Too）运动的迅速蔓延，从而使一系列长期被掩盖的犯罪行为突然曝光。行为科学也表明，如果人们了解了一种新的或正在出现的社会规范，他们接受它的可能性会很高（例如，目前纯素食主义在一些国家的传播）。

经济学家蒂姆·贝斯利和托尔斯滕·佩尔松认为，类似的动力可能在气候变化方面也发挥着作用。不断变化的环境价值、技术和环境政策之间是相互依存的关系，要么创造可持续的社会变化，要么锁定在"气候陷阱"中。[16] 在他们的模型中价值是内生的，它们取决于技术和政府政策。在消费者对可持续产品的需求增加时，绿色技术的经济回报和绿色政策的政治回报都会增加。价值观产生价值，价值又加强了价值观。

我们期待金融也能扮演类似的角色。金融部门越关注净零经济的转型，就会使越多的人认为会有更多的新技术将用于气候行动，从而使更多的储蓄者和投资者思考他们的投资是否符合他们的价值观，如果不符合，就会相应地进行重新分配。可持续投资可以从边缘转向主流，从而大大增加了转型成功的机会。

社会运动有时会以缓慢的速度开始，却能带来令人惊讶的快速变化。这种价值观的变化可以被称为社会模因、行为串联或道德情感，它们能够突然推动巨大的变革。各国政府有责任将这一势头转化为可行的政策，并确保这些政策设定在可信的和可预测的轨道上。政府可以通过建立起一个框架，使每一个金融决策都考虑到气候变化。

企业从社会需求和愿望中汲取灵感。随着可持续发展目标、《巴黎协定》和国家目标开始得到社会运动的广泛支持，关注环境、社会和治理（ESG）因素已迅速从开明企业的先锋，转变成为美国商业圆桌会议等形式的主流。正如第14章和第15章所讨论的那样，现在有一种利益相关者价值的社会模因，这种长期以来被认为是有目的的、但被压制的商业方法，现在有了自我强化的势头。

公司的存在是为了改善我们的生活，拓宽我们的视野，解决社会中大大小小的问题。没有充满活力和目标明确的私营部门，我们就无法建设所需的基础设施，也没办法推动必要的创新，或学习必备的技能。当世界上最大的100多家公司确定了核心ESG指标时，它们将这些指标与可持续发展目标挂钩并非偶然。正如美国银行首席执行官、世界经济论坛国际商业理事会主席布莱恩·莫伊尼汉所说的那样："作为首席执行官，我们希望为股东创造长期价值，为股东提供稳定的回报，运营可持续的商业模式，并实现可持续发展目标路线图中规定的长期社会目标。"

由于目标驱动型公司关注社区在内的利益相关者，它们更有可能将负外部性内部化。它们是首批评估自己实现净零排放贡献的行为体之一。

最先进、最具前瞻性的公司都有适应这个新世界的战略，有些是因为它们敏锐地认识到社会和态度偏好的变化，而有些则是预期到政府的立法和监管会发生变化。这些公司并没有止步于设定一个在特定日期前实现净零排放的目标，而是将其嵌入到从研发支出到高管薪酬的每一个商业决策中。通过这样做，它们为股东资本主义做出了贡献，并从中受益，也为所有人创造价值。

打破视野悲剧，并确保向低碳世界平稳的调整，需要负责任的、公平的和团结一致的行动。公共、私营和第三部门需要跨国界合作，为经济活力的蓬勃发展创造条件，并推动强劲、可持续和平衡增长所需的投资和创新。这将把气候变化从生存风险转变为我们这个时代最大的商业机会，将金融危机转变为道德进步。

这就是价值观驱动价值的方式。

随着未来 10 年主要脱碳技术以及政治策略的出现，我们将探讨如何调整金融部门，使其价值能够反映价值观。

金融技术确保每一个金融决策都能考虑到气候变化

当我被任命为联合国秘书长气候行动特使和英国首相气候融资顾问时，我们从英格兰银行和白厅[⊖]借调了一个专家小组，并设定了一项简单却十分关键的任务：确保在格拉斯哥举办的第 26 届联合国气候变化大会之前，奠

⊖　白厅，伦敦市内的一条街，连接了议会大厦和唐宁街，因此成为英国行政部门的代
　　称。——译者注

定好一切必要的基础，以便每项金融决策都考虑到气候变化的因素。

这需要对金融系统进行根本性的重组，以便金融的各个方面（例如投资、贷款、衍生品、保险产品、整个市场）都能对净零排放产生影响。我们的目标是建立一个金融体系，在这个体系中气候变化与信用、利率或技术一样，都是价值的决定因素，其中任何一项对气候变化的影响都是价值的一个新的矢量、一个新的决定因素。

因此正如本书的读者所认识到的，价值反映了价值观。使每个金融决策都考虑到气候变化，这正是目标所带来的力量。这个目标看似很简单，实则很困难。它要求对财务报告、风险和回报等几乎每个方面都进行重大改革。这需要创造一些新的市场，但是实现这一目标既是实现可持续未来的关键，也是我们完成工作的庞大组织原则。为了确保每一项金融决策都考虑到气候变化，缔约方大会邀请了私营部门、中央银行、监管机构和非营利组织的专家，他们是最早确定和倡导气候变化的。

需要明确的是，虽然私人行动在过去制造了一些麻烦（忽视外部性，屈从于公地悲剧和视野悲剧），但如果没有私营部门，我们将无法解决未来气候变化的问题。

首先，应对气候变化所需的资金实在太多了。国际能源机构估计，在未来几十年低碳经济转型中，仅能源部门每年就需要3.5万亿美元的投资，这是目前投资的两倍。[17] 预计在2015年至2030年期间，气候适应型基础设施的投资将达到90万亿美元。现在，明智的决策可以确保投资既能带来财务回报，又能在环境上保持可持续性，公共投资在建设这方面发挥着重要的作用，我们需要低成本的融资来支持发展中经济体的适应性和韧性，但只有主流的民间金融才能为这种规模的投资提供资金，我们不可能在一个利基市场[⊖]达到净零经济。

其次，要解决气候变化问题，我们需要的不仅是私营部门的资金，我

　⊖　利基市场，指高度专门化的需求市场。——译者注

们还需要它们的洞察力和创新力。当社会把重点放在解决问题上时，私营部门就会采取行动，拿出公共当局无法想象的解决方案，并以令人惊讶的速度和热情去实施它们。

正如我们所看到的，实现净零经济需要整体的经济转型，每家公司、每家银行、每家保险公司和投资者都必须调整自己的业务模式。这反过来又要求建立一个新的可持续的金融体系，为私营部门的创新提供资金，扩大政府气候政策的有效性范围，并加速向净零排放转型。它的构建模块是：

- 报告：必须全面披露与气候有关的金融影响。
- 风险管理：需要改变气候风险管理。
- 收益：净零经济投资必须成为主流。

报告

市场需要信息才能有效运行，就像那句古老的格言所说：只有能够被衡量的东西才会有人来管理。

公司和投资者需要了解极端天气事件（即物理风险）和向零碳经济转变（即转型风险）对商业模式和财务结果的影响。最近，有关企业如何预测和应对气候相关的风险和机遇的信息仍不完整、不一致且支离破碎。但是近年来，在报告气候变化风险和机遇的数量、质量和可比性方面有了很大的变化。

2015 年，在巴黎举行的第 21 次 COP 会议上，FSB 应 20 国集团（G20）的呼吁，在迈克尔·布隆伯格的领导下，成立了由私营部门和行业主导的气候相关财务信息披露工作组（TCFD）。TCFD 负责就自愿、一致、可比、可靠和明确披露与气候相关的金融风险提出建议，其目的是为投资者、贷款机构、保险公司和其他利益相关者提供管理这些风险和抓住相关机遇所需的信息。

工作组成员主要来自 G20 发达经济体和新兴经济体的私营部门,包括公司、大型投资者、全球银行和保险公司、主要会计公司和信用评级机构。因此,他们代表了准备、需求和使用与气候相关的财务信息披露的各方。

TCFD 的建议是通过市场来制定针对市场的解决方案。这些建议于 2018 年 20 国集团(G20)领导人在汉堡峰会上提交给了各国领导人,并且目前已经有超过 1300 家来自 G20 的大公司采用了这些方案。[18] 超过 170 万亿美元资产规模的金融机构支持这些建议,包括全球最大的银行、养老基金、资产管理公司和保险公司。投资者越来越认识到气候风险是一种投资风险,他们期望了解每家公司管理风险的计划。全球最大的资产管理公司要求所有公司按照 TCFD 的要求进行披露。由 140 名首席执行官组成的国际商业理事会(IBC)商定了一套通用指标,IBC 成员签署并披露了这些指标,其中就包括了 TCFD。联合国负责任投资原则组织的 2275 个签署成员现在必须对 TCFD 进行披露,否则将面临被逐出该组织的风险。

TCFD 建议适用于所有筹集资金的公司,其中包括了一系列客观、主观和前瞻性的指标:

- 披露治理、战略和风险管理。
- 适用于所有部门的一致性和可比性指标,以及碳密集度最大的部门的具体指标。
- 运用情景分析,动态考虑向低碳经济转型的风险和机遇会对战略和财务规划产生什么样的潜在影响。

披露建议提供了可以采取的行动信息,这将有助于公司管理层、投资者和债权人进行决策。这些建议是利用而不是取代现有的披露制度,因此企业可以通过在其主流财务报告中披露与气候相关的财务风险和机遇来有效遵守现有的披露义务。反过来,这应确保与气候相关的财务风险和机遇被适当地纳入公司治理和风险管理中并受其制约。同时,管理气候风险不能一直是一项小范围的活动。

从能源巨头到消费品生产商的所有公司，都被鼓励以统一的方式（范围 1 和范围 2）披露其直接的以及由能源消耗产生的温室气体排放，并辅以公司为自己设定的可能减排目标。如果认为合适，还可以补充上游和下游（范围 3）的排放方式。

静态披露当前的碳足迹不足以揭示公司与气候相关的财务风险和机遇。气候信息需求从静态的转变为战略性的。市场需要这些信息来评估哪些公司处于有利地位，只有这样才能够抓住低碳经济转型带来的机遇。哪些汽车制造商在燃油效率和电气化方面处于领先地位？能源公司如何调整它们的能源组合？

为了让投资者正确地为金融风险和机会定价，他们需要将公司的战略与可信的公共政策、技术进步和不断发展的风险和机会进行权衡。在一项突破性创新中，工作组建议企业探索并披露气候相关风险和机遇在不同的未来潜在情景（称为"情景分析"）下对其业务、战略和财务规划的潜在影响。投资者需要权衡各种可能的转型路径，从（最终灾难性的）"一切照旧"到平稳、及时地向净零排放过渡。

通过跨部门的 TCFD 峰会和有重点的 TCFD 行业筹备者论坛，企业应该继续分享如何披露信息、哪些内容可以披露以及在哪里披露信息，以提供市场所需的信息。这种势头正在形成一个良性循环。随着公司采用 TCFD 的建议，投资者也越来越多地根据这些信息对公司进行区分，采用 TCFD 的公司越来越多，信息披露越来越完善，转型过程也越来越有效率。因此，我们必须在此基础上加强信息披露的数量和质量，使 TCFD 信息披露尽可能具有可比性、有效率和有决策价值。

然而，私营部门推动公共产品（如信息披露）发展的程度是有限的。所以公共部门需要介入，协调努力并确保一致性。现在是强制披露气候变化的时候，这里还有几条补充的路径。

第一，金融监管机构可以将其监管权力纳入气候相关的财务报告中。我在英国央行任职期间，英国央行的监管机构保诚监管局发布了一份监管声明，阐述了它对银行和保险公司应对气候变化的预期。这包括按照TCFD披露与气候相关的金融风险的预期，以及如何管理和治理这些风险，并对投资的战略韧性评估进行强制性测试。从那时起，其他一些当局也发布了指导意见，或者开始了与TCFD统一的气候财务信息披露咨询。有了这些信息，整个价值链上的金融公司（最终是它们的客户）可以在自己的资产负债表和投资组合中报告气候风险和机遇。

第二，为了使所有大公司的气候信息披露真正的全面和具有可比性，必须强制执行基于TCFD框架的报告。国际标准制定者，如负责制定财务报表通用规则的国际财务报告准则（IFRS）和国际证券委员会组织（IOSCO），以及监管证券和期货市场的组织，必须就如何将TCFD的建议转化为报告标准达成一致。如果这些组织能够围绕一个共同的披露制度达成一致，这将有助于市场评估气候风险和机遇，减少零碎、复杂和不一致的讨论。

第三，国家司法管辖区可以通过不同途径强制披露与气候有关的信息。来自世界各地的超过106个监管机构和政府组织都是TCFD的支持者，包括加拿大政府、比利时政府、法国政府、瑞典政府和英国政府。它们采取了不同的方法来执行TCFD的信息披露。在欧盟，欧盟委员会正在通过一项针对全欧盟上市公司的非财务报告指令（NFRD），将气候报告嵌入其中。法国和新西兰在"遵守或解释"的基础上引入了TCFD报告。英国已承诺，到2025年所有上市公司都将披露TCFD信息，并为大型公司制定了中期目标。

风险管理

可持续的金融体系的第二个组成部分是有效的风险管理。

正如第11章所讨论的，自然风险、过渡风险、物理风险来自洪水、干旱和热浪等极端天气事件，它们破坏财产、破坏社区并扰乱生计。这些都是显而易见的风险，我们正面临着越来越频繁和严重的风险。转型风险源于向低碳经济的调整。政府的气候政策、技术和碳价格的变化，将促使人们重新评估大量资产的价值。例如对于银行来说，转型的性质将影响银行在碳密集型行业（如大量资产可能搁浅的能源行业）、消费金融（例如，根据新的排放标准，某些汽车将失去其剩余价值）和抵押贷款（根据新的能效要求，一些房产将不能出租）的风险敞口。

更根本的是，气候风险在几个关键的方面不同于传统风险，包括：

- 史无前例的性质。过去的经验和历史数据并不能很好地预测未来的概率。事实上，正如保险业认识到的那样，昨天的尾部风险正在成为今天的主要场景。

- 它们的范围和规模。它们将影响到每个国家、每个部门的每个客户。它们的影响可能是相互关联的、非线性的、不可逆的，并受到临界点的限制。因此，它们发生的规模会比金融机构平时管理的其他风险大得多。

- 它们是可预见的。从某种意义上说，我们知道但不确定物理风险和转型风险会同时发生，因为气候灾难发生的时间和规模都取决于其发生的路径。现在还很难说我们将同时经历物理风险和转型风险，但可以肯定的是，这些风险的某种组合将会发生。我们要么继续目前的排放路径，面临巨大的物理风险，要么改变方向，去面临巨大的转型风险。[19]

- 最后，虽然物理风险的时间期限很长，不是通常的 3～5 年的商业规划期限，而是几十年，但解决未来的主要气候风险仍然需要我们今天就采取行动。事实上未来十年，甚至很可能是未来 3～5 年的行动，对于我们确定未来风险的规模以及平衡这些风险来说至关重要。[20]

不言而喻，金融体系无法通过多样化的组合来摆脱这种风险。正如疫情所揭示的那样，实体经济和金融体系之间的相互联系是十分紧密的。与新冠疫情一样，气候变化是一个可以影响整个经济的深远的、系统性的风险，即使是金融体系也不能够幸免。

正如我英国央行的同事萨拉·布里登所指出的：

> 出于同样的原因，虽然个人投资者可以撤资，但整个金融体系无法全身而退。事实上，看似理性的个人行为推迟了转型的到来，使我们未来面临的问题变得更加严重。由于转型的规模很大，我们根本无法通过剥离资产的方式来实现净零经济。[21]

相反，如果要降低金融风险，就必须管理实体经济中潜在的气候风险。解决这一集体行动问题是金融机构和监管机构的共同责任。公共部门和私营部门需要共同努力去解决这一问题，这就意味着必要的风险管理专业知识需要得到快速的发展。

这种专业知识是很重要的，因为以正常方式评估金融风险存在一定的困难。正如 TCFD 所强调的，信息披露需要从静态的（即公司今天的排放量是多少）变为战略性的（即它们明天的排放计划以及相关的财务影响）。这要求我们要评估企业转型风险策略的韧性。TCFD 建议使用情景分析法，但这个领域还处在发展的过程中，相关技术还有待提高。

英格兰银行认识到我们有必要推动这些风险评估的普及，这符合央行金融稳定和审慎监管的职责。作为世界第四大保险业的监管者，英国央行知道一般保险公司和再保险公司处于管理物理风险的第一线。保险公司的应对措施是提高建模能力和预测能力，改进风险敞口的管理，调整保险范围和定价。在这个过程中保险公司了解到，昨日的尾部风险已接近今日的核心情景。与此同时，银行也开始研究其业务模式面临的直接物理风险：从抵押贷款账簿面临的洪水风险，到极端天气事件对主权影响的风险。它们开始评估在未来的气候行动中将会面临怎样的转型风险。例如，对碳密集型行业的敞口、以柴油车为担保的消费者贷款，以及根据新的能效要求进行的"先买后租"贷款。

为了进一步发展和应用这个风险管理能力，英国央行将对英国金融系统未来不同的气候路径进行压力测试，包括灾难性的场景和理想地（但仍然具有挑战性的）转型到 2050 年与英国立法目标相一致的净零排放场景。银行需要明确借款人如何应对当前和未来与气候相关的风险和机遇，这方面的评估能体现出哪些公司有向净零经济转型的战略，哪些公司押注于新技术或政府不会行动，哪些公司还没有考虑到风险和机遇的问题。这项测试将有助于开发尖端风险管理技术并使其成为主流，它还会使全球金融体系对气候变化和政府气候政策做出更积极的反应。

在识别气候风险性质方面，气候压力测试和正常压力测试是不同的。气候压力测试包括气候结果以及宏观和金融方面的影响。具体来说，它们需要共同评估物理风险和转型风险，因为企业和我们的经济将同时面临这两个方面的风险。

物理风险和转型风险的明确组合在很大程度上取决于应对气候变化的政策。例如，政策的决定性转变会限制物理风险的规模，但会产生一些转型风险，而在不采取任何行动的情况下，更严重的物理风险会占据主导位置。考虑到这些因素，压力测试必须着眼于 2050 年转型完成前的几十年风险。最后，建模必须是自下而上的，这要求公司从它们的客户和交易对手那里收集信息，以便更准确地识别和评估受到转型风险影响的实体。

最后，气候压力测试既与发展气候风险建模能力有关，也与战略和治理有关。它们肯定不是传统的那种通过或不通过压力测试的问题，这种测试可能会带来资本的支出。银行需要在不同的气候情况下评估资产减值，并重新评估其交易账簿，但并不会因此设置最低门槛，也不会产生相关的资本支出。银行将评估它们的战略是否与实现净零目标相一致，如果不一致，就会被询问未来要做出怎样的调整。

最根本的是，气候压力测试将有助于拓宽金融参与者以及贷款、保险或投资企业的视野。压力测试将有利于提高风险管理能力，在一个新兴领域建立知识和专业技能。压力测试还会向政策制定者和市场表明，我们向净零经济转型还有多远的路要走。通过确定有多少公司有转型的计划、这些计划的复杂程度以及金融部门对这些公司的风险敞口，政策制定者将更加了解他们需要采取哪些整体的经济行动。测试结果还可以帮助他们更准确地估计气候变化的宏观经济影响，从而为政策行动提供信息。

与气候信息披露一样，如果世界要将升温稳定在2℃以下，这种战略性评估将需要在全球范围内进行。由各国央行和监管机构组成的"绿色金融网络"（NGFS）正在分享压力测试的经验和最佳实践，这对公共部门和私营部门发展气候风险管理专业知识发挥着关键作用。与此同时，FSB已经开始绘制气候变化的风险传播渠道。国际货币基金组织也已经开始将气候风险纳入各国防范工作的评估当中。

收益

应对气候变化不仅仅是管理风险的问题。归根结底，它的关键是提供社会想要的东西，重视社会所重视的东西。这意味着向绿色经济的过渡可能是我们这个时代最大的商业机会。在未来30年里，仅在能源领域每年所需的投资总额就将达到3.5万亿美元。另外，每年还需要500亿美元到1350亿美元来开发和推广碳捕获和生物燃料技术。[22]超过60亿人将居住在城市地区，仅在未来10年内，预计就将新建约4亿套房屋，所有这些都需要绿色技术和相关基础设施来支持，以实现净零排放且有韧性的转型。

虽然绿色债券和转型债券这样的绿色投资产品是新金融体系发展的重要催化剂，但它们不能为低碳转型提供充足的资金。我们需要调动传统金融的积极性，帮助支持经济中的所有企业调整它们的商业模式，以实现净零目标。同时，通过识别领先者和滞后者，以及采用关键技术来解决问题，可以实现价值的增长。

这意味着要更深入地了解公司是如何从"棕色"转变为"绿色"的，而不仅仅了解它们在某个时间点是领先者还是滞后者。迄今为止，这样做的方法还不够充分。把环境（E）、社会（S）和治理（G）结合起来给出一个单一的 ESG 指标，虽然这也是有价值的，但指标往往受 S 和 G 的影响更大，[23] 而碳足迹并不具有前瞻性，股东参与的影响也很难衡量。此外，整个经济转型不仅仅是资助"深绿色"活动或将"深棕色"活动列入黑名单。我们需要"深绿色"来促进和支持所有公司迈向净零排放，并让我们共同评估我们是否"与《巴黎协定》保持一致"。

这意味着投资者能够评估企业转型计划的可信度。转型计划尚处于初期阶段，质量参差不齐。一些企业有一个明确的净零目标，但还没有制定一个可靠的战略或策略来实现它。而有些企业则已经全面整合了气候战略、治理和投资。最近的最佳转型计划包括：

- 就范围 1、范围 2 和范围 3 的排放界定净零目标。
- 需要制定清晰的短期里程碑和指标，供高级管理人员监测进展和衡量成功。
- 董事会层面的治理。
- 将指标纳入高管薪酬中。

科学基准目标和过渡路径等倡议已经在支持公司制订转型计划，并在符合适当标准时对其进行认证。但正如第 15 章所讨论的，投资界需要自己发展专业知识，而不是将这些关键判断外包给其他机构。

评估转型计划有效性的框架可以解答投资者的很多问题。随着越来越多的公司披露它们关于气候风险的评估，投资者开始有机会对披露和转型计划的质量发表意见。就像"薪酬话语权"（投资者可以投票决定高管薪酬水平）一样，越来越多的人呼吁投资者在"转型话语权"上拥有一席之地，即可以通过投票来决定一家公司向"净零"世界转型的准备是否充分。另外，这种投票机制还能够提供更深入的问责机制。

随着时间的推移，投资者不仅可以评判公司的转型计划，他们自身也会被评判。投资者有义务评判企业的投资组合是否与转型要求一致，并以易于理解的方式说明他们的立场。有几种方法可以做到这一点，在最基本的情况下，投资者可以计算企业净零目标资产的百分比。随着在实体经济中信息披露情况的改善，一个更复杂的选择是计算投资组合中资产的升温潜力。正如我们将在第 15 章"基于价值的投资"中更详细讲述的，"升温潜力"（或隐含温升）计算可以用来衡量投资组合中不同公司排放对全球气温上升的贡献。

对资产和投资组合的升温潜力进行评级有许多附加好处。它向各国政府发出经济转型路径的信号，从而表明其政策的有效性。它将赋予消费者更多的权力，让他们在通过投资支持转型方面有更多的选择。毕竟，对于我们的公民，尤其是要求采取气候行动的年轻人来说，资产所有者披露他们客户的资金在多大程度上符合他们的价值观变得越来越重要，升温潜力的计算也有助于显示投资管理决策是如何影响我们的星球的。

跨境资金流动和全球气候公平

第 11 章强调了气候变化的历史不平等以及历史上最大的排放国负有领导这一转型的责任。英国作为工业革命的摇篮，必须作为第 26 次缔约方大会主席的身份领导可持续革命。

发展中国家面临气候变化和发展的双重挑战。它们因气候变化的物理影响而遭受巨大伤害，正如我们所看到的，发展中国家在建立抵御能力和适应不稳定气候方面存在巨大差距。此外，绿色技术是资本密集型的，但由于政治和监管的不确定性、金融市场流动性较差，以及气候风险本身的经济影响，使发展中国家的资本成本较高。

发达国家承诺在 2020 年之前，将每年共同筹集 1000 亿美元的气候资金，以满足发展中国家减缓和适应气候变化的需要。这一承诺源自《哥本哈根协议》，在《坎昆协议》中正式通过，并在《巴黎协定》中得到重申。我们需要注意到这些资金来自各种各样的渠道，包括公共的和私人的、双边的和多边的，以及其他。巴黎会议决定，这一目标将持续到 2025 年，届时将根据《巴黎协定》制定一个新的集体目标，每年至少提供 1000 亿美元，旨在满足发展中国家的需求和优先事项。

新的可持续金融体系正在通过三种方式助力新兴经济体和发展中经济体。

第一，新的金融资助将通过为可持续基础设施投资提供资金，推动重要技术的规模效益，从而可以在全球范围内应用。这对于那些燃煤发电设施基础较差的经济体来说是一个更大的优势。在未来 15 年里，需要投资约 90 万亿美元来应对基础设施的老化以及新兴市场和发展中国家的高速增长和结构变化，尤其是快速城市化引起的需求。新兴经济体和发展中经济体将占全球基础设施投资的约三分之二（或每年约 4 万亿美元）。这些新基础设施为发展中国家跳跃式发展提供了很好的机会，使它们能够摆脱过去效率低下、不可持续且污染大的系统。

第二，发达经济体的企业对范围 1、范围 2 和范围 3 排放进行全面的报告。这有助于将气候风险降至最低，并最大限度增加了其在供应链中的机会。企业在业务的各个方面（包括供应商、分销商和零售商）都贯彻可持续发展，会激励发达国家增加对发展中国家进行绿色投资，因为许多范围 3 的排放是在发展中国家产生或外包的。

第三，实现净零排放需要建立新的市场结构，这可能会大幅增加对发展中国家和新兴经济体的资金流动。随着公司承诺实现净零排放或净负排放，投资者会寻找有可信度的转型计划的公司，这时企业将需要向投资者展示它们的计划，说明它们将如何通过适当的减排和可靠的碳补偿组合（包括基于自然的解决方案，如重新造林和由"棕色"变"绿色"过程中产生的补偿）来实现净零目标。这将创造大量的需求，据估计年度交易规模将迅速达到数十亿美元。

目前，购买碳补偿是一个不透明、烦琐且昂贵的过程。2019 年，只有 9800 万吨二氧化碳当量（$MtCO_2e$）被交易，总市场价值为 2.95 亿美元。市场是分散的，有许多地方的、特定部门的或特定抵消（例如基于自然的抵消）的市场，这些市场是没有中央协调的。碳信用额和抵消的统一标准目前还不存在。这使得很难将在巴西购买的森林信贷与在印度购买的森林信贷进行比较，而这又导致了价格的波动。类似的补偿价格从 0.1 美元 / 吨二氧化碳当量到 70 美元 / 吨二氧化碳当量不等。这种不透明造成了市场上的信任问题和摩擦，而透明度恰恰对我们实现净零目标至关重要。另外，对抵消措施缺乏保证，以及抵消的所有权缺乏透明度，这些又进一步加剧了信任问题。

为了打开这个每年价值高达 1000 亿美元至 1500 亿美元的市场，我们需要合适的基础设施，将实现净零目标的公司需求与需要资助脱碳计划的国家的供应需求联系起来。对于发展中国家和新兴经济体来说，这应该是一个特别有吸引力的提议，因为这些国家的活动和项目很可能提供最具成本 - 效益的碳抵消措施。

金融部门有开发这个市场的经验和资源。十年前，场外衍生品（OTC）交易基本上不受监管，不需要报告，而且是双边结算的。当雷曼兄弟在金融危机期间倒闭时，此类风险敞口的不确定性引发了恐慌。在金融危机后，金融稳定委员会与金融行业合作，要求交易报告并鼓励场外交易进行集中清算，使衍生品市场变得更安全、更透明。在第 26 次缔约方大会上我们正在努力利用这些专业知识，在渣打银行首席执行官比尔·温特斯的领导下，碳市场的蓝图再次被描绘，他希望我们能够迅速发展这个市场，这样企业可以购买碳信用额，投资者可以对它们的真实性感到放心。

最后，通过合理的结构，我们可以将数十亿美元的公共投资转化为数万亿美元的私人投资。这需要公私伙伴关系、项目渠道和新的市场结构，从而使可持续投资的机会具有商业可行性。多边开发银行（MDB）和金砖国家新开发银行（NDB）以及开发金融机构将在降低项目风险和为新市场提供技术援助方面发挥重要作用，同时为适应气候变化的基础设施提供资金和投资，并使其贷款和投资符合气候目标。

开发银行还可以增加地方市场的流动性，包括与地方政府合作开发一系列可持续项目，提供技术援助以创建投资框架，并提高透明度。在这一过程中，各开发银行应承诺将气候风险全面纳入其业务和贷款中，并就可比的、稳健的、全银行范围的巴黎气候调整实施计划进行沟通。各国应承诺共同努力，通过强化国家自主贡献和实施周期，帮助相关国家实现气候目标。国际货币基金组织已表示坚定致力于应对气候变化、协助各国减少碳排放和增强气候适应能力。[24]

政策和气候行动之间的相互作用

公共政策、公司转型计划以及与气候相关的风险和机会的披露是向净零经济转型的基础（见图 12-6）。[25] 政策可信度和可持续金融体系的结合，将使这个基础更加牢固。

公共政策为净零经济转型提供了基础。公地悲剧和视野悲剧意味着私营公司和金融机构无法充分考虑到它们的行动对气候会有怎样的影响。尽管处于领先地位的企业可以预见未来的气候政策，并在今天提前适应这些政策，但要使大量私营部门行动，还需要有效的、可预测的和可信的公共政策。

图 12-6　公共部门和私营部门在向净零经济转型中的作用

通过财政措施（如降低污染价格、支持研发和特定部门）和监管举措（如清洁燃料指令和提高气候效率的途径），政府政策可以提供更多针对性的支持。当这些措施成为可信的且可预测的气候政策记录的一部分时，它们为私人投资创造了一个框架，这可以对气候相关的行动起到推动作用，并打破视野悲剧，从而形成良性循环。

有意义的碳价格是有效政策框架的基石。为温室气体排放权明确定价，有助于确保可持续发展的企业不会受到不公平的待遇，还可以鼓励高碳企业进行调整。为了支持有效、有序和公平的调整，碳价格应该以渐进和可预测的方式上涨，而且设计应具有公平性，包括将收益用于支持低收入家庭。

但气候带来的挑战是巨大的，因此仅靠碳价格是不够的。政策制定者的公共支出要满足转型的需要，包括满足低碳基础设施的投资，以及支持可持续研发的贷款和转移支付。对于那些只有在其他企业也行动时才能获取最大效益的企业来说，它们对碳定价的反应是十分缓慢的，只有通过有针对性的环境法规才能推动它们进行变革。

为了使全球能够有效应对气候变化，各国的战略目标水平需要随着时间的推移逐渐统一。与此同时，碳边境调节（一种与相对气候努力相关的关税形式）允许领先国家追求更雄心勃勃的目标，但同时也要避免碳泄漏的情况。这些调节的设计应符合世界贸易组织（WTO）的规则。

公共气候政策的可预见性和可信度越高，对私人投资的影响就越大。在这方面，我们要认识到，气候政策也会遭遇可信度的问题，而这在过去也是困扰货币政策的问题（如第 4 章所述）。

从政治角度来看，政府常常会改变利率以支持短期就业，从而损害了长期的通胀稳定。为了克服这一问题，世界各国政府都采用了明确的通胀目标，让选民更容易观察到政府是否实现了低通胀和稳定通胀的承诺。此外，政府将自己的作用局限于制定货币政策的长期目标，并将实现这些目标所需的工具（例如利率设定）委托给独立的中央银行，以便实现设定的目标。

类似的时间不一致经常削弱政府气候战略的可信度。气候政策的好处要到下一届选举后才能完全显现出来，但任何短期成本却会立即被感知。因此一旦当选，政治家们就会倾向于追求表面上的环保，并没有什么实质性内容。这可能会使企业难以预测气候政策的未来方向，从而导致它们拖延或停止必要的气候行动。即使政治家们最终采取了避免气候灾难的必要措施，事先缺乏信誉还是会错过早期明确行动承诺所带来的好处。

相比之下，如果气候政策具有决定作用，金融体系将能够预测未来的政策，并鼓励企业从现在开始适应这些政策。政策制定者需要减少干预力度，以实现特定的气候目标，搁浅资产的存量将大幅减少。如果气候目标是可信的，企业将减少对"棕色"技术的投资，这样一来，在未来与"绿色"替代品竞争时，企业就不会持有大量完全折旧的高碳设备。因此，为了实现特定的温室气体减排目标，碳价格上升的幅度不能太快（见图 12-7）。这可以降低高碳价格带来的意想不到的后果，包括碳泄漏的风险。

认为可信度能让决策者更容易实现既定目标的观点，并不局限于气候政策。我在英格兰银行的前任，金勋爵曾在"马拉多纳利率理论"中巧妙地运用足球进行类比，受到这位伟大的阿根廷球员进球的启发。金认为，可信的央行需要更温和地调整利率，以保持通胀接近目标。

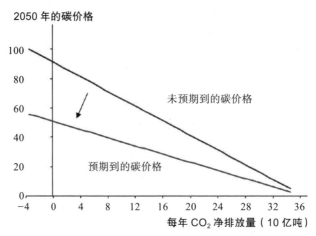

图 12-7 可信的政策框架可以降低实现既定目标所需的碳价格

此外，尽早开始将排放减少到净零水平可以显著降低最终的碳浓度。[26] G30 报告（2020 年）的分析表明，通过对"碳的社会成本"进行合理估计，这其中的收益可能非常大。即使提前一年实现净零目标，也能够使最终的碳水平减少超过 35 亿吨二氧化碳当量，相当于 2019 年全球 GDP 净现值的 5% 左右。[27]

最后，可信的政策框架降低了现有搁浅资产存量增加的风险。可信的政策框架降低了企业对未来政策形成错误预期并继续在过时技术上投资的风险。通过制定清晰的战略，政治家们可以为他们计划实施的政策提供前瞻性指导。气候政策的可预见性帮助企业从今天开始适应净零排放的现实，并确保这种调整是有序进行的。

有几种方法可以建立可信和可预测的气候政策。

第一，通胀目标制的经验表明，为了解决时间不一致的问题，这个目标必须得到各个政治派别的承认。如果知道反对党也很可能会采取类似的政策，会使企业确信，它们可以投资于具有数十年经济寿命的绿色基础设施。这意味着可信的气候政策需要广泛的政治支持和公众支持。

第二，行动胜于雄辩。可靠的气候政策不会拖延，而是从第一天起就减少排放，以降低最终的碳浓度，同时它们还可以对气候变化的规模和应对措施的有效性进行客观的评估。具体的气候政策应与温室气体预期减少量相联系，此外，还应评估总体气候战略是否满足向净零目标平稳过渡的要求。关于气候变化的证据是明确无误的，同样明确的是气候物理学的要求，其中就包括碳预算和实现净零排放的必要性。这些基本事实常常被掩盖，所以当净零排放的进展被透明、可靠地报告时，相关机构就能够被追责。

第三，可信的政策框架明确表明，某些活动在净零世界中是不可行的，这促进了替代方案的产生。

第四，需要气候政策记录来巩固可信度。就像财政政策、货币政策以及公司业绩一样，确定和实现与其长期战略和目标一致的中期目标，可以建立一个持续的记录。财政和货币政策的经验表明，如果可信度低，可能需要数年时间才能重新建立可信度，而且可能需要更严格的政策，才能建立起负责任的声誉。政府需要制定与其长期战略一致的中期目标，并通过特定部门的政策和跨部门的倡议来实施，例如为钢铁生产设定排放目标以及设定适当的碳定价。

在货币政策等诸多领域，政府通过将某些有限责任下放给独立的技术官僚机构来建立可信度。制定气候政策目标，例如承诺到 2050 年全球会实现净零排放，需要充分的民主问责制，而且这只能由选举产生的政府来完成。但是，各国政府可以将目标所需的特定工具的校准工作委托给碳理事会，以提高气候政策的可预测度、可信度和影响力。这些代表团的职责，按重要性的升序可以排列为：

- 评估气候政策是否符合政府的短期和长期目标。
- 遵守或解释向政府提出的关于制定这些文书的建议。
- 以类似中央银行制定政策的方式对数量有限的工具进行校正，以达到通胀目标。

即使政府将全部的校准工作都委托给碳理事会，以确保决策基于客观、科学的证据，政府仍应保留收益使用的完全控制权，这样可以确保由民众选举产生的政府能够决定碳价格的分配结果。在大多数气候政策工具下，政府可能希望保留控制权，因为它们有实质性的分配影响，这种影响比碳价格更难抵消。这些工具可能包括为制造业公司引入更严格的环境标准或加速内燃机的淘汰等。

第 16 章的内容将讨论政府保留控制权的各种方法的利弊。

* * *

影响最大的政策框架将是时间一致性（不是任意更改）、透明（有明确的目标、定价和成本计算）和有承诺的（通过条约、国家自主贡献、国内立法和共识）。随着各国创建良好记录并提高可信度，市场将配置资金来推动必要的创新和增长，并加速向低碳未来的调整。

报告越丰富，风险评估就越稳健，回报优化也越广泛，这种转型就会发生得越快，这样我们才能打破视野悲剧。

正如这本书所阐明的，我不是一个市场激进主义者，因为我不会条件反射地认为市场是一切问题的答案。与此同时，我也看到了市场在很多情况下的巨大力量，我知道市场是解决人类许多重大挑战的关键部分。没有增长，我们就无法实现可持续发展的目标；如果没有创新、投资、目标和利润，我们就无法实现净零经济。我的经历使我深信市场解决问题的能力。我每天都会看到人们是渴望成长和进步的，渴望为自己和家人创造更美好的生活。

持续增长不是神话，它是一个必需品。

但不是指所有形式的增长。市场的力量需要被引导才能实现社会想要的东西。这需要能够反映我们价值观的收入和福利指标，包括自然资本和社会资本以及经济资本的度量。我们需要一个不再仅仅以 GDP 等指标为指导思想的世界。GDP 是一个世纪前制定的，当时地球似乎是不朽的，市场的社会规范也是不可改变的，但现在一切都不同了。

为实现我们的气候目标而制定的政策应该以尽可能低的代价鼓励经济调整和技术创新，同时在国家内部和国家之间尽可能公平地分担调整的负担。一个关键的成功因素是建立广泛的社会共识，使用明确、一致的沟通模式以及为政府和政策管理建立可信和可预测的记录。这些条件越能得到满足，市场就越有可能推进调整，平稳过渡到净零经济。

在报告、风险管理和收益的基础上，一个向升温低于 2℃目标转型的市场正在建立。它将揭示，随着气候政策的调整和碳强度的下降，企业的估值会随着时间发生怎样的变化。它将允许市场和政策制定者之间进行反馈，政策制定者从市场的反馈中不断学习，市场将内化政策制定者的目标、战略和工具。它将暴露未来可能的商业成本，包括为排放买单和实现更严格的监管。随着观念的转变，我们可以平稳地调整价格，而不是将它们集中在一个气候变化的明斯基时刻。另外，它也开创了我们这个时代最伟大的商业机会。

第三部分将概述领导人、公司、投资者和国家的行动计划，并将其作为恢复我们价值观倡议的一部分。

第三部分

重塑价值

| 第 13 章 |

基于价值观的领导力

对领导力和价值观的思考是一个有点危险的领域，因为许多批评家可以借此发现领导者言行不一。事实上，最近一份报纸对一本关于领导力和价值观的书做出了评论，该文章认为这本书的出版本身就是过度自信的信号，这是暴风雨前的自满，并且警告说，首席执行官和投资者应对此保持警惕。[1]

在金融业衰落之前，肯定存在着无数个人类自满的例子。想想那些把全球金融危机前看作"大缓和"的人吧，或者想想英语中最昂贵的那句话："这次不一样。"但我将勇往直前，不仅因为我们必须吸取过去的经验教训，还因为这种跨社会的领导力是我们重拾价值观的核心。

领导力模式

人们从很早开始就对领导力感兴趣了，大量的著作都对领导力进行了分析与探讨，这使我们可以从数千年来无数成功和失败的案例中汲取经验教训。有些人，尤其是将军，从普鲁塔克那里汲取恺撒和庞培时代的经验教训，而另一些人则被富有魅力的领导人所吸引，例如激励了整个国家的甘地。

尽管领导力相关的理论和实践已经成为管理学的一个重大分支，但是正式的领导力理论直到 20 世纪才出现。最早的领导力分析集中在领导者的个人素质上，后来人们才开始关注情境因素。马克斯·韦伯在 1947 年提出了一个颇具影响力的初步理论，他确定了三种类型的领导人：魅力型、传统型和法理 / 官僚型。[2] 尽管只有历史学和社会学的学生才会对这一分类感兴趣，但它确实具有一定的指导意义，因为它暗示了精英阶层中制度权力的局限性，并为后来研究情商对变革型领导的重要性奠定了基础。

韦伯实际上更关注权威而不是领导力，他认为社会演进的过程是凭借个人魅力或"天赋异禀"（魅力）获得权威的魅力型领导人向"传统型"或"法理型"领导人转变的过程。一旦魅力型领导人过世或离职，社会必须转变为"传统"或"法理"的模式来保持稳定。在君主制等传统制度中，合法性来自"永恒的昨天的权威"，而在法理制度中，如现代民主制度，个人和机构的权力来自其职位，这种权力是明确的、受约束的和可问责的。中央银行因特定任务而获得的授权是法理性权威的典型例子。

但正如第 4 章、第 7 章和第 8 章讨论的那样，权威并不能代表领导力，如果不能一直得到社会认可，机构的权威是无法存续的。没有人会指责央行行长的魅力非凡，但即便是央行行长，他们也有很多事情需要去做，他们必须要让他们的政策最有效，而不仅仅是坐在办公室里博得公众的信任和信心，他们必须参与、解释和表达。如果说这是对技术官僚的要求，那么这也适用于公司、社区和团队的领导者，尤其是在经济和社会发生巨大变革的时期。

区分不同的领导模式，有助于我们理解领导者如何获得持续的合法性并使其效力最大化。我将把众多的领导力模型大致简化为三个主要类别。

第一个类别是伟人理论，它对历史上领导者的内在特质进行了分析，并认为伟大的领导者天生就具有这些特质，尤其是具有魅力、自信和智慧，这些特质能使他们卓有成就。这些理论往往把伟大的领导者描绘成英雄般的、神话般的、注定伟大的人物。这种"伟人理论"（当时被这样命名）在19世纪流行，借鉴了亚历山大大帝、尤利乌斯·恺撒和亚伯拉罕·林肯等领导者的事迹。著名历史学家托马斯·卡莱尔的著作就是典型的例子，他总结道："世界历史不过是伟人的传记。"[3]

有一些杰出的个人的确改变了历史的轨迹，但也有无数人为大大小小的组织做出了不同的贡献。斯坦利·麦克里斯特尔将军在结束了他极为辉煌的军旅生涯后，将领导力研究作为自己的职业，他谴责了被他称为"阿特拉斯⊖/公式神话"的说法，即一组特定的领导力特质会自动造就成功。据他的经验，有许多伟大的领导人并没有表现出这些特质。[4]

此外，伟大领导者理论的例子往往会将一个组织的成功完全归功于领导者。事实上，那些极具挑战性的决定都是领导者在巨大的不确定性下做出的，因此取得成功也有幸运的原因。此外，如果领导力仅仅是人们内在特质的产物，为什么拥有这些品质的人没有全部成为领导者？

研究发现，领导力并非一开始就具备，有许多因素会影响领导者的成功，其中包括群体的特征和他们具体需要怎样的领导力。[5] 由于这些原因，本章的观点与另外两个领导力理论类别更为一致：行为型和参与型。

领导力的行为理论认为，领导者是被培养出来的，而不是天生的；领导力是一个培养的过程，而不是天生就有的。行为理论源于一种观点：所

⊖　阿特拉斯，希腊神话中被罚做苦役的大力神。——译者注

有的行为都可以通过条件作用 [6]（即我们所说的道德情操）来发展。行为理论关注的是领导者的行为，而不是他们的心理素质或内在特质，理论认为像我们这样的普通人也可以通过观察和教学来培养领导力。领导者的内在特质对他们保持真实性以及培养领导力所需的美德具有重要作用。

　　参与型领导力理论认为，理想的领导者能够吸纳他人的意见，并关注自身与同事之间的联系。参与型领导者鼓励团队成员做出自己的贡献，让他们在决策制定中更有参与感，并使他们更好地执行这些决策。这种领导者可以使团队成员了解自己的任务是如何与整个组织的更高目标相联系的，从而激励和启发员工。

　　以我的经验来看，行为型和参与型领导者都强调了一种情况：领导力不在于领导者取得了多大的成就，而在于领导者向同事传递的使命感，以及为了实现这个目标而采取的行动。

　　有效的领导要视具体情况而定。这句话的意思比莎士比亚的"时势造英雄"要深刻得多。管理风格应该根据挑战的性质、环境和被领导人员的类型而有所不同。[7] 在防御和进攻、围攻或战略、交易或转型这些不同的情况中采取不同的领导模式会更有效。好的领导者会评估下属的需求，评估形势，并相应地调整自己的行为。例如，如果领导者是团队中知识最渊博、经验最丰富的成员，那么自上而下的独裁领导风格（也称为威权主义）可能是最合适的。而在团队成员中包括有经验的专家时，最好选择参与或民主的方法。

　　在这些方面，领导力理论经常区分交易型领导力和变革型领导力。前者也被称为管理型领导力，即专注于具体任务的完成，用奖惩来激励下属。[8]交易型领导力在现有的系统（如官僚机构或大公司）中发挥了重要作用，该理论认为可以利用领导者的知识或法律权威来达成目标。交易型领导力通常用于体育运动，也用于商业活动，它依赖于监督、组织、规则和程序。更好的交易型领导者会设定期望和标准，制定良好的绩效反馈，公平分配奖励和荣誉。这在领导者及其同事之间创造了一种建设性的、互惠的关系。研究发现，在问题很直接并且可以被明确界定的情况下，交易型领导力是最有效的。[9]

变革型领导力能够通过制定共同的目标来激励同事、组织以及领导者自身。变革型领导者通常精力充沛，充满热情和激情。通过他们的远见和性格魅力来激励同事改变预期、看法和动机，以实现共同目标。

变革型领导力的概念是由美国政治传记作家詹姆斯·麦格雷戈·伯恩斯在韦伯对魅力型领导力的分析基础上发展而来的。根据伯恩斯的说法，在变革型领导力中，"领导者和追随者互相帮助，从而实现更高的士气和激励水平"。继伯恩斯之后，伯纳德·巴斯确立了变革型领导力的四个组成部分：

- 智力上的刺激。变革型领导者不仅挑战现状，他们还鼓励同事之间的创造力。
- 个性化的考虑。变革型领导者通过即时的沟通来支持和鼓励追随者，这样同事们就可以自由地分享想法，领导者也有机会直接认可他们的独特贡献。
- 鼓舞人心的动力。变革型领导者清晰地表达了愿景，激发了同事实现这些目标的激情。
- 理想化的影响力。变革型领导者扮演着一个榜样的角色，鼓励同事效仿并内化领导者的理想。

能力较强的变革型领导者通常拥有高情商（EQ）。情商的概念最初是由彼得·萨洛维和约翰·迈耶定义的，情商是"感知情绪、获取和产生情绪以辅助思想的能力，理解情绪和情感知识的能力，以及反思性调节情绪以促进情绪和智力增长的能力"。[10] 科学记者丹尼尔·戈尔曼普及了从自我意识到同理心，再到有效的领导力等一系列情商的重要性。[11] 领导者明白，他们必须认识、理解和管理自己的情绪，并认识、理解和影响与他们共事的人的情绪。

作为一个变革型领导者，需要对未来有强大的、积极的愿景。仅仅让领导者自己去相信这个愿景会实现是不够的，他们必须鼓励其他人接受它。真诚、热情、支持和信赖是关键，这些特质将有助于激励追随者去实现这一愿景。

变革型领导者领导的团队往往既成功又忠诚，且流动率低，承诺力强。有证据表明，这些群体的绩效、满意度和幸福感更高，因为成员感到自己被鼓舞并被赋予了一定的权力。[12] 在伯纳德·巴斯和罗纳德·里吉奥的经典著作《变革型领导》中，他们解释道：

> 变革型领导者……激励和鼓舞下属取得非凡的成就，并在这个过程中提高自己的领导能力。变革型领导者通过满足个体追随者的需求，赋予他们权力，调整个体追随者、领导者、团队和上级组织的目标，帮助追随者成长并发展成为新的领导者。[13]

在实践中，交易型和变革型领导方法都很重要。交易执行本身就很重要，因为一份业绩记录会使人们建立起对领导者能力的信任。在英国央行我们认识到，我们所做的一切都可能影响人们对我们完成使命的能力的信心。目前，变革的力量是巨大的：我们生活在一个经济、技术和社会发生巨大变革的时代。整个行业（如零售业）正在被颠覆，新的行业（如碳捕获和存储）正在诞生。全球经济分裂（由于贸易壁垒）和整合（通过社会网络）并行。随着系统性偏见的暴露，我们面临着一个必然的选择：是将包容性视为我们人性的一部分，还是允许现有的社会分裂成深不可测的鸿沟。

在这个大机器时代，领导力必须既是交易型的，又是变革型的。人工智能是一种应用广泛的通用技术，其生产效率的提高有赖于对流程进行重新设计以达到共同的目的。

人工智能可以被认为是"预测机器"，它能更好地预测未来，而且其准确度会随着使用次数的增加而不断提高。[14]

　　机器学习（ML）通常在使用交易型领导力的情况下是最有效的。也就是说，当存在清晰定义的问题、未来行为类似过去，并且有足够的数据进行计算时，可以计算出准确的结果。金融领域的例子包括识别欺诈或洗钱的行为、评估保险中的常见风险因素或中小型公司的违约风险。人工智能在有既定规则的游戏中尤其有效，比如算法可以发现并利用人类没有注意到的机会在金融市场上套利。在最后这一方面，人工智能这种能够看到不可见东西的能力有时会带来变革性的见解。例如 DeepMind 的 AlphaGo 和李世石之间著名的围棋比赛，世界上最好的选手已经在这一领域精耕细作很多年，而当机器发现了另一种最优解时，这个游戏就被改变了。

　　在管理机器学习的过程中，有些需要我们注意的问题，其中就包括我们要决定什么时候可以将客观预测与人类的判断相结合。这需要我们了解AI 的优势和局限性。机器可以对信用评估或贷款延期进行初步筛选，特别是针对零售消费者的贷款，因为可用的数据太多了。虽然人工智能和机器学习可以计算出比人脑更多的数据，降低了对单个因素赋予过大权重的可能性，但人工智能消除人类偏见的能力还要取决于在机器学习的历史数据中是否存在这些偏见。

　　有时候决策需要的是快速而不是完美，尤其是在一个复杂的世界里。当人类找不到最优解决方案时，我们就会采用一种务实的方法，通过达到一个令人满意的阈值来解决这个问题。当没有足够的数据可供使用时，人工智能也会被人类的直觉所支配。当过去的经验无法预测未来时，人类的横向思维能力具有巨大的价值。

　　人工智能在处理转型领导问题时可能面临一些挑战。人工智能很难发现和理解气候变化、人口老龄化和人工智能本身等长期结构性变化。当数据太少无法得出结论时，人工智能就无法发挥作用。当没有足够的数据来计算时，人工智能无法像人类那样填补空白，因为人工智能无法像人类一样处理复杂和未知的因素。

人们有时很难解释人工智能模型的工作原理。模型参数通常为开发人员所知（尽管在神经网络模型中并不总是如此），但是大量的参数和模型的非线性形式使人类很难掌握它们。例如，亚马逊用于自然语言处理的 AlexNet$^{\ominus}$有 6000 万个估计参数。甚至更狭义的信用评级模型也可能有数千个非线性或非参数化的参数，这使得人们难以解释它们的工作原理。

在金融稳定方面，人工智能可能会让金融机构和监管机构的人很难理解尾部事件中的行为，包括交易和投资等决策是如何制定的。不知道原因就很难解决问题。增加对第三方的依赖会产生操作风险和单点故障风险，互操作性意味着行动的后果可能会被放大。

* * *

在接下来的文章中，我将假设读者的领导地位不是通过神权或独裁统治来确立的。无论你面临的领导挑战是大是小，你至少需要同事、董事会、股东和利益相关者的同意，最好是他们的热情支持。不管你的组织规模有多大，请记住，认同可以延伸到更广泛的社会。当经历考验时，我们都需要社会许可才能有效运作。

这就是为什么在这个颠覆性的时代，我们需要关注一种基于价值观的领导方式。要想通过这种领导方式取得成功，我们首先要认识到当前的"信任危机"不亚于任何一种领导力危机。[15]

领导力和信任危机

在许多社会情景中，谈论信任的丧失成为一种流行，纵向社会调查确实显示出近几十年来公众对一些机构的信心总体呈下降趋势。[16]

　　　⊖ 神经网络术语。——译者注

这种信任的丧失通常被描述为对"专家"的幻灭，但这种描述还是过于简单了。当被问及这个问题时，当下的人们还是比较信任科学专家的，[17]而大部分的怀疑其实是指向政府和媒体的。2020 年爱德曼信任指标⊖发现，在约三分之二的抽样国家中，人们对政府和媒体正确行事的信任度低于50%。[18]对非常富有的人（正如第 7 章中讨论的）和金融部门的信任度也很低。[19]对于这种缺乏信任的情况，人们的反应是把目光投向别处。"像你自己这样的人"在可信度上与技术专家几乎相当，并且比 CEO 或政府官员更可信——这反映了社交媒体的普及使得人们更加相信家人和朋友的观点和经验。

公众对机构的不信任有很多原因，有些是因为机构糟糕的表现，因为能力很重要，而无能会招致怀疑和嘲笑。在金融领域，公众信任下降的导火索是主流经济学未能预见到宽松的市场激进主义会带来金融体系的失败，并进一步导致危机的发生。一系列的欧元区危机加剧了公众的怀疑，这些危机暴露出单一货币制度的缺陷，[20]而单一货币一直被大家视为一项精英项目。伦敦银行间同业拆借利率等金融行为的丑闻更是加剧了人们的不信任。

尽管医疗行业的表现好于金融业，但自 20 世纪 70 年代以来，公众对医疗行业的信心也一直在下降，医疗行业的失误是公众信任下降的重要原因。1998 年，《柳叶刀》发表了一项研究，声称 MMR 疫苗⊖和自闭症之间存在联系。随后，英国全国接种疫苗的比例下降到 80% 以下，导致了 2005年流行性腮腺炎的爆发。该论文的主要作者后来被取消了医师资格，《柳叶刀》也撤销了这篇文章（这篇文章仅基于对 12 名儿童的研究），因为随后的研究未能在疫苗和自闭症之间建立可信的联系。

在新冠疫情危机期间，公共卫生官员被推到了社会的中心，并在许多

⊖ 在净信任值分数之外，爱德曼定义了四个维度来解释和分析企业的信任度水平，包括能力、正直、守信可靠和使命。——译者注

⊖ 麻疹、腮腺炎、风疹三联疫苗。——译者注

方面对全体人民的日常生活行使了事实上的权力（这是政府承诺"遵循科学"的逻辑含义）。他们需要在巨大的不确定性下提供实时的建议，这种压力导致他们做出了一系列错误的判断，降低了人们对这个行业的信任。在疫情期间，科学家们被鼓励就各种各样的问题给出明确的建议，然后又被迫改变自己的建议，这些问题包括无症状患者对疾病传播的影响、戴口罩、两米规则和对入境旅客的隔离。考虑到这种病毒是新出现的，死亡率很难估计，而诸如可预防的死亡等反事实被当作了事实。虽然这些都可以被视为经验教训，但它们也是一种错误，这削弱了人们对封锁战略的信心，并将人群分为了两类：一类认为威胁被夸大了，另一类担心科学建议会被经济和政治目标所左右。

这种观点的两极分化是典型现象，而信息技术革命更扩大了这种分歧。知识的数字化和免费获取极大地促进了民主化和赋权。[21] 与此同时，我们接收到的新闻和观点越来越多地受到识别偏好搜索引擎和社交媒体算法的影响。这增加了我们的偏见，使我们无法进行细致的判断。当我们可以依靠 Facebook[⊖] 上的朋友或推特上关注的朋友来验证我们的观点时，谁还需要专家呢？

正如伦敦政治经济学院院长米努什·沙菲克女士总结的那样，"在一个信息丰富的世界里，未来的教育将注重批判性思维，培养具有学习和判断能力的公民"。[22] 正如她所指出的，当算法创造出信息茧房时，评估这些信息的质量会变得很困难；虚假新闻扭曲了现实；"后真相"助长愤世嫉俗；而网络匿名使个人和国家可以滥用权力。根据牛津大学路透社新闻研究所的数据，有一半的在线用户将社交媒体作为新闻来源（在美国这一数字自2013 年以来翻了一番）。[23] 这种对新闻的依赖增加了生活在信息茧房的风险。新闻是通过算法传递的，算法根据用户之前阅读和喜欢的内容猜测用户的偏好。在一个点击量等同于收入的世界里，这些风险变得更加复杂。这可

　⊖　现已更名为 Meta 公司，是一家美国互联网公司。——译者注

能会助长最尖锐的声音和最极端的观点。

英国的民粹主义政治的兴起加剧了人们对专家和专业知识的不信任。英国的民粹主义是身份政治的一种特殊形式，它在道德上主张代表"真正的人民"。[24] 它本质上是反多元主义和反精英的，提倡一种"我们对抗他们"的心态，将所有智慧都归于支持民粹主义政策的"人民"。英国内阁大臣迈克尔·戈夫在英国脱欧公投期间就体现了民粹主义，他声称人们"已经受够了专家"。显然，这种情绪对于他来说是短暂的。

* * *

关于信任的变化有许多生动的比喻。在金融领域，信任通常是步行着到达，然后开着法拉利离开。印度政府高级官员蒙特克·辛格·阿卢瓦利亚曾告诉我，信任随着椰子树增长的速度而增长，也随着椰子掉下来的速度而坠落。我们得到了这样一个教训：建立信任需要很长时间，摧毁信任却只需要一瞬间。

所有组织的领导者都可以学习专家对重建公众信任提出的措施。这里有六个步骤特别重要。

第一，当公众缺乏足够的信息来理解机构或政府如何以及为什么做出这样的决定时，提高透明度会有所帮助。然而，提高透明度已经成为大家默认的一种做法，在信息泛滥的时代，它可能发挥不了什么作用。正如奥诺拉·奥尼尔所强调的，用所有可获得的信息对公众进行地毯式轰炸并非解决之道（"似乎任何机构或职业的信息都不会因为过于枯燥或常规而不予以公布"[25]）。如果利益相关者因为语言原因而无法获取信息，或者由于复杂性或语境背景原因无法对信息进行评估，那么透明度就没有什么作用。利益相关者需要有效的透明度，所提供的信息使个人能够通过评估其质量并区分事实与虚假来判断其可信度。[26] 这就是我们在《沃什透明度和问责报告》发布后，英格兰银行努力实现的目标，即根据利益相关者的利益水平和专业知识，分层提供与单一决策相关的所有信息。公众可以评估最重要信息的意图，金融市场上的专家和学者可以仔细研究并讨论每个短语和数据节点的重要性，媒体也可以凭此判断一揽子计划的一致性。

第二，摆正事实。正如已故的美国参议员丹尼尔·帕特里克·莫伊尼汉所说，"人们有权持有自己的观点，但观点不能取代事实"。为了提供准确、可信的信息，一些传统部门创建了公共信息服务机构，如国家健康服务指向和国家健康保护研究所。同时出现了一些非传统的评估信息质量的标杆，例如评估公众人物的说法是否符合事实的核查网站。

事实核查员甚至已经开发出了一套行为准则，让用户能够评估自己工作的真实性。[27]

事实核查的重要程度甚至引起了社交媒体巨头的共鸣。YouTube 和推特等公司是建立在言论自由和信息控制去中心化的价值观上的，但它们也开始采取行动打击虚假信息，聘用了数千名内容审稿人，并尝试了适当的管理程序和治理模式。

一个有趣的治理进展是 Facebook 的监督委员会，它将对有争议的内容做出最终裁决，并有权推翻 Facebook 领导层的决定。该委员会由来自世界各地的杰出人士组成，包括一位前首相、一位诺贝尔奖得主和宪法专家。这种故意与司法机构相似的做法（包括上诉程序和公布委员会的决定）表明，他们在真诚地尝试以透明和公平的方式平衡言论自由和言论准确性之间的平衡。

公布决策、模型和基础数据是专家和组织寻求维持公众信任的一种方式，因为其他人可以借此测试他们的论点和结果是否可靠。依此类推，政府也应该公布敏感性信息，并让利益相关方有能力去进行调整，以评估结论的稳健性（至少让他们自己能够熟悉结果的不确定性）。在英国央行，我们偶尔会公布有关我们预测的敏感问题和不同情况。我们的目标是让人们尝试了解如果出现不同的经济环境，银行将如何应对（技术上是我们的反应功能）。[28]

提高信任的第三个流行处方是让专家接受不确定性。[29]正如伯特兰·罗素曾经哀叹的那样："这个世界的全部问题在于，傻瓜和狂热者总是对自己如此自信，而智者却总是充满怀疑。"在一个复杂的世界里，我们有充分的理由抱着怀疑的态度去看问题。正如新冠疫情危机告诉我们的那样，不确定性可能导致流行病学模型假设因微小变化而产生迥然不同的结果。专家不仅对他们的模型校准不确定，而且对他们的模型是否正确也不确定。

因此有人认为，与其谎称确定性并承担犯错的风险，不如对不确定性坦诚相待，从长远来看，这反而可以建立专家的信誉。正如安德烈·纪德所说，"相信那些正在寻求真理的人，但怀疑那些声称已经找到真理的人"。[30]这种方法的一个经典例子是英国央行货币政策委员会（MPC）在经济预测中使用"扇形图"，以此来显示在给定的初始情况下通货膨胀、增长和失业的各种可能结果。

无论这个建议在纸面上有多么合理，它都有局限性。如果认为这种不确定性总是可以被媒体传达，或者即使传达了，公众也能理解它，这是一种天真的想法。我经常注意到，我们对银行进行压力测试时设想的英国央行最糟糕的情景，会被描述为预测、预言，甚至是承诺。此外，传达不确定性会增加信息的复杂性，在限制280个字符的社交媒体平台上传递信息是非常困难的。

为了迎接米努什·沙菲克的挑战，专家需要对"无悔沟通"做出判断。我宁愿被指责为在做准备时对风险问题过于悲观，也不愿在糟糕的事情发生时措手不及。想想英国央行为准备脱欧而设想的最坏情况却被误解为对未来的可怕预测。正如我的同事山姆·伍兹曾经说过的，"我们被称为厄运商人，我把这当作一种赞美"。山姆是对的，因为他们的目的达到了，即确保英国银行足够强大，能够承受英国事实上（而非法律上）脱离单一市场后可能出现的最坏的经济情况。正如第8章所讨论的，为失败做计划，我们才能确保成功。因此我们相信，金融业是英国经济为无协议脱欧做好准备的一个领域。此外，当新冠疫情暴发时，当我们说银行是解决方案的一部分时，英国央行就拥有了必要的可信度，我们是被信赖的。

这就引出了提高信任的第四个常见解决方案：更好地沟通。当然，在社交媒体和以数量而非质量衡量的媒体泛滥之际，专家只是众多声音中的一个。这些声音在说话时经常使用人们难以理解的语言。例如，英国央行2017 年的一项研究将我们的出版物的语言复杂性与其他信息来源进行了比较，发现看懂它们需要一定的阅读理解能力，因此只有五分之一的人能够读懂。[31]

为了解决这一问题，我们开始对所有内部备忘录和外部演讲进行易读性评分，以鼓励更直白的对话，并创建多层次的沟通，让人们能够轻松了解到我们的核心信息，如果他们愿意，也可以选择深入研究数据和细节。我们了解到，谈论"价格和工作"远比谈论通货膨胀和就业的经济术语有效得多。

但这种方法并非没有困难。这种直白的表达抹去了其中的细微差别和我们被建议应该去接受的那种不确定性。当被问及经济前景时，"我们不知道"可能很清楚，但这不太有帮助，也不太可能获得信任，因为央行在制定货币政策时需要对可能的经济结果有一个看法。最后，英国央行必须对最有可能的前景做出预测，然后再解释当实际表现与预测不同时是什么发生了变化。直白表达方式的第二个困难是，关于工作和增长这些词是政客的语言。这使人们认为英国央行能做的比它目前做到的更多，而且人们会将一个独立的技术官僚机构与政治程序混为一谈。

这就引出了美联储主席杰伊·鲍威尔倡导的建立信任的第五个策略：走自己的路。正如第 4 章所讨论的，中央银行在谨慎受限的自由裁量权下运作。权力来自人民，并由专家团体或机构完成特定的任务。因为我们要坚持自己的立场，所以英国央行在被问及财政政策时总是格外谨慎，尽管我们有足够的信息和专业知识来提供观点，而且财政政策的立场总是关系到货币政策的实施，但财政政策不是我们的责任，货币政策的灵活性意味着央行可以迅速调整政策，以适应财政政策的缓慢变化。此外，英国央行对财政政策的评论，将招致政界人士对货币政策行为的评论，从而混淆公众的视线，模糊责任界限，最终可能损害公众对双方的信任。

英国央行职权范围很广，这意味着存在一些有争议的领域，英国金融稳定和民主问责面临的威胁要求我们发表评论。苏格兰公投提出了货币主权和金融稳定的基本问题。[32] 苏格兰将不建立任何形式的财政联盟或共享金融安全网，迅速走向独立，同时保留英镑的使用，这一提议可能会破坏总部位于苏格兰的规模庞大的金融服务业的稳定。作为一项预防措施，英国央行启动了广泛的应急计划以保护银行系统，我们必须在该问题的议会听证会上披露这些预防措施。央行的权力来自人民，我们在行使这些权力时要对人民负责。

同理，如果央行没有为脱欧的潜在金融后果做准备，或者对所做的准备保持沉默（因为这涉及银行如何改变自己融资方式的全局性改革，可能会导致银行向金融业贷款数千亿英镑），这对于央行来讲都将会是难以想象的。贷款的任何损失最终都得将由纳税人来承担。不采取行动将是一种政治决定，但在面对议会质询时保持沉默是不合情理的。英国央行通过财政委员会对议会负责，财政委员会主席说："如果英格兰银行对此事保持沉默，那么在面对此类决策或事件时，你和你的同事将在这个委员会面前经历一些艰难的听证会。"[33]

毫无疑问，委员会的任何成员都有责任评估英国欧盟成员国身份对银行实现其目标的影响。央行也有法定义务向议会和公众报告我们基于证据的判断。例如，货币政策委员会的职权规定，"委员会应该促进对制定货币政策中固有权衡的理解"。此外，就像公投前一个月的情况那样，当通胀偏离目标 1 个百分点时，就需要行长给财政大臣写一封公开信，其中包括：应说明"在确定预期通胀偏离目标利率的规模和持续时间时，我们在通胀和产出变化方面所做的权衡"以及"这种方法如何满足政府的货币政策目标"。鉴于 9 个独立的货币政策委员会成员都认为"对于 MPC 预测最大的风险与公投有关"，离开欧盟投票的影响"可能会导致相当低的增长路径和明显更高的通胀路径"，委员会"将面临稳定通胀与产出和就业之间的权衡"，因此如果不在我们的报告中对此发表评论，显然有悖于我们的职权范围。[34]

同样，英格兰银行的金融政策委员会在执行其法定职责时明确表示，当它报告了对金融稳定前景的看法，并基于此制定了政策行动时，它"评估到公投风险是近期对国内金融稳定最重要的风险"。[35] 正如我在 2016 年 4 月上议院经济事务委员会作证时所说："这是公开和透明的央行的基本标准。评估和报告重大风险并不意味着参与政治；相反，压制直接与银行权限有关、影响我们政策行动的重要判断，却是有政治目的的。"[36] 2016 年 5 月我在下议院的财政委员会上的证词也解释了，如果"我们正在改变政策，正如英国央行已经做的。我们已经改变了我们的流动性政策和监管政策，我们可能还要改变货币政策以便履行我们的职责，因为我们有义务披露这些"。[37]

在这件事上，这些准备工作意味着，在公投结果公布的第二天早上（前一天金融市场还认为脱欧的可能性不到五分之一），我代表英国央行宣布"我们对此做好了充分准备"，这话是可信的。市场平静了下来，银行开始放贷，我们能够提供经济所需的刺激，我们在最重要的时候得到了信任。

最后，也是最基本的一点，专家需要听取各方意见。在组织中，这是参与型领导力的核心。正如我们将在第 14 章讨论的实现企业目标一样，接触所有利益相关者对维持社会许可和改善绩效至关重要。当你广泛参与时，你会发现一些尖锐的、顽固的、很少被研究的关于基本问题的意见分歧。正如纽约大学教授乔纳森·海特所指出的，部分原因在于，当对重要问题做出道德判断时，人们倾向于"集体正义"。社交媒体使这种趋势更加恶化，因为社交媒体为人们提供了志趣相投的人之间的交流平台。

　　说到底，即使所有的事实都成立，意见的分歧也仍然存在，即使在专家之间也是如此，这就是为什么做出决定的过程很重要，这是我在不同环境下处理一系列复杂问题的经验。全球金融危机爆发后，在我担任金融稳定委员会主席时，来自世界上20多个大国的当局正在努力解决着高度复杂的问题，这些问题将在未来几十年影响数十亿人。我们总是存在着强烈的、理由充分的意见分歧，但在共同的目标和公开的、基于事实的讨论下，我们始终能够达成共识，因为各方都做出了真诚的努力来理解彼此的观点。以我在加拿大为两位财政部部长工作的经验来看，为了找到解决棘手的联邦和省之间问题的办法，也会发生这样的情况。欧洲机构内部的谈判也是一样的，多个国家参与的格拉斯哥气候谈判就是这样。公司如何与利益相关者打交道，组织如何与更广泛的团体打交道，都是如此。

　　通过站在别人的角度看世界，以此来做出决定可能会很混乱且耗时，但这却是必要的。领导力更多地来自达成共识，而不是预先下结论。

　　可以说，我们比以往任何时候都更需要在社会的各个部分启动这种包容性的进程。如果我们希望进行建设性的政治辩论并在重要问题上取得进展，我们所有人都有责任更加开放并尊重不同的观点。

　　许多重建专家信任的方法与对高效领导者的要求是一致的。要谦逊、坦率地承认专业知识的局限性、保持有效的透明度和更清晰的沟通。要广泛参与，从他人的角度看待问题。

　　然而，并不是所有的专家都是领导者。许多人能做出专业判断，但他们只是重要的观察者和影响者，不是重要的行动者。领导者的不同之处在于他们必须做出决定。最后，领导就是要做出选择，事情的不确定性不能成为一个领导人袖手旁观的理由。如果各国领导人不发声，那么这种不作为将带来严重后果。随着时间的推移，如果他们不能决定，其他人就会替他们做出决定。

　　当你以领导者的身份做决定时，如果你做的决定是正确的，这显然会形成正向的影响。你的团队、部门或组织的业绩记录会影响你的可信度，人们会尊重一个正直、仁慈的领导者，但如果领导者被认为没有能力，人们就不会再一直追随他们。正如我们将在第 14 章讨论的那样，企业领导者必须保持仁慈的同时推动企业的发展，因为目的必须与利润相伴。

应该怎么做才能确保这些决定可能是最好的？

领导者需要做什么

区分领导者做什么以及他们到底是谁非常重要。在领导者必须做的许多事情中，有三件事是特别重要的：

- 发现和培养合适的人才。
- 设置事情的优先顺序。
- 激励和推动团队采取行动。

这要从大量招聘人才开始。有的领导者只寻找志同道合的成员，这是狭隘的想法。

英国央行接受了知名风险投资家肯·奥利萨爵士等人的观点。奥利萨强调，"解决多元化问题是企业的当务之急，而不仅仅是一项简单的人力资源政策"。十年前，英国央行招聘的毕业生主要来自 11 所大学的经济学专业。到我离开的时候，我们从 40 多所大专院校招聘，其中一半的人学习过科学、商业、法律和人文学科。在我们 2017 年招聘的 700 名经验丰富的专业人士中，近一半是女性，四分之一的人有 BAME$^{\ominus}$背景。

新冠疫情提供了增加多样性的另一种方法。领先的科技公司，如 Stripe，正在迅速发展远程办公，Shopify 甚至正在"默认数字化"，这打开了一个巨大的全球人才库。在这一过程中重要的是要确保人才不仅仅是在

⊖ BAME 指黑人、亚裔及其他少数族裔，在英国通常用来指非白人族裔。——译者注

地域上的多元化。正如克里斯蒂娜·拉加德在成为 IMF 总裁时告诉我的那样，IMF 有着巨大的多样性，员工来自 150 多个国家，唯一相同的是他们都拥有麻省理工学院（MIT）的经济学博士学位。

一旦合适的人通过了准入门槛（即使是虚拟的），我们就需要培养他们。我们要确定一批具有多样化且拥有丰富经验的未来领导者，让他们为担任更重要的角色做好准备。在英国央行我们不仅广泛招聘，还鼓励同事在整个组织内进行合作，并花时间在不同领域培养现代央行行长所需的各种技能。

在大型组织中，培养未来的领导者需要有一定的纪律。例如，维托里奥·科劳担任沃达丰首席执行官时，他和他的高管团队每年都会对公司前 200 名高管进行考核，评估业绩，制定发展行动，并帮助遇到困难的人。随后，沃达丰的执行委员会在每次高管会议上都会讨论不同组别领导人的培养进展，使整个过程变得透明和严格。英国央行也采取了类似的做法。

培养合适的人才还需要一种包容的文化，这种文化重视不同的想法，鼓励公开辩论，使各级人民保持主观能动性。

最后，对于领导者来说，拥有正确的人才还意味着能够借鉴值得信任的外部观点，如外部顾问委员会或与其他领导者的非正式接触。幸运的是，作为行长，我很幸运可以与各个领域的领导者定期交流经验。其中，与其他中央银行行长的关系最为重要。在这个互相信任的圈子里，我们经常就我们不能公开承认或特别敏感的问题进行坦诚的讨论。

我记得我第一次参加这样的晚宴是一个寒冷、黑暗的夜晚，在巴塞尔国际清算银行大厦的顶层。那是 2008 年 3 月初，美国投资银行贝尔斯登岌岌可危。贝尔斯登陷入了衍生品和货币市场的困境，这些市场拖垮了第 7 章所描述的荒谬的资产抵押商业票据复合体。没有人知道如果贝尔斯登突然崩溃，将会发生什么事情。时间紧迫，因为亚洲市场即将开放，但主持会议的欧洲央行行长让 - 克洛德·特里谢还在不紧不慢地对我表示欢迎。他解释了这次会议独特的背景、讨论的坦诚性和圈子里的相互信任。大约十分钟后，他说道："现在，如果我们在接下来一个小时内不采取行动，一切就全完了。"不到一个小时，我们就同意向市场提供在当时都闻所未闻的2 000 亿美元的流动性，帮助该银行渡过难关，直到它被竞争对手救助。

* * *

领导者要做的第二件重要的事是为他们的组织设定任务的优先顺序。在这样做之前，一个好的领导者会评估他们组织所处的环境。在评估过程中首先与所有利益相关方进行讨论，包括客户、高级管理人员，再通过圆桌会议和调查与各级同事进行讨论。

对全球发展和技术变革的直觉对于了解大环境非常重要。这一直是英国和加拿大等开放经济体央行的第二天性，在这些经济体中，全球事件会迅速影响当地情况。然而，如今几乎没有机构能够不受到人口结构变化、技术颠覆加速和对更具有包容性资本主义的需求等超级趋势的影响。

领导者设定的优先事项应该是宏大的。这不是对自己的野心，而是对组织充满信心。我们马上就会看到，远大的抱负会受到组织宗旨的影响。

当艾莉森·理查德还是剑桥大学副校长时，她会问："如果我们自己没有野心，谁还会对我们有所期待？即使剑桥大学已经成立了 800 年，我们也不能把它的伟大视为理所当然。我们必须小心翼翼、精力充沛地对待它，而抱负必须转化为行动任务。"[38] 如果这句话适用于像剑桥大学这样受人尊敬的机构，那么它当然也适用于刚刚成立三个多世纪的英格兰银行，以及刚刚成立三个多月的小硅谷[⊖]初创企业。

所以我们要朝着枪声的方向奔跑，努力解决客户最大的问题。面对复杂的情况，制定明确的解决方案，并迅速着手去做。

领导者要做的第三件事是激励和推动团队采取行动。具体的行动催化因组织结构和文化而异，但领导者下放权力给组织成员之前，需要领导者

⊖ 这里指东伦敦科技城 Shoreditch，被戏称为小硅谷。——译者注

做出充分和明确的承诺，激励和推动团队采取行动意味着领导者要与同事进行互动并赋予他们权力，如果在计划制订的过程中征求他们的意见，他们会更好地执行计划。这再次强调了明确的目标，以及计划与目标的实现相联系对于组织来说十分重要。如果做到了这一点，同事就会以权威的方式进行预测、创新和执行。

亚马逊的巨大成功让"飞轮效应"这个概念得到了普及，这个概念是由管理理论家吉姆·柯林斯最先提出的，飞轮是一种专为储存能量（旋转能量或动能）而设计的机械装置。[39] 不断推它，飞轮就会产生动力，当飞轮发挥自我强化的循环作用，并通过一些可以相互促进的举措建立一个长期的业务时，一个公司就会从优秀走向卓越。

权力下放意味着领导者需要让位。人们常引用罗斯福的话："最好的管理者是有足够判断力的人，他们能够挑选出优秀的人来完成（领导者）想要完成的事情，并且最好的管理者有足够的自制力，在下属完成任务时不会去干涉他们。"[40] 从传统意义上讲，央行并不支持这样的授权。但在金融危机之后，英格兰银行的规模扩大了一倍，责任增加了两倍，因此我们僵化的等级制度必须要进行改革。

为了启动这一进程，我们进行了广泛的调查，并与央行各部门的同事会面，以制定我们的新战略。之后我们将内部委员会的数量削减了三分之二，并制定了一项政策，即每次分析报告的撰写人都必须在场，我们把决策权下放到正确的层级，改变了我们的会晤方式，通过增加我们的沟通渠道和发言人的数量使央行对外部世界更具有渗透力。

同时，我们也必须改变决策的方式，所以我们要像亚马逊公司那样做决策。这并不意味着要利用 alexa（机器学习还有很长的路要走），但这确实意味着要尝试一些从亚马逊工作人员那里听到的东西。我的理解是，亚马逊有一种结构化的决策方式：无论是全靠机器，还是借助机器，或是靠人们自己，他们的决策过程都必须是一致且高效的，因为亚马逊每天都要做出数百万个决策，决定在它们的网站上应该介绍哪些商品或向消费者推荐哪些商品。

但亚马逊每次是以相同的方式来做出战略决定的，它们今年的战略计划也是这样做出的。为了了解其运作方式，我和市场执行董事安德鲁·豪泽从英格兰银行走了几个街区，来到亚马逊的欧洲总部，与亚马逊公司负责人道格·古尔和他的团队坐在了一起。我见过道格几次，他丰富的知识储备、敏锐的战略能力以及专注力给我留下了深刻的印象。我问他："亚马逊公司是如何做出决策的？"

从那次谈话中，安德鲁和我了解了改变银行决策方式所需的一切内容。方法的本质很简单：

- 明确会议的目的，包括会议是为了做决定、讨论、头脑风暴还是为了汇报。
- 让所有相关人员都参加会议，并确定会议结果需要向谁汇报，尽可能地做到包容。
- 确保每个人都事先了解过会议信息，希望他们每个人都参与到其中。
- 做出明确的决定并确保立即采取后续行动。

如果你正在准备一场决策会议，先要找出报告的受众群体是谁，再为他们写文章。想一想：为什么这个问题现在是有意义的？读者应该做些什么，以及什么时候做？文章要重点突出，内容清楚，不超过六页纸。这是一项艰苦的工作，正如史蒂夫·乔布斯所说，"简单可能比复杂更难。你必须要努力让你的思维清晰而简单"。把所有重要的信息放在文章的最前面。一个（典型的）粗心的读者最多只能记住你论文中的两三件事。要讲一个前后关联的故事，避免重复。用你的判断来给出清晰的建议，同时给读者提供足够的信息来让他们决定是否同意你写的内容。

作者必须和其他专家一起在会议室里讨论问题的答案。每个人都应该阅读这些材料并准备好自己要分享的观点。亚马逊甚至在会议前留了 15 分钟专门供大家阅读和做笔记，以确保与会成员都能读完材料。主席应该设定会议的目的，使每个人都有机会发表意见，并确保会议可以按时举行。最后的决定应该在会议上清楚地传达出来，并且立即分配后续的行动任务。

对其中一些观点的反对是可以理解的，央行专家强调了他们问题的复杂性，以及在将这些问题归结为明确建议时面临的挑战。这两点都有其可取之处，但它们也导致了专家会提出诸如"从一方面来讲……而另一方面却……"这样不确定的建议，并将关键信息隐藏在附件中。

这些担忧最初被两个因素克服。首先，正如我们所看到的，以上就是亚马逊做出决策的方式，这种决策方式是能使人信服的。其次，大家都清楚，这种方法可以更具包容性和影响力。人们为了央行的使命而来，他们想知道自己的工作对央行有什么贡献，因此做出正确的决策可以带来巨大的力量。

这一点很快在英格兰银行中得到体现。我们的讨论质量和同事的影响力都得到了极大的提高。此外，如果决策者在会议上提出了不同的建议，同事可以了解其中的原因，这可以使他们更有可能去实施它。获得授权的同事会更有动力，通过提出明确的建议，他们在锻炼自己的领导力。当你对项目有个人承诺时，你就成为一个追随者。如果追随者和领导相互承诺，那么互信度就会很高，项目也更可能成功。

基于价值观的领导力属性

找到和培养合适的人，确定优先顺序和推动执行是所有领导者必须做的事情，但最终决定领导者效力的是他们的个人特质。根据我的经验，领导才能不是天生的，而是被培养出来的。这些特质不会因使用而耗尽，而是像肌肉一样随着持续锻炼而增长。它们是可以培养的美德。

领导力有五个基本和普遍的属性：

- 目标。
- 视角。
- 清晰。
- 能力。
- 谦逊。

正如第 14 章将详细讨论的那样，目标是组织的立身之本；为什么它会这样做；为什么值得信任，以及它应该发挥怎样的作用。一个组织的目的可以是为了客户，如 Shopify 的"让商业更好地为每个人服务"，或者是为了更高的目标，如谷歌的"整合全球信息"，或者是为了更大的利益，如世界银行的使命"消除极端贫困"。

当我加入英国央行时，我四处拜访同事，了解他们的工作内容，对需要改变的看法，以及（隐含地）他们对我有什么期望。我在走廊里徘徊，不是因为我迷路了，而是因为我在寻找人生的意义。我要问新同事的第一个问题是：他们为什么选择到央行工作？而收到的回答范围之广出乎我的意料，有的是因为公共服务，有的是因为个人经历（一份暑期实习之后带来的工作），有的是因为具有挑战性、工作环境较好和人际关系等。甚至有一位同事看过有关金融危机的电视节目，她发现自己更加认同银行监管者，而不是那些富裕者（我很高兴她现在是英国央行的最高监管者之一）。

令我惊讶的是，并没有人提到央行的使命。因为我不知道它到底是什么，于是我开始问他们，结果发现他们也不知道。这与德国央行"保护德国马克的完整性"的历史使命形成了鲜明的对比，他们的前首席经济学家奥特马·伊兴向我保证，那里的每个人（即使是今天！）都会背这句话。因此，当我们坐下来制定最初的战略时，我们的首要任务是确定一个银行使命。为了找寻使命的来源，我们拿出了银行古老的特许状，并从它的第一句话中获得了灵感，即英格兰银行的创始人"渴望推动公共利益，造福我们的人民"。我们对英格兰银行使命的现代化改造，加入了当前的职责，并一致同意英格兰银行的使命是"通过维护货币和金融稳定，促进英国人民的福祉"。

虽然本书并不是专门讨论英格兰银行的，但你可能已经多次在其中看到过这个使命。毕竟，领导者的工作就是确保组织的目标、价值观和战略始终存在并成为其锚点。

目标并不是"有就好"。有证据表明，有目标的公司有更高的员工参与度、更高的客户满意度、更紧密的供应商联系和更好的环境管理。目标明确的企业获得的回报包括更出色的股价表现、更好的运营绩效、更低的资本成本、更少的监管罚款以及在面对冲击时更强大的韧性。

目标与信任紧密相连，因为我们对某人的信任基于我们理解他们的目标和指导原则。对于一个组织的领导者来说，目标就是他们的指南针。要想有效率，公布目标就需要是诚实的。作为一个领导者，你的诚信会受到一些人的考验，他们需要判断所宣布的目标是否与实际目标一致。这需要公开和时间来建立信任档案，包括如何解决在过程中出现的不可避免的错误。

真正理解目标意味着领导者是组织使命的监护人。从这个意义上说，领导力是对责任的接受，而不是对权力的承担。真正的领导力不是目的本身，而是实现有价值目标的手段。

人们很容易被领导的权威所迷惑。对于英格兰银行行长办公室的庄重氛围，有两种可能的反应：一种是认为这标志着拥有者的重要性，另一种是感受到它所具有的历史和期望的重量。我经常提醒自己，我来自哪里，我只是第120任英格兰银行行长。为了时刻提醒我自己的背景，我在门边视线齐平处悬挂了一张爱尔兰梅奥郡的小地图。这是一个有着令人惊叹的美景和魅力的地方，但当我的祖父在大约一个世纪前移民到加拿大寻找更好的生活的时候，梅奥郡也是欧洲最贫穷国家的最贫穷地区。如果这张地图不奏效，我还会告诉自己，会有几十个行长来找我算账。我之后将有许许多多的行长。我的工作是保留并在可能的情况下改进我继承的遗产。

一旦我怀疑自己的重要性，我就去英国众多大教堂中的一座看看，这会让我找回自己的位置。那些注定要在其缔造者的有生之年完工的大教堂总是让人感到个人的渺小。威斯敏斯特教堂做的还不只这些，它也让整个行业意识到自己的位置。这座宏伟的"皇家奇景"自 1066 年以来一直是加冕典礼举行的场所，也是英国最伟大的诗人（从乔叟到丁尼生）、科学家（从牛顿到达尔文）和政治家（从小皮特首相到克莱门特·艾德礼）最终安息的地方。就是那个在 1797 年法国危机期间，攻击了针线街的老妇人储备金的皮特，以及那个在 1946 年将我们国有化的艾德礼。

我并不是说人们对英国央行怀有敌意，但我确实注意到只有两位经济学家值得被葬在威斯敏斯特。而且由于"经济学"不是在修道院中 31 个"职业"之一，所以他们享受这些荣耀时还未出名。这里没有资本家，118位已故的英格兰银行行长也没有一个长眠于此，毕竟央行的工作是为其他人创造冒险的机会、创造并改善世界状况的条件。相比之下，央行官员最引人注目的贡献则是在他们犯错时，比如在应对大萧条的时候。在全球金融危机中，金融业破坏了自己在能力上的声誉，如今正在艰难地重建信任。灾难不会带来体面的葬礼，能力也不是永恒的秘诀。

讨论死亡是对领导者的一个很好的提醒，不要把领导角色与自身混为一谈，也不要沉迷于权力的地位和特权。相反，要认识到所有的领导力都是暂时的，你们将是你们制度的守护者，是它们火焰的守护者。如果可能，学学辛辛纳图斯[⊖]和华盛顿，在它们要求你走之前就自己离开了。

领导者必须有远见。与有目标的雄心一致，领导者必须评估形势，以

　　⊖　古罗马共和国时期的英雄，曾临危受命担任罗马独裁官，以保卫罗马。退敌 16 天后，他辞职返回农庄。——译者注

确定他们的组织如何规划未来。需要注意的是，与为未来做计划不同，雄心勃勃的领导力意味着要塑造未来，而不仅仅是对未来做出反应。组织机构既要有抵御风暴的能力，又要有适应气候变化的能力。

领导者的视角不能局限于自身的视野。 真正的领导者还必须接纳外围的视角。方济各强调，当我们站在旁观者而不是局中人的立场上看待问题时，我们对形势的感知最为准确。经济状况在失业者眼中与众不同，政治结构在无权力者眼中与众不同，社区在被排除在外者眼中与众不同，安全力量在遭受迫害者眼中与众不同。

解决简单的民粹主义方案只能通过视角来实现。 穆勒反对将民粹主义与"不负责任的政治"混为一谈，或将其等同于选民的恐惧或愤怒。这种屈尊俯就的心理分析揭露了精英们"无法实现自己的民主理想，因为他们不相信普通人的话"。[41]民粹主义只能通过参与来解决。正如穆勒所言，"可以认真对待他们的政治诉求，而不是简单地接受"。[42]因此，政治家和媒体应该解决民粹主义者提出的问题，但要挑战他们的框架以及如何以最好的方式解决这些问题。

提高我们以局外人视角来看问题的能力。 领导者通过学校访问、地方政府的参观以及与第三部门团体的交流，可以拓宽我们狭隘的视野，因此我们在英格兰银行发起了这些活动。尽管央行的工作最终取决于宏观经济的结果，但理解这些数字背后的经历也相当重要。它使我们更善于与人沟通，善于倾听，它也激励我们尽我们所能把大家团结起来，从而推动了一些计划的形成，例如经济型教育慈善机构和通过金融科技填补中小企业贷款差距的新方法。[43]

当领导者在设计计划时，考虑到下面这些来自边缘群体的例子，可以使这些计划尽可能地支持以边缘群体利益为核心的共同利益：

- 在金融危机期间，最关心自己储蓄的有工作的穷人。
- 在气候危机期间，年轻人、未出生的人和生活在脆弱岛屿国家的人。

- 在新冠疫情危机期间，老年人、脆弱人群和面临最高个人风险但通常薪资微薄的关键工人。

新冠疫情教导我们，我们都在同一场风暴中，但不一定在同一条船上。我们需要作为一个相互依赖的群体而不是作为独立的个体来行动。有人能"不遇见"他们的邻居吗？一旦工人被证实是不可或缺的，我们对他们的估值还能和以前一样吗？

当公司与所有股东进行接触，了解他们的需求、希望和恐惧时，这种观念的改变是可能的。或者我们努力改善社会的公共利益（和改善弱势群体福利一样的成功），而不是追求最多数人的最大繁荣，因为这可能会让很多人掉队。

* * *

领导力的第三个基本属性是清晰。清晰始于清醒的头脑和正确的判断。一个优秀的领导者总是深思熟虑的，这意味着他们能在当下时刻专注，并从经验中找到意义。和许多人一样，我发现冥想练习和日常测试是一种有效的训练，可以让我更认真地对待生活，并因此锻炼领导能力。也就是说当我练习时，我发现它们很有效，当我觉得自己"太忙"，错误和误解堆积起来时，我就会注意到它们的缺失，这是及时的预防针。

领导力总是伴随着权力的因素，即使它仅仅是建立在说服力之上，但对权力的追求会变得危险，尤其是当它与有效领导者所需要的道德权威脱节时。领导者需要为了权力本身而放弃权力，并领悟服务的力量。每天的冥想练习是实现这一悖论的简单方法，即放弃（凌驾于他人之上的）权力，以便去使用它（服务于他人）。

当我在英格兰银行工作时，我每天早晨都会提醒自己马可·奥勒留的那句话："起来为人类的工作而奋斗。"即使我偶尔会忘记，但当我走进英格兰银行时，我还是会被维吉尔的诗句提醒，那句话被裱在了通往客厅的门口："给你的但不是属于你的。"

冥想带来的空虚感和随之而来的清晰感对领导者很有帮助，因为领导者总是会发现自己同时面临多个问题。他们必须小心，不能在每次交流时都带着这些问题，因为领导者的部分工作就是消化压力，这样组织的其他成员才能集中精力。领导者还需要记住，他们每天的每一次（许多）会议对于其他参与者来说可能是最重要的。这些人将把领导者的经验发扬光大，分享甚至放大他们看到的领导者所展示出来的价值观，这些可以让人变得更积极或更消极。

清晰的一个重要部分是简化复杂的问题，将复杂的问题简化为基本的问题，然后与你的团队进行沟通，以便解决这些问题。直接说出来，说得简单明了，并且要把它说完。

我花了好几年才明白这一点。我的性格是通过深入分析来理解一个问题。这需要广泛阅读，与不同的人交谈，然后试图综合相互矛盾的观点或数据。但在这样做之后，我可能会忍不住把这些东西都扔给听众，试图用分析的数量，而不是理性的论证和轶事来说服他们。随着时间的推移我发现，虽然这些工作仍然是试图得出正确结论的必要条件，但人们最多只会记住奇闻轶事，而不是分析。我开始钦佩克里斯蒂娜·拉加德或杰米·戴蒙这样的领导者，他们能清晰明确和有目的地传达极其复杂的问题，并在需要深入探究某一主题时像超链接一样提供支持。

最好的领导者总是以尊重的态度对待他们的听众。与人交谈尤其重要，不要让人觉得你在居高临下地跟他们说话。这一点在新冠疫情期间更加突出，人们处于危险之中，许多基本问题都没有答案，不确定性非常严重。杰辛达·阿德恩和安格拉·默克尔等领导者会详尽介绍他们当时所了解的信息、选项和风险。

在发布封锁令后不久，杰辛达·阿德恩在 Facebook 上举行了一场现场活动，澄清了政府的应对措施，并直接回答了观众的问题。她为这次活动定下了基调，她在开场白中说，她只是想"和每个人确认一下"。一个月后，当德国放松封锁限制时，安格拉·默克尔表示，R0 的小幅上升将导致医院迅速变得人满为患。她解释了不同行动的可能后果，让人们了解到遵守剩余规定的重要性，而不是要求盲从。阿德恩和默克尔都不喜欢简单的叙事，因为这些叙事反而可能会禁锢她们；相反，两者都凸显了当前的不确定性。她们对人们所面临的困难和所经历的焦虑表示同情。

当领导者讲话时，他们在现实主义和乐观主义之间取得了正确的平衡。他们承认不确定性、错误和困难，但随后他们又会给人们带来可以战胜困难的希望。20 世纪 60 年代美国"伟大社会"的工程师约翰·加德纳打破了这一艰难的平衡，他说："摆在我们面前的是一些伪装成无法解决的问题的惊人机遇。"[44]

领导者经常用故事来激励人们采取行动。想想"以坚定的方式落实第 21 届联合国气候变化大会的国家自主贡献"；埃马纽埃尔·马克龙的简单声明"在气候问题上不要犯错：没有 B 计划，因为没有 B 星球"；或摩根士丹利的负责人詹姆斯·戈尔曼在国会听证会上，就气候变化对金融稳定是否真正造成风险这一问题的简洁回复："如果连这个星球都没有了，哪里还有什么金融系统。"

当领导者在现实主义和乐观主义之间找到平衡时，目标、希望和清晰三者的结合就会激发灵感，释放出组织的才能和力量。灵感是必不可少的，因为领导者不可能独自应对每一个挑战、看到每一个机会或管理每一种情况。表现最出色的组织是那些拥有最多数量被授权以领导者身份来思考的人们的组织。

在金融危机期间，头脑清醒、思考和沟通是最重要的。在危机深处，恐慌占据了主导地位，因为"坚定的真理不再值得依赖。信仰被推翻了。经济和市场的基础也受到了质疑"。[45] 在恐慌中，唯一的目标就是阻止恐慌。正如拿破仑对他的将军们所要求的那样，领导者要"向着炮声前进"，而这需要迅速动员。

本着这种精神，就像第 7 章所讨论的那样，蒂姆·盖特纳的名言是"有计划胜过没有计划"。计划能够集中人们的努力，团结人们向一个共同的目标前进，并提供了必要的清晰思路。即使是一个不成熟的策略，但它能让你摆脱眼前的危险，也比等待完美的答案而被击垮要好。在英国央行的最后几周里，我召集了我们的金融稳定团队，汇报了我们在沙特阿拉伯 G20 会议上了解到的有关新冠疫情的令人不安的消息，并讨论了这对市场和银行可能意味着什么。为了让他们意识到情况的严重性，我问他们："什么胜过没有计划？"当听到响亮的回答"制订一个计划！"时，我松了一口气。然后我又问："有什么比制订一个计划更重要？"他们再一次直接回答："很好地执行这个计划！"从那时起我就知道，至少从金融体系的角度来看，我们做好了应对病毒的准备。

结束金融恐慌的部分计划必须包括减少目标的不确定性。在全球金融危机期间，一些人担心拯救崩溃系统的行动会变相鼓励未来的鲁莽行为。但本·伯南克明确表示，在美国金融危机期间引发道德风险不仅是错误的，更是危险的。他以叙述的力量，质疑了"道德风险激进主义者"的观点，引用了一个简单的假设性例子：你会让一个抽烟而导致床上起火的人在火灾中死去，以此来教训他吗？还是你会救他，阻止周围房屋着火的风险，然后谴责他的鲁莽行为？

关于领导力的讨论不应忽视能力的重要性。有计划总比没有计划好，但计划执行得好才是最重要的。能力并不意味着把每件事都做对，但要做更多对的事情，少做错的事情。战略是领导力的重要组成部分，但执行力也是非常重要的。你要能做你想做的事，你的同事会记住你的行为而不是你的话。领导力专家维罗妮卡·霍普·海莉简单地说："如果你不能胜任，你就不会被信任。"除非在你做出的艰难决定中正确多于错误，否则你就不是个称职的领导者。

从定义上讲，做出艰难的决定并不容易。丘吉尔有许多不眠之夜。奥巴马总统说，作为总统，如果决策不是困难的，就不会来找他。此外，关于同一个问题在许多方面都会有强烈的不同的观点。虽然决策过程可以协调这些不同的观点，但最终重要的是，领导者不要矫枉过正，也不要寻求讨每个人欢心。

正是因为肯尼迪总统能够质疑他的将军们公认的智慧，才解决了古巴导弹危机。

肯尼迪读过巴巴拉·塔奇曼的巨著《八月炮火》，书中描述了欧洲国家在忙于作战计划和制定铁路时刻表的情况下，径直走向第一次世界大战。肯尼迪从这本书中得到了启示，发现封锁和先发制人很容易导致核升级。

领导者需要由专业知识指导，而不是将决策外包给专家（除非是在与第4章中所述的限制自由裁量权原则相一致的仔细定义的空间）。新冠疫情期间的社会和经济因素为决策过程提供了依据，这些决策过程汇集了一系列不同的观点。例如，因为每个人都会交流，大多数人包括我自己，都认为自己是交流专家。但真正的专家只有像我在银行的同事珍妮·斯科特那样非凡的沟通人员，当我倾听时，我会受益，而当我不听时，就会遭受损失。

在不确定或快速变化的环境下专注于实现目标的领导者知道他们需要高度的适应性。正如麦克里斯特尔将军所说，领导力是"领导者和追随者之间相互作用的产物，是在一系列环境因素中形成的一种自然属性"。领导者必须有保持安静和倾听的能力，这样才能认识到他们并没有正确的答案。这样他们能够更好地将领导力从一种模式转变成另一种模式。

最后一个重要的领导属性是谦逊。还记得我说过这一章中有很多目标吗？

好的领导者将谦逊、自知之明和学习能力结合起来。这意味着承认错误，寻求和接受反馈，并分享教训。当领导者变得过于自信时（或开始写书时），他们就会停止学习。

随着时间的推移，我得到了很多教训（换句话说，我犯了很多错误）。

例如，在金融领域中，承认自己不知道某事是很重要的。记住，"如果某件事讲不通，那就是真的不合常理了"。在金融危机爆发前，我和许多经济学家一样，担心"全球失衡"，美国存在大额经常账户赤字。虽然我发现了一个症状，但是我并没有追踪到问题的根源。我担心美元会急剧波动。我没有追踪资金流动情况，也没有看到跨境资本流动如何积聚了次贷抵押贷款和在影子银行系统中所描述的巨大风险，这些风险在第 7 章中详细描述过。

其次，我认识到了向可能出现问题的方向进行思考的重要性，即使已经采取了措施来降低不良结果的可能性。在金融危机爆发后，许多权威人士提出了一系列的解释，来说明为什么次级抵押贷款会被遏制。他们没有问相关的问题，即如果不是这样，会有什么影响。我仍然发现我需要花更多的时间退后一步去想象不同的可能性。本着这一精神，政策制定者在努力构建更具韧性的金融体系时，必须保持谦逊。我们必须记住，尽管我们可以降低金融危机发生的可能性，并且当危机真的发生时降低其严重程度，但我们并不能消除危机。即使我们不知道具体问题会是什么或何时会出现问题，某些问题也仍然会再次出现。正如第 8 章所讨论的，接受这一点意味着我们的最佳策略是创建一个反脆弱的系统，在潜在的冲击发生时能够承受得住。

最后，我曾与货币政策委员会的简·弗利格等同事共事，他们定期审查自己的决策，并在做出新决定前将这些假设与收到的新信息进行比较，在这一点上他们非常自律。这是一个很好的实践，因为它既可以避免确认偏差，又可以促进持续学习。但这需要时间和自律，而我并不是总能拥有这些。在央行我们将这种预测方法制度化，对预测表现进行了年度评估，并公布了评估结果，详细说明了我们的正确和错误，同时试图汲取更广泛的经验教训。

领导者需要对成功保持谦逊，对失败保持诚实。承认错误和公开吸取教训是真诚的重要组成部分。做真实的自己意味着言行一致，让别人知道你是谁，包括你相信什么，你的动力是什么，还有你的优点，更重要的是你的缺点。真实与信任密切相关。人们可能不会同意每一个决定，但他们应该知道为什么会做出这些决定。如果人们知道领导者的主张，决策将更容易被遵循，甚至更容易被预测。

当一个领导者承认自己的弱点时，他们就会意识到自己正处于不断学习和自我完善的过程中。成为领导者并不意味着这个人已经成功了，已经没有什么需要学习的了。相反，领导力是一门需要深思熟虑和不断学习的科学。

目标、视角、清晰、能力和谦逊，并非所有这些品质都能在任何领导者身上体现出来，当然也不会同时体现出来。

但如果你把它们记在心里，它们就会成为领导力的萌芽。它们的成长将使作为领导者的你和你所领导的人都能受益。

在颠覆性的时代中基于价值观的领导力

今天，各国领导人在工作中面临着巨大挑战，这些挑战来自持续的卫生危机和相关的经济冲击带来的压力，以及气候变化和第四次工业革命带来的长期结构性挑战。每个挑战背后都隐藏着巨大的机遇。今天的领导者有机会规划未来。大约十年前，英国的变革型领导方式是"创造天气"。现在，领导者可以实实在在地改变气候。这种雄心壮志是目的驱动型资本主义的最佳体现。

在贸易和资本全球化正在逆转、第四次工业革命即将到来之际，今天的年轻人将承担起领导责任。同时，我们正在认识到网络不仅能够连接人们，还能够造成分裂。

如何在这样的一个世界中发挥领导力呢？

第一，要明确你的目标，并执着地坚持下去。无论是商业的目标还是个人的目标，都必须根植于客户、社会和人类的目标之上。正如约翰·凯所说，"盈利不是商业的目的，就像呼吸不是生活的目的一样"。我们将在第14章中看到，这意味着在衡量财务回报和社会影响方面，领导者需要与所有利益相关者合作，帮助他们取得成功。

第二，在一个分裂的世界里，融合将带来突破。明智地选择你的团队，并认识到虽然多样性是现实，但包容性却是一种选择。通过广泛招聘来实现这一目标，设定多样化目标，然后通过采取策略来培养你的团队成员并赋予他们权力，从而超越这些目标。决策方式是建立包容性和最大化影响力的重要因素。

第三，虽然你应该经常厘清你的事实，但你必须调动人们的直觉，赢得他们的信任以说服他们。我们都必须抵制滑向"后真相"社会，尽管证据至关重要，但不足以让人信服。建立信任、建立追随关系和参与关系需要同理心，这是矫正自以为是的解药。敞开心扉进行对话，并记住亨利·福特的建议："如果有任何成功的秘诀，那就是了解他人观点的能力。"在这个颠覆性的时代，领导者不仅要放眼全局，还要从局外看问题。能够站在组织和社会边缘的人的角度看待问题，这将推动包容性资本主义的发展。

这强调了好的领导不仅是有效的，而且是道德的。它带来了人类的繁荣。因为真正的人类进步是道德的进步。道德进步不仅需要价值观，也需要美德。美德是一种性格特质。它们是绝对的，不是相对的。它们占据了两个极端之间的中庸之道，例如勇气就是鲁莽和怯懦之间的中间点。

道德学派几乎和领导力学派一样多。例如，亚里士多德将美德分为道德（与性格有关）和知识（与思想有关），而阿奎那将最重要的四项基本美德（正义、智慧、勇敢和节制）以及神学美德（信仰、希望和博爱）与所有其他美德区分开来，通过它们，"恩典完善了本性"。

美德的共同之处在于，它们可以通过固定模式、重复和发展而形成。

它们就像肌肉一样，会随着运动而生长。牛津大学学者埃德·布鲁克斯强调了三种为人熟知的美德，这三种美德对道德领导尤为重要：

- 谦逊，它指出了我们在知识上的局限性以及我们在生活中的不确定性。
- 仁慈，它渴望与边缘人群团结一致。
- 希望，它增强了我们对未来的雄心壮志。

那么这种抱负应该包含什么？第 14 章将探讨公司如何创造解决方案，来帮助公司实现社会价值，同时帮助其员工、供应商和客户蓬勃发展。

第 15 章概述了实现社会目标的国家战略。社会的目标可以是让人类繁荣发展，过上美好的生活，建立共同的利益。公共利益不应与最多数人的利益混淆，它是指没有人被排除在外的利益。实现共同利益需要一种共同的使命感，包括尊重边缘人群的观点。有了这种团结感，我们就能决定如何最好地实现这些目标。这些目标和价值观是无价的，但决定实现这些目标的工具和机制的决策可能是有价值的。

决定社会想要去往哪里以及如何才能到达，将会用到这一章中描述的基于价值观的领导方式、第 14 章中概述的目的驱动型公司，以及第 15 章中概述的国家战略。

目标明确的公司如何创造价值

当我们在一家机构工作时，我们应该能够回答一些基本问题。首先是这家机构的目标是什么？它由谁拥有？它对谁负责？在什么时间范围内负责？它对运营环境有多大依赖？它对所在的社区做出了什么贡献？

正如我们在第 13 章所看到的，成功的领导力能够赋予团队共同的使命感，并推动和激励成员为实现这一目标而采取行动。基于价值观的领导者能激发同事、董事会、股东和其他利益相关者的参与热情，促使大家共同实现目标。成功领导者的组织能够赢得社会的认同，获得社会的认可。

组织的目的是指组织所代表的价值观和信念，以及它受到信任去履行的使命，它确立了公司的运作方式。因此，公司的目的不仅关乎利润最大化，还涉及其股东、员工、供应商和客户等利益相关者。同时，公司自身也是利益相关者。它们享有所处经济、社会和环境带给它们的利益，同时也对其负有责任。

目标本质上就是一个价值和价值观的问题。公司的责任仅仅是为股东创造价值吗？还是为所有利益相关者创造价值？如果是后者，应该如何衡量价值，尤其是那些没有在任何市场被定价的价值？是通过结果、过程还是两者的结合来衡量价值？在多大程度上，利益相关者价值最大化能够实现股东回报最大化？还是要遵守社会价值观，将公司的部分贡献惠及股东以外的利益相关者和更广泛的社会？

本章将探讨有目标的公司应该如何衡量价值，为其利益相关者和社会创造价值。一个有真正公司目标的公司应该是一个负责任且响应积极的雇主，它会积极与广泛的利益相关者进行沟通，与供应链上的供应商和客户建立诚实、公平和持久的关系，同时它也应该是一个优秀的企业公民，为社会做出充分的贡献。公司使命在地方、国家和（对于最大的公司来说）全球层面都可以增强人们的团结，并使人们认识到跨代可持续发展的必要性。

公司的存在是为了改善我们的生活、拓展我们的视野、解决社会中大大小小的问题。没有一个充满活力和目标明确的私营部门，我们就无法建设我们所需的所有基础设施；无法通过创新来解决当今看似棘手的问题；无法学习参与第四次工业革命所需的技能；也无法应对气候变化问题。要想成功，公司必须让我们的生活变得更好，并使一切创新、驱动力和活力能够获得公平的回报。如前所述，约翰·凯的基本观点是"盈利不是商业的目的，就像呼吸不是生活的目的一样"。但就像呼吸对生存的价值一样，随着时间的推移，利润对实现目标也是至关重要的。因此，公司的目标需要平衡活力、责任、公平、团结和可持续性等核心价值。

这一点在重大变革时期尤为重要。

在混乱时期揭示并强化目标

当代有很多目标驱动型公司的例子，但要想理解这个概念，让我们先来回顾几个世纪前乔赛亚·韦奇伍德的非凡一生，他的生活证明了使命的重要性。

乔赛亚·韦奇伍德于 1730 年出生在一个陶艺家庭，他是那个时代的史蒂夫·乔布斯，他为陶艺领域带来了无与伦比的创新和设计辉煌，并在这个过程中改变了所有行业的商业实践。韦奇伍德原本要被培养成为一名陶器旋制工，但少年时他患上了小儿麻痹症，无法操作旋制轮，这迫使他专注于陶艺制作的其他方面，尤其是关于黏土和釉料的制作。他采用科学实验的方法进行工作，他的笔记本记录了他进行的 5000 多次实验，以及寻找到的最佳生产条件。[1] 在后来的生活中，由于受到烤箱温度不稳定的困扰，他发明了一种高温计，这使他当选为著名的皇家学会成员。[2]

韦奇伍德通过实验开发出优质产品，这使他有机会签署利润丰厚的合同，并成为夏洛特女王的宠儿。他本可以成功地经营一家迎合英国精英的企业，但他意识到，他的创新提高了产品质量，同时也降低了成本，于是他把业务拓展到了新的市场。[3] 在他生命的最后时刻，他把精美的陶器带给了英国和海外的新兴中产阶级。在这个过程中，他引领了一场工厂生产、市场推广和销售的革命。

所有这些都足以让韦奇伍德成为历史上最伟大的企业家之一，但他所做的还不只这些。韦奇伍德在工业革命初期开始经营他的生意。技术变革带来了繁荣，但也带来了不人道和危险的工作条件。在政府监管最少的时候，韦奇伍德仍然十分关心他的工人。他在自己的工厂旁边建了一个村庄，叫作伊特鲁里亚村，为员工提供住房，其住房条件超过了当时的平均标准。[4] 村中的设施包括保龄球场、酒吧，最终还建了一所学校，韦奇伍德家族的成员在那里教授他们的商业知识和手艺。韦奇伍德在他的工厂设置了一项疾病基金计划，员工将每周工资的一小部分存入一个基金，该基金可以用来帮助那些因健康或事故而缺勤的人。韦奇伍德强烈反对将生产外包到国外，并公开倡导国内生产，尽管这样可能会增加成本。[5]

除了关心他的工人和社区，韦奇伍德还是一个社会活动家，尤其是他还参与了结束跨大西洋奴隶贸易的运动。1787年，他为废除奴隶贸易委员会制作了一枚纪念章，上面描绘了一名戴着镣铐的奴隶，旁边还写着"我难道不是人，不是兄弟吗？"。韦奇伍德承担了制造这枚勋章的成本，它后来成为英国废奴运动的标志性象征。[6]

韦奇伍德的例子强调了目标在动荡变革的时代中可以发挥重要的作用。我们目前正经历着一系列影响深远和具有颠覆性的变革，就像韦奇伍德时代的变革一样，从第四次工业革命的新技术、正在重新塑造全球整合性质的地缘政治，到日益严重的气候危机以及不断变化的社会规范，这些都给社会正义和公平带来了新的要求。这些变化几乎影响着每家公司的战略，而且它们将越来越多地提出这样一个问题："你们公司的目标到底是什么？"

在这种情况下，新冠疫情是对利益相关者资本主义的一次重大考验。一旦危机过去，人们将判断哪些公司支持它们的员工、与它们的供应商和客户合作，并帮助社会度过这场前所未有的冲击。新冠疫情危机缓解了股东价值最大化和利益相关者价值最大化之间的紧张关系，这与以往危机的经验是一致的。这些经历可以让我们了解到，支撑真正公司目标的价值观是如何解决人类和地球的问题的。

考虑一下以往金融危机的五个教训及其在今天的意义。

历史上的危机常常引发对我们价值观和价值判断的质疑。事实上，过去的危机教会我们的第一课是（正如本书所指出的），危机的核心往往是价值，或者更确切地说，是估值的错误。

正如我们在第7章中所看到的，全球金融危机的部分原因是风险定价过低以及被人们视为市场智慧的监管判断的放弃。如第9章所述，新冠危机的出现，部分原因是多年来我们没有重视经济的韧性。尽管有各种各样的警告，各国仍未能保护其公民免受已知风险的影响，而危机准备工作每年的费用仅是在危机中我们一天的经济产出损失。正如第 11 章中讨论的那样，气候危机日益严重是因为在公地悲剧的背景下，我们没有给污染的外部性定价，我们忽视了环境破坏和物种灭绝，而视野悲剧又意味着我们低估了未来的价值，为子孙后代留下一个悲剧性的遗产。

第二个教训是，危机会改变策略。问题是这对谁有利？在巨变的时刻，公司对利益相关方的共同责任以及作为社区利益相关方的责任凸显了出来。新冠危机带来对价值和价值观的重新评估，这促使公司进行战略调整，并推动各国进行社会调整。由于电子商务、在线教育和电子医疗的加速发展，供应链从全球性和生产即时性逐渐向本地化和安全性转变，消费者也变得更加谨慎，同时也带来了金融的重组。而由危机导致的社会重启，迫使我们对价值观进行评估。

在危机期间，我们作为相互依存的共同体而不是独立的个人采取行动，我们秉持经济活力和效率的价值观，并加入团结、公平、责任和同情的价值观。不平等的现实已经暴露出来，包括关键工人的低工资、不平等的疾病感染率、无薪护理工作的负担，以及在线教育不平等的悲剧。我们都在同一场风暴中，但我们并非都在同一条船上。

为了建设更美好的未来，我们必须从当前的困境中吸取教训。新冠疫情的悲剧证明，我们无法期望消除系统性风险，所以我们需要提前投资以避免未来的灾难。气候变化也是如此，这是一场涉及整个世界的危机，没有人能够自我隔离。韧性应该从现在开始被高度重视。

鉴于经济和社会价值驱动因素的转变，一家公司很难在危机前做出最佳的战略。新冠疫情要求公司进行战略调整，制定旨在解决人类和地球最紧迫问题的新战略。有目标的公司认识到，战略制度需要满足社会调整的要求，它们的行动将决定社会能否实现其目标。

　　从过去的危机中得到的第三个教训是，危机推动了人们去改善系统性风险报告。换句话说，既要考虑风险，又要考虑恢复力。1929 年华尔街崩盘之后，罗斯福"新政"正全面改革社会时，美国证券交易委员会（SEC）成立了，它有着明确的目的：保护投资者，维护公平、有序和有效的市场，促进资本形成。[7] 其使命的核心是建立（联邦一级的）第一个通用披露标准，以便投资者能够获得有关公开证券的"真实和统一的"财务数据。于是在 1936 年，通用会计准则诞生了。

　　在全球金融危机爆发后不久，出现了许多改善风险披露的倡议。为了使衍生品市场更安全、更透明，引入了报告场外衍生品交易的要求。为了帮助消除高风险的证券化和不透明的影子银行，现在设立了证券化和会计准则的新规定，确保如果银行与交易任何环节存在持续关系，风险将留在其资产负债表上。新的会计准则 IFRS 9 被制定出来以便确认预期损失，更准确地反映银行的韧性，同时减少系统中的周期性。

　　如果气候危机真的迫在眉睫了，那我们将没有第二次机会去制定正确的报告框架。为此，当局正在提前采取行动，确保利益相关方了解公司所面临的气候金融风险以及它们正如何努力地去管理这些风险。TCFD 是一个由私营部门牵头的信息披露倡议，它已成为提供统一、可比和有决策参考价值的信息的首选标准。目前的努力是让所有上市公司都强制执行这一规定。

　　应对危机的第四个对策是增强韧性。毕竟，一旦危机暴露出敏感性和脆弱性，人们自然希望恢复力越强越好。在全球金融危机之前，大型银行资本严重不足，常常依赖于市场的善意和最终纳税人的支持，并且业务模型十分复杂。现在，大型全球性银行可以仅靠自身满足共同股本的要求就可以独立生存，而且缓冲资金比危机前的标准要高出十倍。监管让银行变得简单，也可以更加专注自己的职责范围。自金融危机以来，交易资产减少了一半，银行间贷款减少了三分之一，流动性增加了十倍。此外，一系列措施正在确保银行能够在不产生系统性后果的情况下倒闭。

我们建立这种韧性不是为了它本身，而是为了在需要它的时候能用得上。这是有目标的谨慎、有理由的韧性。金融部门的抗风险能力意味着，金融可以成为解决与新冠疫情相关的经济冲击的方案之一。

现在，当局需要将这些经验教训应用到气候危机中，通过对银行和保险公司进行压力测试，评估它们在从平稳过渡到净零排放、灾难性的"一切如常"等不同气候路径下的表现。重要的是，这将帮助银行思考转型和不转型的潜在风险。世界上已知煤炭储量的四分之三、天然气储量的一半、石油储量的三分之一是不可燃烧的，如果我们想将碳排放控制在全球升温2℃以下，[8]披露有关公司搁浅资产的信息将是至关重要的。气候压力测试将披露那些在为过渡做准备的金融机构和公司，同时也将公布那些没有做好准备的机构和公司。

我们从过去的危机中得到的最后一个教训是，需要通过重建公司的使命感来让公司承担责任。全球金融危机已经展示了公司使命感丧失会带来怎样的后果。

公司一旦失去了使命感，金融业就失去了公平、诚信、审慎和责任等核心价值观，这会侵蚀市场创新和经济增长所需的社会许可。金融危机之后，银行业努力重新找回了自己的使命。要进入一个再次重视未来的世界，银行家需要把自己视为机构的监护人，在将机构交给继任者之前对其进行改进，他们必须与客户和社会建立牢固的联系。

监管、规范和薪酬制度都有其存在的价值，但诚信既不是买到的，也不是用规范得来的。它必须来自内心，并以价值观为基础。

与以往的危机一样，新冠疫情危机暴露出了传统方法的缺陷。乐观一点地说，它要求我们在国际层面和地方层面团结起来。现在，随着每一家公司都在重新调整自己的战略，它们的精力、想象力和资本可以推动新的可持续增长方式的产生。

对于公司来说，这意味着需要专注于衡量、韧性和责任，以实现它们的公司目标。对于投资者来说，这意味着利用这些信息来识别领先和落后的公司，并根据客户的价值进行投资。对于政府来说这意味着要采取措施，应该采取措施将这些良好的要求转化为必要的要求，并在适当的情况下实施强制性的、全面的框架。

这些举措的广泛性强调了以目标驱动的公司在一个生态系统中运作的重要性，其中公司与客户、供应商、投资者、债权人和社区的关系比传统经济学所描述的更加复杂和深入。这些现实对目标驱动型公司创造价值至关重要。正如没有人是一座孤岛一样，没有一家公司能够独自实现其全部的潜力，因为它们与各方的关系都是互相依存的。

以一系列合同为基础的公司与处于生态系统核心的目标驱动型公司

公司是一种法律结构，旨在将公司的不同利益相关方（员工、投资者、客户和供应商）汇聚到一起，共同实现公司使命。公司是独立于经营、财务和管理人员的独立法人，是具有自主生命的机构。

传统的经济学观点认为，公司是由一系列契约组成的。公司归股东所有，公司的目标是使股东价值最大化。为此，股东将责任委托给专业管理层，但这就产生了委托 - 代理问题，股东必须监督管理层，以确保管理层的行为符合自己的最佳利益。一系列的治理机制和激励结构被用来解决委托 - 代理问题。公司的边界是通过在市场上以合同方式经营和在公司内部以等级制度方式经营之间做出的权衡来确定的。

传统经济理论的每个组成部分都相对简单，这是简化主义建模实践的产物，该实践产生了重要的观点（如围绕委托 - 代理问题引发的激励挑战的那些见解），但整体并不等于各个部分的总和。将公司视为"合同网络"的观点是对公司在实践中运作方式的不完整描述，如果将其作为指导，可能会损失经济价值。随着时间的推移，这种观点将削弱社会价值观，包括那些公平和有效的市场所依赖的价值观。

公司的目的可以用来建立信任和激励员工，这远远超出了金钱激励的范畴。此外，这种使命感和信任感可以超越公司的边界。正如我们将看到的，公司是作为生态系统的一部分来运作的。它们的边界是可渗透的和相互联系的，而在这些联系中蕴藏着创造巨大价值的机会。

谁拥有一家公司？答案显而易见：股东。但股东并不是传统意义上的所有者。他们没有占有或使用的权利。他们所"拥有"的公司服务并不比其他客户更多。公司的行为不是有限责任下的股东责任。

尽管英国的股东比其他许多国家的股东拥有更多的权利，但他们并不是所有者。正如上诉法院在 1948 年宣布的那样，"从法律上看，股东不是公司的部分所有者"。[9] 2003 年，上议院明确重申了这一裁决。[10]

就像约翰·凯总结的那样，"从所有权的角度来看，没有人可以真正拥有一家公司，就像没有人可以真正拥有泰晤士河、国家美术馆、伦敦街道或我们呼吸的空气一样。在现代经济中，存在许多不同类型的索赔、合同和义务，很少有能用所有权一词来准确描述的"。[11] 管理理论家查尔斯·汉迪写道，当我们审视现代公司时，"所有权的神话成了障碍"。[12] 我们必须超越所有权，着眼于公司的目标和目的。

股东可能不是传统意义上的所有者，但他们是公司的剩余索取人。简而言之，他们比其他所有人，例如债权人、雇员、供应商和政府（以税收的形式）都要先得到报酬。这种优先权在法律上支持了股东至上原则。

至于股东是否承担最大的风险则是一个更开放的问题。正如马丁·沃尔夫所说，员工无法对公司的风险进行多样化分散。[13] 同样的道理也适用于公司占主导地位的关键供应商或社区。当股东至上原则与短期权益激励相结合时，公司和管理层（如果他们的薪酬严重倾向于短期股权激励）就会承担过度风险。[14]

股东有动机承担更大的风险，因为他们的损失是有限的（在有限责任下，他们损失的钱不可能超过他们拥有的钱），但他们的收益是无限的。这将风险转移到了其他索赔人身上，尤其是员工和债权人。[15] 这也适用于外部性问题，比如污染。

在公司的成立过程中，目标曾是一个重要的元素。当商业公司在 16 世纪、17 世纪开始出现时，它们是为了一个明确的目的而成立的，例如一个基础设施项目或国外勘探，在完成既定任务后就会解散。[16] 成立公司是一种特权而不是一种权利，只有在政府或君主批准目标并授予公司宪章或其他此类文书时才会生效。该公司被视为一种机制，使共同目标和风险能得到长期的承诺。例如，英国最早将股票作为永久资本向公众发行的上市公司是东印度公司，它被英国赋予了在亚洲贸易的垄断权，并负有保护其沿线贸易的义务。因此，早期商业公司的宗旨是服务于公众利益，在许多方面类似于公共机构。[17] 亚当·斯密认为，公司的成立必须遵循严格的标准，包括有"最明确的证据"证明公司会比普通贸易带来更大的效用。[18]

在工业革命之前以及在整个工业革命的大部分时间里，股东在购买一家公司的股票时，他们默认钱将用于公司声明的目标，而他们的投资回报只有在目标实现后才会得到。[19] 这种制度并不总能保证产生有道德的结果，像东印度公司和哈德逊湾公司这样的外国贸易公司远不是道德行为者，它们往往会受到腐败和贿赂的影响，但公司目标确实能够将公司的所有利益相关者团结在一个明确的更大的目标背后。

工业革命使这一制度发生了深刻变化。随着越来越多的项目需要融资，越来越多有储蓄的人可以为这些项目投资，政府在融资方面感到了压力。[20] 1844 年，英国政府通过了《股份公司注册和管理法案》，允许无须批准就可以注册成立公司。[21] 安德鲁·杰克逊总统早在十年前就在美国实行了通用公司法案，法国和德国也在接下来的几十年中纷纷效仿。[22] 到了 20 世纪初，目标不再是公司存在的先决条件。

对于许多公司来说，这种变化对它们的经营方式基本上没什么影响。公司注册的便捷性使许多小型公司纷纷出现，它们更像合伙公司，而不是大型的、复杂的、资本雄厚的公司。[23] 这些封闭型实体可以在少数股东就公司方向达成一致的情况下运作。公共利益仍然是许多私人公司的核心，拥有和控制这些公司的家族，如韦奇伍德，除了纯粹的经济利益，还有更广泛的社会目的，但越来越多的大公司无法签订达成共识的协议。因此，随着在 19 世纪中叶公司的合并自由，公司从关注公共目的渐渐转变为了关注私人利益。对于 20 世纪早期的许多工业企业来说，家族控股已经被公开市场资本稀释了，资本密集型工业获得了更多的融资，但所有权与公司控制权分离带来的新挑战也随之出现。

福特汽车公司就是这样的公司之一，它于 20 世纪初在密歇根州的底特律成立。1908 年，福特发布了著名的 T 型车，彻底改变了交通方式，使公司获得丰厚的利润。到 1916 年，福特的资产负债表上已经积累了 1.12 亿美元的盈余。[24] 公司的股东为了分享公司的成就而要求派发特别股息，但公司总裁亨利·福特却打算把利润用于进一步扩大业务。正如他公开宣称的那样："我的抱负是雇用更多的人，让这个工业体系的好处尽可能多地惠及大多数人，帮助他们建立自己的生活和家庭。为了做到这一点，我们将最大份额的利润重新投入到了业务中。"[25] 这一理由并没有阻止股东对福特汽车公司采取法律行动，他们要求法院下令将累计盈余的至少 75% 分配给股东。[26]

虽然福特宣称自己的善行至少在一定程度上是一种公关策略，但它却将公众目标与私人利益对立了起来，最终导致了针对公司的司法裁决。密歇根州最高法院对股东做出了"商业公司的组织和经营主要是为了股东的利润。董事的权力应被用于实现这一目标"的判决。[27] 福特汽车公司被要求向股东派发股息，但只是股东要求数额的一小部分，因为管理层对如何运营业务保留了一定的决定权。

这个案例如今对于将公司视为为股东利益服务的概念具有基础性意义。

大萧条和第二次世界大战减缓了股东至上观念的采纳速度，危机提醒企业，它们并不是孤立经营的。但到 20 世纪 70 年代，股东至上观念将成为盎格鲁－撒克逊国家的主导思维模式和适用法律的思维方式。[28]芝加哥大学的经济学家是股东至上的主要倡导者，这种观念的吸引力部分在于其经济简单性。如果公司有广泛的公共责任，这就很难量化公司的绩效。然而，如果公司的职责是使股东财富最大化，那么业绩就可以得到更好的衡量，进而得到优化。[29]

所有权（股东）和控制权（公司经理）分离产生的"代理"问题强化了这一理论。风险在于经理人将优化自己的个人偏好，包括打造帝国、享受公司特权，甚至过上平静的生活，而这一切都是以牺牲股东回报为代价的。对此的解决方案是通过股权授予和股票期权来监督和协调股东和管理者之间的激励机制。阿道夫·伯利和加德纳·米恩斯在《现代公司和私有财产》一书中有力地表达了对所有权和控制权分离的担忧。他们的见解激发了许多创新，极大地改善了公司的治理和管理。

然而，当将股东价值最大化的观念走向极端时，控制与股东价值最大化的结合可能会减少利益相关者的价值创造，同时腐蚀社会价值观。一个被遗忘的事实是，伯利和米恩斯的论点中暗含了一个更宏伟的愿景，即"希望以各种形式行使经济和政治权力，以造福整个社会"。然而，这种多元化的参考框架后来淡出了我们的视野，但其后果至今仍影响着我们。[30]这其中就包括了持续加强股东权利。[31]

股东至上的前提是股东是公司的所有者。正如芝加哥学派最杰出的经济学家米尔顿·弗里德曼在半个世纪前所写的著名论断：

> 公司高管是公司所有者的雇员。他对他的雇主负有直接责任。这种责任就是按照他们的愿望来经营公司，通常是尽可能多地赚钱，同时遵守社会的基本准则，包括法律和道德习惯。[32]

弗里德曼的学说影响巨大，但其绝对论是建立在两个错误前提基础上的。第一个错误是，在上面的段落中，弗里德曼补充说，赚钱应该"遵守社会的基本准则，包括法律和道德习惯"。正如我们所看到的，这些道德习惯并不是一成不变的。事实上，当经济回报从利益相关者手中脱离关联时，许多有利于良好市场运作的必要习俗就会受到侵蚀。弗里德曼只是含蓄地、可悲地承认了这种道德情感的重要性，他观察到，一家公司可能会投入资源为社区提供便利（以期望吸引员工来作为回报），它可能会称这种社会责任为"虚伪地粉饰门面"，公司承认这种"欺诈"完全是为了追求利润，以免"损害自由社会的基础"。这就是腐蚀价值观的过程，在接下来的几十年里这些情况也确实发生了。

第二个错误的前提是，股东是公司的所有者，而不是公司的剩余权益持有者。如果股东并非传统意义上的所有者，那么股东至上的局限性就会变得很明了。康奈尔大学法学院教授林恩·斯托特指出，股东拥有的是股票本身，这是一种赋予他们特定和有限法律权利的合同。[33] 因此，他们与公司有一种契约关系，这种关系在许多方面类似于公司与债券持有人、供应商、员工和消费者的关系。[34] 他们只不过是一家公司的剩余权益持有者，他们只是比其他人都先得到报酬而已。在承担这一风险的过程中，他们理所当然地希望获得回报，但他们无权获得高于一切的回报。股东是众多利益相关者之一，董事会的职责不能在所有权的概念下维持最大化股东财富的理念。

公司拥有它们自己，公司人格原则是英国公司法（自 19 世纪以来）和美国公司法的核心。公司是独立于其管理人员、股东、员工和债权人的实体。因此，公司的董事是为公司利益服务的；他们不仅仅是代表股东来工作的代理人。

由于这些实际情况，加拿大最高法院在 21 世纪初的两个重要案件中拒绝了股东至上原则，相反最高法院认为董事的职责是维护公司的利益，公司利益可以根据广泛利益相关者的利益来确定。[35] 法国从未采取股东至上的做法，2018 年一份由法国政府委托撰写的报告重申了这一立场，并建议重振公司目标，而不仅仅是创造财富。[36]

该报告推动了一场有意义的法律改革，其中包括要求法国公司考虑业务活动的社会和环境影响。[37] 在德国，一家公司的监事会中多达 50% 的成员是由公司员工而非股东选举产生的，他们将利益相关者的概念嵌入了公司结构中。

然而，股东至上原则仍然深深植根于英国和特拉华州的公司法概念中。美国大多数大型公司都在特拉华州注册。在英国，2006 年《公司法》规定（在第 172 条中）董事的职责是"为了其成员的利益促进公司的成功"。[38] 在《公司法》的其他地方，这些"成员"则几乎都被定义为股东。[39] 在特拉华州，法官以类似于英国的法律条款制定了董事职责。[40] 在总结 2015 年特拉华州的法律时，当时的特拉华州最高法院首席法官写道："董事必须让股东的福利成为他们唯一的目标。"[41] 在这两个司法管辖区，公司的目标都是使股东的财富最大化。

然而我们很难去描述公司的目标是怎样构建的。尽管股东至上原则使我们能够更好地了解过去一个世纪英国和特拉华州的法律是如何制定的，但它的影响力在不断减弱。公司开始意识到，公司的价值来自对各种利益的全面平衡，而不是狭隘地只关注股价。这种观点通常被称为开明的股东价值，即在考虑其他利益相关者并且公司具有超出利润的明确目标时，股东财富得到最大化。由于英国和特拉华州法律在公司决策方面给予管理层相当大的自由裁量权，开明的股东价值允许目标驱动型公司在公司法的范围内运营，因为所有行为最终仍是为了股东的利益。但现在它们越来越多地强调为公司服务，并愿意更直接、清晰地体现广泛利益相关者的利益。

例如，开明的股东价值概念是 2006 年英国《公司法》改革的核心。如上所述，董事的职责首先是服务于股东的利益，但也要"顾及"更广泛的利益，包括员工、客户、供应商和社会利益，"顾及"条款确切扮演什么样的角色仍有待解释。随着时间的推移，它越来越多地得到公众问责制的支持，公司通过年度报告（通过可持续性或影响报告）来展示它是如何满足其更广泛利益的。这个过程，在本书讲述的价值（观）危机的背景下，可以帮助公司重新平衡目标，以符合更广泛的利益相关者的利益。

近年来，这一想法逐渐占据了主导地位。2019 年，美国一些最大和最有影响力的公司的 181 位首席执行官在商业圆桌会议上发表了一份联合声明，他们否定了公司只有一个主要目标的观念。声明承认，为股东创造长期价值是一项承诺，但除了每个公司的特定公司目标之外，还应将其与对其他利益相关者的四项其他承诺并列。在接下来的几周里，美国几家知名律师事务所发布了公开备忘录，依靠开明的股东价值和对管理层决策的尊重，谨慎地支持了声明的合法性。[42] 这份备忘录由 Wachtell，Lipton，Rosen & Katz（LLP）[⊖]发布，该公司经常被认为是世界上最赚钱的律师事务所。备忘录大胆地指出，"特拉华州的法律并没有确立股东至上的原则"。[43]

然而，几个特拉华州的司法决定却持相反观点，但与数十年的案例法相矛盾并不令人惊讶，公司法并非不可侵犯的真理，它是我们社会对公司目标构思的延迟反映。在 20 世纪 90 年代初，特拉华州衡平法院法官威廉·艾伦雄辩地表达了这一观点，他写道：

> 在定义我们认为的公共公司时，我们含蓄地表达了我们对社会生活的性质和目标的看法。由于我们在这一点上存在分歧，我们的公司实体法必然会引起批评和争议。它将通过努力找到答案，而不是被推断出来。在这个过程中，效率问题、意识形态和利益集团政治将与历史相互交织……产生一个只适用于当下的答案，然后再次在将来的压力下被撕裂，并被重新制定。[44]

我们再次进入了一个撕裂和重组的时期，这是由危机的压力和新机会

⊖　美国顶级律所，纽约之王，暂无官方中文名称。——译者注

的前景所带来的。正在崛起的信条是开明的股东价值，而且还存在更大的变革压力。开明的股东价值允许考虑其他利益相关者，但它仍然是股东至上原则的一种形式。《公司法》继续禁止董事为实现公司目标而损害股东利益。在商业圆桌会议组织声明中首席执行官做出的各种承诺的合法性是基于这样的假设：对公司、利益相关者或更广泛的社会是有利的事情，最终也会对股东有利（与在第15章中要讨论的恰好巧合）。正如将要讨论的那样，这种假设往往是成立的，但并不一定总是成立的。有时，如果为股东做出小的牺牲，可能会使整个社会受益匪浅。

因此，许多人主张英美公司法那样的改革，以更好地平衡公司的双重目标（即利润和目标）。[45]这些变化将使法律与社会对公司的期望趋于一致，即公司不仅要关注利润最大化，还要承认公司的多面性、其与利益相关者的关系以及如何发展这些关系来实现共同利益。

每家公司都在一个生态系统中运营。公司与供应商、客户和社区之间的界限是真实且密切的。公司目标可以利用这些关系使双方受益。目标不仅可以建立一个共同的事业和价值观，将一个公司凝聚在一起，[46]它还可以鼓舞和激励团队中的所有成员。一个明确的、能被普遍理解的目标，可以帮助说服利益相关者，让他们相信他们的利益正被用于投资的权衡与分配，以及创造价值所需的回报。[47]

对于经济学家来说，目的、价值和信任并不是自然而然的概念。诺贝尔经济学奖得主罗纳德·科斯提出的经典经济学观点是，公司是一个合约网络，在这个网络中，每个人（所有者、经理和工人）都会对激励做出理性反应。根据科斯的《企业的性质》，公司的边界是通过市场或公司提供商品或服务的成本差异来定义的。[48]市场交易承担搜索和收集信息的成本，以及讨价还价、监督和执行的成本。在公司当中内部化这些交易可以节省成本，但代价是失去控制范围、复杂性和规模不经济。公司的边界是由这些因素的平衡而决定的，那些可以通过命令和控制高效完成的活动在公司内进行，而其余活动通过市场进行调节。

对这种方法的严格解释忽略了共同目标可以降低交易成本，使公司外部的活动成为共享投资，以推进公司目标的实现，加强其盈利能力和创造共享价值。共同目标可以改变公司的边界（同时增加其创造价值的能力），通过降低市场关系中的交易成本以及使更大、更复杂的公司实体成为可能。对共同目标的信心使公司不再怎么需要与供应商和客户签订昂贵的、完整的合同。与此同时，组织内部明确的目标，加上强大的内部文化，可以引领一种持续的创新，进而把优秀的公司变成卓越的公司。

这一点很重要，因为在实践中，简单的理论经济模型往往无法很好地指导实际业务。合同模型的好坏取决于合同本身，在实践中可能会存在不完全、难以执行和容易违约的问题。假设人们的激励将完全由合同条款引导，这与人们在经济环境中的行为不符。而且，不同方的时间要求和利益不同，这使得实现最佳结果变得困难。正如马丁·沃尔夫所说的，"如果公司的基本原理是利用关系合同，也就是信任，来取代明确合同和强制执行，那么在决定公司的目标和控制权时，就不能忽视信任"。[49]

委托–代理理论的问题不仅需要使股东和管理层的激励措施相一致，还延伸到董事、管理层和员工之间以及公司与供应商和社区之间的类似挑战。当时间范围不同时，总会激励一方承诺一件事，然后又食言。正如我们在第4章所看到的，这是将权力下放给央行的典型动机之一。但即使是这种优雅的解决方案也有其局限性。

强大的公司文化是解决不完整合同和不完善激励问题的方法之一。强大的公司文化鼓励利益相关者将公司想要创造和维持的行为内部化。特别是，目标是诚信文化不可或缺的。信任不是仅仅通过坚持规则和遵守协议来实现的，而是要通过加强行为和价值观的多重社会互动来赢得的。

因此，目标在许多层面上起着作用。第一，从内部来看，目标在公司内部创造了必要的社会资本，为价值创造奠定基础：紧密运作的团队和较高员工参与度。第二，从外部来看，它是一种使客户服务和一致性成为焦点的手段。公司的外部重点与公司的传统目标有关：为顾客服务。[50] 如果一家公司在这方面做得好，它就会拥有忠诚的客户，随着时间的推移，消费者将成为利益相关者，这有利于强化信任和诚信，并实现公平交易。第三，目标是作为一种社会叙事，在公司之外的社区和社会中发挥作用，这样可以使公司获得社会的认可。在最高层次上，"目标"指的是公司为改善现在和未来的世界做出的道德贡献。

经济并不仅仅由追求利润最大化的个人组成，这些个人只是通过一个合同暂时聚在一起。在现代经济中，公司是价值创造的引擎。它们是复杂的组织。公司将人们聚集在一起，采取集体行动，他们的行动由公司的目标来协调。

这一目的不仅仅是为了最大化股东的价值。利润是必不可少的，但实现利润的方式必须是为所有利益相关者创造共享价值。公司的目的也不是让员工等其他利益相关者的回报最大化。公司的最高目标是以盈利的方式提供解决方案，并以自己的方式为改善社会做出贡献。

要想成功，一个公司需要有目标，为了实现这个目标，它必须平衡利益相关者之间的利益冲突，就像个人追求亚里士多德所说的美好生活一样。[51] 公司不仅是合同的联结，也是一种真正的法人实体。从经济意义上讲，成功的公司增加了经济价值，因为其整体的价值大于各部分之和。公司成功的程度取决于其产生竞争优势的独特能力的集合。而这些优势在很大程度上取决于公司的利益相关者，这些优势可以通过共同目标和社会价值的创造而得到加强。

实现公司目标和可持续的价值创造

在确定了一个明确的、激励人心的目标之后，关键问题是如何实现它。简而言之，目标必须融入公司的各个方面。实现公司的目标从正确的公司治理开始，然后是战略、管理激励的统一、员工的赋权和所有利益相关者的充分参与。

现代公司治理的根本挑战是将目的转化为实践。这意味着要创建一个将股东价值和利益相关者价值整合起来的战略，使管理层的利益与公司的核心目标相一致，并通过适当的董事会结构，对一系列利益相关者进行问责。董事会和管理层应该就实现目标所必需的价值观达成一致，并将其融入公司文化中。

一旦认识到追求（短期）股东回报最大化不再是公司的唯一目标，管理层和董事就需要重新制定衡量成功的方式。价值创造必须相对于公司明确的目的进行评估。相关的ESG因素（将在第15章中描述）必须完全整合并内化到治理、战略、运营和绩效管理中，而不是作为企业社会责任（CSR）问题的分割和降级。每个董事委员会都应该将相关的ESG因素纳入它们的工作中，并且应该让全体董事会了解ESG问题到底是如何影响公司的风险管理的。[52]

例如，英荷食品集团联合利华在2010年推出了可持续生活计划（USLP），其中包括与改善健康和福祉、减少环境影响和提高生计相关的目的和具体目标。这些具体目标每年在年度报告中进行测量和报告，由董事会的披露委员会监督，并由董事会的审计委员会监督的第三方会计师事务所核实部分指标。[53] 联合利华董事会的企业责任委员会会跟踪与USLP相关的进展，该委员会还会监测潜在风险，并努力保护和提升联合利华的品牌。[54] 与此同时，薪酬委员会已将USLP目标纳入高管奖金薪酬结构中。[55]通过这些机制，董事会的监督可以确保公司的运营符合公司的宗旨。

此外，董事会监督的一个重要职能是要保证管理层将资金分配到具有长期价值的驱动力上，如研究和创新、员工福利、人才发展、加强企业文化、加强与外部利益相关者的关系，建立公众信任。[56]同时还应该跟踪这些工作的进展，并通过适当的度量标准和足够长的时间范围对其有效性进行评估。

董事会的组成和董事会会议的议程需要反映出对公司目标的承诺。[57]
这可能需要彻底改革董事会的提名标准,以确保不同观点和主张能得到充
分的表达。为了适应以目标为导向的结构,董事会必须严格评估其监督和
治理的能力以及优先事项。许多必要的改革将违背数十年的既定规范,董
事会需要对其进行批判性地思考。

当追求公司目标与股东价值创造完全一致时,追求公司目标是一件很
简单直接的事情。因此,在股东价值观的影响下,只要合理地相信采取的
措施最终会给股东带来价值,管理层就会去追求目标。当然,这也要考虑
到公司长期维护公众信任和社会许可的能力,以及公司吸引、留住和授权
于最优秀的人才的能力。在这些情况下,目标对于内部和外部的良好沟通
非常重要,它还可以整合公司的治理、战略和绩效管理。

一些公司通过将目标加入法律结构来作为自己对目标的承诺。最简单
的方法是在公司的组织文件,即其章程(英国和大部分英联邦国家)或公司
章程(美国和加拿大)中包含目标。这些是公司的宪法,其中包括公司的名
称、股份结构和表决权等关键信息。一些司法管辖区,如特拉华州,仍要
求公司章程包括公司的目标,这是过去那个时代遗留下来的产物,即公司
要对社会有重大的贡献才能被创立,尽管现在这一要求已经被淡化。例如,
虽然 Facebook 宣称它的使命是"建设社区,让世界更紧密地联系在一起",
但它的法定目标是"在特拉华州《一般公司法》组织下参与任何合法的行
为或活动"。[58]

更符合法律精神的是,许多公司在其章程中采用了更具体的目标。例
如,巴塔哥尼亚 CSR 的世界领导者在 2012 年修改了其章程,包括了六个
明确的利益目标,如将 1% 的净收入用以环境保护和可持续发展,生产无
不必要伤害的最佳的产品,为员工提供一个良好的工作环境等。[59]这些承
诺现在已经是公司章程的一部分,并为管理决策制定议程。治理文件在公

司成立时制定，但可以随时修改，通常需要获得绝大多数股东的批准。[60]

公司可以更进一步地将自己的目标体现在公司结构中。在美国，很多州政府为此创建了不同类型的公司，而不仅仅再是以盈利为目标的标准型公司。这些公司类型包括利益型公司、社会目标型公司和灵活目标型公司，它们可以向股东和其他利益相关者发出关于公司目标平衡的信号，并允许管理层在考虑股东回报最大化之外的因素方面有更多的自由。2019 年，法国紧随其后，创造了一种新的公司类型，让公司成为委托公司。尽管加拿大的不列颠哥伦比亚省设立了具有公益使命的公司，但不同类型的公司通常并不是英联邦国家的首选。

通过改变公司的组织结构（包括改变公司类型或在核心组织文件中添加特定目的，这种改变超越了关于公司一般目标的法律争议），可以使公司追求更广泛的公共目标。它们允许公司超越神圣的巧合或股东至上原则，即只有在最终增强股东价值的情况下，所有利益相关者的利益才有价值。

这种明确性是许多第三方审计系统的要求，这些系统专注于社会效益，其中最著名的是非营利组织——互益实验室（B Lab）的互益企业（B Corp）认证。B Corp 是指在社会和环境绩效、公众透明度和法律问责方面符合验证指标，并在这个过程中平衡目标和利润的公司。为了获得认证，B Corp 必须改变其法律结构，以承认这种平衡，B Lab 规定了每个司法管辖区必须做出的更改。B Lab 通常要求公司至少要在章程中声明公司的目标是对社会和环境产生积极的影响。B Lab 在认证前会对公司进行各种各样的指标评估，然后每三年重新评估一次。

目前在 50 多个国家有超过 2500 家 B Corp 认证机构，还有更多的机构正在努力加入这个集团。[61]最近一个突出的例子是达能，一家年收入 300 亿美元的跨国食品公司。过去几年，达能已采取措施，在股东价值之外定义其公司目标。例如，2017 年，该公司公布了新的公司标识"同一个星球，同一个健康"，并致力于在全球范围内培养更健康、更可持续的饮食习惯。[62]

该公司专注于再生农业和土壤健康，并为此付出了大量努力，将其产品的包装改为可重复使用、可回收或可堆肥的材料。[63] 达能已将其宗旨体现在了公司结构中，体现在每一个子公司中。例如，达能加拿大公司的章程现在要求考虑员工、社区和环境，而欧洲植物性食品子公司 Alpro 有自己的一套考虑利益相关者的治理结构。[64] 2020 年 6 月，母公司改变了自身的法律结构，成为法国第一家采用公益公司身份的大型上市公司。作为改革的一部分，达能的公司章程现在包括了一条能够提案公司使命的条款："通过食品带来健康。"[65] 该公司首席执行官艾曼纽·费伯对投票支持这一改变的 99% 的股东表示，这一结果"推倒了米尔顿·弗里德曼的雕像"。[66]

虽然一个公司的战略会随着新信息和竞争力的变化而变化，但它存在的理由和公司的目标应该保持不变。如果目的有意义，它需要直接与战略和公司在巨大变革时做出的选择相连。正如制定目标倡议所提到的，公司文化相关的目标太多，而作为战略的目标还比较欠缺。[67]

管理层和董事会的职责其一就是要确保他们的战略和资本配置方法可以支持可持续、长期价值创造的关键驱动力。新技术在不断产生，社会在飞速发展，管理人员和董事会需要更加关注公司文化、人才发展、研发和品牌等无形资产。

利益相关者，尤其是股东，需要判断与目标相一致的战略是否存在。全球最大资产管理公司贝莱德首席执行官拉里·芬克在致企业首席执行官的年度信中强调，贝莱德希望公司向股东发布经董事会批准的年度战略框架。[68] 这种框架应该包括公司如何"在竞争环境中认清方向，如何创新，如何适应突破性技术的出现或地缘政治事件，在哪里投资，以及如何培养人才"。[69] 管理层与董事会应该明确指出他们用来评估进展的指标，并详细说明这些指标如何影响管理人员的激励和报酬。

和越来越多的投资者一样，贝莱德明确地把目标和利润联系起来，表示作为投资者，他希望公司管理层能够解释公司的战略框架是如何与更广泛的公司目标联系起来的。[70] 芬克强调：

> 当一个公司真正理解并表达其目的时，它将会专注并有策略地推动公司长期盈利。目的统一了管理层、员工和社区。它推动了道德行为，并对违背利益相关者最佳利益的行为进行了必要的监督。[71]

需要明确的是，公司在为利益相关者创造价值时，制定的战略必须具有长期盈利性。利润和目标是密不可分的，如果一家公司要服务于所有的利益相关者（不仅是股东，还包括员工、客户和社区），获取利润的能力是必不可少的。

当然，利润的可持续性也很重要。长期战略可以避免公司为了短期的利益而损害未来能获得的价值。长期战略是连接公司整体目标和日常运营之间的桥梁，它使管理层能够抵御短期利益带来的诱惑。

公司领导者应该获得自己行为的回报，并承担其后果。然而正如我们所看到的，现代公司的所有权和控制权的分离使这变得很困难。

为了克服这一问题，董事会为高管制定了复杂的绩效指标和奖金结构，力求使激励与价值创造保持一致。但现有的薪酬方案存在一个突出问题：高管薪酬的评估周期一般是 1 到 3 年，但研究表明，市场要完全融入相关的信息、将公司的无形投资体现在股价中可能需要更长的时间。[72] 因此，这种短期的薪酬框架可能无法有效地激励高管采取长期有益的行动。

奖金和可变薪酬结构与短期营收增长之间过于紧密的联系被人们认为是导致 2008 年金融危机的原因之一。[73] 正如第 8 章中解释的，英国金融服务业的薪酬规定现在将风险与回报结合起来，相当比例的可变薪酬被推迟了 7 年发放，以确保在未披露的风险或行为问题浮出水面时，薪酬可以被收回。将延迟支付和薪酬可收回安排相结合可以加强金融机构的治理和行业规范。

因此，高管薪酬框架需要被重新配置，使其能够激励员工并且使员工能够从长远的角度进行价值创造。年度绩效奖金应该用股权和债务计划替代（或应该扮演次要角色），这些计划通过股权和债务，将高管在公司的利益延长了至少 5 到 7 年（具体时间框架是为行业量身定做的）。[74]

绩效度量标准应该与公司的目标一致，并在财务和非财务度量标准的基础上使用，避免对单一绩效指标的过度使用。[75] 应将公司面临的风险类型，包括声誉和合规风险，纳入激励机制的范畴。[76] 任何年度奖金应该与各类绩效评分联系到一起，如果高管未能达到规定的预期或有不当行为，董事会可以在授予或要求返还其他薪酬前减少激励措施。

将非财务指标纳入高管薪酬目前还不是一种常见做法，在英国《金融时报》证交所全球指数收录的公司中，只有 9% 的公司将高管薪酬与 ESG 标准挂钩。[77] 联合利华的薪酬委员会已通过其管理层共同投资计划，将非财务指标纳入了公司薪酬结构，可持续性因素由公司的可持续发展指数衡量，权重为 25%。[78] 美国铝业因将 30% 的年度激励薪酬与非金融指标挂钩而受到人们称赞，尽管这一比例在实际执行中略低于对外公布的数值。这 30% 中有一半与工作场所安全有关（以死亡和严重伤害来衡量），只有 5% 与公司的环境目标有关。[79] 对于一个在环境方面影响较大的采掘业公司来说，5% 是相对较低的。此外，高管在某些类别的得分可以超过 100%，从而弥补在可持续性方面的糟糕表现。因此尽管 2019 年该公司未能实现其排放目标，高管们为此损失了 5% 的奖金，但他们在"自由现金流"一项中获得了 148% 的分数，又弥补了之前的损失。[80] 该公司甚至未能达到多元化目标的最低门槛，但最终高管们获得了当年激励薪酬的 90% 以上。

这些例子强调，高管薪酬结构不应该仅限于表面上的 ESG 因素，要创造更有意义的激励，从而推动公司变革。

公司必须明确定义用于评估实现目标程度的绩效指标。这些指标应被公开，因为实现这些指标对于管理绩效和薪酬来说至关重要。非财务指标需要被董事会视为销售、现金流或回报指标。在内部，合理运用绩效评分和非财务指标可以对高管进行有效评估。

薪酬也应该与高管所承担的责任挂钩。当公司对利益相关者产生了负面影响，公司的管理层应该为此承担责任。董事会应该将 ESG 因素内化到公司风险管理中，并了解这些因素与公司可能面临的重大运营、财务、声誉和监管风险之间的联系。管理这些风险应该有明确的问责渠道，指定高级经理人应向相关的董事会委员会报告。

行政管理人员最终只占公司员工的一小部分。为了使自己能融入公司及其活动中，员工需要将自己的表现与公司的目标保持一致，并以专业和敬业的态度履行职责。当员工得到了公平的报酬，拥有足够的资源和建设性的工作环境，他们就会专注于工作，使自己的表现与公司目标保持一致。对于每个公司和岗位来说，虽然良好工作环境的具体细节是不同的，但基本要素都是一样的；所有员工都应有尊严和受到尊重，不应被恐吓和骚扰。

公司应该奖励专业精神。表现出色的员工应该得到认可，一家公司应该有良好的内部晋升路径，所有员工都应该有职业发展机会，无论他们是否适合公司的结构。管理层应该时刻问自己："我们未来需要哪些技能？我们现在如何在这些技能上投资？"

公平的待遇和做与公司目标相关的工作，可以使员工受到鼓舞和激励，他们会将自己视为公司的监护人，对公司和公司的业绩负有责任。例如，达能及其子公司能够实现有利于公司结构的转型，在一定程度上依赖于那些愿意花时间和精力引领达能内部利益转型的员工。[81]

反过来，这种积极性和动力会转化为公司价值。以丰田在 20 世纪 80 年代末取得的成功为例，它的成功主要源于一支充满活力和敬业的员工队伍，他们被视为公司团队中有价值的成员。[82]通过职业发展，员工认为他们有责任理解和维护自己的职业道德，这些道德规范可能被编入标准甚至法规，也可能被描述为自愿的行业规范或内部雇主政策。关键不在于这些标准是否具有法律约束力，而在于员工在困难的情况下是否会把这些标准作为自己行动的依据。当人们对自己工作的地方感到自豪时，这种情况更有可能出现。积极参与的员工可以帮助公司主动解决问题并集思广益寻求解决方案。做一个负责任、反应迅速的雇主可以防止小问题演变成整个公司的危机。

＊　＊　＊

让所有利益相关者参与可以确保绩效与目标一致，使领导者更能在决策中考虑到意外后果或意外事件。供应商和客户需要诚实和公平地参与，注重发展可持续的商业模式。了解公司目标是如何为客户服务可以推动创新并保持公司的竞争力。[83]

公司应参与合作，在地理和行业层面推动其所在社区的发展。优秀的公司会对社会做出充分贡献，了解自己能为社会带来哪些影响，从而做出相应的努力，减少对社会的伤害，同时造福于社会。大公司还需要关注国际社会的动态，并合理地运用自己作为全球公共资源守护者的权力。

公司还需要考虑到子孙后代的利益，因为未来的世代无法在参与过程中表达自己的意愿，但他们往往是最容易处于危险中的。在这样做的过程中，公司需要意识到，它们有责任保护自然环境，并且不仅要在公司内部，而且要在更广泛的社会内部投资于技能、知识、理解的发展。

最后，有目标的公司需要满足充分的透明度，在它们和利益相关者之间打开一个持续双向信息流动的通道。透明度使利益相关者能够评估绩效，预测其发展轨迹，并在结果偏离既定目标时进行批判性评估。

在可能的情况下，信息披露应标准化，这便于理解和进行比较。标准化披露减少了公司试图排除或混淆不利信息的可能性。这种以用户为中心的信息披露方法也面临着一些问题：利益相关者关心信息的获取，但不一定有时间或有资源对信息进行复杂的分析。

越来越多的公司开始将其主要的财务报告与 ESG 风险和机遇报告相结合，以整合的方式来准备公司的主流财务报告变得越来越有必要。这些因素的重要性增加使得治理良好的公司需要在主流披露中反映它们，并设定公开目标，确保更高的公众透明度以及对投资者和其他利益相关者的问责能力，针对这些目标提供独立的绩效保证，并分析相关的风险和机会。这种方法是 TCFD 关于气候建议的核心（在第 11 章和第 15 章中讨论的）。世界经济论坛国际商业理事会与主要会计师事务所合作的一项重大倡议，正在将这种方法扩大到 ESG 的一组核心指标。

做好事、创佳绩：业绩证据和有目标的投资

越来越多的证据表明，公司的目标和正确的价值观将对其盈利能力产生积极影响。2015 年对自 20 世纪 70 年代以来发表的 2200 多项研究进行的集中分析发现，90% 的研究报告称，环境、社会和治理标准与财务绩效之间存在非负相关关系，63% 的研究报告称存在正相关关系。[84]

特别是有证据表明，公司重视 ESG 标准能够带来良好的财务绩效。当资源公司关心环境，金融机构关心治理时，就会对社会产生积极的影响。当公司在与其所处行业相关的问题上投入较高，并在与其所处行业无关的问题上投入较低时，它们的市场表现超过了市场平均水平 4.83%。[85] 相比之下，未能在与业务相关的 ESG 问题上进行重大投资的公司的表现不如市场。

此外，有证据表明，公司必须切实解决与所在行业相关的问题，才能看到效益。企业在其网站或年报中宣传的价值观并没有被证明对公司业绩有贡献，但员工关注的价值观却很重要。如果员工认为管理层言行一致，且管理层在商业实践中诚实、合乎道德，那么公司的利润会更高。[86] 同样地，如果中层员工能够明确公司的工作目标，这样的公司财务表现也会更好。[87]

　　将目的转化为利润的一个明显原因是为了降低风险。以资源公司为例，对环境问题保持关注可以降低出现石油泄漏和环境损害诉讼等代价高昂错误的可能性。通过投资那些对行业十分重要的问题，企业更有可能维持社会对它的认可，并避免因过分的企业行为而引发抵制。ESG 因素如果管理不当，会破坏声誉和价值，导致曾经表现良好的公司突然陷入困境。一项 2015 年的研究发现，一家公司 CSR 得分的标准差增加 1 个单位与该公司的贝塔系数（股票波动性的标准度量）相比样本均值低 4%。[88]

　　另一个原因是，公司承诺的社会目标可以吸引并留住顶尖人才。巴塔哥尼亚将 1% 的收入贡献给保护地球，并优先考虑可持续消费主义，所以该公司提供的每一个实习岗位都有 9000 人申请，长期岗位的保留率也很高。[89]此外，当受到内在价值而不仅仅是经济利益的激励时，上班的人不太可能在工作中敷衍了事。正如瑞贝卡·亨德森所解释的那样，"置身于比自己更伟大事物中的感觉，可以带来高水平的投入、高水平的创造力，以及跨越公司功能和产品边界的合作意愿，这是非常强大的"。[90]这种影响可能是实质性的。在控制市场表现和其他风险因素的情况下，1984 年至 2011 年期间，美国 100 家最适宜工作的公司的回报率比基准高出了 3.8%。[91]

　　赢得的社会资本有助于公司在危机时期中渡过难关，并且可能有时还能推动公司蓬勃发展。一项对 2008 年金融危机期间及之后业绩的分析发现，高 CSR 企业在危机期间的股票回报率比低 CSR 企业高 4% 至 5%。[92]关注目标而不是利润，可以让企业避开那些会造成社会资本上升的危机。在新冠疫情暴发后，人们会问哪些公司采取了行动，哪些公司退缩了？谁囤积了物资，谁又与利益相关者团结一致采取行动？

　　最后，目标对创新至关重要。《哈佛商业评论》的一项研究分析了数百家企业的目标，并将它们定义为优先级企业（它们已经有了明确的表达和可理解的目标）、开发人员（还没有明确的目标，但正在努力开发）和落后者（还没有开始开发，甚至还没有考虑目标）。[93]被认为是优先级的 39% 的企业不仅报告了更高的销售增长，而且还报告了它们更容易进入新市场并专注于持续转型。一半的优先级企业表示，它们的组织在过去 3 年里基于目标在战略发展方向进行了调整，三分之一的人表示，目标推动了商业模式以及产品和服务开发的转变。相反，42% 的落后企业报告了过去 3 年营业收入持平或下降，只有 13% 的企业报告了在创新和转型方面取得了成功。

因此，企业目标可以降低风险，激励员工，在不确定的时期提供指导，并激发创新。在对现有文献的全面回顾中，大型创新中心在关于 "有目标的公司" 的中期报告中发现 "令人印象深刻的经验支持（即使考虑到一些限制和未回答的问题），即有目标对商业结果的各个方面都会产生有益的影响"。[94] 报告的作者总结说，有证据表明，在英国，在目的性方面的投资价值可能高达 6% 至 7%，即每年增加 1300 亿英镑的股市总市值。[95]

结论：创建动态目标

在实现公司目标的过程中，对利润的追求绝不能被置于次要位置，而必须是同等重要的。利润对企业至关重要，对社会也至关重要。利润使公司得以运转和壮大。收益的美好前景有助于激励人们在新的企业投资他们的金钱和时间。资本投入工作，被用于创新和建设更美好的明天。好的想法会蓬勃发展，坏的想法会受到考验，最终被遗弃。

当这种 "创造性风暴" 被锚定在目标上，去解决人类和地球的问题时，这种对利润的追求以惊人的速度改善了人们的生活。它体现为对更快、更好、更实惠、更可持续的不断追求。

这种活力必须继续下去。当今社会的许多问题（从严重的不平等到我们对化石燃料持续的破坏性依赖）都是错误地接受现状的结果。更根本的是，它们是我们不先树立正确的价值观就去追求价值的结果。信贷、新冠疫情和气候三重危机暴露了对我们的挑战，现在是企业确定和追求自己目标的时候了。

正如美国企业家马克·安德森所言，解决我们面临的问题的方法就是创造和建设。[96] 我们需要新的基础设施、新的学习模式、新的生产体系、新的药物和新的能源形式。公共部门将为这一发展提供基础，但私营部门的融资、探索和运营能力将是主要的推动力量。为了建设更美好的明天，我们需要那些有目标并以利润为动力的公司。它们的活动将不仅为股东，也为员工、客户、供应商和更广泛的社区提供一种共享价值。如果乔赛亚·韦奇伍德在 18 世纪都能够做到这种平衡，那么他的现代继任者肯定也能做到，并且会产生更大的影响力。

投资者在这一动态中发挥着关键作用。他们也需要定义和追求自己的目标。没有什么比气候变化更重要的了。现在让我们转向投资者如何衡量、投资和构建价值（观）。

| 第 15 章 |

价值（观）投资

ESG 的兴起

本书认为，造成信贷、气候和新冠疫情三次危机的一个共同原因是我们衡量价值的方式存在问题。事实上，过去我们对危机的反应通常是改进我们衡量企业影响及企业面临风险的方式。在 1929 年股市大崩盘之后，标准化会计做法即美国公认会计准则（GAAP）诞生了。在全球金融危机之后，各国也出台了一系列措施来改善银行的风险报告和风险敞口。现在，我们必须要求对与气候相关的金融风险进行强制性报告，这样我们才能解决气候危机。同时，影响力投资在实现可持续发展目标方面也起到了关键作用。

正如第 14 章所解释的，公司涉及许多利益相关者，并且公司本身就是最大的利益相关者。它们的行动会影响，有时甚至决定一系列可持续性的结果，这些结果通常指的是 ESG。为了衡量这些影响，人们采取了一系列措施来评估企业的可持续性表现。这些方法各有价值，但从 ESG 评级到影响评估，各种不同方法的数量之多，可能会最终变成一种让人难以理解的衡量方法。

为了重新平衡价值和价值观，我们必须建立和纳入全面和透明的方法来衡量公司为利益相关者创造的价值。金融是一种工具，是一种由社会目标所决定的手段。投资者要想与客户的价值观保持一致，就需要熟悉 ESG 因素并谨慎地应用它。这些资本的提供者，例如投资者、养老基金、银行和保险公司需要更加透明地公开它们的目标，包括投资期限以及在追求股东价值最大化和追求利益相关者价值最大化之间所处的位置。

ESG 评估和投资的快速崛起是对利益相关者价值创造最具希望的贡献。ESG 投资起源于 20 世纪 60 年代发展起来的社会责任投资（SRI）等哲学理论。早期的社会责任投资模型使用价值判断和负面筛选来确定应避免投资哪些公司，比如那些涉及烟草业务的公司。这些考虑因素范围已经扩大，尽管没有统一的 ESG 因素列表，但一般包括的问题类型如下所示。

环境影响	社会贡献	治理和管理
气候变化和温室气体排放	顾客满意度	广泛构成
空气和水污染	数据保护与隐私	审计委员会结构
生物多样性	性别与多样性	行贿与腐败
滥伐森林	雇员参与度	高管薪酬
能源效率	社区关系	游说
废弃物管理	人权	政治贡献
水资源短缺	劳工标准	举报机制

投资者和债权人在决策过程中，除了考虑传统金融因素之外，开始越来越多地考虑 ESG 因素。现代 ESG 投资和分析更注重发现公司的价值（通过随时间变化的更高风险调整回报），使人们更倾向选择在三个 ESG 领域

都能产生积极影响的目标驱动型公司进行投资。例如，从气候的角度来看，区别就在于是投资能源公司，还是选择投资那些有净零目标和可靠战略的公司。换句话说，避免那些有问题的公司，支持那些正在寻找解决方案的公司。正如我们将看到的，随着社会对可持续发展的价值认知不断增强，这种资本配置方式有望创建一种新的资产类别，对推动我们解决气候变化危机所需的整体经济转型至关重要。

2018 年初，可持续性管理的资产总额超过了 30 万亿美元，其中欧洲占一半，美国约占三分之一。自那时以来，ESG 管理发展非常迅速，最新估计根据 ESG 管理的资产目前已超过了 100 万亿美元。与此相关的是，全球三分之一的大型资产所有者已经签署了联合国负责任投资原则（PRI）。新冠疫情危机更加强了这一趋势。[1]

有迹象表明，ESG 的风潮正在创造一个自我强化的循环，这是金融领域新发展的典型特征。在这种循环中，新的创新在刚刚被人们广泛接受时都会有质量不一的情况。随着金融市场参与者掌握了必要的专业知识，这自然会导致绩效上的差异更加突出。有一些证据表明，人们追求 ESG 的认证，如 PRI 的成员资格，更多是为了吸引资金或降低丧失客户的风险，而不是用于对 ESG 目标管理的改进。[2]PRI 颁布新规清退不遵守原则成员恰好可以暴露这一问题。

无论执行的动机和质量如何，可持续投资背后显然还存在真正的动力，它可以成为创造价值和推进实现社会目标（如实现联合国可持续发展目标）的有力工具。这一章就是关于如何应用这种方法，使它的效果最大化的。

ESG 如何引导利益相关者的价值创造

与传统投资（要么忽略 ESG 因素，要么没有系统地考虑它们）相比，ESG 投资具有更大程度的连续性。绝大多数 ESG 资产寻求"通过做好事而获得好的回报"，通过使用 ESG 标准来识别有利于风险管理和价值创造的共同因素。这些战略包括负责任的投资和可持续的投资。负责任的投资主要是利用 ESG 来减轻风险，可持续的投资则采用渐进的 ESG 实践，以提高长期的经济价值。影响力投资旨在获得财务回报的同时提高社会或环境效益。它的独特之处在于将社会和环境结果与财务结果同等严格地衡量，并追求外部性，即专注于促进社会或环境变革的投资。因此，一种旨在加速向净零经济转型的影响策略不仅会投资于现有的绿色资产，还会开发新的可再生能源项目或帮助公司投资以减少其碳足迹。

在影响投资的范畴中，一方面，金融优先的策略旨在产生有竞争力的金融回报，另一方面，影响优先的策略则接受低于市场的回报。最后，价值导向的投资将投资组合与个人或组织的道德价值观或信仰保持一致。这些通常（但不总）是慈善性质的，投资于预期的部分（如果不是全部）资本损失，以推进更广泛的社会目标。

影响力管理项目（IMP）的图 15-1 描述了 ESG 投资策略的连续统一性。

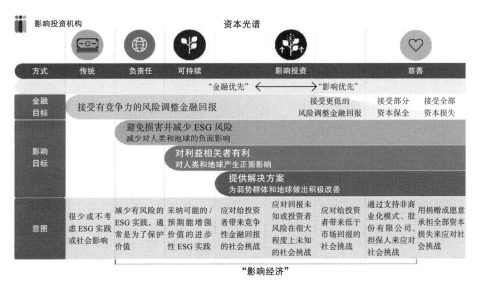

图 15-1　资本光谱：投资者的选择和策略

除非另有说明，本章将集中讨论金融优先影响投资策略，即通过做好事来寻求好的投资策略。从本质上说，这些方法的前提是，随着时间的推移，创造利益相关者价值的公司将比不创造利益相关者价值的公司产生更大的股东价值。

产生这种优越的表现可能有多种原因。总的来说，这些公司可以得到更好的管理，而良好的ESG表现只是优秀管理的一个代表指标。此外，能够平衡所有利益相关者利益的公司更有可能为包括股东在内的各方创造更大的长期价值。最根本的是，当公司的目标和竞争优势都取决于特定社会或环境价值的实现时（这被称为共享价值），股东价值和利益相关者价值就可能出现很大程度的一致性。

在这种背景下，影响力战略是一种可持续性投资，它明确评估了公司活动的社会影响并计算了投资的社会回报。影响力战略寻求经济和社会回报的平衡，与它们的最终投资者的价值一致。有些人会牺牲一定程度的经济回报来获得更大的社会回报，而另一些人则以经济成功与社会目标的完美融合为目标。在后一种情况下，与一般可持续投资的不同之处在于，所针对的社会"商品"是明确被计算、跟踪和报告的。

正如我们稍后将回顾的那样，有相当多的证据表明，在ESG指标上得分较高的目标驱动型公司的表现要优于那些得分较低的公司。然而，这中间也有一些细微的差别。例如，在创造股东价值方面，并非所有ESG因素都是平等的。有些可能与创造股东价值直接相关，其他因素可能是竞争力的长期、间接驱动因素，包括维持社会许可以及提高公司吸引和留住最优秀人才的能力。这些更高的未来现金流可以解释为什么一家强大的ESG公司目前的估值存在溢价。

但我们不应想当然地认为，随着时间的推移，强劲的ESG表现将完全转化为更高的现金流，社会价值也不应仅仅由股市是否认可企业实现这些目标来决定。有些东西是金钱买不到的，但公司可以在这些东西上产生巨大的影响，比如物种灭绝或不平等。通常情况下，这些东西的价值是回报给更广泛的社会的，它们并不总被纳入公司的"价格"之中。

阿尔伯特·爱因斯坦曾说过一句话："并不是所有有价值的东西都能被计算，也不是所有能被计算的东西都有价值。"正如我们将看到的，有大量的方法来扩展能够计算的范围，以确定社会是否认为它们重要。

为了找出其中的一些区别，考虑一系列气候变化的问题。对于一些公司来说，能源效率与竞争优势密切相关。沃尔玛就是一个典型的例子，因为优秀的物流是这家零售商的核心竞争力。因此，环境足迹的改善（一种社会利益）和企业效率（一种金融利益）紧密地结合在了一起。另一个极端例子是，一家公司采取行动来保护濒危物种，这没有带来直接的经济收益，甚至很可能会产生相当大的成本。这家公司把社会价值放在了更重要的位置上，这可能会创造间接的经济利益，比如吸引员工和获得社会认可，公司可以通过其他渠道来提高财务表现，从而实现对物种的保护，但公司不一定能获得这一举动的所有积极的社会效益。失去社会认可会对公司的前景造成巨大的破坏，但这种情况发生的临界点很难被预测（在某种程度上类似于之前在气候章节中讨论的内容以及下文中对"动态实质性"的讨论）。

表现

有相当多的证据表明，可持续投资策略的表现优于传统投资策略（神圣的巧合）。在 2020 年上半年，市场经历了剧烈波动，而可持续投资策略却因其出色的表现而挺了过来。摩根士丹利资本国际公司（MSCI）指出：

> 尽管时间有限，但 ESG 因素的积极贡献还是验证了我们之前的研究，我们发现某些高 ESG 评级的公司可以较少暴露在外部冲击等系统性风险下。最近的新冠危机就是这种例子。[3]

ESG 基金更有可能生存下来，这与它们拥有更好地管理这种偶发风险的能力相关。晨星公司发现，十年前可供投资者使用的可持续基金中，超过四分之三都存活了下来，而传统基金只有不到一半（46%）得以存续。[4] 通过对大型全球基金和美国基金的研究，他们发现在过去 5 至 10 年里，在不同的时间范围内，可持续基金的平均年回报率一直都比较高，约为 1 便士。[5]

ESG 基金表现优异的部分原因可能是 ESG 因素提供了有关公司绩效的新信息。长堤资本的莫扎法尔·汗、哈佛大学的乔治·塞拉菲姆和西北大学的艾伦·尹通过研究发现，当公司将它们的可持续发展努力主要集中在重要的社会和环境因素上时，它们的市场超额回报显著，通常每年为 3% 至 6% 的 " α 值"（超额回报相对于市场的中位数）。[6] 它们的表现也优于那些将可持续发展努力集中在非重要因素上的同行。挖掘 ESG 信息以实现特定的价值创造，这是一个共享价值的过程。[7]

也有证据表明，随着社会价值向 ESG 表现强劲者的方向移动，其财务估值也会上升。从理论上讲，社会越重视向净零过渡，参与制定解决方案的公司就越有价值，因为它们的产品需求会更大，也因为支持社会目标的监管和碳定价在不断发展。在这种精神下，塞拉菲姆发现，有积极 ESG 情绪因素的 ESG 股票表现更加出色，可持续性表现强劲的公司支付的估值溢价会随着时间的推移而增加，而溢价则随着积极的公众情绪势头而增加。[8] 证据表明，公众情绪影响投资者对企业可持续发展活动价值的看法，从而影响企业可持续发展价值以及涉及 ESG 数据的投资组合的投资回报。

晨星公司观察到，企业的 ESG 风险可能会随着时间的推移而增加，这种增加很可能是因为这些问题正受到消费者、监管机构和投资者的更多关注。注重这些风险并更好地管理这些风险的投资组合，其表现将超过其他所有同等的投资组合。

在这方面，ESG 资产的估值溢价部分反映了市场对它们在 ESG 因素上的超额表现最终会转化为更高盈利能力的期望。如上所述，这种优异的表现可以通过多种渠道实现，包括消费者偏好的改变、新的支持性法规的出台，以及与供应商、客户和社区建立共享价值机会，并保持社会认可。[9]

尽管许多推动 ESG 表现出色的因素可以直接或间接地转化为更高的未来现金流，但它们不一定能解释整个估值溢价。

公司也可以通过成为良好的企业公民而获得公司价值。此外，获得社会认可以及吸引、激励和留住最优秀人才的能力，对企业的发展也非常重要。通过实现社会改进，公司可以获得金融方面的间接收益。

总的来说，对 ESG 投资绩效的研究对于同时追求可持续价值的创造和经济价值来说是非常重要的。然而，我们还需要更长的时间和多个市场周期的数据，以更充分地确认这种优异的表现。此外，ESG 是一个规模庞大、变化多样、发展迅速的领域，因此我们需要谨慎对待。正如我们稍后将看到的，不同的提供者可以做出不同的判断。显然，并非所有的 ESG 策略都能获得优异的表现，投资者应该警惕 ESG 评级或认证的公式化应用。ESG 并不简单等同于超额回报。对价值和价值观的判断需要一定的工作量。

此外，在漫长的时间跨度中，如果 ESG 成为主流，整体市场表现和风险调整回报应该会改善，但相对表现不会改变。通常来说，在员工多样性和包容性全面进步的时代，我们没法区分出哪些公司在这方面做出了贡献，除非是在向更平等和包容的社会转型的过程中。这些变化将带来"社会超额回报"，或者可以用人们通常说的一个词来形容：进步。

受托责任

投资者权衡 ESG 因素的程度最终取决于他们如何履行对客户的受托责任。在这一领域，既要明确投资工具的目标，又要深刻理解利益相关者和股东价值之间的神圣巧合，这一点非常重要。

受托人是那些被赋予特殊信任，照顾另一方利益，并有权代表其行事的人。受托人的行为不应出于个人利益，而应出于受益人的利益，并应遵守法律规定的义务。例如，公司董事是公司的受托人，必须以公司的最佳利益行事，无论这种利益的框架是实现股东价值最大化，还是平衡一系列利益相关者的利益。机构投资者（从养老基金到单位信托基金）对它们所管理的资金负有受托责任。因此在投资方面，我们回到了公司法中同样的困境：受托责任仅仅是为受益人（你和我）创造利润，还是说还有其他的方面要关注？

显然，在投资决策中考虑对公司未来经济业绩有直接影响的社会因素并不违反信托义务；事实上，受托义务正是由它授权的。正如我们所看到的，越来越多的证据表明，提高利益相关者价值往往会在降低极端或尾部风险的同时产生股东价值。事实上，欧盟政策就在强调，如果不考虑 ESG因素与风险和回报之间的多方面关系，可能会给受托人带来责任风险。

主张利益相关者价值和股东价值完全一致是对受托责任唯一可能的解释，其关键在于对受益人偏好的假设。最狭隘的解释是，这些偏好仅仅是为了获得经济回报。但是受托人的角色是为了受益人的利益而行动，这意味着要最大化受益人的福利，而不仅仅是获得他们的经济回报。虽然投资活动的所有受益者都追求金钱收益，但这并不意味着他们对如何实现这种回报漠不关心。

大型资产管理公司最近对消费者趋势的调查和证据显示，资本所有者关心的不仅仅是利润，他们希望在做出投资决定时考虑到 ESG 因素。[10] 正如众多例子中的一个，最近由英国外交、联邦和发展办公室（FCDO）对储户进行的一项调查发现，超过一半的人对现在或未来的可持续投资感兴趣，近三分之一的人愿意接受较低的回报，前提是他们知道这项投资会对他们所关心的事情产生影响。[11] 在养老金方面，我们（毫不意外地）了解到，英国癌症研究人员不希望他们的退休储蓄用于资助烟草公司，安大略省的教师也不希望他们的退休储蓄用于资助美国的移民拘留中心。[12] 人们并不会考虑促进一项致癌活动或把孩子们关起来有什么好处。

因此，充分考虑受益人利益的受托义务不仅仅局限于单纯的财务方面，在做出投资决定时需要考虑环境、社会和治理因素。基于一个清晰的框架和明确的原则，受益者将能够选择最能代表他们的优先事项、更有可能使他们的福利最大化的投资管理公司。在需要基金参与的情况下，与强制性的养老金计划一样，"用脚投票"是不可能的，受益人应该能够对社会责任决议和重大投资决策进行投票，以确保决策符合他们的利益。[13] 正如受益人可以明确自己的风险偏好一样，他们也可以明确自己在多大程度上会优先考虑非金融价值。

政府在明确投资者责任范围和鼓励与受益人进行清晰沟通方面发挥着作用。这方面的工作正在逐渐系统化。欧盟将在 2021 年生效的规则里要求金融市场参与者和金融顾问在评估财务表现时考虑可持续性风险。[14] 此外，欧盟还要求他们公布与将这些考虑因素纳入决策相关的信息。[15] 因此，新规则明确了投资经理应如何理解其对客户的受托责任，要求关注长期和可持续的价值创造。

欧盟的新规则朝着更全面地看待受托责任迈出了大胆的一步。在其他司法管辖区也出现了一些小型举措，最常见的是在养老基金领域，因为它们有强制性的缴款要求。例如，自 2016 年以来，加拿大安大略省要求养老基金发布一项投资政策，表明"环境、社会和治理因素是否纳入计划的投资政策和程序，如果是，这些因素是如何纳入的"。[16]

英国法律委员会对固定缴款养老金计划受托人的指导思想是，受托人可以在满足两个条件时考虑非金融因素。[17] 首先，受托人有充分的理由认为计划受益人也有同样的想法。一方面，如果多数人反对一项投资，而其余人保持中立，这可能就足够了。另一方面，如果多数人反对一项投资，但相当多的少数人强烈支持，受托人将关注财务因素。其次，受托人必须确保他们在优先考虑 ESG 因素时不会有发生重大财务损失的风险，而且他们应该接受专业的财务培训。

与此相反，美国受托责任及其与 ESG 投资策略的关系正受到越来越严格的审查，美国劳工部在 2020 年采取了一系列具体行动，包括声明"（养老金计划）受托人牺牲回报或接受额外风险来推动公共政策、政治或任何其他非金钱目标是非法的"。[18] 因此，根据该提案规定，计划参与者的利益被假定为完全以财务利益为基准。具体措施包括计划要求私人养老金管理机构证明它们在投资 ESG 导向的投资时没有牺牲财务回报，并在某些情况下要求一些资产管理公司对它们五年前的投资决策进行解释，不管它们的财务表现如何。额外的行政负担可能使 ESG 基金和投资处于竞争劣势。考虑到 ESG 在创造股东价值方面的积极作用，绝大多数人对该政策都表示反对，认为 ESG 投资有助于创造股东价值。[19]

那么，我们应该如何设定现代投资者的受托责任呢？联合国环境规划署金融倡议提出了改进传统受托责任忠诚义务和相关注意义务的建议，以考虑受益人利益的重要性和 ESG 考虑所提供的价值。[20] 在这个改进方案中，忠诚义务的范围将被扩大，投资者将有责任了解其受益人的可持续发展偏好，并将这种理解纳入决策过程，无论这些偏好是否具有财务重要性。同时，注意义务也应体现现代化，承认 ESG 因素在识别长期价值和降低风险方面的作用。为了谨慎行事，投资者必须在与义务的时间框架相一致的情况下，将财务上的重大 ESG 因素纳入其投资决策中。此外，投资者还必须积极履行股东责任，鼓励他们投资的公司实现高标准的 ESG 绩效。

总的来说，监管的方向通常是朝着这种负责任投资的形式发展的，这可以从世纪之交以来全球负责任投资监管和政策的加速中得到证明（见图 15-2）。

尽管取得了进展，但在大多数司法管辖区中，仍需要更多的工作来推动法律朝着这种现代形式发展。在这一模式中，投资经理必须努力了解其客户的可持续性偏好，同时也了解 ESG 因素对长期价值和风险的影响。与此同时，投资者需要在他们的法律责任范围内工作。对 ESG 增加的认知为投资者提供了超越即时财务指标的理由，使他们能够超越眼前的财务指标。此外，上述提到的具有前景的法律改革以及最近的一些倡议（例如英国的"让我的金钱有意义"运动，旨在激励个人投资者表达他们的观点）强调了受托人应当通过找到价值和价值观之间的平衡，来了解并最大化客户的福祉。

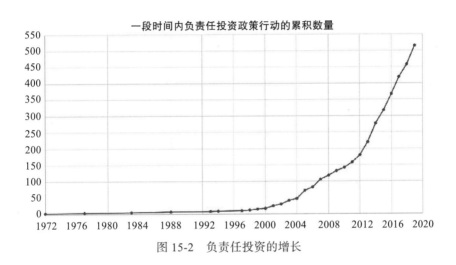

图 15-2　负责任投资的增长

投资生态系统用于利益相关者价值创造

为了创造利益相关者价值，投资生态系统是一种复杂且目前正在快速发展的方法，所以很多人无法理解。因此有必要事先阐明主要参与者、他们需要的信息和他们采取的行动。

主要参与者有：

- 公司：它们接受投资并利用这些资金创造经济价值和社会影响。社会影响可以是有意的或无意的、积极的或消极的。
- 投资者：他们向公司提供资金以支持其活动。他们可以采取各种战略，从不考虑 ESG 因素的传统投资到系统地考虑 ESG 因素的综合和影响力战略。

- 其他利益相关者：包括受公司和投资者行为影响的员工、供应商、客户和社区。
- 政府和监管机构：它们监督该系统，制定规则，并负责解决公司和投资者行动的系统性后果。

所有这些参与者都希望获得信息来评估企业的经济和社会影响。其中一些信息将直接来自公司，而其他信息则来自第三方。来自公司的信息，即企业报告，受到法规和市场惯例的共同管理。企业报告是利益相关者（包括投资者）了解和评估公司绩效的手段。在过去的一个世纪里，财务报告取得了显著的发展（尤其是得益于从以往危机中吸取的教训），并被编入国际公认的会计和披露准则，为金融市场带来了透明度、问责制和效率。可持续性报告相对较年轻、不够成熟且更加复杂，原因是下面讨论的一些因素。

行动。一旦信息被披露，问题便是如何去处理它。许多投资者使用来自公司和其他来源的原始可持续发展信息来对公司的影响进行评估，而其他人则依赖第三方 ESG 评级提供商来整合 ESG 信息并评估公司的 ESG 表现。

投资者会对不同的 ESG 因素给予不同的权重。他们还将权衡社会趋势，包括不断演变的社会许可标准，以及企业集体行动对系统性风险的影响。通过做好事来获得成功的"神圣的巧合"，这既包括提高回报，也包括减少尾部风险敞口。这些风险可能包括吊销企业的社会许可牌照，提高企业抵御系统性冲击的能力。与所有系统性风险一样，尚不清楚这些风险何时会在一场新的疫情、气候明斯基时刻或社会许可的撤销中显现出来。

关键的是，可持续性披露的使用者不仅限于金融中介机构，还包括所有对公司的影响感兴趣的利益相关者。这些利益相关者关注的不仅是经济价值，还包括社会价值，并考虑社会趋势和优先事项。因此，他们希望获得一个比实际影响公司财务价值的信息更广泛的信息集。这提醒我们，ESG 报告是公司对社会责任的一部分。

在此背景下，让我们转向一系列与信息和分析有关的问题，这些问题有助于确定影响。

信息和信息披露

为了创造利益相关者的价值，信息集包括三个要素。第一个是传统的财务报告，经过了几十年的发展。如前所述，财务报告相对成熟，并有一个健全的治理结构，它植根于私营部门，并由公共当局监督。国际会计准则理事会（IASB）和美国财务会计准则委员会（FASB）以及监管信息披露的证券监管机构是制定企业报告准则的公认机构。该系统还有正式机制，以适应新的学习知识，比如金融危机后发展出了新的标准（如用于金融工具估值的《国际会计准则》第 39 号和贷款预期损失的《国际会计准则》第 9 号）。

相比之下，可持续发展报告是一种新兴的、快速发展的报告。为了响应投资者和社会对系统的和对决策有用的可持续信息的需求，许多上市公司开始撰写某种形式的可持续发展报告。与此同时，一些机构（主要是在过去 20 年里）制定了自愿的可持续披露标准。这些组织包括全球报告倡议（GRI）、可持续性会计标准委员会（SASB）和 TCFD。正如我们将看到的，一个问题是如何合理化这些倡议，并使其覆盖范围更全面，以便所有公司报告可持续性信息披露时，能像财务信息披露一样一致和详细。图 15-3 描述了这些标准之间的关系。

最后，从社交媒体到科学分析，都包含了大量的公共信息，这些信息既反映了可持续发展的现状，也反映了公众对其发展的期望。

所有利益相关者都是可持续性信息的使用者，包括员工、供应商、客户、当地社区、监管机构、政府、金融机构和投资者。他们的利益会因主题而异，在时间上也会有所变化，但所有这些都很重要。投资者会判断哪些可持续性因素会影响公司长期的企业价值创造：实际上是什么决定了经济资本的创造。其他利益相关者将更加重视可持续性价值创造，其中一些创造了经济资本，而另一些创造了社会资本。利益相关者还将考虑不同行业的所有公司对可持续发展的总体影响。毕竟，在全球层面就不存在外部性了。

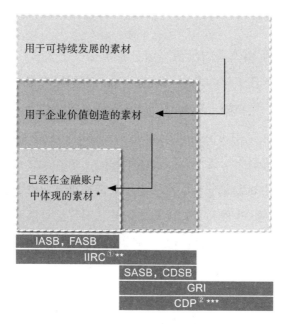

图 15-3　公司报告系统

①国际综合报告委员会，简称 IIRC。
②碳信息披露。

这些更广泛的考虑意味着，公司需要报告的内容不仅仅是那些推动经济价值的可持续性因素。这强调了它们必须注意社会许可的要求可能会发生演变。没有一家公司会是一座孤岛。例如，在制定碳预算之前，环境可持续性问题主要是能源公司和污染非常严重者所关心的问题。既然碳预算已接近枯竭，环境可持续性是每个人都要面对的问题。对于"星期五为未来"的学校罢课运动来说，这是一场生存危机。对于公司报告来说，这是动态实质性的一个例证，[21] 即可持续性问题对公司绩效的重要性可能会发生变化，有时变化很快。（这些变化由图 15-3 中的箭头来表示。）

在可持续发展报告领域经历了一段时间的巨大创新之后，现在是时候整合和合理化这些不同的标准了。为此，有三种类型的努力：私人部门、标准制定者和公共部门。

巩固可持续发展报告的第一个重大努力是由世界经济论坛的国际商业理事会发起的。作为对股东资本主义承诺的一部分，140 位全球最大公司的领导者与四大会计师事务所（德勤、安永、毕马威和普华永道）合作，制定了企业报告框架和最低建议披露标准。目标是就人类、地球、繁荣和治理原则等广泛议题与联合国可持续发展目标相关的共同指标和信息披露达成一致，并由企业在披露或解释的基础上实施这些建议。最终商定的标准应尽可能从现有标准和披露（如 GRI、SASB、TCFD 等）中提取，并包括核心指标和扩展指标。

- 核心指标。一套 22 个完善的度量标准和报告要求。这些主要是数量指标，许多公司已经报告了这些指标的信息，或可以通过合理的努力获得这些指标的信息。核心指标主要集中在组织自身范围内的活动。
- 扩展指标。另外的 34 个指标在现有的实践和标准中可能不太成熟，涵盖了更广泛的价值链范围，以更复杂或更具体的方式传达影响，例如在货币方面。它们代表了一种更先进的衡量和传达可持续价值创造的方法，鼓励公司在符合资料性和适当性时也报告这些指标。

影响力管理项目（IMP）召集了一系列气候报告倡议，以调整其标准和框架，以期建立一个使用管理评论和综合报告来连接账目前端和后端的全球可持续发展报告架构。

具体来说，IMP 正在构建一个框架，囊括不同层面的重要性，包括：

- 国际会计准则理事会（IASB）已经反映的情况。
- 用于企业价值创造的信息资料（SASB/CDSB/IIRC）。
- 用于可持续发展的信息资料（GRI）。

图 15-4 显示了三者之间的相互关系。

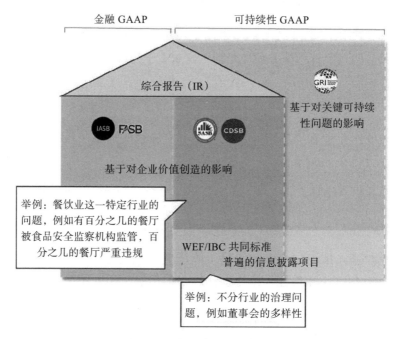

图 15-4　标准制定报告框架

　　财务会计和可持续性披露应通过综合报告联系起来，并应认识到，随着风险的变化和社会规范的演变，评价素材可能会随着时间而改变。综合报告是一个基于原则的框架，于 2013 年产生（目前正在修订中），用于报告一个组织随时间变化而进行的价值创造，包括人力、社会、智力、制造和更广泛的自然资本。一份综合报告阐明了一个组织的战略、治理、绩效和前景，以及在其外部环境的背景下，如何在短期、中期和长期创造价值。IIRC 正在与 IASB、GRI 和 SASB 合作（通过 IMP 的工作）创建一个内部衔接的互联报告系统，其目的是将这种综合报告框架与影响管理建议结合起来，作为财务披露与企业价值创造的账户和信息素材之间的联系。

　　欧盟自 2014 年发布《非财务报告指令》（NFRD）以来，一直处于非财务报告的前沿。作为欧洲绿色协议的一部分，欧盟委员会正在审查 NFRD；考虑制定标准以提高欧洲非财务报告的可比性和可靠性，包括对财务影响之外的因素进行衡量；欧盟预计将在适当的时候就此事提出最终的立法提案。

　　在全球层面，许多人呼吁国际财务报告准则基金会将非财务报告纳入其职权范围。国际财务报告准则基金会为大多数国家（美国以外地区）的企业披露标准奠定了基础。国际财务报告准则在制定强有力的报告标准方面的深厚的专业知识及广泛的地域覆盖范围，使其处于承担这一角色责任的极佳位置。为此，国际财务报告准则基金会目前正在研究如何将与气候相关的财务信息纳入财务报表，以及如何建立非财务报告的全球标准化。

　　为了实现他们的目标，投资者会采取不同的策略，如对 ESG 因素进行正面筛选，寻找在这些方面表现最好的公司；采取负面筛选，排除那些表现不佳的公司；对正在改善 ESG 绩效的公司进行投资。更深入的分析可以支持系统性的共享价值方法，识别与公司竞争优势密切相关的社会影响。

　　在这些策略中，有三种应用 ESG 因素的主要方法：

- 基于评级的方法：将 ESG 绩效评估外包给第三方供应商。
- 基本价值方法：对原始 ESG 数据进行分析，作为对创造可持续价值和企业价值之间关系综合评估的一部分。
- 影响评估，衡量和报告对社会的影响，同时追求特定的积极社会影响和财务回报。

基于评级的方法

在基于评级的方法中，投资者将评估外包给 ESG 数据提供商，后者使用自己的方法将涵盖所有 ESG 部门的客观和主观数据汇总成综合指数或评级。数据以公开可获得的信息（包括可持续性披露）为基础，并结合问卷调查、公司访谈和某些情况下评级提供商的内部分析。[22] 资本提供者将这些评级作为他们决策的简单筛选或制定因素。

有大量的 ESG 评级和数据提供商，提供各种各样的数据。其中既有专门计算特定 ESG 成分指标（如碳和性别多样性得分）的供应商，也有基于数百项 ESG 相关指标对公司进行评级的供应商。2020 年初，大约有 70 家不同的公司提供不同形式的 ESG 评级数据。[23] 这还不包括利用 ESG 创建定制评级的投行、政府机构和研究机构。

ESG 投资的兴起，加上被动投资的日益普及，使得系统的 ESG 评级数据的质量和可用性变得更加重要。不幸的是，ESG 评级数据可能会由于覆盖不完整和依赖于公司自身的报告而不达标。此外，ESG 数据提供者使用的方法差别很大，在构建投资组合时，可能导致不同的结果。即使在 ESG 内部，所有的因素也不是平等的。MSCI 最近就 2006 年 12 月至 2019 年 12 月期间环境、社会和治理问题对公司财务基本面和股价表现的相对影响进行了分析，发现治理评分在衡量财务因素敞口方面最显著，而社会评分最弱。

数据供应商的评级系统可能存在显著差异，导致对同一家公司的评级也存在显著差异。例如，2020 年的一项研究发现，6 家评级提供商的整体 ESG 评级之间的相关性约为 0.46，所以评级提供商得出相同评估的概率只有大约一半。[24] 治理因子的平均相关系数最低（0.19），环境因子的平均相关系数最高（0.43）。盈利能力强的公司 ESG 评级分歧较小，而没有信用评级的公司分歧较大。2019 年的一项研究发现，在同一时期内，特定公司的 ESG 分歧水平有所上升。[25] 在方法上，贝格、克尔贝尔和里戈邦发现这些差异主要是由测量方法（即用于评估不同 ESG 属性的指标）所驱动的，其次是范围差异（评估哪些属性），最后是权重差异（评级提供商对每个属性赋予的重要性水平）。[26]

无论原因是什么，这些差异都很重要。考虑到我们拥有非常多的供应商和 ESG 方法，不同的 ESG 评级供应商将产生不同的结果（在某些情况下，本质上是不同的）。这意味着根据所遵循的 ESG 方法，ESG 投资可能产生非常不同的回报，因为投资者选择了不同的 ESG 结果和最终价值。

为了说明这种差异的大小，研究机构锐联使用两家领先的评级提供商（分别覆盖其所在市场的 95% 以上的市值）分析了两个模拟的美国和欧洲投资组合。在 8 年的时间里，这两种投资组合的年度业绩在欧洲相差 70 个基点，在美国相差 130 个基点。在整个时间段内，累积的绩效差距分别约为 10% 和 25%。在环境、社会和治理子集分数构建的投资组合中，绩效差异甚至更大，每年相差从 70 个基点到 220 个基点不等，最大的差异来自美国和欧盟的治理战略。

这些差异突出了 ESG 评级提供者许多判断的主观性。ESG 评级考虑数百个指标，其中许多指标本质上是定性的。不同的 ESG 评级者有不同的指标，根据各自的算法将定性指标转化为数值，并根据他们对这些指标相对重要性的看法进行权重分配。在所有情况下，他们都在做价值判断。

这说明了评估我们关注的结果并不总是一件简单的事情。能够做到这一点的能力应该随着时间和努力而得到改善，但其中总会存在主观因素。重要的是，这些判断是公开的，这样投资者就可以运用他们自己的判断（即使是有意识地决定接受别人的判断）。因此，投资者应仔细研究各种 ESG 评级提供商的方法，以选择适合自己的评级提供商。或者，他们应该筛选并使用原始数据来自己确定最有决策价值的指标。

让价值观发挥作用是一项艰苦的工作，但就像美德一样，通过持续的实践，它会变得更容易。

基本可持续价值

这种方法是投资者在许多标准范围中选择合适的原始或基本 ESG 数据来制定策略的核心。这些数据通常是从公开信息（公司文件、公司网站、非政府组织和社交媒体）中收集的，然后以系统的方式传送给最终用户。使用这些数据的用户确定信息的重要性，并在进行投资和放贷决策时采用自己的方法论。这些数据提供商的例子包括埃信华迈、路孚特和彭博。

基本可持续价值投资的一个重要子集是"共享价值"方法，它重点关注对于公司目标和战略的更广泛的 ESG 因素的子集。共享价值战略将社会影响直接与竞争优势和经济绩效联系在了一起。正如迈克尔·波特、乔治·塞拉菲姆等人所主张的，创造共享价值与对一系列 ESG 因素进行渐进改进的方法是不同的，这些因素在任何给定行业中随着时间的推移都会"趋于融合"。（记住这对社会有益！）

共享价值公司与竞争对手在选择上有所不同，将独特的社会影响融入其商业模式中。共享价值可以在三个相互促进的层面上影响战略：①创造符合新兴社会需求的新产品或开拓目前未服务的客户群体；②提高价值链的生产力，无论是通过寻找新的提高功效的方法还是通过提高员工和供应商的生产力；③投资以改善公司所经营地区的商业环境或产业集群。[27] 这与基于评级的方法形成了对比，后者导致许多投资者要么采用机械化的指数策略，要么将公司的整体 ESG 绩效作为最后的筛选标准以降低风险。

共享价值投资方法将有助于公司和投资者抓住将社会目标与投资相一致的机会，同时为公司提供一种方式，使其在提高股东回报的同时，为更美好的世界做出贡献。然而，这并不是一种重新平衡价值和价值观的全面方法。它有可能低估对公司未来绩效有二级影响的可持续性改进，以及对 ESG 绩效的普遍改善，尽管这些改进不会为特定公司的超凡业绩做出贡献，但它们是更广泛社会和经济进步的一部分。而且它明确排除了在市场上没有标价的环境因素和社会进步。

出于这些原因，既关注整体又关注特定因素的影响的投资方法可能在中长期创造经济和社会价值方面更为有效。许多曾经并不重要的社会因素，现在却在变得重要（想想对公司增加多样性和包容性的努力的严格审查）。投资者有责任评估和管理系统性风险，系统性风险对公司绝对业绩的影响大于对公司相对业绩的影响。在这方面波特等人认识到，更广泛地关注 ESG 可以提高整个行业和经济的绩效。

当然，监管机构、非政府组织和注重可持续发展的投资者将继续关注 ESG 的整体表现。公司将需要继续改善和报告更广泛的 ESG 因素的表现，即使大多数因素并不会带来任何可持续的竞争优势。

随着企业和投资者对价值和价值观之间联系的理解不断深化，综合报告为企业提供了一个框架，以突出和沟通它们的目标，以及它们认为的价值创造的驱动因素。

不同投资者和利益相关者之间所谓的竞争利益的增加，加上不断增长的数据来源（远远超出公司提供的信息）和新的分析方法，导致了关于公司绩效的竞争叙事的格局。公司仍然是最适合讲述自己价值创造的"故事"的。从历史上看，它们通过不同的渠道向不同的观众讲述这个故事。这导致的最好情况是信息碎片化，最坏情况是信息的相互矛盾，使得信息的各种用户无法将信息拼凑在一起。这促使人们认为，可持续发展报告有时更多地关注品牌和公共关系，而不是价值创造。

为公司报告信息的各种用户提供共同的"综合"框架，不仅可以帮助企业传达它们的业务战略是如何由财务和可持续性考量因素驱动的，还可以说明它们如何跨职能工作以执行该战略。现在，随着影响力投资的兴起，综合报告提供了一个概念框架，以适应不断发展的影响力测量和考虑因素。

影响力、盈利和价值

影响力投资策略不仅仅是简单地合并 ESG 考虑因素。它们以结果为导向，重点关注公司的产品和服务如何推进特定的影响目标，如可持续发展目标。在这样做的过程中，影响力战略集中于公司的目标：它试图实现什么，它如何衡量成功，以及它对社会的影响。

影响力战略进行投资的目的是产生积极的、可衡量的社会和环境影响，以及财务回报。一些影响力管理公司为了追求后者而牺牲了前者的一些优势，而其他一些影响力管理公司则寻求在做出社会贡献的同时实现财务上的卓越表现。

影响力投资战略要求管理者具备评估、跟踪和传达社会影响的能力。在推进联合国可持续发展目标（UN SDGs）为锚定影响目标提供了一个框架的时候，管理人员使用更多的定性和定量方法和框架来跟踪和报告其投资创造的社会和环境效益。影响力管理实践的行业标准开始出现，包括国际金融公司（IFC）的运营原则、影响力管理项目的影响维度以及全球影响投资网络（GIIN）的 IRIS+ 指标。许多大型复杂的投资者使用这些标准，结合多个框架来衡量和管理影响力。

与此同时，越来越多的公司在其可持续发展报告或专门的影响力报告中纳入了影响力评估（具有不同程度的全面性）。例如，普华永道（PwC）的一项调查发现，近三分之一的 FTSE 100 指数成分股公司是这样做的。[28]一些组织，包括全球报告倡议、影响力管理项目、影响力加权会计倡议、可持续发展目标影响、社会价值国际和价值平衡联盟，正在努力建立影响力披露标准，这将简化这些报表的编制并促进可比性。更具雄心的努力是开发全面的影响力会计标准，估计公司的 ESG 影响，并将其纳入公司损益表和资产负债表的陈述中。这个项目相当于金融上的"登月计划"。

某些影响力投资战略在很大程度上依赖于影响力货币化，这是一个将

ESG 影响转化为货币价值的分析过程。影响力货币化可以应用于特定的投资，作为对其吸引力以及财务回报的综合评估的一部分，也可以应用于开发影响力加权会计。

货币化量化了公司的正面影响和负面影响，包括其所产生的外部性。它给那些不在市场上的影响力定价。这些估计对投资决策的影响程度应取决于其优点和稳健性。毕竟，这些影响力评估是在综合客观和主观信息的基础上计算的，这种计算在很大程度上依赖于判断以及做出判断的人的价值观。

有时候，货币化计算是直接明了的。例如，一个太阳能公司的财务影响可以通过所售出的太阳能电池板的价格减去生产成本得到。其更广泛的社会影响还包括影响的广度，例如家庭太阳能电池板的安装（阵列是一组安装在典型房屋上的电池板），乘以影响的深度（例如，每个阵列每年减少约 12 吨二氧化碳排放），然后再乘以一个价值因子（例如，每吨二氧化碳的价格，比如 17 美元）。其结果就是货币价值对这一活动的社会影响。

这可以用来对风险建模，测试各种假设的敏感性，并通常作为任何其他业务或财务措施来进行分析。在这个例子中，它可能是投资者对避免的二氧化碳给予更高的价值因素，要么是因为他们认为碳价格将上升（与某些政府政策一致），要么是因为碳价格必须要上升（价值判断），以实现净零排放的目标（例如，NGFS 的有序情景是，到 2030 年每吨二氧化碳价格为100 美元，而到 2030 年加拿大的二氧化碳价格路径将达到每吨 170 加元）。深度和广度是决定公司成功的客观因素，价值因素可以是客观的（当前的价格），也可以是主观的（投资者认为它可能是或应该是什么）。根据投资者的价值观，他们将进行评估并采取相应的行动。

最具雄心的影响力测量方法涉及开发全面而稳健的影响力会计准则。这需要时间，但考虑到这些准则的潜力是有益的，因为它们揭示了对社会和环境结果进行货币化的优势和潜在限制。

以下例子揭示了由哈佛商学院乔治·塞拉菲姆领导、罗纳德·科恩爵士担任主席的影响力加权账户计划的潜力：

> 如果你比较1800家公司造成的环境总成本那会是怎样的呢？你可能会发现，两家销售额均在120亿美元左右的化工企业沙索和苏威每年造成的环境破坏分别为170亿美元和40亿美元，而另一家销售额为700亿美元的企业巴斯夫每年造成的环境破坏为70亿美元。
>
> 如果你用同样的方法来解决劳动力多样性不足所带来的社会成本，又会出现怎样的情况呢？让我们用英特尔公司来举例。该公司每年向5万名美国员工支付70多亿美元，并促进员工福利和多元化。但如果你根据当地人口统计数据来衡量其多样性，你可能会发现英特尔对社区的积极就业影响就会降至25亿美元左右。[29]

哈佛大学影响力会计项目根据公开信息，公布了对1800多家公司环境影响的评估。2021年，它们将增加就业和产品的影响，提供更完整的企业影响力图景，最终目标是创建"普遍接受的影响力原则"，并在显示影响力加权利润的财务账目中反映它们。

影响力会计的倡导者警告说，不要让"最好"成为"好"的敌人。毕竟，正如Y Analytics⊖的格雷格·费舍尔所说，财务会计准则"在不断演变，财务报表注释为利润表、资产负债表和现金流量表背后的无数细微计算提供了十分重要的细节。我们应该在影响力会计方法中也采用类似的方法"。他还说："我们还应该放弃生活在一个完全合规的世界里的幻想。对于前瞻性声明，我们已经理解到了这一点。"

在这些努力中有很多值得赞许的地方，特别是因为发展影响力加权账目所需的分析严谨性无疑将推动我们对社会和环境影响的理解。但同时也

⊖ 由国际知名的私募股权影响力投资基金睿思基金研发。——译者注

存在一些挑战，这就需要谨慎行事，特别是要避免陷入必须将金融和社会价值用"真实数值"表示的陷阱。

对未在市场上定价的活动进行估值（对于读者来说）是一个熟悉的挑战，但这一挑战同样困难。例如，由于用电力替代了化石燃料从而降低的死亡率，价值是多少？保护亚马孙雨林的价值是什么？或者保护蝾螈的价值在哪里？正如我们在处理新冠疫情的决策中看到的那样，如何进行这些计算的选择之一就包括了显示偏好（使用真实世界的相关交易的例子，比如人们为空气过滤器或侧面碰撞安全气囊支付了多少钱，并推断其对底层非市场商品的价值，如洁净空气或减少受伤的机会）。[30] 另一种选择是使用陈述偏好，这是通过询问个人对商品的价值来计算的。正如新冠疫情危机期间所揭示的那样，这些方法往往无法捕捉到死亡率等结果的"全部"价值。当市场不完善时，这些挑战会更大，因为观察到的行为无法捕捉到生物多样性甚至教育的价值，而贫困和信贷市场的崩溃可能导致我们错误地将支付能力与支付意愿联系起来。[31]

将社会和环境结果转化为货币价值需要全面了解相关研究和证据。例如，我们在第 9 章中关于新冠疫情危机的质量调整的生命年的各种计算，或收入边际效用递减的不同估计，都与计算从化石燃料转向可再生能源发电的影响力价值有关。鉴于通常涉及这些估计的不同假设和不确定性，通常最好计算出一系列范围，并突出哪些假设或判断是特别重要的。事实上，货币化方法的一个主要风险是，用户可能会忘记使用的谨慎假设，忽视不确定性的危险，并沉湎于虚假的精确度。

尽管针对特定影响进行范围和敏感性分析，然后对假设进行讨论可能有效，但当一系列输入产生的一系列范围都决定了净估值时，事情很快就变得复杂起来了。将正面影响和负面影响汇总到一个净数字中可能会掩盖在准备过程中涉及的权衡和假设。正如 Y Analytics 的格雷格·费舍尔所观察到的，通过将一系列权衡折中为"一个真实数字"，影响力评估不仅忽视细微差别，而且模糊了细节。

　　如果使用不当，货币化只会变得模糊而不是清晰。但如果使用得当，货币化会迫使我们阐明自己的价值观，明确权衡利弊，突出负面影响和分配问题，并允许我们表达风险、不确定性以及如何权衡未来成本和收益与现在的关系。这使得企业和投资者能够做出更好的影响力决策，并有效地向利益相关者传达这些决策的驱动因素。

　　总而言之，尽管苹果与苹果（或美元与美元）之间的比较具有吸引力，但货币化也并非没有挑战，包括需要应对不确定性和虚假精确度的危险、比较不同部门或不同地区的影响的困难，以及对不可货币化的成果进行价值评估的挑战，例如更健康的儿童。当然，并不是只有货币化才有这些问题，如果正确使用，它可以使这些问题更加透明，从而更好地做出影响力决策。但风险在于它的应用范围越广（比如在全面影响力加权核算中），货币化可能会越模糊，而不是越清晰。

　　将非市场结果转化为货币价值不可避免地会涉及主观判断，不同的利益相关者对结果的评价也会不同。当考虑世俗（经济或利润）和神圣（生物物种或人类生命）的权衡时，这可能特别困难。盈利的优势在于它会让这些差异变得透明，并为决策制定、可比性和问责性提供一个媒介。但是，这些高度主观但看似精确的数字判断越被结合在一起，细微差别和敏感性丧失的风险就越大，财务优化在追求更大利益的过程中就会占据主导地位。

　　鉴于这些挑战，为特定投资量身定制的货币化，或在一个旨在实现特定影响的投资组合中使用一致的、透明披露的假设，如减少儿童贫困或应对气候变化，就十分具有吸引力。在许多情况下，这些结果可以通过与所寻求的精确目标相关联的指标来更好地衡量，而不需要人为地转换成"美元"，因为这可能会侵蚀背后的价值观。

气候影响：将向净零经济过渡作为一个主要的新资产类别

正如我们在第 12 章所看到的，解决气候变化最有希望的方法涉及工程、政治和金融技术。从广义上讲，必要的工程技术要么已经存在，要么正在出现。现有技术足以保障能源转型前十年的需求。问题在于，这些技术必须以巨大的规模和惊人的速度部署到整个经济中。这需要运用政治技术以正确的目标为基础建立广泛的共识。目前，巴黎气候峰会的许多国家已达成了广泛共识，将气温升幅控制在 2℃ 以下。现在是金融科技将（影响力）投资导向这个目标的时候了，这个目标已经获得了社会的认同，科学家和工程师也让目标的实现越来越成为可能。

鉴于向净零排放的过渡既是气候物理学的当务之急，也是社会高度重视的问题，投资者很可能会关注企业在管理相关风险和机遇方面的定位。

公司和资产将越来越被视为气候转型的一个部分。谁站在历史的正确一边？谁站在错误一边？哪些公司有发展势头？哪些可能成为拖后腿者？随着超过 125 个国家制定净零排放的目标，可以预期到所有主要公司都将不得不发布它们的转型计划，并且资本的提供者（如养老基金、资产管理公司、银行和保险公司等资产所有者）将不得不利用这些信息来制定它们的公司与企业的接触策略，评估并披露它们在实现净零排放目标方面的定位。这将创造一个新的跨领域资产类别，投资（最终是贷款和承销）组合将根据它们在气候变暖中的作用来判断。投资者帮助投资组合中的公司和资产达到净零目标的速度越快，隐含的气温升幅就越低。

新的转型资产类别可以加强新兴的工程和政治势头，产生一种不仅"改变天气"，而且真的"改变气候"的影响。而它的基础是：

- 随着早期破坏性的物理现象不断增加，社会越来越重视稳定气候。
- 净零排放必须要加以关注，因为它能避免气候的极端变化，无论是什么温度。

- 必要的调整需要整个经济的转型，包括经济的每一个部门（我们不会在一个利基市场实现净零）。
- 格拉斯哥联合国气候变化大会上私人金融倡议的目标是确保"每个金融决策都考虑气候变化"。

综合考虑这些因素，可持续影响投资应侧重于推进向净零目标的转型。跟踪和披露进展的几种方式包括按资产和投资组合的温室气体排放减少情况以及满足科学基准目标的程度（在可行的情况下）。

投资者需要证明他们的客户的投资是如何与转型相适应的。任何这样的组合方法都需要：

- 展望未来，适当表扬各公司为脱碳做出的努力。
- 以真实的气候目标作为指标的基础。
- 展示随着时间推移的动态进展并适应新技术。

遵循这些准则将鼓励投资者与整个经济中的公司进行合作。我们不能仅限于在特定领域实现净零排放，也不能仅通过撤资来实现我们所需的整个经济转型。

现有的气候相关指标发挥了一定程度的作用，但并不适合整个经济转型。碳足迹和单位投资所产生的二氧化碳排放并不具有前瞻性。ESG 指标不一致，相关性差，并且其中的"环境"指标没有与净零排放进行基准化。分类法仅涵盖了业务活动的一小部分，无法准确衡量从多个维度考量的进展，缺乏足够的动态性。

在转型过程中，资本提供者有几种可能的方法来评估公司和投资组合的地位。为了支持他们的评估，资本提供者可以衡量和披露一系列的指标。在日趋复杂的指标组合中，这些包括：

- 具有净零转型计划的资产比例。

- 满足净零标准或巴黎标准的投资组合比例（例如，基于外部分类法）。
- 偏离目标的百分比（例如，相对于欧盟基准，或净零资产所有者，或科学碳目标倡议）。
- 投资组合变暖度，这是一种前瞻性指标，用于评估给定公司或投资组合会带来的潜在全球气温上升。GPIF、安盛和安联等公司已经自愿披露了这些信息。其中一些正在加入 TCFD 第 26 次缔约方大会的工作组，该工作组正在考虑气温上升等指标是不是衡量转型中潜在风险和机遇的最佳方法。

无论采用何种方法，同所有影响力评估一样，重要的是数据和方法要透明，并对结果进行敏感性分析。目前对金融市场导致气候变暖的投资组合的评估结果令人担忧，但这并不令人惊讶，因为它表明市场正在为一个温度上升超过 3℃ 的世界提供融资。

暴露这一差距将有助于弥补这一差距。一群管理超过 5 万亿美元资产的领先投资者，在净零资产所有者联盟的带领下，为其投资组合设定了具体的碳减排目标，并承诺随着时间的推移使其投资组合与升温 1.5℃ 的世界目标相一致。我已经加入了主要的另类资产管理公司布鲁克菲尔德，是为了追求类似的战略，即在整个经济中不懈地专注于脱碳，同时为投资者实现商业回报。这些努力本身将产生影响，但它们也将创造动力，使净零成为一种资产类别，鼓励越来越多的投资者支持有脱碳计划的公司。

投资的社会目的

可持续投资正在发展成为使投资价值符合社会价值的重要工具。从职场多样性到可持续发展目标，它改进了衡量社会价值的方法。它可以通过多种渠道提高公司股东的价值，帮助公司吸引和留住最优秀的人才，提高韧性和效率，让他们更好地与利益相关者保持一致，并维持社会认可。

为了将价值观转化为价值，投资者可以采取多种策略。他们可以通过广泛的 ESG 方法推进宏观可持续性，从而全面改善环境、社会和治理标准。他们可以通过使共同价值与公司的目标、竞争优势和社会影响相一致，来获得更精确的定位。通过专注于特定的、实质性的 ESG 因素，投资者可以在解决具体问题的同时产生超额收益。

投资者可以针对人类和地球的特定影响进行定向投资。将气候变化发展为一种资产类别，它将是我们在转型过程中的最大机遇。每个公司都是潜在的可投资对象。投资目标就是那些正在制定可执行的、有利可图的、有向净零经济转型战略的公司，投资者可以通过投资组合对全球变暖的贡献来衡量投资进展。气候变化投资的社会回报是为所有人创造一个更好的未来，气候变化投资潜在的经济回报也是巨大的，但关乎社会生存的目标尚未被完全反映在价格中。

虽然 ESG 是一个强大的工具，但我们需要明智和透明地使用它。投资者应该向威廉·布莱克学习：了解自己的价值观，而不是被他人的价值观所奴役。我们要对每一种可持续投资方式进行判断，即使现在这主要是 ESG 评级提供商的工作。重要的是使用 ESG 数据的用户要理解假设、权衡和限制，以便根据自己的目标和价值观应用自己的判断来进行投资组合配置。

在面对制定可持续性报告所面临的困难时，必须考虑到许多公司在经营过程中往往忽视自身对社会和环境产生的全面影响，这种现状需要被认真对待并进行权衡。如果有了目标却不去衡量它是否实现了，那这又有什么意义呢？如果一家公司不追踪其对社区和整个社会的积极和消极溢出，它怎么可能成为一个真正的利益相关者呢？如果投资者和债权人对一个公司的内部治理（包括驱动其社会和环境影响因素的治理）一无所知，他们又如何判断该公司的前景呢？如果人们强烈持有某些价值观，为什么要把储蓄投入道德盲区，不知道自己的钱是怎样被投资的呢？

　　投资于对社会进步有贡献的公司，并从那些没有贡献的公司撤出资金，可以创造一个良性循环。它改善了客户、员工和社区的福利，同时为人们带来经济增长和发展机遇。资本主义的核心力量是投资于有活力的、通过创新来满足社会需求的公司。当一个社会需求能够以盈利的商业模式加以解决时，我们所面临的许多根深蒂固的问题就可能被解决。

　　为实现强劲、可持续和平衡增长而制定的国家战略，可以使这些解决方案的力量倍增。第 16 章将展示我们如何才能做到这一点。

国家如何才能为所有人创造价值

在过去的 25 年里，我们的工作、贸易和生活方式发生了一系列深刻的变化，我们帮助 10 多亿人摆脱了贫困，40 亿人可以通过互联网获取知识，并提高了全球人口的预期寿命。第三次工业革命的核心是信息和通信技术的革命，而贸易、资本和思想的日益自由流动则使这些变化成为可能。

现在，我们正处在第四次工业革命（4IR）的风口浪尖。由于机器人技术、纳米技术和量子计算的进步，人工智能越来越普及。经济体正在重组，通过强大的网络实现分布式点对点连接，这将彻底改变我们的消费、工作和交流方式。基因工程、人工智能、纳米技术、材料科学、能源存储和量子计算等领域的进步正在创造巨大的可能性。

商业的本质正在发生变化。越来越多的销售发生在网上和平台上，而不是在商业街。无形资本（如软件和知识产权）的价值让物质资本（如工厂和不动产）相形见绌。[1]通过 3D 打印，我们正在进入一个任何人可以在任何地方生产任何东西的时代；任何人都可以通过 YouTube 面向全球观众上传视频；任何人都可以用天猫或 Shopify 向中国销售商品，无论他们的业务规模是大是小。

但对于许多人来说，人类总体上的进步与他们几乎没有关系。全球化和技术进步带来的是低工资、不稳定的就业和极端的不平等，这不是一个新的黄金时代。人们正在对这个没有给自己和后代提供公平机会、无法分享光明未来的体制失去信心。

在全球金融危机后的十年，英国人的实际收入自 19 世纪中叶以来首次下降。只是这次的罪魁祸首是平台，而不是纺织厂，是机器学习而不是蒸汽机，是推特而不是电报，当前的时代与当时的社会遥相呼应。今天，疯传的博客和推特信息也展现了类似的愤怒。

当我参加加拿大或英国的工会会议时（会议的主题是"给英国人加薪"），我就能感受到这一点。当我访问汉密尔顿或利物浦时，我感受到了疯狂的现代生活的压力和具有极端不确定性的潜流。停滞的收入增长使人们更加关注财富的分配。在普遍且日益增长的繁荣时期，人们可以容忍不平等，但随着增长的希望衰退，不平等就变得越发尖锐。

这些情绪在英国尤为强烈。这是因为英国对不平等现象的曝光率更高？还是仅仅因为英国走在了衰退的前列？

作为一名央行行长，我有一个特殊的（但令人沮丧的）视角。我有大量的数据、优秀的同事和接触国内外各行各业人士的渠道，面对这些强大的力量，我能看到很多东西，但能做的却相对较少。正如我们所看到的，中央银行提供了繁荣所需的部分东西：稳健的货币，以及无论经济好坏都能运转的金融系统。在一些基础领域，中央银行有保护国家的义务。这项工作是必要的、重要的和基础的。这是人民应该指望得上的。但要实现可持续增长，这还远远不够。

可持续增长可能因以下几个方面受到削弱：

- 家庭、企业和银行过度累积的债务。
- 政府将未来的财政能力浪费在当前的支出上，寅吃卯粮。
- 碳预算迅速耗尽，并带来对生物多样性的冲击。
- 市场运转和个人繁荣所必需的社会资本被无情吞噬。

现在，有多种力量在加剧对经济可持续增长性的消磨。新冠疫情危机暴露了许多深刻的社会裂痕。第四次工业革命虽然带来了巨大的希望，但如果任其发展，可能会进一步扩大不平等，增加社会压力。气候变化至关重要，虽然从根本上说是积极的，但它将在短时间内带来巨大的结构变化。

第四次工业革命的承诺和挑战

最根本的挑战是，在每一场技术革命最终带来巨大好处的同时，它还在新技术出现前无情地摧毁了人们的就业和生计，进而摧毁了人们的身份认同。工业革命使农业和家庭手工业黯然失色，生产线的发展和制造业被服务经济所取代，也都是如此。通过机器学习和全球采购，同样的力量正在形成，规模可能会更大，速度也可能会更快。

而一些经济学家认为人们只是在大惊小怪。他们认为从长期来看，几乎没有证据表明技术性失业的存在。毕竟，今天的平均就业率和失业率与18世纪大致相同（见图16-1）。

问题在于，尽管从长期看，就业率会恢复平衡，但如此重大的转变需要时间。由于个人技能或产业布局的不匹配，工人无法无缝衔接到新工作上。第一次工业革命始于18世纪下半叶，它的好处直到19世纪下半叶才完全体现在生产力和工资上。这意味着，几代工人要经历痛苦的适应期，并长期陷入无依无靠的状态。

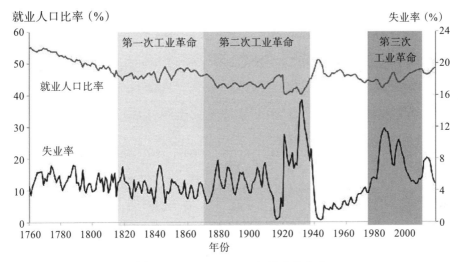

图 16-1　1760 ～ 2000 年技术性失业

在 19 世纪初，工资增长停滞，劳动收入占比下降，这段时期被称为"恩格斯停滞"（见图 16-2）。这种被经济学家委婉地称为摩擦的现象可能会消除地区就业机会，并急剧加大全国范围的不平等。[2] 同样，第四次工业革命的成果也可能需要几代人的时间才能实现广泛共享。在此期间，可能会出现一段很长的技术失业时期，不平等现象迅速加剧，社会问题也会增加。与此同时，由算法提炼并宣传的价值观可能会让社会走向未曾设想的道路。[3]

从历史上看，在中期，技术变革往往会降低劳动力在总收入中相对于资本所占的份额，因为生产率提高给工人带来的回报不足以抵消工作岗位的损失。从较长期来看，第三种效应（为劳动力创造了新工作）[4] 与持续的生产率提升相结合，抵消了技术的替代效应，并在不影响就业的情况下推高了工资。

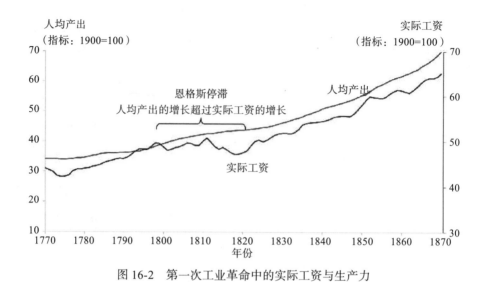

图 16-2　第一次工业革命中的实际工资与生产力

第四次工业革命在范围、规模和速度上可能比前三次更加激烈。此外，它紧随着第三次工业革命而来，后者普遍加剧了不平等，扩大了两极分化。到目前为止，每一波技术变革都提升了认知工作相对于非认知工作的重要性。换句话说，机器在很大程度上代替了人手，而不是人脑。工人已经能够通过提高技能，来从事新创造的一系列认知性的高价值工作——这些工作的要求已经超出了机器认知的极限。

随着计算能力与大数据的可用性的迅速提高，以及人工智能和机器学习领域的进步，更智能的机器更广泛地取代了人类活动，这些现象甚至已经深入到了以前只有大脑才能驾驭的领域。新技术可能会拥有以往只有人类劳动才能提供的智能、感官感知和推理能力。技术乐观主义者[5]认为，未来的自动化技术水平将远超 20 世纪末的"日常手工"的人类工作，几乎可以覆盖到人类的全部工作领域。[6]

据估计自动化对就业岗位的影响非常广，占全部就业岗位的 10% 至 50%。[7]越来越多的证据表明，尽管许多工作的大部分流程将会被自动化取代，但全流程自动化的工作还是相对较少。[8]爱德华·费尔滕、马纳夫·拉杰和罗伯特·希曼斯展示了技术方面的最新进展可以用来预测未来职业任务结构的变化，这进一步支持了如下观点，即技术进步可能会改变许多工作的性质，但不是完全消灭它们。[9] 更极端的估计往往只是考虑自动化的技术可行性，而对经济可行性的分析有限。[10]

考虑到这些额外因素，在大多数发达经济体中，自动化风险较高的工作岗位所占比例将降到 10% 至 15%。[11] 这与前三次工业革命时的比例相当，在这三次革命中，从长期来看，受影响最大的行业在总就业中所占的比例下降了 10% 至 20%。

但至少有四个领域将创造新的就业机会。第一，人们将继续从事核心任务，即完成一些需要情商、独创性或社交技能（如说服和关心他人）的任务。第二，人口老龄化将导致对医疗的需求增加，劳动力供给会直接减少。第三，如果新的全球经济能促成大众创新，人类的手工技能可能会再次成为主流（一种家庭手工业的循环形式）。第四，还会有一些我们想象不到的新角色。毕竟发明智能手机的时候，没有人会立即想到"出租车行业会因此消失"。

尽管存在着这些与之抗衡的力量，但第四次工业革命会大幅加剧不平等有几个原因。这其中最根本的原因就是，新技术越是取代劳动，而不是补充劳动，资本所有者获得的收益就越多。资本分配的不平等意味着，自动化程度提高带来的更高的资本回报将加剧不平等。其次，在采用新技术的转型时期，被经济学家委婉地称为"摩擦"的现象可能会导致当地劳动力市场萧条，或加剧国家劳动力市场的不平等。最后，如果教育跟不上对技能需求的变化，那些已经拥有技能的人将获得更高的报酬，而就业分化将增加低技能劳动力的供给。[12] 最后，更密切的全球联系将强化这些动态作用。

在新冠疫情暴发之前就有证据表明，总体而言自动化尚未减少就业，但它已导致了实质性的结构变化。还有迹象表明，最近的技术进步加剧了不平等。在全球范围内，疫情暴发前的 20 年里劳动力收入占比下降，而有证据表明技术是最大的贡献者。但英国和加拿大例外：自 20 世纪 80 年代末以来，这些国家的收入不平等状况总体上保持稳定（即便相对较高）。[13]

此外强有力的证据还表明自 20 世纪 80 年代以来，发达经济体的劳动力市场一直在进行着两极分化——这种结构性转变通常被归因于在任务自动化和数字化早期阶段出现的中等技能工作的技术取代。高技能和低技能岗位的就业增长最为强劲，导致中等技能岗位出现了空心化（见图 16-3）。劳动力市场的两极分化在技术劳动力回报方面也很明显，受教育程度较高的人的收入增长远远超过了受教育程度较低的人。

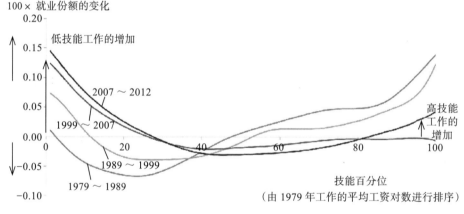

图 16-3　1979 ～ 2012 年按职业技能百分比分列的就业变化情况

总而言之，如果第四次工业革命类似于过去的技术革命，那么其整体效果最终将提高生产率和工资，同时创造足够多的新工作，以维持甚至增加整体就业。但这是一个长期的过程。在过渡时期，如果刚刚开始的转型类似于以往的工业革命，那么将会带来很长一段时间的技术性失业、工人大规模失业和不平等加剧。

由于技术采用周期的加速，可能意味着这些变化会发生得更快，因此它所带来的挑战将会是巨大的（见图 16-4）。此外，与之前的工业革命不同，更快速的调整步伐和更长的工作年限意味着工人可能没有了退休的选择。这大幅增加了技能不匹配、长期结构性失业率上升和社会压力上升的风险。

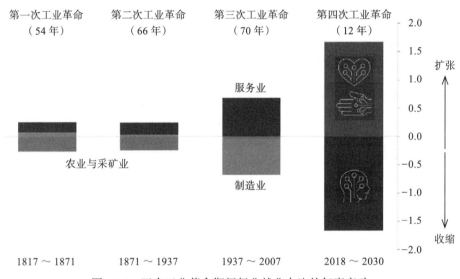

图 16-4　四次工业革命期间行业就业占比的年度变动

危机的宏观经济挑战

新冠疫情加快了第四次工业革命的步伐。新技术使工作发生变化的速度比以前预想的要快，而一些发明和应用也应运而生。随着电子健康、网络学习和电子商务的兴起，经济正从原子的移动向比特的移动转变。例如在 2018 年，在线零售占英国销售额的比例增至约五分之一，而在 2020 年春季几乎翻了一番。在所有能够远程工作的劳动者中，有三分之一的人的工作性质已经转变为一个几乎完全由数字通信组成的网络。全球供应链正在重新配置，从"及时"转变为"以防万一"，以追求更强的韧性、可持续性和安全性。

　　我们生活在这样的世界里，"几十年中什么都没发生过，而几周后几十年的事情一下都发生了"。冠状病毒的存在已经持续了几十年。对于许多人来说，工作和商业的性质发生了巨大变化。所有人都在经历着对失业的恐惧，以及对医疗保健不足或难以获得的焦虑。在风险被分摊到个人身上的几十年之后，代价已经来了，但许多人还不知道该如何开始支付这笔账单。

　　尽管我通常会告诫人们不要认为我们总是生活在一个不一样的时代，但这次是真的不同了。大多数衰退都是失衡累积的结果，而失衡是在一段不可持续的增长时期突然暴露出来的。总需求（家庭、企业和政府的支出）随后出现逆转，使经济陷入衰退。最终，过度无节制的行为停止后，支持性的货币政策和财政政策以及重新树立的信心才会启动经济的复苏。

　　这一次的冲击源于总供给的大幅收缩。疫情摧毁了经济的很大一部分（酒店业、实体零售业、交通业、国际教育业），存在着大范围的破产威胁，许多人面临着失业。疫情阻碍了国际贸易，它的影响也体现在商业投资上。

　　需求和供给都在下降，到2020年年中，全球总产出平均下降了10%。在英国和西班牙等一些国家，降幅是其两倍多。但幸运的是随着一些封锁措施的放松，经济增长在加快，各经济体将在几年内恢复到2019年年底的规模。但即使它们真的恢复了，经济活动的结构也会变得非常不同。

　　新冠疫情暴发时，我即将结束英格兰银行行长的任期。当时卫生当局的判断是，有可能在秋季之前控制住疫情。因此，政府决定提供前所未有的财政和货币支持，以帮助家庭和企业度过一段艰难但短暂的时期。英国、欧洲和加拿大的目标是尽可能保持本国经济的生产力，特别是让尽可能多的人保住自己的工作。而美国政府则选择了一条不同的道路，在容忍失业率大幅上升的同时，政府支付了更高的福利。美国的做法会打破工人与雇主之间的联系，但也会加快调整，尤其是在疫情持续时间超过预期的情况下。

　　各国央行都借鉴了以往为加强银行体系韧性而付出的那些努力，迅速而有效地采取行动，将破坏金融稳定的风险降至最低。财政政策既慷慨又有效。在封锁的高峰期，美国家庭的平均可支配收入以 2000 年以来最强劲的速度增长。由于不确定性明显增加，加上对支出（如酒店招待和旅行）造成的实际限制，家庭储蓄率急剧上升（加拿大家庭还偿还了大量债务）。

春去秋来，疫情没有任何缓解的迹象，问题很快变成了维系工人和公司之间的过渡桥梁还需要挺多久。支持计划不仅成本变得巨大（财政赤字已经堪比战争时期的最糟糕水平），还可能阻止企业倒闭，这种倒闭是艰难但必要的，否则就会阻碍新企业的开设。政府不得不扪心自问，过渡"桥梁"何时可以变成"桥墩"，或者是否可以变成"支路"。虽然这些支持计划最初还因为它看起来像是暂时性的措施而削弱了它的作用，[14] 但现在看来这些措施更像是一种永久的、慷慨的且普遍的基本收入。

保持社交距离和经济孤立持续的时间越长，失业工人就越难维持他们的技能、开发新的技能和找到令人满意的工作。更根本的是，新冠疫情加剧了向第四次工业革命的过渡。许多职业将很快被远程工作的效率和自动化的加速所取代。与此同时，对健康的担忧可能会扭转几十年来长期存在着的老龄工作者在职时间不断延长的趋势。

整个大环境所面临的风险正在上升。家庭支出正受到极端不确定性、高失业率和收入增长乏力的拖累。商业投资也面临着类似的压力。对外贸易正受到实物限制、地缘政治紧张局势和投资疲软的共同制约。由于极端的不确定性（投资者用购买最安全的资产来安慰自己）、投资疲软、高储蓄率和低生产率，全球利率仍然处于极低的水平。

在未能履行保护公民这一最基本职责之后，各国政府现在必须要采取行动来恢复信心。经济需要支持，它越来越需要方向。这是我们必须明智地使用财政能力的一个关键因素。人们经常注意到，利率非常低，但仅仅因为这可以产生高支出，并不意味着高支出就是最优解决方案。当前的支出可以帮助维持当前的经济活动，却不能促进未来的经济增长。这一简单的债务动态必须要得到重视。随着时间的推移，即使出现高利率的苗头并因此大幅削减支出的确切时间还不能确定，这种入不敷出的生活方式也是不可持续的。但显而易见的是，如果这些风险被忽视，那么最终的灾难会来得更快。

在抽象的债务可持续性或不确定的市场要求中经常会提及预算选择，但其实预算选择真正关心的是人们生计的可持续性。人们知道，只把钱花在当下并不会给他们和他们的后代带来一个更好的未来。财政巩固（减少赤字）和从当前支出转向资本支出（投资于未来）都属于经济福利和代际公平领域的问题。

新加坡高级部长尚达曼的以下结论将这些趋势放在了一个令人不安的长期背景下来观察：

> 在许多国家，财政政策都在向个人而非公共产品倾斜，向短期或下一个选举周期倾斜，而不是向长期倾斜。例如，在 20 世纪 60 年代，75% 的美国预算用于不同形式的公共产品，例如基础设施、学校、医院、交通等。只有 25% 以某种形式提供给了个人。而今天正好相反，75% 给个人，25% 给公共产品。这在本质上是一个短期的解决方案。它有时能解决眼前的问题，但长期来看却不会带来一个更好的未来，也不会给社会带来乐观情绪。如果你不投资于公共产品，人们就看不到你的投资是长期的，那么就很难有一个更乐观的社会。在这样一个社会里，人们总是关心"我和别人相比能得到多少"。[15]

政府希望我能提些建议，我认为他们应该将支出分为三类：新冠疫情支出（紧急情况）、当下支出（基本的正在进行的项目，如儿童福利或国防支出）和资本支出（提高经济长期生产能力的措施）。他们的任务是尽快、尽可能透明地从第一类支出过渡到最后一类支出。一旦健康危机的严重阶段过去，就该从对抗恐惧转向给乐观情绪加油打气。

政府的举措需要考虑到一些新现实。越来越明显的是，经济并没有恢复到以前的水平。回想一下，我在英国央行的遥远前任曾建议温斯顿·丘吉尔回归金本位制带来的古老确定性。蒙塔古·诺曼的本能存在着致命的缺陷，因为第一次世界大战这场巨大的悲剧加速了已经在进行的变化：美国实力的崛起；越来越有组织的劳工不愿牺牲自己的工资来支持这种人为的盯住汇率制度；新技术的出现和实时交易都加快了决策速度。

与此相似的是，我们也不会回到疫情前的经济了，这其中有许多含义。第一，在加速第四次工业革命步伐的过程中，新冠病毒正在耗尽企业、家庭和政府所需的缓冲——这些缓冲本可以用来减缓技术变革所带来的痛苦。因此工人们经历这些痛苦蜕变的时间比我们之前认为的要早。第二，新冠疫情危机突出了各种形式的韧性的重要性。第三，新冠疫情使大多数公司被迫进行战略调整。第四，没有包含净零排放计划的新的公司战略将是不完整的。第五，为共同利益做出巨大牺牲的人们都期望大家能够更加团结。

央行在应对疫情中将继续发挥重要的基础性作用。在急剧变化的环境下，它们必须继续提供货币和金融稳定的双重支柱。在卫生危机的严重阶段，通货紧缩压力加剧。随着利率下限为零的挑战日益紧迫，通货膨胀目标路径的进一步明确增加了政策的灵活性，这有助于确保应对因所有经济部门的大规模杠杆化而带来的挑战。在这些方面，美联储对其追求灵活平均通货膨胀目标制的使命进行了及时的调整，这一举措很受欢迎。而中期经济的通货再膨胀就变得十分重要了。

与此同时有关部门需要认识到，通货膨胀将会卷土重来，尤其是因为新冠疫情代表着一个重大的负面供给冲击。大量产能遭到破坏，一场艰难的调整正在进行。未来几年，财政主导权和金融主导权这两种风险都将会上升。财政主导权和金融主导权属于两种风险，一种是央行政策由政府支出优先事项决定，另一种是央行政策由人们认为的支持金融市场的需求驱动。在这种环境下，独立当局评估和应对货币和金融稳定面临的风险比以往任何时候都更为重要。在许多人认为利率将永远保持在低水平、当局将永远在压力下救助市场的时候，在以市场为基础的金融领域，采取更积极、更全面的方式管理风险势在必行。《大宪章》的教训历历在目（见第 4 章）。

　　要想从我们现在所处的位置到达我们的目的地，政府应该遵循以下 10 个方面的计划。

- 设定一个明确的目标，从紧急支持旧经济转向建设人人都能蓬勃发展的新经济。我们需要以任务为导向的资本主义，它能有效地解决我们当前的问题，而不是让这些问题永久化；它能创造未来，而不是试图保留过去。

- 制定支出和借贷方面的规则和指导方针，并对它们进行约束，同时鼓励大家多去关注更加光明的未来。
  - 在中期内，当前支出和新冠疫情支出应恢复平衡。
  - 资本投资应单独确定，并接受独立评估，以确定它们是否计入国家资产负债表。独立预算机构（如英国预算责任办公室）应该公布这些评估结果，评估对经济的回报随着时间的推移是否会大于前期投资。
  - 一项新的偿债收入测试，以确保政府在利用低利率的同时不会被它们所诱惑。

- 减少对新冠疫情的紧急支持措施，从支持就业过渡到支持工人。带有部分工资支持的德国式 kurzarbeit⊖计划对此非常适合。对失业保险的特别补充应与再培训计划挂钩，尤其是要建立起新经济所需的数字技能。对企业的支持应该着眼于振兴那些受影响最严重的行业，而不是对所有行业都提供昂贵的全面支持。

- 最大化政府投资，既支持短期经济活动，又夯实我们所需的实体、

⊖　德国短时工作制。——译者注

数字和自然资本。

- 将新的预算措施集中在工作量大、资本密集的绿色活动上（详见下文）。
- 利用监管政策来规划未来的经济发展方向（比如逐步淘汰内燃机和化石燃料的明确时间表）。这些措施对提供确定性和可预测性以推动私人投资非常重要。
- 推行金融体系中那些能够推动向净零排放过渡的金融部门政策。
- 通过明确的责任、透明的行动和公众问责制，构建纪律性机制来增强韧性。
- 开发代际账户，利用人口统计数据追踪当前支出的可持续性，并通过新的自然资本资产负债表追踪自然资本。
- 开创我们未来工作所需要的新制度，包括继续教育以及零工经济中工人的新就业保险计划（详情如下）。坚持不懈地把所有社会经济群体都纳入劳动力大军中。

可持续复苏不是口号。它是下一代人应得的，也是我们现在需要的。这是工作密集型（比传统的拿起铲子就能建道路和桥梁的劳动力密集型更为"密集"）、资本密集型（利率很低的时候，家庭支出低迷）和公平（对所有的社会经济团体，那些今天以及未来受影响最严重的地区和行业）的体现。可持续复苏更倾向于再生而非再分配。

可持续复苏必须建立在坚实的基础和正确的价值观上。

制度与市场：为所有人提供机会的基础

强有力的制度和公平有效的市场是所有人机会均等的基础。按照诺贝尔经济学奖得主道格拉斯·诺斯的定义，制度是"构成政治、经济和社会互动的人为设计的约束"。[16] 它们是社会基础设施，包括正式机构（如议会、司法机构、央行、社会安全网和学校）以及非正式的协会和团体（如工会、行会和慈善机构)。

有几个机构对市场经济十分重要。最根本的是,产权允许人们拥有和创造资本,而不必过度担心盗窃、征用或寻租。拥有劳动成果的前景激励人们努力奋斗和创新。有记录的所有权允许人们通过抵押其财产的价值来获得信贷。如果没有对契约权的保护,商业交易将仅限于即时交易和通过个人关系可执行的交易。

其他关键机构决定了企业成立、经营和倒闭的难易程度。它们为获得许可证、获得融资、纳税、跨境贸易和管理破产设定了条件。这样的经济制度使新思想和新公司的"创造性毁灭风暴"成为可能。

尽管制度为市场如何运作提供了框架,但如果公民不遵守,制度就毫无意义。因此,研究机构的人往往专注于那些能指导我们行为的非正式约束,如习俗、传统和禁忌——斯密将其称为"道德情操"。当这些规范与正式结构相辅相成时,它们可以确保合规并填补法律漏洞。当它们不同步时,它们会对法律结构施加过大的(通常是不切实际的)压力,以约束私人行为者。因此,价值观不仅是制度健康的基础,它们也是制度本身。

人们发现,在解释经济增长方面,制度比地理或国际贸易更重要。[17] 好的制度鼓励生产活动,通过建立规范来降低交易成本,减少不确定性,并阻止损害经济增长的行为。不良制度导致腐败和寻租文化。正如诺斯所解释的那样,"如果制度奖励盗版(或更普遍的再分配活动)多于奖励生产性活动,那么学习的内容就会变成如何成为更好的盗版"。[18]

制度的有效性取决于它们如何适应社会。随着时间的推移,制度将随着社会潮流而变化,在关键时刻,新建立的规范和结构会出现。[19] 这些措施的产生有多种原因,其中包括对技术混乱时期所产生的紧迫的财政和社会需求的回应,社会的大部分地区在这一时期变得更糟。而这样的时刻才刚刚开始。

历史告诉我们,要想平稳过渡并实现第四次工业革命的成果,从教育到金融，几乎每一个机构都需要进行彻底改革。在前三次工业革命期间，初等、中等和高等教育的出现从根本上改变了工人的技能。新的保险制度（包括失业保险和全民医疗）支持那些在转型过程中掉队的人。新的劳动力市场制度，例如合作社、工会、最低工资的引入和私营公司养老金，填补了条款中的缺口。新的市场结构因经济全球化而生，如有限责任公司和国际电信市场。

我们需要记住，仅仅建立在正式制度和市场基础上、被看不见的手毫无目的地指导的经济，就像一座建在沙子上的大厦。它们影响的是价值的产生方式，而不是价值的表达方式。它们无视不平等的力量，也无视我们社会非常真实且日益增长的脆弱性。它们承诺增加总体的、可衡量的价值，而不是人类的福祉。但随着时间的推移，这两者都得不到保障，因为它们将削弱市场的社会机制。

市场对于进步、为我们最紧迫的问题找到解决方案以及抓住最大的机遇都十分关键。但市场不是在真空中存在的。市场是一种社会结构，其有效性部分取决于国家规则，部分取决于社会价值观。如果放任不管，市场会腐蚀这些价值观。

实现包容性繁荣既需要远见，也需要意志。我们是做出预期还是做出反应？我们是否拥有正确的价值观来阻止机器来吞噬整个世界，是否拥有正确的价值观来阻止人性的沦丧？建立社会资本需要个人、公司和国家之间的使命感和共同价值观。因此，这本书强调了培养这些价值观的必要性，其方法是为个人创造就业，向公司灌输目标，在国家内部呼吁爱国主义而非民族主义。下面的内容提供了将这些原则付诸行动的例子。

改造价值观从而为所有人创造价值

鉴于近几十年来累积的赤字，我们必须集中精力重建社会资本，让市场运转起来。为了做到这一点，个人和他们的公司必须重新发现他们对系统的责任感。更广泛地说，通过重估社会价值，我们可以为所有专注于解决我们最大问题的人创造走向繁荣的平台。

这些不是天真的愿望，它们不是"反市场"的。这本书中针对领导者、企业和国家的行动计划毫不掩饰地承认，市场的活力对我们的繁荣和福祉至关重要。但市场太需要目标了。通过共识和价值观，我们可以引导市场的活力，为所有人创造价值。

为了做到这一点，我们需要强化这本书中所强调的核心价值观：

- 团结。
- 公平。
- 责任。
- 韧性。
- 可持续性。
- 活力。
- 谦逊。

下面列举了一些具体的例子，说明应如何培养和增强这些价值观，使每个人都能受益。

团结

团结是有效应对新冠疫情的核心。团结对于平稳过渡到净零经济非常关键。它将决定第四次工业革命是否成功，在第四次工业革命中，对体现团结价值观的新机制的需求也将会是最大的。

团结将公司与其利益相关者（员工、供应商、客户和社区）联系在一起。团结遍及了各个地区，团结也是国际性的。归根结底，团结与人有关，它涉及如何帮助人们获得新技能，使他们拥有多样化和令人满意的职业生涯；如何帮助人们过渡到新的行业；如何确保经济变革惠及所有人。

为此，我们需要支持工人，而不是支持就业。企业应该保证工人的就业能力，而不是就业本身。各国政府需要重新设计劳动力市场和教育机构，以使新的工作方式能够重视工作尊严和目标所产生的持久价值。

在本章的前面，我们回顾了第四次工业革命中潜在的失业规模。疫情似乎加速了自动化技术的采用，暴露出了处于弱势的工人群体总量。例如，麦肯锡在对 1100 个微观劳动力市场的研究中发现，技能与就业波动之间的不匹配日益加剧，在新冠疫情期间易受影响的工人和未来将受到技术变革影响的工人之间存在很大的重叠。[20] 在美国，这些往往是低薪工作，雇用了更多少数族裔，引发了包容性和公平性方面的重大问题。

如上所述，在过去的工业革命中，公共机构、私人机构和第三方机构的行动帮助缩短了工人转型的时间、影响和成本。[21]

那么在以往的基础上，这次我们还可以做些什么呢？

第一，每个人都可以为更好地理解所需要的新技能做出贡献。这包括企业对当前人才与未来需求不匹配的详细评估、通用技术创造者对其潜在应用范围的估计，以及公共机构关于劳动力市场趋势和自动化速度的报告。

第二，税收体系应该支持有技能的（和令人满意的）就业。当我们知道一场劳动力冲击即将到来时，我们不能继续以劳动力为代价补贴资本。目前，在大多数国家，投资机器或软件比投资人力更有吸引力。改变这一现状只是冰山一角，未来还要对有形资本（厂房和机器）、无形资本（思想和流程）和人力（经济学家称之为人力资本）投资的相对税收待遇进行更广泛的评估。而这其中没有什么比培养员工技能更清楚的了。

在一个充满创造力和关怀的经济中，思想工厂越来越重要，那么还有什么理由要再投资于实物工厂呢？为什么美国劳动力的平均税率在 25% 左右（包括工资税和联邦所得税），而软件、结构和设备的平均税率只有十几甚至只有个位数呢？当然，在理解了我们所重视的东西之后，我们将扩大技术的开发和使用，这些技术会有助于创造高薪就业岗位。

第三，雇主应该承担更大的责任，培养其员工的就业能力。这符合雇主的集体利益，因为技术采用的速度往往会受到员工现有技能的限制。对那些工作被取代的人负责，应该成为商业计划和社会许可的一部分。例如几年前，美国电话电报公司（AT&T）认为，未来十年该公司可能不会有10万个工作岗位。AT&T并没有解雇现有员工再雇用其他人，而是投资了10亿美元来培训这些员工为未来的工作做好准备。

第四，新通用技术的提供者有责任探索如何以最大限度创造就业机会或以更广泛的社会效益的方式开发自己的产品和服务。导致不平等加剧的不是全球化和技术，而是我们对它们的反应。我们想当然地认为水涨船高，却忽视了历史的教训，即革命性的技术会导致长达数十年的调整。我们现在需要关注的是如何利用技术来提升现有工作的技能，而不是取代现有工作，以及如何建立对未来工作的预期技能。例如，领先的人工智能公司DeepMind成立了一个伦理与社会研究部门，帮助技术人员将伦理付诸实践，并帮助社会预测并引领人工智能的影响，使其为大多数人服务。

除非我们选择"设计数字"，不然我们最终只会得到"默认数字"。我们不应该透过大型科技公司的视角来看待技术，在这些公司，算法的作用是取代人类，互动的组织是为了满足以大数据为中心的商业模式。我们应该从评估我们希望技术能够帮助实现的成果开始，比如减少碳排放和提高劳动回报。碳排放税和其他鼓励人力资本密集行业扩张的措施可以帮助实现这一目标。麻省理工学院（MIT）教授达隆·阿西莫格鲁认为，我们应该更进一步，重新为技术变革指明方向，我们要清楚，路径并非"注定"的。如果技术对劳动力存在偏见，造成了巨大的经济和社会成本，那么就有必要考虑如何通过改变我们监管公司的方式、我们监管技术的方式以及政府与技术供应商和领导者的互动方式来改变这种偏见。

第五，注重初级工人和中级工人的技能发展。因为那些拥有高级技能的工人可以通过他们的岗位和关系不断地学习。要实现包容性增长，就需要坚定地努力培养社会各阶层的技能。应该特别强调邻近技能，或者那些建立在现有技能集上的技能。

第六，毫无疑问，普遍的、负担得起的宽带是一种权利。包容性增长要求以负担得起的价格提供覆盖全国的宽带服务。宽带提供商的一般服务义务和竞争政策应旨在鼓励普遍的而不仅仅是大规模的采用。新冠疫情期间的宽带接入不均等是最大的不平等丑闻之一，它对社会各阶层的教育成果和就业前景产生了直接的连锁影响。从日益激烈的外国竞争到雄心勃勃的近地轨道卫星系统，所有的选择都应加以探索，以超越现有技术。在一个远程工作越来越可行的世界里，信息和通信技术革命可能会最终实现地理层面的各种可能性。

第七，需要新的劳动力市场机制，为劳动力流动提供便利，在新出现的就业形式中适当地保护工人。英国的《泰勒现代工作实践评估》指出，现有的（概念上和法律上的）对工作的定义是不充分的。在零工经济中，还有第三类工人，他们既不是个体经营者，也不是雇员，更多的是"依赖承包商"。"雇主"或平台供应商对这类员工的责任需要有明确定义。这些工人在其权利和安全网方面应享有类似的保护。很明显，许多新冠疫情支持政策完全绕过了增长最快的工人阶层。泰勒在评论中建议，平台员工应继续享有灵活性，但至少也应适用国家最低工资，享受基本水平的保护（假期和病假工资），并在工作中获得进步。其他方面包括通过技术解决方案来改善申请人与工作的匹配程度，创立新的数据便携性框架（包括名誉记录）。

最后，我们需要对真正的终身学习式教育进行彻底的反思。每一次工业革命最终都伴随着培训或教育机构上的重大创新。在就业市场不再是终身就业的情况下，不同水平的教育（小学、中学、高等教育和职业教育）可以做些什么来满足未来的技能需求？

儿童早期教育非常关键，这已经成为一个不言而喻的事实，但这是事实。这不仅意味着送小朋友去上学，还要让他们融入社区，并与有不同背景和成就的人建立联系。公立学校系统必须成为社会流动和创造卓越成就的途径。精英阶层的平行体系在经济、社会和道德上都是具有灾难性的。优秀的公共教育需要招聘、培训教师，并不断产生新的教师，还包括像新加坡一样给中小学教师提供公休假。它要求不同特长的学生有不同的学习途径，但要有灵活性，以便他们可以在不同的队列之间移动。这需要大量的投资和不断的试验。

在预期寿命可能接近 100 岁的世界里，一个主要问题是如何将职业中期的再培训制度化，并将它与社会福利体系结合起来。继续教育的时代即将到来，它建立在与初等、中等和高等教育相同的普遍性原则之上。我们需要制订社会福利计划来支持这种职业中期培训，因为工人在这一重要的正式再培训期间可能已经有了伴侣，甚至还有了孩子和抵押贷款。随着时间的推移，超过一半的人口会进入高等教育和继续教育，对职业培训的需求将变得极为重要。

与此同时，大规模再培训计划也发挥了作用，如英国的"灵活学习基金"计划，以及新加坡的"技能未来"计划，后者计划为所有 25 岁以上的公民提供了 500 新元的开放学分，用以支付获得批准的工作技能相关课程。此外，40 岁及以上的新加坡人还可以获得高达 90% 的慷慨补贴。"技能未来"的首席执行官表示，比起这种支出的回报，更重要的是改变对持续再培训的看法。

这些政策的总体方向应该是给每个人提供繁荣发展的机会。团结就是并肩作战。它关乎的是再创造，而不是再分配，授人以鱼不如授人以渔。这其中的考验应该是，每个人都能看到他们一生中真正的收入前景的增长。在许多社会中，对大多数人口的长期工资停滞的延长在道德上既不合理，在政治上也不可持续。这是一个很高的标准，但这是一个公司、社区、政府和家庭都必须努力达到的标准。

公平和责任

作为央行行长，我学到的两个核心经验是：市场是公平的，只有市场参与者承担责任，公平才会持久。从金融到就业，公平和责任在市场中是相辅相成的。

但令人苦恼的是，制度的发展很容易损害公平。达隆·阿西莫格鲁和詹姆斯·罗宾逊把发展中国家的不良制度归因于殖民统治，殖民统治建立了旨在从人民身上榨取财富的结构。[22] 尽管进行了法律、经济和政治上的改革，但由于制度反映了社会认知的积累，这些制度继续具有影响力。当腐败成为地方通病时，仅靠正式法律是无法根除的。诺斯还指出，这种路径依赖是不良制度释放活力的主要原因。

在尼尔·弗格森的里斯讲座中，他将注意力集中于过去强大的机构是如何衰落的。在弗格森看来，西方国家的经济停滞可以归因于保护现状、抑制增长的制度。[23] 他的例子包括那些过度监管、因规模太大而不能倒闭的银行，以及被教师工会吞并的美国公立学校。在弗格森看来，西方企业的痛苦不是来自非正式的寻租文化，而是来自限制经济活动的繁重监管和昂贵的法律费用。弗格森的论点符合曼瑟尔·奥尔森的精神。奥尔森认为随着时间的推移，在稳定的社会中将会形成利益集团，它们的权力不断壮大，导致制度僵化和经济增长乏力。[24]

同样的疗法（包容）也适用于解决路径依赖和制度僵化问题。阿西莫格鲁和罗宾逊强调了建立制度的重要性，这种制度鼓励广大人民通过参与政治来参与经济。弗格森认为，制度需要由一个国家的公民而不是律师来建立。在这两种说法中，经济取决于政治。这呼应了诺斯的观点，他在 1993 年的诺贝尔经济学奖的获奖感言中强调，确保公平和开放的市场是"一个复杂的过程，因为它不仅需要创建经济机构，还需要靠适当的政治制度来支撑"。

为了保持合法性，制度必须倾向于包容，而不是压榨。它需要永远保持警惕，以确保它们有益于整个社会，不受强权的影响。

正如我们所看到的，制度是游戏的规则，是构成我们政治、经济和社会相互作用的制约因素。而公平是其合法性的基础。

至关重要的是，法律、规则、法典和公约应平等适用，并且对此应该形成共识。不能让一套规则仅适用于内部人士和精英，而另一套规则适用于其他人。这就是为什么当权者违反对新冠疫情的限令，通常会被迫下台。这也是为什么在全球金融危机之后暴露出的一系列金融体系中的不公平现象和欺诈行为，显现出了对金融的合法性，以及在某种程度上讲对市场本身造成了如此巨大的伤害。

虽然市场通常是一股正能量，但市场也可能出错。如果放任不管，市场力量很容易不稳定、过度和滥用。我们需要真正的市场来实现可持续的繁荣。这不是在金融危机爆发前形成的那种市场：当国外的冲击来临时，市场就会崩溃，交易是在网络聊天室中进行的，没有人对任何事情负责。

在全球金融危机之后，许多本应坚挺的市场要么被过度纵容，要么已产生了腐败：

- 银行太大而不能倒闭，在"正面我赢，反面你输"的特权泡沫中运作。
- 普遍存在为个人利益而操纵基准的情况。
- 股票市场表现出一种反常的公平性，公然偏袒拥有技术能力的人，而不是散户投资者。[25]

真正的市场是专业和开放的，而不是非正式和排外的。真正的市场是靠实力竞争的，而不是在网上密谋串通的。真正的市场是有韧性的、公平的和有效的。它们保持着自己的社会许可。

真正的市场不是凭空产生的，它取决于市场基础设施的质量。健全的市场基础设施是一种公共产品，因为最好的市场总在不断创新，所以公共产品经常面临供应不足的风险。只有当所有的市场参与者，无论是公共的还是私人的，认识到他们对整个系统的责任时，这种固有的风险才能得到控制。

为了使市场的影响最大化，并维持市场运作所需的社会资本，我们必须采取措施使市场既有效又公平。这需要正确的硬基础设施（如公平、公开市场交易和结算平台）和软基础设施（如规章制度）。它意味着促进竞争。它需要透明度，包括公布所有相关信息并确保平等获取信息。如第 9 章所述，为了引导这种理解，英格兰银行帮助制定了 FICC 市场中公平和有效的市场原则。[26]

给市场参与者灌输更重大的责任意识和公平意识的一种方法就是确保他们"在游戏中有面子"。换句话说，要确保失败会给个人带来后果。正如我们在第 7 章和第 8 章中看到的，银行"太大而不能倒闭"的现实被许多人视为资本主义"正面我赢，反面你输"的丑闻，是导致对金融、精英和市场体系日益增长的不信任的主要原因。因此通过改革来终结银行业"太大而不能倒闭"的现状具有重大意义，尤其是在与高管薪酬结构的大规模改革相结合的情况下。

这场危机的一个关键教训是，为短期回报提供巨额奖金的薪酬计划，却鼓励了个人去获取过多的长期风险和尾部风险。在那个时代，当下才是最重要的，而未来一文不值。为了使激励机制更好地与公司的长期利益，以及与更广泛的社会利益保持一致，银行业现在的薪酬规则通过将很大一部分薪酬推迟至长达 7 年，来使风险与回报保持一致。如果有证据表明员工出现不当行为、犯下错误、个人、团队或公司的风险管理失败，奖金还会减少。

伦敦银行间同业拆借利率和外汇定价的丑闻，是经济机构如何被特殊利益集团抓住，最后又为了总体社会利益而进行改革的现实范例。Libor 是一种公共产品，它是世界上最重要的利率之一，是数万亿美元抵押贷款、企业贷款和衍生品合约的参考利率。因此 2012 年当人们发现一些银行明显是在相互串通，而类似的欺诈行为正在外汇市场的某个角落上演时，大家目瞪口呆。

正如我们所看到的，在这些市场中有两类措施来重建公平。对硬基础设施进行改革（包括基准、交易平台和监控系统），以提高作弊的难度。同样重要的是对软基础设施的改善，即管理市场的规则和代码。利用包容性制度的原则，私营部门设计了新的规范和标准，以使公平市场的原则焕发生机。当局鼓励市场参与者制定市场实践标准，这些标准被广泛理解和遵循，其中关键是要跟上市场发展的步伐。[27]

正如第9章所强调的，如果没有人阅读、遵循或执行这些规则，这些规则就没有什么用处。这正是英国高级经理制度等措施发挥作用的地方。高级经理制度通过激励公司将自愿准则嵌入其中，并重新建立资历和责任之间的联系，使自愿准则发挥了作用。

归根结底，正如本书所强调的，社会资本不是契约性的。尽管薪酬方案可以更好地调整薪酬与风险，但没有一个方案能够完全内化个人行动对系统风险（包括对系统信任）的影响。诚信既不能用钱买到，也不能用法律来规定。即使有了最好的规范、原则、薪酬方案和市场纪律框架，业界人士也必须不断挑战自己所坚持的标准。市场参与者需要成为真正的利益相关者，需要认识到他们的行为不仅会影响他们的个人回报，还会影响他们所在体系的合法性。

所有市场参与者都应认识到，市场诚信对于可持续体系非同小可。为了建立这种团结感，商业最终需要被视为一种使命、一种具有高度道德标准的活动，而这反过来又传达出了某种责任。首先要提出正确的问题。例如，金融到底为谁服务？是它本身，还是实体经济，或者是社会？金融家对谁负责？对自己负责，还是对他的生意负责？或者是对他们的系统负责？

要寻找答案首先就要认识到，金融资本主义本身不是目的，而是促进投资、创新、增长和繁荣的一种手段。从根本上说，银行业是一种中介——连接实体经济中的借款人和储户。在危机爆发前，银行业变成了银行而不是企业，交易而不是关系，对手而不是客户。

当银行家与终端用户脱离时，他们唯一的回报就是金钱，而忽略了帮助客户或同事取得成功所带来的满足感。对于支持长期繁荣所必需的道德金融机构来说，这种对人类状况的还原主义观点是一个糟糕的基础。为了重建这个基础，金融家和我们所有人一样，需要避免进行划分，不能把我们的生活划分到不同的领域，每个领域都有自己的一套规则。家和工作是不同的，伦理和法律是不同的，个人和制度是不同的。

要结束这种分裂的生活，董事会和高级管理层必须明确自己组织的目标、引导公司的活力，从而在某些方面让这个世界变得更好。他们必须在他们的组织内促进一种公平文化和责任文化。

员工必须与他们的客户和社区建立牢固的联系（即团结）。为了能够向一个看中未来价值的世界迈进，银行家需要把自己视为机构的监护人，在将机构交给继任者之前对其进行改进。

对制度的关注并不局限于监管失灵或衰退的风险。制度也需要关怀，因为社会在随着技术的变化而发展。即使在亚里士多德的时代，财产权也不是个新鲜事物，更不用说约翰·洛克在 17 世纪就已经强调财产权的重要性了。第一批现代专利是在 15 世纪的威尼斯颁发的，当时仪器和玻璃制造正经历着迅猛的创新。第一部现代版权法于 1710 年在英国出台，这是对 15 世纪和 16 世纪印刷作品传播的迟来的回应。今天，由于社交媒体和个人数据市场的壮大，我们面临着新的所有权问题。与此同时，生物技术的进步让我们面临着对 DNA 所有权的担忧，而深度伪造视频的制作也质疑了我们控制自己长相的能力。

在应对这些新问题时，我们可以借鉴现有的结构（例如，对待发生故障的自动驾驶汽车的法律责任，就像对待一匹好斗的马一样），但这可能会导致经济效率低下和对社会有害的结果。零工经济已经将许多工人从雇员转变为独立承包商——这一区别在法律上得到了很好的界定，但这种界定同承包商与其平台之间的权力关系并不相符。此外在社会层面，"独立承包商"的迅速增长导致更多的人被剥夺了保险计划、病假、养老金和职业发展机会，因此可能需要调整法律制度以促进经济和社会利益。

我们有理由担心，领先的科技公司可能会决定制度如何发展，从而锁定它们的优势，阻止创造性的破坏。国家而不是公司，必须制定这些基本规则，以确保市场公平，并让市场参与者承担自己的责任。国家需要通过公正的程序制定和维护公平的规则，将正式的结构和非正式的公约结合在一起，以抵御诱惑并适应不断变化的环境。

韧性

有的国家一直未能履行其基本的保护义务。就在 10 多年前，全球金融崩溃危及了人们的储蓄和工作。与此同时，政府在努力保护它们的媒体和议会选举不受外国干涉。

各国必须采取更有效的方法来重塑韧性，以便人们能够在出现冲击时经得起考验，经济能够迅速恢复。我们遭受了太多的脆弱性，整个体系都受到了冲击，一路上放大了破坏力。此外，正如"太大而不能倒闭"的银行丑闻所证明的那样，当那些对失败应该负责的人可以轻而易举地摆脱他们的行为后果时，市场动机就会被扭曲，社会资本也会被侵蚀。

韧性使增长成为可能。对西方经济体规模的估计表明，从中世纪到 1760 年工业革命初期，人均收入没有增长。之后奇迹出现了（见图 16-5）。

这些数据隐藏了真实的故事。经济历史学家史蒂夫·布罗德伯里和约翰·沃利斯指出，时期平均值掩盖了长期增长的大幅波动（见图 16-6）。他们修正后的数据显示，尽管平均值为零，但 1750 年之前的经济增长并非持平。相反经济增长剧烈震荡，在长时间的强劲增长之后出现大幅收缩，这一切又回到了原来的水平。他们对英国的估计（大致符合当时欧洲主要国家的模式）显示，在 1300 年至 1700 年期间，英国 GDP 出现增长的时间略多于一半，平均每年增长 5.3%。这些扩张期几乎完全被收缩期所抵消，在收缩期，平均每年增长负 5.4%。

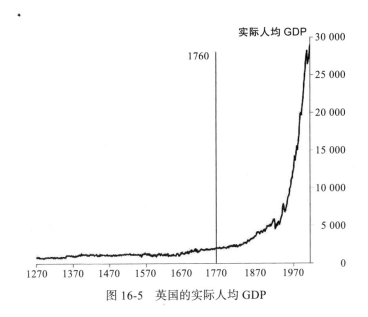

图 16-5　英国的实际人均 GDP

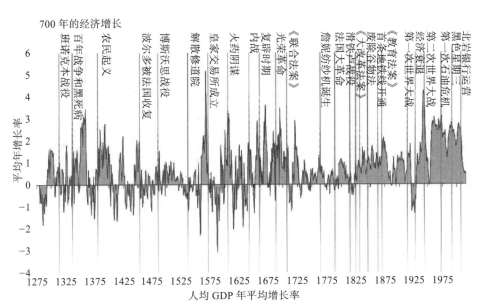

图 16-6　英国 700 年来的增长

正如我在英国央行的同事安迪·霍尔丹所强调的那样，自工业革命以来，经济扩张时期的增长变化相对较小，但 GDP 收缩的频率和成本却大幅下降了。1700 年以来发生衰退的时间只有三分之一，1900 年以来发生衰退的时间只有六分之一。在这些时期，1700 年以来的年均增长率为 −2.2%，1900 年以来的年均增长率为 −3.4%。正是避免深度衰退（韧性）"将（工业革命开始以来的）黄金时代与它的马尔萨斯前辈区分开来"。[28]

为了增强韧性，我们必须认识到系统性风险的独特性质。系统性风险不是突如其来的。系统性风险产生于经济、金融体系、气候和生物圈的相互联系和反馈循环中。系统的这些特性会触发坏的事情，并使它们变得更糟。许多冲击是无法避免的，但它们造成的损害却可以大大减少。

大多数系统性风险的核心都是一个构成谬误——也就是说，个人行为的总和既是破坏性的，又是自我强化的。例如，一场衰退可能会因节俭悖论而蔓延，在这种悖论中，因担心失业率上升而（理性地）增加储蓄的个人所产生的集体影响会自我实现。这些动态可能会被银行的迟来的谨慎所放大，在经济最需要信贷的时候扼杀信贷。当美国次级抵押贷款的损失席卷全球金融体系时，就会出现这种情况。系统性风险和扩大化意味着，累积的经济打击是次级抵押贷款最终损失的 5 倍以上。

永冻层融化或珊瑚礁白化的反馈循环正在放大气温上升的破坏，加速了气候的恶化。这些转折点正在迅速消耗碳预算，并可能迫使经济做出更大、更快的调整。这些相互关联可能会让"明斯基时刻"提前到来，那时市场会匆忙对搁浅资产及其相关资产重新定价。

为防范疫情而采取的基本卫生措施引发了一系列连锁经济影响，因为父母被迫待在家里陪孩子而无法工作。由此造成的收入损失和不确定性加剧，在家庭和企业中引发了一种节俭的悖论，因为（可以理解的）个人谨慎的支出，导致他们担心经济急剧放缓。

在最高层面上，我们一直在经历不受约束的资本主义带来的系统性风险。从理论上讲，将其他利益相关者排除在外，追求股东价值最大化，对于个人来说可能是理性的，但最终证明这是一场社会灾难。正如我们所看到的，市场激进主义通过几种渠道破坏了市场本身的社会基础。这可以体现在系统性风险中，从市场腐败到迅速撤销社会许可牌照导致的资产价值损失。对于企业来说，参与向净零排放转型的可信过程将变得越来越重要。当存在风险时，"跳到默认"的社会许可总会是一种可能。

我们可以采取行动建立韧性。第一，应赋予当局明确的责任，以识别系统性风险，并采取必要行动减轻其影响，同时也应向当局解释已经取得了哪些进展，仍存在哪些差距。英国央行的结构是金融部门的榜样，我们有明确的责任来识别和减轻金融体系和宏观经济的风险，掌握广泛的权力来解决这些问题，有能力向其他部门提出建议以便在必要时采取行动。

各国需要制定更严格的方法来评估系统性风险和公共程序，以培养韧性。他们最好考虑北欧国家所树立的榜样。[29] 芬兰对备灾的重视是基于一项明确提到流行病的法律。为了灌输"联合思维"并改善准备工作，芬兰从社会各界选出领导者，参加国防中心的课程，评估不同领域（物流、食品、能源、银行和国防）在危机中如何发挥作用。其他北欧国家让公民参与应急计划，这与大多数发达经济体形成了鲜明对比，因为大多数发达经济体都对类似的战略保持了一定距离。例如，瑞典在几年前向所有家庭发送了一本小册子，详细说明在战争或网络攻击发生时他们应该如何行动。这个想法是为了促使有能力的群体自力更生，这样政府就可以专注于弱势群体。这些包容性方法可以改进决策，并在将危机应对措施付诸行动时提高其合法性。

第二，当局和企业必须为失败做好准备。正如我们所看到的，由于灾难短视、双曲线贴现和近因偏差等各种偏见，人们不善于预测系统性风险。由于流动性错觉的诱惑，以及对能够赶在更大的傻瓜之前全身而退的幻想，金融市场可能特别脆弱。例如，资产管理工具承诺每天向客户提供流动性，同时投资于基本流动性较差的资产（如企业贷款），这些工具容易面临被贱卖的风险，只有美联储在 2020 年春季进行大规模干预的前景才拯救了它们。我从经验中明白，繁荣的经济会给人一种风险较低的错觉，让人相信潜在增长比实际增长更强劲、更可持续。然而风险在看似最小的时候往往却是最大的。

培养韧性的一个关键部分是创建一个强大的抗脆弱系统。具体的例子包括终结银行业"太大而不能倒闭"的措施、建立网络抵御能力、进行气候压力测试，以及为从事新工作的人建立社会安全网。当然，这意味着要保持对疫情的防范能力、国防能力和反恐能力。

第三，为失败做准备包括进行压力测试和战争模拟。当局需要思考当事情出错时会发生什么，而不是花时间去解释为什么它永远不会出错。不要问你能对市场做什么，而要问市场能对你做什么，然后检查其后果。这些压力测试和战争模拟的结果应该公开，并有具体的后续措施来增强恢复力，并由其他人来为你的表现打分（就像国际货币基金组织对英国央行就金融机构压力测试所做的那样）。

当然，当灾难发生时，它不会完全按照你所准备的场景来运行。正如艾森豪威尔所强调的，"计划是没用的，但做计划就是一切"。例如，英国央行为英国脱欧所做的准备，为整个金融体系建立了缓冲、储备和应急计划。这些计划很快被重新利用，并在疫情暴发时投入使用。

这就引入了第四项措施，即构建并使用缓冲区。金融危机之后，所有银行都必须持有更多的资本和流动性，而规模最大、联系最紧密的银行不得不持有更多（以一种"庇古税"[⊖]的形式，将它们对系统风险的贡献内部化）。但是缓冲器是没有用的，除非它们在压力下仍能运行。当风险激增、恐惧情绪高涨时，防止银行家陷入节俭悖论中的集体行动问题，是央行工作的一部分。英国央行在公投后和疫情暴发之初就是这么做的，它降低了对资本金的要求，释放了大量流动性。

　　⊖　一种为了扼制市场外部性的税收概念。——译者注

正如我在英国脱欧公投后的第二天早上对全国发表的电视讲话中所说的那样，"我们对此做好了充分准备"——就在几个小时前，金融市场还认为这一结果只有 10% 的可能性。无论你是否认为在你的任期内会发生这样的事，你都必须要做好准备。

在医疗保健领域，审慎缓冲包括 PPE[⊖]库存和测试能力。在网络领域，它们包括备份系统和应急计划。遗憾的是，目前还没有能够防范气候风险的缓冲措施。目前唯一的保护措施是促进早期行动，部分是通过一个可靠的碳定价途径来实现的。

最后，要促进各种形式的多样性。一个更多样化的系统更有韧性。系统性风险总是惩罚单一策略和群体思维。因此，在风险评估中增强制度、战略、人员和程序的多样性非常重要。在金融领域，不同的公司承受压力的能力不同。这对于限制大甩卖（对于卖家来讲需要有意愿的买家）十分关键。从医疗保健到气候工程，多样化的方法对创新也相当重要。

可持续性

可持续发展是既满足当代人的需要，又不损害后代人满足其自身需要的能力。它的支柱是经济、环境和社会。如果说我们一直在侵蚀后代人的全部，这都算轻描淡写了。从不断增加的政府债务、库存不足的养老金、不充分的医疗与社会关怀到环境灾难，我们正在把这些负担推给下一代，这是不公平、不公正和不负责任的。

可持续发展需要超越当下、超越新闻周期、超越政治周期的思考。在最好的情况下，可持续政策以改善未来和现在的方式，把未来拉到了现在。

可持续性的支柱是相互依存的，没有一个是独立的。想想气候危机吧，它始终是下一代的头等大事。它的解决方案与我们的财政、经济和社会福

⊖ 个人防护装备。——译者注

利密切相关。我们需要利用为气候行动而形成的社会联盟，但如果我们没有一个公正的过渡，这个联盟将不会也不应该持续下去。如果我们牺牲经济和人民的生计，我们就无法实现环境的可持续性。同样如果没有市场的力量，我们也无法设计出所有必要的解决方案或以足够的速度实施它们。

这就是为什么我们需要把市场的力量变成社会重视的使命。正如第 12 章所解释的，应对气候变化需要一个明确的目标（净零排放），这只有通过全社会的共同努力才能实现。应对气候变化的努力必须有以下基础：

- 有形的（帮助人们使他们的家庭和工作场所节能、方便驾驶电动汽车、植树和保护我们的自然遗产）。
- 可预测的（建立可靠的气候政策记录、强调在解决方案上的投资，以吸引私人投资）。
- 公平的（支持那些将会经历痛苦调整的区域和部门的公正过渡）。

绿色投资机会汇集了一系列独特的因素，它在未来十年将达到数万亿美元。

- 潜在的消费者谨慎态度、就业压力和出口市场疲软可能都意味着投资将决定大多数经济体复苏的能力。
- 长期低利率环境意味着大规模公共投资是可能的，尽管为应对新冠疫情危机的财政支出创下了纪录（前提是尽快开始从新冠疫情向资本的过渡）。
- 下一个十年最大的投资机会都会涉及加速向净零经济的过渡。与此同时，这些投资将在全国各地创造高薪工作岗位，同时提高未来产业的竞争力。
- 全球私营金融部门日益将向零碳经济过渡视为金融的未来。

这些因素创造了一个三赢的局面：更强劲的增长和更好的就业，在工业、服务和金融领域更强的出口竞争力，以及实现气候目标的前景。我们可以利用政府的财政能力来支持有针对性的投资，并为转型制定明确的战略方向，辅以碳定价、适当的监管和财务披露，以尽可能低的成本释放私人投资，从而抓住这一绿色投资机会。

我们在实现可持续性方面还应借鉴传统的智慧。在我的家乡加拿大，原住民知道环境和经济不是相互权衡的独立因素。它们是有内在联系的。在加拿大的许多地方，比如我们的太平洋海岸和河流，环境就是经济。我们的祖先一直教导我们，我们与自然不是分离的，而是融为一体的。我们只是一个完整的生态系统中的一个小而卑微的元素，我们必须赢得从环境中获取资源的权利，同时始终尊重和滋养它。

同样，正如诺贝尔经济学奖得主帕萨·达斯古普塔在为英国政府撰写的《生物多样性经济学评论》中所描述的，可持续性意味着承认我们的经济是植根于自然的，而不是自然之外的。这迫使我们认识到自然对经济的限制，从而塑造我们对可持续发展和增长的理解。这种认识开始揭示了我们拥有的自然资本的价值，包括生物多样性。在过去几十年里，据估计人均自然资本下降了 40%，而我们的生产资本却几乎翻了一番。[30]

鉴于碳预算的迅速消耗和财政能力的削弱，接下来的几个预算将对国家实现可持续性的努力至关重要。这需要动用公共政策的所有杠杆，也就是 3 个 F：财政、框架和金融。

财政

政府资产负债表的使用必须最大限度地平衡短期增长和长期可持续性。政府需要给必要的公共产品投资，同时为经济设定长期方向，以催化所需的私人投资。它们将加速向已证实的、经济的净零解决方案过渡，并在从氢到 CCUS 和生物革命的新解决方案中承担经过计算的风险。这个问题实在是太大、太紧迫了，亟待解决。

十年过去了，随着碳预算的迅速消耗，我们不能再重复全球金融危机后的错误，当时支出已经"准备就绪"，而且是在向后看。那时候在所有发达经济体中，绿色措施和投资约占财政刺激支出总额的16%。少数几个国家，如中国（占支出的三分之一）、德国（占支出的五分之一）和韩国（占支出的四分之三），将资金投向更长期、更绿色的方向。因此，这些国家在很大程度上提高了其经济的竞争力。

今天的初步迹象是有希望的，欧盟、法国和德国的预算都将大约三分之一的资源用于绿色复苏（以欧元支出为基准）。更确切地说，正如下文所述，许多已宣布的措施对生命周期的影响要大得多。这是因为它们改变了"碳的影子价格"，并有潜力在能源系统内创造规模经济和互补性，从而提高它们的竞争力和采用率。在此基础上欧亚集团发现，在2020年2月至7月之间的100项不同的刺激措施中，超过三分之二（5000亿美元）可以被归类为绿色措施，并在峰值年排放量基础上预计将导致净排放量减少4.13亿吨二氧化碳（大约相当于波兰的年排放量），在生命周期基础上略高于4亿吨二氧化碳。[31]

一些最有前景的投资领域包括：

- 通过更好的绝热、绝缘措施将燃气转化为电加热、安装热泵和利用太阳能进行房屋翻新，以提高能源效率。

- 可持续发展的力量。为了建设净零经济，我们必须尽可能地实现电气化，并以净零的方式生产我们所需的所有电力。这包括将地面运输完全电气化和将建筑供暖的大部分电气化，以及利用电力制造氢，从而用于多种工业流程和燃料能源。这不仅仅是简单地摆脱化石燃料发电。在许多经济体中，要满足更高的需求，需要在几十年内将总能源产量翻一番。

- 建立充电网络，方便向零排放汽车（ZEV）过渡。关键问题是，这种相对适度的投资需要提前投入，以克服对初始里程的焦虑，并鼓励绿色汽车和绿色卡车的快速普及。

- 开发氢和碳捕获利用和储存。氢将是净零经济的关键组成部分，它在长途运输、钢铁生产、石化工艺、水运（以氨的形式）和航空（转化为合成航空燃料）的脱碳中可能发挥重要作用。碳捕获利用和储存还可能在电力部门、钢铁、合成燃料和石化工艺（在这些工艺中，氢和二氧化碳可以合成多种产品）中发挥重要作用。

- 深度电气化经济将自动变得更加高效，如果先进的数字化能力能够实现全天、全周和全年的电力最佳管理，那么效率就会更高。这需要在光纤和5G网络提供的高速互联硬件平台上开发智能电网软件，并进行商业模式创新。

最后一个例子强调了可持续性支柱之间的协同关系。要想充分利用绿色投资，就需要进行数字化。从定义上讲，它还可以通过弥补新冠病毒暴露出的残酷的数字鸿沟，改善社会的可持续性。

最大的协同效应之一是可持续投资可以带来新就业趋势。平均而言，每100万美元用于可再生能源和能源效率方面的可持续投资，就比用于传统能源上的投资会多创造出5个工作岗位。[32]

投资于房屋翻新是创造就业的最佳政策，因为所需的大部分支出是支付给从事房屋保暖和设备安装的工人的，因此可以将由支出导致的从海外进口设备的危险降至最低。

投资于净零发电和净零网络的每一美元所创造的就业机会将少于建筑改造，但这些数字仍然是具有实质性的，许多工作将是高技能和高薪的，它们可以扩展到各个地区，并有助于创建未来的产业集群、技术竞争优势和就业优势。

对实现净零排放的关注可以催生巨大的私人投资，凸显制定政策的基础性和重要性。

制定政策是指制定为低碳经济指明方向的法规、规定、命令、禁令、税收和补贴。明确的能源转型战略加强了其有效性，包括建立可信度和可预见性的时间表和里程碑。通过这些方式，制定政策可以为长期私人投资设定条件，并可以推进行动。

向净零经济转型的清晰战略愿景可以显著降低成本。私人投资者对未来投资的方向、未来投资机会的规模以及他们将在其中运作的法律和合同框架越确定，他们投资所需的预期回报率就越低。同样，公司对未来的步伐和技术部署的本质越明确，它们对技术和供应链发展的投资就会越多，由于规模经济和学习曲线效应，资本设备和运营成本也将更快地下降。

在过去10年里，这些影响已经让陆上风能、太阳能光伏和电池的成本分别降低了60%、90%和85%。公共政策必须利用几个杠杆来推动这些技术以及一系列其他技术的更深进步。这些手段包括：

- 未来十年明确的碳价格路径，让投资者确信高碳技术将变得不经济，低碳技术将越来越有利可图。
- 以规则促进具体的转型。例如，提高最低燃油效率标准并承诺逐步淘汰所有内燃机乘用车，可以促进企业加快对电动发动机和电池的投资，也可以促使投资者支持那些拥有最雄心勃勃的电气化战略的汽车公司。碳价格和监管要求提高来自净零来源的航空燃料比例，将鼓励私人投资可持续航空燃料。
- 加强财务披露制度，迫使公司和投资者制订和披露其转型战略。

碳定价。最重要的举措之一就是碳定价。最好的办法是征收一种收入中性的累进碳税。也就是说，平均收益应该返还给个人，这样就能激励他们在低碳项目上花钱，而不那么富裕的家庭也能从退税中获益。

有意义的碳价格是任何有效气候政策框架的基石。通过对排放温室气体的权利收取明确的价格，政策制定者确保了绿色企业和它们的竞争对手

（那些污染企业）相比，不会处于不公平的劣势地位。此外，碳价格可以促使现有的高碳企业以任何最有效的方式调整到净零排放。碳价格应该以一种循序渐进、可预测的方式上涨，以支持对净零经济的有序调整，而且它们的设计应该公平——例如，利用收益支持低收入家庭。

如果政策制定者明确了向低碳经济转变的方向和速度，金融体系将推动未来的政策，并确保经济从今天开始适应这些政策。每一年我们在实现净零排放的道路上取得的成就都能带来显著的收益——按净现值计算约占2019 年全球 GDP 的 5%。一个可信的行动承诺还可以避免资产存量增加数万亿美元的风险，这意味着政策制定者未来将需要减少干预力度。

气候政策需要广泛的政治支持才能变得可信。通货膨胀目标制的经验表明，如果各个政治派别的政治家能够认识到共同的问题，这将是十分有价值的。如果政治家有着相同的目标，并愿意被追究责任，那么雄心勃勃的气候议程就更难开倒车。这种基础广泛的共识需要通过明确的沟通和倡议来支持。

各国可以通过建立气候政策记录来加强信誉。各国政府需要制定与它们的长期战略相一致的中间目标，并表明它们正在按部就班实现这些中间目标——例如，设定适当的碳价格。

政府获得信任的一种方法是将一些决策委托给独立的碳理事会。需要明确的是，气候政策的目标，比如到 2050 年实现净零排放的承诺，只能由民众选举产生的政府来决定。然而，各国政府可以委托碳理事会对实现这些目标所必需的工具（如碳价格）进行校准。下放责任有助于使具有重大长期影响的决策免受短期政治压力的影响，并使各国能够更快、更有效地获得信誉。这种制度设置反映了货币政策框架的设计。就像一些央行受制于监管当局一样，碳理事会可以监督企业的排放和减排目标，因为它们与这些国家的气候目标一致。

这种办法应附有适当的问责机制。由民众选举产生的政府制定碳理事会的后期任务，将其纳入立法，并确定适当的问责机制。这一点尤其重要，因为气候政策可能对分配产生重大影响，这就凸显了政治问责制。

在气候政策的不同领域，各国政府应向碳理事会授予的直接控制权的大小也会有所不同。一方面，政府可以授予它们独立校准政策工具的直接权力。这将最大限度地提高委员会的独立性，并最有可能将气候政策的校准与短期政治隔离开来。另一方面，委员会只能发布"遵守或解释"的建议，并将接受或拒绝的决定权留给政府。虽然这样的安排不会完全独立，但它将有助于解决关于将重要的分配决策留给非民选官员的合理担忧。在宏观审慎政策领域，"遵守或解释"建议已被证明是将灵活性同政治监督和民主合法性相结合的有效方式。

政府制定的一系列其他财政和监管政策可以非常有效地勾勒出净零经济的轮廓，其中包括：

- 采取措施解决可能阻碍可再生能源发展的结构性问题（例如，促进电网互联、存储和智能充电的投资和法规）。
- 采取措施提高对电动汽车的需求（例如差别补贴和旧车换现金），并制定法规，在今后十年逐步停止销售新的内燃机汽车。
- 燃料和能源使用任务（例如到 2025 年海上 / 航空混合氢能源）。
- 制订新的住宅和商业建筑守则（并制订有关翻新和绿色按揭的支援计划）。
- 大公司对气候披露和净零排放过渡计划的要求。

金融体系可以在加速和扩大公共政策有效性方面发挥决定性作用。通过将对未来气候政策的前瞻性评估纳入当前的保险费、贷款决策和资产价格中，金融体系推动了向净零经济的调整。

通过以系统的方式评估政策的影响，金融可以确保气候政策为所有经济部门的资本分配提供信息。金融已经开始考虑与气候相关的风险。长期以来，保险公司一直将气候变化的实际风险纳入其风险模型中。许多大型银行已决定停止向高碳行业发放贷款，金融市场也开始消化与向净零经济转型所带来的风险。

为了管理这些风险并抓住相应机遇，金融机构需要采取战略和前瞻性的措施。静态信息，如金融机构贷款、保险或投资的公司的碳排放量，是一个自然的起点，但它可能无法揭示公司未来的前景。金融机构需要考虑企业的转型计划以及它们对新的气候政策和技术的战略韧性。

用心看本书的读者都熟悉"3R"议程（改进气候报告、风险管理和回报优化的方法），这将确保每个决策都能考虑到气候变化（详见第 12 章）。当局正在建立正确的市场框架，以便私营部门能够做自己最擅长的事情：在我们所有经济体中配置资本，管理风险并抓住机遇。

活力

活力对增长至关重要，它是熊彼特所说的著名的"创造性破坏"。新公司和新想法取代旧想法的周期是市场经济的核心，但活力不是自我延续的，各国必须谨慎地保护并积极培育那些能够促进动态发展的条件。

许多人记得熊彼特"创造性破坏"的提法，却忘记了它的上下文。熊彼特的长篇著作的核心是认为资本主义容易僵化。在"职员的叛变"中，大公司倾向于成为自我延续的官僚机构。当与当权者寻租（寻求他人创造的价值回报）的自然倾向相结合时，"职员的叛变"可以平息"创造性破坏"。

如果公共政策是亲企业的而不是亲市场的，也就是说如果公共政策专注于现有企业的需求，而损害新进入者的利益，这种情况更有可能发生。一个经济体越具有活力，其分散化程度就越高，根据定义随着好的新想法进入市场，经济领域的领导者会做出更多改变。相反集中化会导致寻租，并且会努力巩固现有优势。

正如约翰·凯所强调的，资本主义的部分天才之处在于"发现的过程"。大多数想法都失败了，但"持续不断的不合理乐观主义"创造了一些匪夷所思的成就，这些成功带来了新的解决方案，这些解决方案很快被模仿并广泛传播。这就是为什么为双边往来提供便利非常重要。颠覆性创新通常来自新进入者，比如零售业的亚马逊或运输业的优步。同样重要的是，在现有机构之外产生的坏想法很快就会缺乏资金，在它们消耗过多资源之前便会自行消失。

这里有六个策略对促进活力非常关键。

第一，强有力的竞争政策十分重要。它在很大程度上是关于定义市场、评估兼并或公司行为对价格的影响的。在技术领域，服务通常是"免费"提供的（或者更准确地说，以广告和收集个人数据为交换条件），一系列收购都已被批准，因为它们没有明显的价格影响。但这对进行试验有不利影响，对经济权力的集中也有不利影响。与此同时，这也影响了经济活力。

经济学家托马斯·菲利庞在其严谨的研究著作《大逆转》中指出，美国已经发生过这样的过程。对于菲利庞来说，美国市场曾经的世界模式，正在放弃健康的竞争。一个又一个的经济部门比20年前更加集中，由更少和更强大的参与者主导，它们积极游说政客来保护和扩大它们的利润率。这推高了价格，同时压低了投资、生产率、增长和工资，导致了更多的不平等。与此同时，长期以来因竞争僵化和反垄断不力而被排斥的欧洲，正在自己的游戏中打败美国。欧洲现在正引领着从金融到科技领域的支持竞争政策的思考和行动。

各国最好留心这个令人警醒的故事。这是向舒适的寡头垄断的平缓倾斜。这种平静生活的代价不会马上显现出来，但随着时间的推移，这种代价会随着创新的丧失、呆板的想法和不断增长的寻租行为而增长。在竞争的名义下永远保持警惕是非常重要的。未来将由我们还不了解的企业家去创造。

考虑到第四次工业革命的性质，这种警惕对于数字竞争尤为关键。2019 年，哈佛大学教授杰森·弗曼主持了英国财政部数字竞争专家小组。其核心结论应该被用于指导政策，特别是：

- 各国不应仅仅依靠传统的竞争工具，而应采取前瞻性的方法，制定并执行一套明确的规则，限制最重要的数字平台的反竞争行为，同时减少目前阻碍有效竞争的结构性障碍。
- 这些规则应以普遍商定的原则为基础，并在广泛利益相关方的参与下发展成更具体的行为守则。应该让消费者（和小企业）更容易在数字服务中进行数据移动，围绕开放标准建立系统，让竞争对手可以使用数据为消费者提供好处，并促进新企业的进入。
- 现有的竞争工具也需要更新，以更有效地应对不断变化的经济。"要确保竞争充满活力，就必须确保竞争对手的存在。"并购控制长期以来一直扮演着这一角色，在数字经济的背景下，它需要变得更加积极，采取更有前瞻性的方法，更关注创新和并购的整体经济影响。即使有了更明确的事前规则，事后反垄断执法仍将是一个重要的后盾。但为了各方的利益，它需要以更快、更有效的方式进行。

第二，在一个日益无形的经济体中，创意和流程是竞争力的核心，一个坚实的知识产权框架很关键。许多无形资产之所以"备受争议"，是因为它们很容易被盗用和复制。为了保持对无形资产投资的激励，公司必须有一个合理的预期，即它们将从自己的劳动中获得利益。

第三，我们需要一个能为经济注入真正活力的税收体系。在创造新的解决方案上投入时间和金钱的个人应该得到公平的奖励。考虑到许多最好的想法都来自最微不足道的开端，因此鼓励企业投资是明智的。英国的企业投资计划等税收安排就做到了这一点，只要资金持有期限为 3 年，就允许对所有类型的初创企业进行投资，享受税收减免。许多这样的投资都不会成功，在这种情况下，投资者可以用他们的部分投资抵缴所得税。其结果是激发了一个投资、创造、破坏和再投资的生态系统。我们需要进行实验，尤其是在一个充满着巨大变化的时期。那些掌握新技术力量的赢家将会非常成功。我们还应考虑推迟将资本利得向新投资的转入。

支持财富创造可能不时髦，但如果我们要应对许多挑战，这是必不可少的。这本书明确指出，财富创造不应被孤立地看待。它与行动计划的其他要素相辅相成：例如阻止寻租的激进竞争政策、为所有利益相关者创造价值的企业目标、个人责任、尊重并建立市场社会资本的公平承诺。

第四，新形式的中小企业融资是动态营商环境的重要组成部分。大数据为中小企业获得更具竞争力的、以平台为基础的融资提供了新的机遇。通过发展新的信贷额度、提供更多选择、更有针对性的产品和更敏锐的定价，有可能给家庭和企业带来巨大的好处。将数据付诸实践对于填补我们经济中最大的资金缺口之一至关重要。在英国，中小企业创造了超过一半的私营部门就业和私营企业营业额，但它们面临着 220 亿英镑的资金缺口。[33] 几乎一半的中小企业不打算使用外部融资，理由是它们在申请时会遇到麻烦或时间太长。在与银行接洽的公司中，有五分之二的公司都被银行拒之门外。[34]

部分原因在于中小企业寻求贷款时，用于担保的无形资产越来越多，例如品牌价值或用户基础价值，而非建筑物或机器等实物资产。没有借款的中小企业缺乏信用评分所需的历史数据。而防止洗钱和了解客户的法律要求，使得这个过程对于资源有限的小企业来说尤其繁重。

在一个数据丰富的世界里，不应该出现这种情况。放贷人应该能够获得更广泛的信息，并据此做出信贷决策。搜索引擎和社交媒体数据已经成为传统指标的补充，为资产变得越来越无形的小型企业（包括 Shopify 等电子商务平台以及 Stripe 和 PayPal 等支付提供商）提供融资。

为了取得真正的进展，中小企业必须能够识别与业务相关的数据，将其纳入个人信贷文件中，并通过国家中小企业融资平台轻松地与潜在的融资提供者共享这些文件。这就是如何从数据中提取价值，并促进竞争。英格兰银行开发了一个面向中小企业贷款的开放平台，使银行更加开放并增强中小企业的能力。这将有助于避免对现有平台的锁定，并使融资提供商能够竞争中小企业贷款。这有助于扩大企业可获得的产品，并提供更具竞争力的利率，使融资渠道变得快速、容易并具有成本效益。

第五，成功的国家将成为全球供应链的卓越中心和枢纽。正如下一节将讨论的，这些联系必须基于创造繁荣平台的价值观，包括构建安全的数据门户和平台，以促进中小企业的自由贸易。

第六，社会凝聚力是新的竞争力。越来越多的企业希望在走上可持续发展道路的司法管辖区开展业务。一个真正赞美多样性并展现其力量的进步社会是相当重要的。社会韧性孕育经济韧性，使利益相关者资本主义扎根于真正的目标驱动型公司的核心。

这本书的一个核心信息是，如果将动力引向社会所看重的东西，它将是最有效的。这种以使命为导向的资本主义可以利用市场实现从净零排放到疾病控制（低 R）、再到区域团结和社会公平等更大的社会目标。就像我们在第 15 章所看到的，影响力投资者通常着眼于朝着一个或多个可持续发展目标而努力。正如前几章所述，各国可采取若干具体步骤来促进共同目标，这包括：

- 制定公司法律和治理标准，使公司在章程中明确规定其具体目标，并使公司董事顾及所有利益相关者的利益。监管应确保管理层利益与公司宗旨相一致，并建立明确的报告和问责机制。
- 允许新的企业形式，如互益企业和任务型企业，确立超越企业实体利润标准的原则。这些公司形式向股东和所有利益相关者发出了平衡公司目标的信号，并允许管理层在考虑股东价值最大化之外的因素时拥有更多的自由。

- 要求公司在其主要财务报告中呈现以可持续发展报告标准衡量的利益相关者成果。设定正式的报告要求并遵守或解释披露义务。

- 使受托责任现代化，让投资者有义务了解其受益人的可持续性偏好，并将这些偏好纳入投资者决策中，无论这些偏好是否具有财务实质性。应明确投资者的责任义务，承认 ESG 因素在识别长期价值和降低风险方面的作用。

以价值观为基础的全球化

商品和服务生产的全球化加深了各国之间的相互依赖。自 1995 年以来，对外贸易占全球国内生产总值的比例已经从约 45% 升至目前的 70% 左右，跨境金融资产与全球国内生产总值的比例也已从 1995 年的 75% 升至 200% 以上。这一过程在一定程度上受到了政策选择的推动，但主要还是依靠技术进步。企业利用交通、电信和计算领域的进步，使构建全球价值链以及全球贸易变得更加容易。事实上，目前有整整 30% 的外国增值是通过全球供应链创造的。[35]

全球化在带来巨大繁荣的同时，也造成了巨大的痛苦。其结果是，国际一体化的原则正受到挑战，支撑国际一体化的机构正失去其相关性。与此同时，通过技术变革实现一体化的力量仍未减弱。我们冒着随意和不受控制的整合风险，这损害了我们的价值观。因此，在全球化进入第四阶段之际，我们这代人面临的一个决定性挑战是建立一个更具有包容性、韧性和可持续性的全球化。

全球化的第一阶段是在第一次世界大战之前，当时移民和跨境资本流动基本不受限制，即使以最近的标准衡量，流动量也是相当大的。（在过去，曾经有 30 年，加拿大的经常账户赤字平均占 GDP 的 10%，而在此期间，该国人口翻了一番。）全球机构架构仅限于国际电报联盟等少数几个国际组织。金本位制是一个传统，而不是一项条约。国际财产权是靠炮舰来保护的。

在两次世界大战期间，这些关于贸易和资本流动的非正式公约灾难性地崩溃了。事实上正如我们所看到的，正是由于英国执迷于这些政策，才导致了自身的不作为。在一个以布雷顿森林体系为中心的、基于规则的新架构中，贸易、资本和发展援助得以流动，全球化从第二次世界大战的废墟中重生。到 20 世纪 80 年代，国内经济自由化加速了全球一体化的步伐。

有几个因素推动了全球化的第三阶段发展。中国的改革开放，使三分之一的全球人口涌入全球劳动力大军。世界贸易组织（WTO）的建立和中国正式加入国际贸易体系改变了全球贸易。与此同时，技术创新的爆炸式增长，使 40 亿人只需点击一个虚拟的按钮，就可以获取全人类知识的总和。全球市场与技术进步之间的共生关系不断深化，使 10 多亿人摆脱了贫困，而一系列技术进步从根本上丰富了我们的生活。

然而的确，在表面的繁荣之下并不是一切太平。金融体系中会出现严重的断层，导致了一场与蒙塔古·诺曼时代一样严重的金融和经济危机。只有吸取那个时代的教训，才能避免灾难。

结果是"比它原本会变成的样子更好"，但反事实很难让人信服。"你本来会过得更糟"和"你从来没有这么好过"的感觉是不一样的。事实上，许多发达经济体的公民正面临着更大的不确定性，他们哀叹自己失去了控制，对体系丧失了信任。对于他们来说，衡量总体进步与他们自己的经验关系不大。全球化不是一个新的黄金时代，而是与低工资、不安全的就业、无国籍企业和显著的不平等联系在一起的。

对自由贸易的信仰可能是经济学家的图腾，但尽管贸易让国家变得更好，但它并不能提高所有国家的经济水平。相反，贸易带来的好处在个人和时间上是不平等的。

因此，每一个中小企业所依附的基于规则的体系结构都处于紧张状态中。人们提到 WTO 时不再彬彬有礼，汇率操纵现在由美国财政部而不是

IMF 来定义，用口是心非来否认入侵，用一条推文就能撤销气候政策。

把这归咎于少数人的流氓行为是不对的。造成这些现象的原因已根深蒂固，在某些情况下甚至是具有制度性的。如前所述，商品、服务和资本贸易需要共同的规则和标准，但这些规则有的已被放弃，或充其量只是共享主权。为了保持其合法性，就这些标准达成一致的过程必须植根于民主问责制。

全球贸易一体化往往会削弱这种能力，因为随着生产在价值链中支离破碎，各国更需要就共同标准达成一致。这些标准大多不是由 WTO 制定的，而是由在价值链中占据主导地位的大型经济体制定的。较小的经济体往往最终更容易成为国际体系的规则接受者。[36]

采用以价值观为基础的方法，就有可能建立一个更具有包容性、韧性和可持续性的全球化。尽管我们无法就有约束力的全球规则达成一致，以应对我们面临的挑战，但多边主义仍然可以发挥强大的作用。我们可以从国际社会应对金融危机的经验中汲取教训，在没有约束性规则的情况下制定强有力的标准，深化合作。

这一经验将我们引向了一种合作国际主义，它更符合我们所面临问题的复杂性，更符合选民的合理要求。合作国际主义意味着：

- 以结果为基础，而不是以规则为基础，寻求促进韧性、可持续性和活力等价值观。
- 涉及多个利益相关者，具有一定灵活性（而不是通用的）。
- 是可相互合作的（可与多种政治体制合作，而不是假设一种向自由民主和开放市场的融合）。
- 具有包容性，因为它关注对我们所有同胞生活的影响。

对金融危机的回应提供了这种方法的最佳范例。它显然加强了对跨境金融稳定（韧性）的主权义务，同时尊重各国在实现这一目标的方式上的差异，强调通过一个以结果为重点的包容性进程来实现团结。作为负责这些改革的机构——金融稳定委员会（FSB）的主席，我的个人经验告诉我，这是一项耗时、需要大量分析的艰苦工作，但它最终会给我们带来巨大的回报。

正如新冠疫情危机期间的表现所表明的那样，今天的金融系统更加安全、简单和公平。这不是刚刚发生的。这是过去十年在全球层面达成的数百项改革的直接结果。这些挑战都是 G20 领导人设定的。而解决方案是在 FSB 达成共识的基础上制定、辩论和决定的，然后在国家管辖范围内实施，这并非出于任何条约义务，而是基于共同所有权意识和相互依存意识。

正如第 9 章所阐明的，当从贸易到维和的其他组织都在困难中挣扎的时候，FSB 取得了成功，因为它有明确的使命和政治支持，有合适的人在谈判桌上，能建立共识并灌输决策自主权。

FSB 的经验为成功的国际合作提供了一个模式：以成果为基础的方法，其指导标准的所有权来自共同发展而不是条约义务。它们提供了广泛的指导，而不是绝对的处方，因为人们认识到，它们将根据不同的系统进行调整。

FSB 改革本身就是好事，因为它们促进了采纳改革的国家的金融稳定。正如我们稍后将看到的，它们还为那些希望这样做的国家之间更广泛的一体化创造了一个平台。

需要明确的是，在 G0 世界中的整合将是局部的和零散的。这比教科书上的理想模式要少，但它是以主权为基础的，而主权又是以价值观为基础的。此外，最好的平台应该获得群聚效应（就像它们在社交媒体中通过网络效应所做的那样），并可能最终占据主导地位。

机遇在于，我们可以采用类似的方法，应对全球化带来的一些主要挑战，包括贸易、技术和气候问题。

跨境贸易（商业价值）可能越来越取决于各国是否共享该领域最相关的价值观，例如隐私、包容性增长、工人权利或气候变化。通过奉行合作国际主义，与价值观相同的国家建立合作平台，各国可以建设一个更具有包容性、韧性和可持续性的全球化。

金融服务改革为以成果为基础的服务贸易新模式提供了平台。利用这一点不仅有助于解决贸易不平衡问题，还有助于提高经济增长的包容性，因为女性在服务业的就业比例要高得多。同时，可以利用新金融技术和电子商务平台相结合，促进中小企业自由贸易。几十年的多边贸易协议，为从英格兰谢菲尔德到上海再到萨斯卡通⊖的企业开放无缝跨境贸易，这将成为真正包容的全球化。

当前贸易严重不平衡的一个原因是货物贸易和服务贸易之间的竞争环境不平衡，目前服务贸易的壁垒高达货物贸易壁垒的三倍。世界上大多数盈余国家，如德国等，都是货物净出口国，因此它们受益于这种不对称。相反，在服务业方面具有比较优势的国家，如美国和英国，更有可能出现经常账户赤字。

贸易升级提供了一种让贸易为所有人服务的方式。减少服务贸易壁垒，将使服务型经济体能够利用自身具有比较优势的领域。将对服务贸易的限制减少到与近年来对货物贸易的限制相同的程度，可能会使全球贸易失衡减半。这样做有助于使增长更具包容性。服务业在女性就业中所占比例比男性高出 10 个百分点。事实上，在过去几十年里，女性工作时间的全部（净）增长（从 1968 年英国女性工作时间占男性工作时间的 37% 增至 2008年的 73%）发生在服务业。

当然，服务自由化并不简单，因为壁垒通常不是关税，而是监管标准和贸易条件的"边境后"差异。这正是金融服务经验如此重要的原因。这表明，即使没有像欧盟那样的正式协调和执行机制，我们也可以通过不具约束力的全球标准和监管合作，在解决跨境保护问题上取得重大进展。

金融稳定委员会等机构面临的主要任务之一是如何保持金融市场的开放，让各国当局相信，它们的金融稳定性不会受到其他国家监管不力或风

⊖ 萨斯卡通，加拿大萨斯喀彻温省中南部城市。——译者注

险管理溢出效应的影响。共同的标准、公开的信息共享和良好的监管合作可以创造一个公平的竞争环境，并提供必要的信任，让当局在取得可比成果时认可和尊重彼此的做法。

这为金融服务业的自由贸易提供了平台，可以构建更加开放、一体化和有韧性的金融体系，资本可以在司法管辖区之间自由、有效和可持续地流动，推动投资和创新。这个金融服务业的自由贸易平台可以作为更广泛的服务贸易自由化的模板。这种方式的一个例子是英国和美国最近达成的衍生品协议，它涵盖了全球三分之二的交易活动。

在这种模式下实现更自由的服务贸易，除了解决外部失衡问题之外，还会带来更广泛的好处，包括改善消费者选择和降低价格。这可能会导致生产率的广泛提高，尤其是因为信息技术、研发、运输、通信和金融等服务是众多产品制造不可或缺的一部分。自由的服务贸易可以帮助重新平衡罗德里克的三难困境[⊖]，从规范性的超国家规则到实现共同成就的更有区别的国家方法（见第 8 章）。

更自由的服务贸易有助于使增长更具有包容性，因为中小企业能够从遵守各国不同法规的较低成本中获得最大利益。中小企业是大多数经济体的引擎。然而，它们只占出口的一小部分。例如在英国，中小企业的出口仅占总出口的三分之一，尽管它们的增加值占总增加值的三分之二。这种代表性不足在很大程度上反映出跨国经营的成本要高得多，也就是从遵守各国不同的法规到在国家间转账的成本。这些沉没成本对于小公司来说负担沉重。

毫无疑问，在几十年的"跨国"贸易协议之后，中小企业自由贸易的时机已经到来，这将是真正具有包容性的全球化。要做到这一点，各国可以利用中小企业平台，如 Shopify、天猫、Etsy[⊜]、亚马逊，这些都是新经济

　　⊖　指民主、国家主权、全球化难以兼顾的困难三角。——译者注
　　⊜　Etsy 是一个网络商店平台，以手工艺成品买卖为主要特色。——译者注

的核心。这些平台让规模较小的企业直接参与当地市场和全球市场，让它们绕过大企业，参与到一种手工全球化的形式中——这是一场可能让家庭手工业实现完整循环的革命。

除了降低关税和认可产品标准（通过对成果的关注），促进中小企业自由贸易还需要：

- 降低可能比国内支付贵十倍的跨境支付成本。
- 改善中小企业融资渠道，部分通过使用更广泛的数据和上文讨论的企业社会足迹。

新技术开启了零售支付转型的潜力。这包括央行数字货币的发展将带来的可能性。这些信息可以在消息传递平台上的用户之间进行交换，也可以同参与的零售商进行交换。如果设计得当，它们可能会大幅提高金融包容性，并显著降低国内和跨境支付成本。

社交媒体平台的标准和法规在被数十亿用户采用之后，这些标准和法规仍然还处于讨论之中，与此不同的是，支付和货币创新中的参与条款必须在被推出之前就得到采用。它们必须达到审慎监管和消费者保护的最高标准，解决从反洗钱到数据保护再到运营韧性等问题，同时还要有支持竞争的开放平台，使新用户可以在平等的条件下加入。

这就是为什么克里斯蒂娜·拉加德和我成立了一个由全球主要央行组成的工作组，以探索 CBDC 的发展。我们拥有共同的价值观（韧性、普遍性和活力）以及务实的方法，以确保这一有前景的技术途径能够服务于公众，而不是科技公司。我们期望解决方案能以结果为重点（通过客户服务和保护，以及增强金融稳定性），有韧性，由利益相关者开发，并有一个开放的平台，其他人可以在未来加入。

这些倡议的一个共同目标是使社会各阶层都能获得机会。这些举措包括强制性劳动力培训、通用技能、促进企业社会的税收优惠、有效监管市场、平衡所有利益相关方的权利以及促进中小企业的自由贸易。一个核心挑战是在全球一体化经济中增加机遇，同时加强社会价值观。

国家扮演着重要的经济角色，但它远不止是市场的集合或贸易谈判的代表。国家体现了集体理想，如机会平等、自由、公平、地区团结和关心子孙后代。它可以设定国家目标，例如向净零经济的公正过渡，或普及培训，以便所有国家都能从第四次工业革命中获益。

近年来，全球主义者和民族主义者都过于频繁地贬低了这些理想，并在此过程中强化了一种狭隘的、基于交易的国家意识。在这种意识中，国家要么放弃主权，加入更大的市场，要么夺回主权，赢得贸易战。爱国主义是这种利己主义的对立面。正如埃马纽埃尔·马克龙所强调的那样，"把我们自己的利益放在首位，不顾他人，我们抹去了一个国家最宝贵的东西，也抹去了让这个国家保持活力的东西：那就是国家的道德价值观"。

就像欧盟前主席唐纳德·图斯克在联合国演讲中所说的那样：

> 历史表明，将对祖国的爱转变为对邻国的仇恨是多么容易；把对自己文化的骄傲转变成对陌生文化的蔑视是多么容易；用自己的主权来反对别人的主权是多么容易！

将独立与主权混淆是多么容易啊！解决经济一体化的明显收益与实现经济一体化所必需的合作之间的内在紧张关系是我们的核心挑战，这可能很难去解决或解释。在许多情况下，这种紧张局势是虚幻的，因为国际合作提供了一种重新获得主权的途径，而不是夺走国家的主权。

当我还是学生的时候，经常乘公交车往返于牛津和伦敦之间，我总会留意一个地标。不是大学城梦幻般的尖塔，也不是首都的大理石拱门，而是海丁顿街附近的一幢房子，离我的大学有几英里远。有个人在一条寻常的街道上建了一座巨大的鲨鱼袭击屋顶的雕塑，这让他的邻居们大为不满。这座雕塑在一定程度上受切尔诺贝利事故的影响，作者表达了对来自国外的生存挑战如何迅速变成本土"无能、愤怒和绝望"的感受。这些年来，我一直在回想那条鲨鱼，因为它不仅是核放射性尘埃跨越国界的传播，还代表着金融动荡、网络犯罪和气候混乱。一个国家能在多大程度上把自己与这些鲨鱼隔开呢？对于那些尝试这样做的国家来说，它们的公民在贸易和投资、创意和创造力方面又丧失了哪些机会？

我们不能把独立与主权混淆。马里奥·德拉吉强调"真正的主权并不反映在制定法律的权力上，就像法律定义的那样，真正的主权反映在对结果的控制能力以及满足人们的基本需求上：也就是约翰·洛克定义的'和平、安全和公共事业'"。[37] 即使对于那些有意愿和权力单独行动的主体来说，解决我们面临的挑战也将是困难的。许多挑战需要国际协调行动，而这更难实现。在许多情况下，各国需要找到与志同道合的国家合作的方法，以推进共同价值观。

我们应该从金融的例子中得到鼓舞，它表明合作国际主义可以通过以下途径取得成功：

- 注重以价值观为基础的结果。
- 愿意与多个利益相关者跨界合作。
- 更多地采用缺乏法律约束力的全球标准的软合作形式。
- 形成机制使国家政策的演进尽可能地促进团结。

当国际合作在为具体挑战寻求务实解决办法时，它是团结的最好体现。挑战包括在金融体系中建立韧性、公平和责任，以便使资本能够跨境流动，创造就业、机遇和增长。这些挑战包括通过自由贸易为小企业创造活力，使增长更具有包容性。挑战还包括将可持续融资和应对气候变化的可比较国家的努力纳入主流的、志同道合的方法来推进可持续性。

通过在全球事务中重新灌输共同目标、理想和价值观来推进爱国主义，是能够为所有人创造机会的国家战略的组成部分。我们需要一种新形式的国际一体化，这种一体化更注重成果，以最真实的方式维护价值观和主权。这是制度为达到目的而进行调整的最高范例。

毋庸置疑，这些制度的调整必须与揭示现有秩序脆弱性的现象一样深刻，与目前正在进行的地缘政治格局的重新排序一样庞大。只有以价值观为基础，国家才能驾驭和支持这些交叉潮流。如果没有本章详细阐述的那种旨在加强公平、责任、韧性、可持续性、活力以及最重要的团结等价值观的国内倡议，各国就无法维持全球一体化。

就这些倡议达成协议、制定和采取行动的过程应尽可能具有包容性，这一点非同寻常。这是一项应该以雄心和第七种价值观——谦逊来完成的任务。

那么，就让这本书也以这种谦逊的态度进入最后的结语部分吧。

结语 谦逊

重启

我每天醒来后都会直接起床。通常那时天还没亮，所以我努力避开发出吱吱声的第二级台阶，悄悄下楼。我拿着一杯水，想起了我的朋友尼古拉，他曾告诉我，早晨喝一杯水对于认知功能来说非常重要（我越来越觉得自己肯定喝得不够多）。如果我特别忙，我会冥想一会儿（相信我，这会创造时间），然后去工作。没有时间表，没有开始工作的阻碍。毕竟，我已经习惯在办公室睡觉了。

和数亿人一样，去年我上下班的方式也发生了变化。没有汽车、地铁、公交车、自行车，也不能跑步或步行去办公室，从家里到工作地只需要从床到电脑的几步路。我举起屏幕，就可以去任何地方。我可以在远程视频工作的时候看到别人的家，一些人会坐在公司的横幅前，而电脑技术水平更高的人会用虚拟背景功能隐藏自己所在的环境。

但大多数人都愿意把他们的家当成工作室和工作站。我更喜欢在家工作。我可以看到我的澳大利亚猫走过键盘，可以看到埃德蒙顿的降雪，也可以听到一个阿根廷男孩要他的午餐，发现了和我家里一样的比利书架，然后可能会有快递送货上门打断了我和朋友的谈话。这些细节和情景让人们在全球范围内建立了平等、彼此相连和人性化的感觉。

世界正在重启。这本书主张一个新的方向，即价值观驱动价值的方向。

谦逊

细心的读者会注意到，在七种价值观中有一种没有在最后一章中探讨：谦逊。这并不是我的疏漏，也不是我忽视了它，虽然为国家制定一项谦逊战略可能要面临挑战，"要清楚，这是国家谦逊而不是国家羞耻……"。是的，我在很多事情上都要谦逊。

谦逊很重要。因为这是一种领导和治理的态度。谦逊不是行动的障碍。谦逊是我承认会有意外发生。我认识到，即使你认为事情不太可能发生，但如果出了差错会发生什么，这是值得问一问的。如果次级债没有得到控制呢？如果网络攻击成功了呢？没有协议怎么办？谦逊意味着承认我们的知识有限，也承认有一些未知的未知，这要求我们要保持韧性和适应能力。谦逊的人可以为失败做计划，即使他们不知道失败将如何发生或会在何时发生。

谦逊让我们在知道所有答案之前就先设定了目标。如果我们谦逊，我们就不会认为我们可以绘制出整个世界的地图来规划我们的路线，或者试图给每一项价值定一个价格，以便我们能够实现利益最大化。如果我们谦逊一点，我们就能认识到，答案可以通过辩论、考虑不同的观点和达成共识来找到。

谦逊的人认识到精英统治的局限性。谦逊的人承认幸运的作用和成功带来的责任——为目标服务的责任。谦逊是承认我们是企业、社会和国家的监护人。而在这些领域中，人人平等。共同利益胜过功利主义。

不确定性

几年前，我在阿尔伯塔大学遇到了一些学生。阿尔伯塔大学是我父亲以前教书的地方，我母亲和姐姐都在那里上过学。我觉得我应该给学生们提供一些职业建议，于是我开始告诉学生们，从我的经验来看，前面的路不会是笔直的，试图规划未来几十年是完全不现实的，尤其是许多未来的工作甚至行业目前还不存在。为了让我的建议看起来更容易理解一些，我引用了约翰·列侬的一句话："生活就是当你忙于制订其他计划时，发生在你身上的事情。"[1] 他们慢慢点了点头，但看起来有点困惑，所以我又澄清了一下："约翰·列侬是披头士的成员。"为了以防万一，我还润色了一下，"披头士是英国摇滚乐队"。

我继续讲了下去。我的观点是每当我遇到高中或大学里的朋友，那些年纪足够大、还记得披头士乐队的朋友，他们常常会对自己现在的职业生涯感到惊讶。他们是否幸福通常取决于他们是否继续追求自己的兴趣，是否回馈社会，是否忠于自己的价值观。

在这种背景下，我建议学生们在开始他们职业生涯时要灵活和有冒险精神，要选择那些能让他们学习新事物和得到成长的机会；不仅要把每一份工作看作有价值的，还要把它看作一种经历，为下一次出现的机会做好准备。通过这些方式，他们会提高适应能力，享受生活，这样他们才更有可能成功。

这种适应能力对于那些即将进入变革时代的人来说尤为重要。从 G7 到 G20 再到 G0[⊖]。从第三次工业革命到第四次工业革命。我们希望能够从多样性迈向包容性。在这种不确定性中蕴藏着巨大的机遇，可以为我们的共同繁荣打造新的经济和社会引擎。在未来几年，我们会确定世界如何将

⊖ 这里指 G0 时代，意思是传统的西方大国主导推动国际关系和全球议程的时代可能会结束，国际政治、经济格局朝着没有个别大国或大国集团主导的方向发展，全球治理可能出现"归零"状态。——译者注

可再生能源、生物技术、金融科技和人工智能等领域的重大突破商业化。我们将决定它们是服务于大众还是服务于少数人。

我们将决定是否重建社会资本和道德情操，以实现与我们价值观一致的共同繁荣。

机遇

最后，我建议学生们，当成功来临时（我的意思是更多的成功，因为毕竟他们已经走了这么远）要记住机遇在我们所有人的生活中所起的作用，以及与好运相伴而来的责任。

我应该最懂得这个道理，因为我成为英格兰银行行长完全是偶然。事实上，许多英国人仍然想知道这是怎么发生的。我之所以学习经济学，是因为我想了解世界是如何运转的，几十年来我都没有意识到，主观革命的经济学正在改变它要描述的世界。

我从未想过要成为一名央行行长。作为一名投资银行家，我已经工作了很多年，每隔18个月或2年就会在三大洲之间换一份工作。虽然工作的多样性令人兴奋，但我发现我最喜欢研究公共部门和私营部门交叉的问题，从后种族隔离时代的南非到私有化前的安大略省。

因此，当加入加拿大公共服务的机会出现时，我欣然接受了。幸运的是，通过从事我最感兴趣的工作，我获得了足够的市场和准公共政策经验，让我迈入了加拿大央行的大门。在那里，我向杰出的同事们学习，包括我的前任戴维·道奇和我的继任者蒂夫·麦克伦。我很高兴能够回馈这个伟大的国家，是她教育了我，激励了我，是的，祖国给了我发展机会。

当我被任命为加拿大央行行长时，我想这是我从小学五年级以来第一次知道自己接下来的7年要做什么。我的前任们让经济保持了良好的状态，每年只需要按时进行8次利率调整。我要做的就是设置好定速控制器，不要把它弄乱。

对了，记住我说过的谦逊。全球金融危机几乎是立即爆发的，让我的想法灰飞烟灭，我之前以为央行的工作意味着远离私人部门的喧嚣和狂躁，过着平静的生活。在那些痛苦的岁月里，我有幸向一群杰出的人学习如何在巨大的不确定性和压力下解决复杂的问题。

通过追随我的热情，通过与杰出的人合作，通过偶遇（在正确的时间出现在正确的地点）我在一个重要的时期结束了英格兰银行的工作。这完全是一种不可能的侥幸。

正如迈克尔·刘易斯曾经说过的："这不仅仅是虚假的谦虚，这是有意义的虚假谦虚。"[2]

责任

我们都是幸运的，我的运气显然很好。我遇到的这些学生也很幸运，他们都曾在阿尔伯塔大学学习，那时他们还年轻，有家人、朋友和导师激励他们学习和成长。他们的未来将取决于他们自己。他们可以去定义他们的目标，创造他们想要的未来。这个计划，就像人生的计划一样，不会顺利地展开，但如果他们忠于自己的兴趣和价值观，他们的事业有了目标就会像一棵橡树一样在岁月中茁壮成长。

今天，那些被赋予才能和机会的人可以收获巨大的回报。在全球市场中，成功被放大了。新冠疫情只会让这一切变得更容易。只需要几个步骤。打开电脑。数字化占据了主导。现在正是成名或走运的时候了。但是那些得到更多的人，他们的期望也更多。认识到没有人能够完全靠自己取得成功，我们就有责任改善我们工作和生活的系统。这是谦逊的第一个标志。

正如本书所详细描述的，经济学家和政治哲学家长期以来一直信奉价值观、信仰和文化对经济活力具有重要作用。这些价值观包括责任、公平、正直、活力、团结和韧性等，我们有责任巩固和传承这些价值观。把它们传递下去，直到它们变得成熟。通过树立一种使命感，我们可以成为监护人，改善我们的制度和社会，并将它们交付给下一代。

通过设立目标，公司可以努力为社会困境找到解决方案，同时成为负责任和有求必应的雇主，与供应商和客户建立诚实、公平和持久的关系，并作为良好的企业公民参与社会生活。

通过弘扬爱国主义，国家可以将机会平等地分配给社会的各个阶层，并体现平等、自由、公平、活力和团结的理想。

通过这些方式，我们可以重建长期繁荣所需的道德基础。我们都需要避免将生活分隔成不同的领域，每个领域都有自己的一套规则。家和工作是不同的，伦理和法律是不同的，个人和制度是不同的。重新注入更高的目标、理想和美德有助于结束这种分裂的生活，并通过扩大价值观在价值中所占的范围，来将市场回报惠及所有人。

我们面临一个选择。我们可以继续让金融估值限制我们的价值观，或者我们可以创造一个生态系统，在这个生态系统中，社会的价值观扩大了市场对价值概念的理解。通过这种方式，个人创造力和市场活力将共同用于实现社会的最高目标。

重生

在我结束英国央行任期的前几个月，我参加了在康希尔圣迈克尔教堂举行的金融城新年礼拜。圣诞节狂欢之后，在新的一年工作开始之前，这次聚会是一个欢迎大家的好机会。就像过去 6 年的情况一样，我坐在一位新的伦敦市长旁边。今年很特别，因为这位是威廉·拉塞尔，他是我的老朋友。威廉曾是一位非常能干的银行家，现在他把时间都花在了慈善事业和家庭上，并且满脑子都是让伦敦金融城更具可持续性的想法。

威廉的任期刚刚开始，而我的任期即将结束。那天早上，我重读了马可·奥勒留的《沉思录》，我被他关于我们终有一死的提醒深深地打动了，他说：

> 凡人的生命是渺小的，他在地球的一个小角落里度过一生。而即将到来的名声也是如此短暂的：它依赖于一连串转瞬即逝的小人物，他们甚至对自己一无所知，更不用说一个早已死去的人了。[3]

令我惊讶的是，那天牧师查尔斯·斯克林抓住了这个主题，他首先提到了视野悲剧，然后讨论到了永生和我们今天应该如何生活。他直接对坐在第一排的人说：

> 我们中的一些人在工作中知道自己的位置……在我们前排的是第 120 位央行行长和第 692 位市长。行长的任期比伦敦市长更长，你从教堂后部可以看到，管风琴手对牧师们也是如此。
>
> 我们能说出多少位杰出的央行行长的名字？120 位吗？市长的名字呢？我可以不作弊地说出我的 7 个前辈的名字，但即便那样，我也不能把所有的名字都记下来。人们在死亡的地平线上会感到自己是自己故事中的主角。

然后他从两个相反的角度来看待我们短暂的人生：

> 让我们吃吃喝喝吧，因为明天我们就会死去。如果你将绩效评估的视野设定在你死去的那一刻，生命是短暂而紧张的，而这种压力会削弱无私和为他人服务的精神。
>
> 如果你的视野已经超越了坟墓，超脱了不朽的时间，远离了毁灭这个世界的死亡的侵蚀，那么就会出现一个新视角，使我们对生活有了正确的看法。

他指的是一种不会被日常家庭和工作的"危机"轻易动摇的生活、一种有目标的生活、一种能够获得持久收益的生活。

在我看来，这是一种道德化的生活，而不是市场化的生活，一个追求分配公正、机会平等和代际公平的生活。即使这些努力失败了，这种生活也会认同在追求美德的过程中，我们帮助自己和他人建立了美德。我们扩大了美德的实践范围，给它赋予了生命。

为人类的事业而崛起吧。做个谦逊的人。不管你今天有多么伟大，或者明天会变得多么伟大，你总会被遗忘的。威斯敏斯特教堂的地下室里没有我们的一席之地。即使有，几个世纪之后，我们的成就也会被遗忘，我们的名字也会成为一个谜。但我们的道德情操可以作为文化基因继续存在。有价值的过去会沉淀为更美好的未来。

只有这样，才能让"格拉帕酒"变回"葡萄酒"。

致　　谢

本书汇集了我多年来积累的感想、观点和经验教训，它们源于多方面的影响。其中很大一部分是我在央行工作所积累的公共政策方面的经验。我非常感谢那些在央行给我认知机会的人，包括大卫·道奇、吉姆·弗莱哈蒂和乔治·奥斯本。在担任公职期间，我从许多杰出的同事那里学到了坚韧、创新和责任的重要性，他们包括安德鲁·贝利、吉恩·博伊文、萨拉·布里登、本·布罗德本特、阿加莎·科特、乔恩·康莱夫、布拉德·弗莱德、夏洛特·霍格、迈克·霍根、安里·卡什亚普、唐·科恩、蒂夫·麦克勒姆、尼克·麦克弗森、约翰·默里、汤姆·斯科勒、米诺切·沙菲克、理查德·夏普、马丁·泰勒、简·维列格和山姆·伍兹。我特别感谢珍妮·斯科特，她对共同利益的执着改变了我对目标和领导力的看法，也改变了我所追求的事业。

在中央银行任职期间，我有幸能与许多既了解模型又了解道德的经济学家共事，他们包括尼古拉·安德森、大卫·艾克曼、阿丽娜·巴内特、杰米·贝尔、詹姆斯·本福德、亚历克斯·布拉泽、乔恩·布里奇斯、保罗·布里奥尼、爱丽丝·卡尔、安布罗吉奥·塞萨·比安奇、鲍勃·费伊、杰里米·哈里森、安德鲁·豪泽、肖伊布·汗、克莱尔·麦卡伦、黛西·麦格雷戈、亚历克斯·米奇、汤姆·穆顿、本·纳尔逊、珍·内梅斯、辛安·奥尼尔、卡斯帕·西格特、凯特·斯特拉福德、蒂姆·泰勒、格雷格·斯维茨、吉尔·瓦迪、托马斯·维加斯、马特·沃尔德伦、安妮·韦瑟里尔和伊恩·德·韦马恩。尼古拉斯·文森特让我了解到《大宪章》的历史重要性，并提供了有关《大宪章》的重要学术思考。

我的许多同事为全球金融改革倡议做出了贡献，其中包括托比亚斯·阿德里安、斯伟恩·安德烈森、本·伯南克、贝诺·库雷、比尔·达德利、马里奥·德拉吉、蒂姆·盖特纳、克里斯蒂娜·拉加德、让–克洛德·特里谢、阿克塞尔·韦伯和凯文·沃什。

有关气候变化章节的内容主要受益于我与那些引导可持续金融主流方向的领导者的对话，特别是弗兰克·埃尔德森、克里斯蒂娜·菲格雷斯、易纲、克里斯塔利娜·格奥尔基耶娃、西尔维·古拉尔、克里斯蒂娜·拉加德、水野弘道和劳伦斯·图比亚娜。关于金融和气候政策之间关系的见解则源于珍妮特·耶伦领导的 G30 工作组以及卡斯帕·西格尔特和西尼·马蒂坎南的研究报告。由史蒂夫·菲尔德、雅斯敏·莫尔泽尼亚和珍·内梅斯领导的第 26 届联合国气候变化大会的民间金融中心也为本书提供了许多重要的发展前沿思想，该机构也是联合国秘书长安东尼奥·古特雷斯、副秘书长阿米娜·穆罕默德和联合国气候变化大会主席阿洛克·夏尔马领导下的机构之一。

那些致力于弥补现有数据和真实世界差异的人，也极大地影响了我对价值的思考，特别是 TCFD 的先驱迈克尔·布隆伯格、玛丽·莎碧萝和柯蒂斯·拉文内尔，影响力管理项目（IMP）的克拉克·巴比，IBC 的布莱恩·莫伊尼汉和比尔·托马斯，哈佛大学影响力加权账户项目的乔治·塞拉菲姆和罗纳德·科恩，以及国际财务报告准则基金会的卢克雷齐娅·雷克林和埃尔奇·里卡恩。

理查德·柯蒂斯、帕萨·达斯古普塔和杰米·德拉蒙德塑造了我对气候变化行动必要性的思考。比尔·盖茨、杰勒米·奥本海姆、尼克·斯特恩、阿黛尔·特纳、兰斯·乌格拉以及我在布鲁克菲尔德资产管理公司的同事，包括布鲁斯·弗拉特、萨钦·沙、康纳·特斯奇和娜塔莉·阿多梅特，他们教会了我要对"可能性的艺术"有信心。

关于新冠疫情的章节，我使用了与尼克·斯特恩、蒂姆·贝斯利、格斯·奥唐奈和黛西·麦格雷戈等人的重要对话或研究成果。

与以下各位的讨论也让我更深刻地理解了价值的含义，他们是奥利弗·贝特、托马斯·布贝勒、爱德华·伯汀斯基、艾默生·科佐巴、罗杰·弗格森、琳恩·福雷斯特·罗斯柴尔德、劳伦斯·弗里曼、安东尼·葛姆雷、保罗·大卫·休森、菲利普·希尔德布兰德、米哈伊尔·伊格纳季耶夫、奥古斯托·奥坎波神父、珍妮·斯科特、尚达曼、黄国松、约翰·斯图津斯基和贾斯汀·韦尔比大主教。

如果没有珍·内梅斯的创造力、奉献精神和渊博的知识，本书恐怕难以出版。R.J. 里德、蒂姆·克鲁帕和伊莉莎·巴尔宁也为本书提供了宝贵的研究协助，加里·巴特斯亲切地审阅了本书并提供了重要的见解。

卡洛琳·米歇尔从一开始就相信本书能够成功，她鼓励我拓展思维与视野，让我笔耕不辍。卡洛琳、瑞贝卡·威尔茅斯和她们在出版社的同事帮助我把这本书交到了我的编辑阿拉贝拉·派克手中，她对书稿的打磨让本书能以更好的形式面世。我也感谢哈珀柯林斯的团队，包括彼得·詹姆斯（他在这本书的文案编辑方面做了很多工作）和伊芙·哈钦斯。我还受益于我的加拿大编辑道格·培帕尔和杰尼·布拉德肖的积极参与和专注工作（感谢他们的幽默感）。通过对里斯讲座的准备，让本书的核心主题更加深刻。我要感谢莫希蒂·巴卡亚、吉姆·弗兰克和休·莱文森对我的批评和指导。

我还要感谢内兹和哈桑·科什鲁沙希、比尔和安达·温特斯、肖恩和咪咪·卡尼以及无与伦比的鲁西·罗杰斯，在本书写作最紧张的阶段，他们为我提供食物和住所，还有最重要的——友谊。

　　我的妻子戴安娜一直陪伴在我身边，不时与我辩论，提出批评，给予我鼓励。我的孩子们给本书提出了更高的要求，他们总是在挑战我的思维。我的兄弟姐妹一如既往地支持我，我每天都感谢母亲和父亲给予我们的美好童年，以及他们教给我的价值观。

　　尽管有如此巨大的支持和资源，这本书还是充满了错误和疏漏。这些应当归咎于我的疏忽。

　　本书翻译工作感谢教育部哲学社会科学研究重大课题攻关项目"全球经贸规则重构背景下的 WTO 改革研究"（21JZD023）、国家自然科学基金面上项目"贸易开放、国内运输成本与南北经济差距"（72173020）、世界贸易组织教席项目（WCP）的支持。

马特·里德利系列丛书

创新的起源：一部科学技术进步史
ISBN：978-7-111-68436-7

揭开科技创新的重重面纱，开拓自主创新时代的科技史读本

基因组：生命之书 23 章
ISBN：978-7-111-67420-7

基因组解锁生命科学的全新世界，一篇关于人类与生命的故事，华大 CEO 尹烨翻译，钟南山院士等 8 名院士推荐

先天后天：基因、经验及什么使我们成为人（珍藏版）
ISBN：978-7-111-68370-9

人类天赋因何而生，后天教育能改变人生与人性，解读基因、环境与人类行为的故事

美德的起源：人类本能与协作的进化（珍藏版）
ISBN：978-7-111-67996-0

自私的基因如何演化出利他的社会性，一部从动物性到社会性的复杂演化史，道金斯认可的《自私的基因》续作

理性乐观派：一部人类经济进步史（典藏版）
ISBN：978-7-111-69446-5

全球思想家正在阅读，为什么一切都会变好？

自下而上（珍藏版）
ISBN：978-7-111-69595-0

自然界没有顶层设计，一切源于野蛮生长，道德、政府、科技、经济也在遵循同样的演讲逻辑

推荐阅读

读懂未来前沿趋势

一本书读懂碳中和
安永碳中和课题组 著
ISBN：978-7-111-68834-1

双重冲击：大国博弈的未来与未来的世界经济
李晓 著
ISBN：978-7-111-70154-5

一本书读懂 ESG
安永 ESG 课题组 著
ISBN：978-7-111-75390-2

数字化转型路线图：智能商业实操手册
[美] 托尼·萨尔德哈（Tony Saldanha）
ISBN：978-7-111-67907-3